POLEN – EIN ÄRGERNIS?

Hans Meiser

„Polen – ein Ärgernis?

Die Geschichte einer gestörten Nachbarschaft

GRABERT-TÜBINGEN

Die Deutsche Bibliothek – CIP-Einheitsaufnahme

Meiser, Hans :
Polen – ein Ärgernis? :
Die Geschichte einer gestörten Nachbarschaft /
Hans Meiser.- Tübingen : Grabert-Verlag, 2008
ISBN 978-3-87847-245-2

ISBN 978-3-87847-245-2

© 2008 by Grabert-Verlag
Postfach 1629, D-72006 Tübingen
www.grabert-verlag.de

Gedruckt in Deutschland

Inhaltsverzeichnis

Prolog
1848 und 1863

»Man kann Polen in seinen Grenzen von 1772 herstellen wollen, ihm ganz Polen, Westpreußen und Ermland wiedergeben; dann würden Preußens beste Sehnen durchschnitten und Millionen Deutscher der polnischen Willkür überantwortet sein, um einen unsicheren Verbündeten zu gewinnen, der lüstern auf jede Verlegenheit Deutschlands wartet, um Ostpreußen, ›Polnisch‹-Schlesien, die ›polnischen‹ Bezirke von Pommern für sich zu gewinnen.

Andererseits kann eine Wiederherstellung Polens in einem geringeren Umfange beabsichtigt werden, etwa so, daß Preußen zu diesem neuen Reiche nur den entschieden polnischen Teil des Großherzogtums Polen hergäbe. In diesem Fall kann nur der, welcher die Polen gar nicht kennt, daran zweifeln, daß sie unsere geschworenen Feinde bleiben würden, solange sie nicht die Weichselmündung sowie jedes polnisch redende Dorf in West- und Ostpreußen, Pommern und Schlesien von uns erobert haben würden.«

Otto von Bismarck in einer Zuschrift
an die *Magdeburger Zeitung* vom 20. April 1848.

»Polens Unabhängigkeit ist gleichbedeutend mit einer starken französischen Armee in der Weichselposition. . . Die Erneuerung des französischen Übergewichts auf dem Kontinent (wird) durch die Wiederherstellung Polens noch leichter gemacht als durch die Vergrößerung Frankreichs am Rhein. Wir können den Rhein nicht halten, wenn wir Polen im Rücken haben.«

Otto von Bismarck in einem Brief
an den preußischen Gesandten in London vom 9. März 1863.

Einführung

Polen bezeichnete sich früher voller Stolz als das Volk »traditioneller Toleranz«, und in seiner politischen Ideologie herrschte das Schlagwort von der freien Verbindung der Völker vor, die es angeblich mit seiner Politik gepflegt haben will. Diese Ideologie war in der Zeit seines Unglücks entstanden. Sie maß dem polnischen Volk eine besondere Rolle unter den Völkern zu und brachte die Wiederherstellung des polnischen Staates in Zusammenhang mit dem Sieg einer besseren und gerechteren Verfassung der Völker Europas zueinander, als sie die Machtpolitik des 18. und des 19. Jahrhunderts geschaffen hatte. Noch bis in die Zeit der Versailler Vertragsverhandlungen 1919 wirkte diese weltweit verbreitete Vorstellung von dem auf allen Barrikaden kämpfenden edlen polnischen Volk nach. Im polnischen Senat erklärte Senator HASBACH:

>»Polen verdankt seine Wiedergeburt einer großen Sympathie, die in der Welt für dieses Volk sich angesammelt hatte, das 150 Jahre kein eigenes Staatswesen sein eigen nannte. Der Ausfluß dieser Sympathie im Verein mit der durch den Ausgang des Krieges geschaffenen politischen Konstellation hat sich beim Vertrage von Versailles gezeigt. Die Kontrahenten des Vertrages von Versailles glaubten, dem polnischen Volke bei Wiedererlangung seiner Freiheit das Los einer großen Zahl von Fremdstämmigen anvertrauen zu können, in der Annahme, daß gerade aus dem Leben als Minorität im fremden Staate das polnische Volk das Verständnis für die Lage seiner Minderheit im eigenen Staat geschöpft habe und nicht die Fehler begehen würde, die es seinen früheren Wirtsstaaten vorwarf.«[1]

Es hätte an Polen gelegen, diese Sympathien zu rechtfertigen – zumal es nicht nur durch Verträge zur Toleranz verpflichtet war. Diese hätte auch in seinem eigenen Interesse gelegen. Denn Westpolen gehörte nach 1919 zu den wertvollsten Teilen des polnischen Staatsgebietes, und so durfte erwartet werden, daß die deutsche Bevölke-

---

[1] Zur Budget-Rede des Innenministers vom 16. Juni 1925, *Posener Tageblatt*, Nr. 140 vom 20. Juni 1925 zit. in: RECKE, Walter, *Die polnische Frage als Problem der europäischen Politik*, Berlin 1927, S. 396.

rung als der sozial gehobenste, fortschrittlichste und am meisten ordnungsliebende Volksteil in ihm und somit im ganzen Staat von diesem zum eigenen Vorteil geschützt, geachtet und gehalten werden würde.

Der Wortlaut des Versailler Diktats läßt auch die Absicht der Siegermächte erkennen, daß Polen seine deutsche Bevölkerung sogar gegen deren Willen im Lande zurückhalten solle, um sich ihrer Qualitäten und Werte zu versichern. Die an organisatorischen Fähigkeiten sehr reichen, in allen wirtschaftlichen Aufgaben erprobten, in Verwaltungsgrundsätzen straff erzogenen Deutschen galten als arbeitswillig und wirtschaftlich gesund, als ein sicheres Element bürgerlicher Rechtlichkeit und Zuverlässigkeit. Genau dies hätte das für den Aufbau des neuen Staates dringend erforderliche Element des Ausgleichs und der Sicherheit werden können. Aber die Vertreter des polnischen Staats hatten geglaubt, ohne diesen Teil besser fahren zu können. Deshalb zogen sie in gefährlicher Weise, unter Begünstigung der Massenbegehrlichkeit, durch die Entrechtung seiner deutschen Bevölkerung die damit verbundene allgemeine Rechtsverwirrung vor. Diese Politik der Entdeutschung brachte Polen wirtschaftlich wie politisch wiederholt an den Rand des Abgrunds, dem es ohne äußere Hilfe im letzten Augenblick erlegen wäre.

Die polnische Entdeutschungspolitik entsprang nicht der Notwendigkeit der Selbstverteidigung, sondern dem zielbewußt geleiteten polnischen Willen, die polnische Macht über die bisherigen Grenzen nach Ostpreußen, Danzig und der Grenzmark Westpreußen auszudehnen. Damit gewann die Entdeutschungspolitik ihr Gewicht über den deutsch-polnischen Geltungsbereich hinaus als eine europäische Frage.

Mit großer Geduld und Zurückhaltung, mit einer unermüdlichen Kleinarbeit im einzelnen hat Deutschland bis 1939 der wachsenden Entrechtung seiner ehemaligen Staats- und Volksglieder im neuen Polen Einhalt zu bieten versucht. Deutschland zeigte stets seine Verhandlungs- und Kompromißbereitschaft. Doch Schritt für Schritt mußten die deutschen Regierungen zurückweichen, und wo den Deutschen in Polen das Recht nicht vorenthalten werden konnte, kam es zu spät und hatte nur noch theoretischen Wert, da Polen die Streitfälle inzwischen durch vollendete Tatsachen zu seinen Gunsten einseitig geregelt hatte.

Trotz allem versuchte die deutsche Minderheit, sich in den neuen Staats- und Wirtschaftskörper einzufügen. Gewöhnt, durch seine wirtschaftliche, soziale und kulturelle Überlegenheit, die entscheidende Rolle im Lande zu spielen, erkannte sie die Änderung ihrer Lage in hervorragender Disziplin an. Ihre Führer lehnten wiederholt und mit aller Entschiedenheit jeden Irredentagedanken ab und machten den Deutschen den Gedanken strenger Loyalität zur selbstverständlichen Pflicht: Sie waren als Deutsche heimat- und staatstreu. Aber die Loyalität kann auf die Dauer nicht eine einseitige sein, so, wie Verträge nicht einseitige Gültigkeit haben können. TEMPERLEY[2] erläutert in seiner *History of the Peace Conference* die bedingte Souveränität Polens unter den Bestimmungen des Schutzvertrages.

»The Allies are garanting to the Polish nation sovereignty over the territory which they inhabit. But this is not to be an exclusive sovereignty. The new nation is not, as was the old Polish nation, to be the domination of a certain portion of the inhabitants ruling over the others; all are to be taken into partnership... It is to be made impossible for the Poles to refuse to the Germans or Ruthenians or Jews resident in their country, who had formerly been Austrian, German or Russian subjects, fall rights of citizenship.«

(»Die Alliierten garantieren der polnischen Nation Souveränität über das Land, das die Polen bewohnen. Aber dies soll nicht eine ausschließliche Souveränität sein. Die neue Nation soll nicht, wie die alte polnische Nation es war, die Herrschaft eines gewissen Teils der Bewohner über die anderen sein; alle sollen in Partnerschaft angenommen werden... Es soll den Polen unmöglich gemacht werden, die Deutschen oder Ruthenen oder Juden, die früher österreichische, deutsche oder russische Untertanen waren, als Bewohner in ihrem Land und in ihren Bürgerschaftsrechten zurückzuweisen.«)

An diese Bestimmungen hat sich Polen nicht gehalten. Im Rat der Vier hatte der Brite LLOYD GEORGE am 19. März 1919 erklärt:

»Der Vorschlag der polnischen Kommission, daß wir 2100000 Deutsche der Autorität eines Volkes mit einer anderen Religion

---

[2] TEMPERLEY, Harold William Vazeille, *History of the Peace Conference*, London 1920, Bd. V, S. 134.

unterstellen sollen, eines Volkes, das im Lauf seiner Geschichte niemals gezeigt hat, daß es sich zu regieren versteht, dieser Vorschlag würde uns früher oder später zu einem neuen Kriege im Osten Europas führen«.[3]

Ähnlich prophetisch hatte sich der südafrikanische General SMUTS gegenüber LLOYD GEORGE geäußert:

>»Ich bin überzeugt, daß wir bei der ungebührlichen Vergrößerung Polens nicht nur das Verdikt der Geschichte umstürzen, sondern einen politischen Kardinalfehler begehen, der sich noch im Laufe der Geschichte rächen wird.«[4]

Diese Befürchtungen haben sich in den ersten zehn Jahren des neuen polnischen Staates mehr als begründet erwiesen. Ideell gab die dauernde Verletzung der Schutzbestimmungen des Versailler Diktats durch Polen Deutschland die Handlungsfreiheit wieder, mochte auch inzwischen durch die Folgen der Entdeutschungspolitik sich das Bevölkerungsverhältnis in den strittigen Gebieten zuungunsten des deutschen Volkes verändert haben. Damit war eine Lage entstanden, die nicht mehr durch Teillösungen ihre Erledigung finden konnte.

Der schon verstorbene Jan Josef LIPSKI, der 1944 im Warschauer Aufstand gekämpft hatte und auch von den Kommunisten verfolgt worden war, hat über das deutsch-polnische Verhältnis viel geschrieben und gesprochen. Sein Motto war, und das ist zugleich der Titel eines kleinen Buches, das einige seiner Texte enthält:»Wir müssen uns alles sagen – Powiedziec Sobie Wszystko«.[5] Aber er hat eine Bedingung hinzugefügt: Jeder – Deutscher oder Pole – müsse über die Schuld seiner Nation sprechen. In Deutschland geschehe das seit Jahrzehnten. Was aber Polen angehe, so gelte Folgendes:

>»Im polnischen Bewußtsein unserer geschichtlichen Beziehungen zu den Deutschen sind eine Menge Mythen und falsche Bilder entstanden, die im Namen der Wahrheit und zum Zwecke eige-

---

[3] RECKE, Walter, *Die polnische Frage als Problem der europäischen Politik*, Berlin 1927, S. 335.
[4] BAKER, R. St. (Hg.), *Woodrow Wilson*, New York 1925/26, deutsche Ausgabe: Leipzig 1923, Bd. III., S. 397; auch RECKE, ebenda, S. 337.
[5] LIPSKI, Jan Josef, *Wir müssen uns alles sagen* – Powiedziec Sobie Wszystko, Warschau 1996.

ner Gesundung einmal von Lügen gereinigt werden müssen. . .
Fast jeder Pole (sogar der Gebildete) glaubt heute, daß wir nach
dem Zweiten Weltkrieg in Gebiete zurückgekehrt seien, die uns
von den Deutschen geraubt worden seien.«
LIPSKI hat recht: Über deutsche Schuld wird in Deutschland offen
diskutiert. Leider ist die Beschäftigung mit dem Anteil an der Schuld
anderer Staaten hierzulande ein Tabu. Geschichtsdarstellungen mit
einem die tatsächlichen Vorgänge im Polenstaat zwischen 1918 und
1939 demaskierenden Inhalt sind in der ›offiziellen‹ Geschichtsschreibung verpönt. Daraus ergibt sich zwangsläufig die Frage: Woher
sollten junge Schüler, Studenten, Historiker oder andere Interessenten – infolge ihres (amtlich verordneten) Nichtwissens – die erforderlichen Argumente nehmen, um der ebenso niederträchtigen wie
abgrundtief verlogenen Alleinschuldlüge der Deutschen die Stirn
bieten zu können?

Besonders über die Vertreibung und die Vertreibungsverbrechen
informieren die Schulbücher nur mangelhaft oder ungenügend. Im
Band 4 *Geschichtliche Weltkunde*[6] können Schüler auf Seite 136 etwas
über »Zwangsumsiedlung« erfahren, in *Erinnern und Urteilen,* Band
IV,[7] wird das Thema auf der Seite 112 nur mit einer Karte abgehandelt, auf der kommentarlos »Bevölkerungsbewegungen« von vierzehn Völkern und Volksgruppen aus Europa und dem Nahen Osten
dargestellt sind. Solche spärlichen Informationen werden von Schülern ohne bleibende Vorstellung nüchtern zur Kenntnis genommen.
Somit ist es nicht verwunderlich, daß sie als Erwachsene Vertriebene aus der Zeit von 1944 bis 1948 mitleidlos als lästige Friedensstörer betrachten.

In der gemeinsamen Danziger Erklärung des damaligen Bundespräsidenten Johannes RAU und des polnischen Präsidenten KWASNIEWSKI vom 29. Oktober 2003 findet sich unter anderem der Satz:

»Deshalb darf es heute keinen Raum mehr geben für das Aufrechnen der Verbrechen und Verluste. . .«

Diese Aussage beweist schon, daß es auf beiden Seiten Verbrechen
gegeben haben muß, da man sie andernfalls nicht aufrechnen könnte.

---

[6] *Geschichtliche Weltkunde,* Frankfurt 1982. Auf Seite 136 können Schüler
etwas über »Zwangsumsiedlungen« lesen.
[7] *Erinnern und Urteilen,* Stuttgart 1981.

Keinen Raum dürfe es geben für das Aufrechnen! Doch wer verlangt nach diesem Raum, wer will aufrechnen? Wer möchte Verbrechen gegen Verbrechen bilanzieren, so daß schließlich auf beiden Seiten die Schuld getilgt ist? Unrecht bleibt Unrecht, und Verbrechen, die von Deutschen begangen wurden, können niemals annulliert werden, polnische Vertreibungsverbrechen aber auch nicht. Allerdings gibt es hier einen wichtigen Unterschied zu berücksichtigen: Von deutscher Seite wird kein Unrecht, kein Verbrechen geleugnet. Im Gegenteil: Ganze Bibliotheken in Deutschland bezeugen die Aufarbeitung. Polen hingegen verschweigt weitgehend, daß auch Polen barbarische Verbrechen begangen haben. In den Fällen, in denen man sie nicht vertuschen kann, versucht man zumindest, sie kleinzureden. Und überhaupt: Jetzt geht man zum Gegenangriff über: Deutsche können als Täter niemals Opfer sein. Wer etwas anderes behauptet, wird als ›unverbesserlicher Nazi‹ diffamiert und mit allen Tricks und mit Intrigen bekämpft.

Leider finden die polnischen Vorwärtsstrategen nicht nur im eigenen Land viele Mitstreiter, sondern auch in Deutschland, wo ›Gutmenschen‹ ihr Schuldbewußtsein wie eine Fahne vor sich hertragen und den polnischen Staat am liebsten erst an der niederländischen Grenze enden sehen möchten.

Allerdings kann man auf Reisen in Polen bei Gesprächen mit der polnischen Bevölkerung feststellen, daß die meisten Menschen dort den Deutschen gegenüber sich freundlich verhalten, aber kaum über Geschichtskenntnisse verfügen und tatsächlich glauben, selbst in höheren Kreisen, daß Polen nach dem Krieg nur uraltes polnisches Land zurückgewonnen habe.

Die folgenden Ausführungen beschäftigen sich nur am Rande mit deutschen Verbrechen. Diese gehen auf das Konto einer Diktatur, in der sie im Schatten des Krieges von einer kleinen Minderheit – ein paar Tausend von 80 Millionen! – begangen wurden und vor dem Volk geheimgehalten werden mußten. Hier geht es in erster Linie darum, die wahren historischen Tatsachen in zeitlicher Reihenfolge aufzulisten, die Zusammenhänge zu erklären. Danach bitten wir den Leser, die Tatsachen zu prüfen und sich eine eigene Meinung zu bilden, die er sich nicht von ›Volkspädagogen‹ abhandeln lassen sollte.

Nur wenn wir die Geschichte und die Entwicklung Polens und der Polen ganz genau kennen, kann es eines Tages zu einer Verständigung kommen. Voraussetzung zu jeder Versöhnung ist die Wahrheit auf beiden Seiten. Solange die eine Seite hemmungslos einseitig urteilt und die andere dazu schweigt oder schweigen muß, aus welchen Gründen auch immer, wird es keine Versöhnung und keine Wiedergutmachung des Unrechts geben. Die Lüge zerstört jeden Ansatz einer Versöhnung. Nur die Wahrheit ist heilsam.

Erster Teil

Geschichtliche Grundlagen

1. Geschichte Polens im Überblick bis 1914

Vor- und Frühgeschichte Polens

Um die Mitte des ersten Jahrtausends v. d. Ztw. hatten germanische Stämme aus Skandinavien die gegenüber liegende Ostseeküste um die Mündungen von Oder und Weichsel besiedelt. Durch immer neuen Zuzug aus ihrer nordischen Heimat verstärkt, breiteten sie sich in den folgenden Jahrhunderten bis um die Ztw. nach Süden über das Gebiet des späteren Polens und weiter nach Südosten aus. Um 350 n. d. Ztw. bestand ein großes Gotenreich (Gardariki) von der Ostsee bis zum Schwarzen Meer. Dieses wurde um 375 n. d. Ztw. von den Hunnen, einem Reitervolk aus dem Osten, überrannt und vernichtet, die damit die eigentliche Völkerwanderung auslösten. Die germanischen Stämme der Ost- und Westgoten, der Vandalen, Heruler, Burgunden und andere wurden in dieser Völkerwanderung nach Westen gedrückt und verließen teilweise ihre bisherigen Siedlungsgebiete in Ost- und Mitteleuropa. Sie behielten aber noch Jahrhunderte lang eine Verbindung zu ihren zurückgebliebenen Verwandten in ihrer früheren osteuropäischen Heimat.

Reste dieser ostgermanischen Stämme verblieben zunächst in Osteuropa, wo sie sich mit den Vorbewohnern mischten, wobei sich langsam ihre Sprache veränderte. Sie wanderten Jahrhunderte später langsam nach Westen und in Mitteleuropa ein, wo sie ab 600 n. d. Ztw. als ›Slawen‹ auftauchten. Die Silingen, ein Teilstamm der Vandalen, gaben Schlesien seinen Namen, wo sie vor der Völkerwanderung längere Zeit siedelten. Die Krimgoten sind sprachlich noch bis ins 17. Jahrhundert nachzuweisen.

Für die aus Skandinavien stammenden Bewohner Osteuropas blieb die Verbindung nach Schweden und Norwegen erhalten. Insbesondere ihre Führungsschicht wurde noch um 900 n. d. Ztw. aus dem germanischen Nordeuropa ergänzt. Die ersten geschichtlich greifbaren Persönlichkeiten aus dem Geschlecht der Piasten, das im späteren Polen Jahrhunderte führend war, stammten im 10. Jahrhundert – wie die Rus in Nowgorod und im nach diesen benannten Rußland – aus Skandinavien. So trat als erster historisch überlieferter Piast der Herzog Mieszko I. auch als nordgermanischer Dago auf. Er konnte um 960 größere Gebiete zwischen Oder und Weichsel unter seiner Herrschaft vereinigen und nahm das Christentum an. Die Namen der Frauen und Verwandten dieser Herzöge weisen ebenso auf skandinavische Herkunft und Verbindung zum Norden hin.

Somit ist festzustellen, daß Osteuropa einschließlich Polens seit mehr als 2500 Jahren wesentlich germanisch geprägt ist, wenn sich auch, vor allem wegen des größeren Anteils der Vorbevölkerung und der gegenüber West- und Mitteleuropa späteren Christianisierung, ›slawische‹ Eigenarten entwickelten.

Das erste polnische Staatswesen (10. Jahrhundert bis 1138)

Das erste sichere Datum der polnischen Geschichte ist das Jahr 963, mit dem der Fürstenstaat MIESZKOS I. (MISEKO, Polonia Major, um 960–992) an der unteren Oder greifbar wird. In einem zweiten Kernraum an der oberen Weichsel um Krakau hatte sich schon im 9. Jahrhundert ein Staatswesen (Polonia Minor) gebildet, das aber erst Ende des 10. Jahrhunderts Polen angegliedert wurde. Durch die Annahme des lateinischen Christentums (966) und die Herstellung enger Bindungen an den Kaiser wurde das polnische Staatswesen in die abendländische Staatenwelt eingebunden. 1025 wurde die Königswürde von BOLESLAW erworben, auf die dessen Sohn MIESZKO II. (1025–34) aber 1033 verzichtete. Bei einem Besuch in Gnesen bestätigte Kaiser OTTO III. im Jahre 1000 die Errichtung der Erzdiözese Gnesen, deren Gebiet bis dahin zum Erzbistum Magdeburg gehört hatte. Erst nach dem Tod OTTOS III. (1002) kam es abwechselnd zu kriegerischen Auseinandersetzungen und zur Zusammenarbeit mit dem Deutschen Reich.

Die Zeit der Teilfürstentümer (1138–1320)

Die bei fast jedem Thronwechsel aufgetretenen heftigen Bruderkämpfe um die Nachfolge führten 1138 zur Teilung in vier Fürstentümer: Großpolen, Kleinpolen, Masowien und Schlesien. Diese entwickelten sich in der Folgezeit auseinander und wurden weiter aufgeteilt.

In das 13. Jahrhundert fiel im Zuge der ostdeutschen Besiedlung die Ausbreitung des Deutschen Rechts, besonders in Großpolen und im westlichen Kleinpolen, wo die Bürgerstädte wie Posen (1253) und Krakau (1257) rechtlich, kulturell und auch sprachlich deutsch geprägt wurden.

1225 rief Herzog Konrad I. von Masowien den Deutschen Orden ins Kulmer Land. Die Wiedervereinigung von Groß- und Kleinpolen sowie Kujawien besiegelte Wladyslaw II. Lokietek (1320–33) durch die Königskrönung 1320 in Krakau.

Königreich Polen (1320–1795)

1343 verzichtete Polen auf Pommerellen zugunsten des Deutschen Ordens, konnte dafür aber 1349 das konfessionell orthodoxe ukrainische Ostgalizien mit Lemberg erwerben, dessen Oberschicht allmählich polonisiert wurde. Die Gründung der Universität Krakau 1364, der Ausbau der Städte und die Bedeutung des überwiegend deutschen Bürgertums waren Zeichen einer wirtschaftlichen und kulturellen Blüte.

In der Folgezeit fühlte sich im mehrkonfessionellen Polen der polnische Adel (Szlachta) zunehmend als alleiniger Vertreter und Sachwalter des Staates. Seit 1493 gab es einen vorwiegend aus Bischöfen und höchsten Beamten bestehenden Reichstag (Sejm), der seit 1505 praktisch allein die gesetzgebende Gewalt innehatte. In ihm war das Bürgertum nicht vertreten. Sein ›goldenes Zeitalter‹ erlebte Polen unter Sigismund I. (1506–48) und Sigismund II. August (1548–72). Außenpolitisch erreichte es den friedlichen Ausgleich mit den Habsburgern 1515.

Der Deutsche Orden

Der Deutsche Orden (eigentlich Brüder vom Deutschen Haus St. Mariens zu Jerusalem) wurde 1190/1198 auf dem dritten Kreuzzug im Heiligen Land gegründet. Er breitete sich im Orient und in Europa schnell aus und besaß um 1300 etwa 300 Kommenden. Sitz des Hochmeisters war zunächst Akkon oder die Burg Montfort bis zum Verlust 1291, dann Venedig. Hermann von Salza (1209–1239), der vierte Hochmeister, war eine der großen Gestalten des Zeitalters.

1225/26 bot der Herzog von Masowien, der das Kulmer Land an die heidnischen Prussen verloren hatte, dieses dem Orden als Schenkung an, wenn er das Prussenland erobern und Polen vor den Angriffen der Prussen schützen würde. 1226 verbriefte Kaiser Friedrich II. in der *Goldenen Bulle von Rimini* dem Orden die volle Landeshoheit für die zu erwerbenden Gebiete. 1234 nahm der Papst das Ordensland in den Besitz der Kirche. Eine Lehnsbindung war verboten, und deshalb gehörte das Ordensland Preußen politisch nicht zum Reich 1230 bis 1283 eroberte der Orden Preußen. 1309 wurde die Marienburg Sitz des Hochmeisters. Damals waren bereits Städte gegründet (Königsberg 1255). Deutsche Bauern siedelten seit etwa 1300 in planmäßig angelegten Dörfern neben den Prussen. Aus Deutschen und Prussen wurden allmählich *Preußen*, ein deutscher Neustamm, der im 15. Jahrhundert ein eigenes Selbstbewußtsein auch gegen den Orden gewann und durch litauische und polnische Einwanderer ergänzt wurde.

Pommerellen wurde 1309 mit problematischem Recht vom Orden erobert; polnische Ansprüche wurden nicht befriedigt. Es kam deshalb 1327–1343 zum Krieg, der mit polnischem Verzicht endete.

Das 14. Jahrhundert erlebte die Blütezeit des Ordenslandes, das sich zu einem ungewöhnlich ›modernen‹, planvollen und wirkungsvollken Staatswesen entwickelte.

In der Schlacht von Tannenberg (polnisch: Grunwald) 1410 wurde das Heer des Deutschen Ordens mit 12000 Mann unter dem Hochmeister Ulrich von Jungingen von einem vereinigten polnisch-litauischen Heer unter König Wladyslaw II. Jagiello und Großfürst Witold mit 20000 Mann geschlagen. Dadurch wurde die Macht des Ordens gebrochen.

Nach dem Ersten Thorner Frieden (1411) schlossen sich große Städte und der Adel 1440 gegen den Orden im Preußischen Bund zusammen. Als dessen gewaltsame Auflösung drohte, kam es als innere Auseinandersetzung zum Dreizehnjährigen Krieg (1454–1466), der mit der Katastrophe des Ordens endete.

Im Zweiten Thorner Frieden (1466) verlor der Orden Pommerellen und etwa die Westhälfte Preußens mit Marienburg, Danzig, Elbing und Thorn an den König von Polen. Der Rest wurde 1525 vom letzten Hochmeister Albrecht von Brandenburg in ein weltliches Herzogtum verwandelt und geriet unter polnische Lehnshoheit.

Wahlkönigtum und Teilung Polens

In der Zeit der Wahlkönige (1572–1795) verlor Polen seine politische Machtstellung. Kriege mit Schweden, mit Moskau und den Türken brachten es an den Rand einer Katastrophe, doch König Jan III. So-

BIESKI (1674–96) erlangte 1683 mit dem oft ihm zugeschriebenen Sieg über die Türken vor Wien noch einmal militärischen Glanz, der nur dadurch getrübt wurde, daß er sich mit den Leistungen anderer schmückte. Ihm stand zwar als Ranghöchstem des deutsch-polnischen Entsatzheeres der Oberbefehl zu, die Schlacht wurde jedoch von Herzog KARL VON LOTHRINGEN geplant, befehligt und gewonnen. Der für Europas Schicksal entscheidende Kampf vor Wien begann am Morgen des 12. September 1683 – ohne die Polen. Als deren 7000 Panzerreiter am Mittag endlich eintrafen, war die Schlacht bereits entschieden. Die Polen begnügten sich deshalb damit, das kaum noch verteidigte Lager der Türken zu erobern, wobei sie die Kriegskasse und anderes wertvolles Gut erbeuteten. Es ist deshalb merkwürdig, daß die Rettung Europas in den Schul-Geschichtsbüchern und bei Polen-Begeisterten nicht den 76000 übrigen christlichen Kämpfern zugesprochen wird, sondern SOBIESKI, der nach dem Schwabenmuster gehandelt hatte: Hannemann, geh'du voran!

Karte 1: Erste Teilung Polens 1772.

Seit 1652 hatte der praktizierte Grundsatz der notwendigen Einstimmigkeit (›*liberum veto*‹) bei Beschlüssen im Sejm eine fast ununterbrochene Beschlußunfähigkeit der polnischen Reichstage zur Folge. Das wiederum erlaubte den Großmächten Habsburg und Frankreich erheblichen Einfluß. Unter den beiden Sachsenkönigen AUGUST II. (1697–1733) und August III. (1733–63) geriet Polen ganz unter russischen Einfluß. Der vom russischen Gesandten REPNIN beherrschte polnische Reichstag stimmte 1767/68 einem »Ewigen Vertrag« mit Rußland zu, der die territoriale Integrität beider Länder, die Rechte der religiösen Dissidenten in Polen und die polnische Verfassung garantierte.

Rußland, das bereits Pläne zur Verschiebung seiner Grenzen auf Kosten Polens erwogen hatte, verständigte sich nun mit Preußen über eine teilweise Annexion Polens. Außerdem bot die seit dem 17. Jahrhundert in Polen um sich greifende religiöse Intoleranz den Großmächten die Möglichkeit, die zerstrittenen Adelsparteien in einen Bürgerkrieg zu verwickeln und 1772 mit der ersten Teilung Polens fast 30 Prozent seines Gebietes und 35 Prozent seiner Einwohnerschaft zu übernehmen. Auf Drängen JOSEPHS II. trat Österreich gegen den Willen MARIA THERESIAS dem Abkommen bei.

Trotzdem war die erste Teilung Polens kein Gewaltstreich gegen das Polenreich. Vielmehr willigte der polnische Reichstag angesichts des allgemeinen Verfalls des Staatswesens, der größtenteils auf eine kaum vorstellbare Mißwirtschaft zurückging, in die Teilung ein. In seinem 1903 erschienenen Buch *Friedrich der Große* brachte der preußische Geheime Regierungsrat Reinhold KOSER einen vernichtenden Bericht von diesem Reichstag. Darin heißt es:

»Zum 19. April 1773 stand die Eröffnung des Reichstags bevor, der mit den drei Nachbarn über die Abtretung verhandeln sollte. Der Zarenhof empfahl den beiden anderen Mächten das russische Hausmittel, das auf so vielen polnischen Reichstagen Wunder gewirkt hatte: die Bestechung. KANITZ war zweifelhaft. Er meinte, es sei von dem polnischen Adel nimmermehr zu erwarten, daß er sich mit dem Vorwurf des Vaterlandsverrates beklagen werde; er hielt deshalb Zwang für ein sicheres Mittel und schlug die Besetzung noch weiterer polnischer Gebiete vor. Man entschied sich dann für ein gemischtes System, bei dem Überredung, Zwang und Bestechungen ineinander greifen sollten. Die drei Gesandten, der

Russe STACKELBERG, der Preuße BENOIT und der Österreicher RE-
VICZKY, die Triumvirn, wie sie sich nannten, verständigten sich über
die Verwaltung einer gemeinsamen Kasse, aus der die Blutgelder
an die Senatoren und die Landboten gezahlt wurden. Es kam, wie
SALDERN, STACKELBERGS Vorgänger, beim Scheiden aus Warschau
geraten hatte: ›Besorgen Sie sich nur gut mit Kassa, allhier muß
jeder 4–6 Freunde unter den Personen von Gewicht und eine Anzahl Schreier haben; es genügt nicht, Geld unter diese Leute aus-
zuteilen, man muß mit ihnen leben, sie bewirten und trunken
machen, in vino veritas!‹

Schon hatten Fürst Adam CZARTORYSKI und andere Magnaten ihren Frieden mit der Zarin abgeschlossen, der eigentliche Geschäftsführer der drei Mächte auf dem Reichstage aber wurde der Reichs-
tagsmarschall Graf PONINSKI. Die Versammlung tagte, um dem
Liberum veto die Spitze abzubrechen, in den Formen eines Kon-
föderationsreichstages. Am 14. Mai überwies das Plenum die Verhandlung mit den Mächten einer Delegation. Bis dahin hatte die
Kasse der Triumvirn 8000 Dukaten aufgewendet. Um die Mitte
des September waren die Gesandten mit der Delegation einig: am
30. wurden die Ausschußbeschlüsse vom Reichstage nach mehreren erregten Sitzungen einstimmig angenommen. Voll Genugtu-
ung meldete der österreichische Gesandte nach Hause, die Formen seien derart gewahrt worden, daß es ganz den Anschein habe,
als ob ein ungezwungener und freiwilliger Vergleich abgeschlossen worden sei; auch habe die Sache nicht viel Geld gekostet, nur
15 000 Dukaten für jeden der drei Höfe aus der gemeinsamen Kasse. Die Volksvertreter waren nicht allzu anspruchsvoll gewesen,
ein polnischer Fürst hat seine Stimme für 30 Dukaten verkauft,
und manche hatten kein Gold genommen, sondern sich mit einigen Tonnen Salzes begnügt.

Mit Beschämung gewahrte der sächsische Gesandte ESSEN, der an
sich mit seinen Sympathien auf der Seite der Polen stand, wie
schmachvoll diese Märtyrer sich gebärdeten und wie die Aus-
schußmitglieder am Pharao-Tische dieselben Friedrichsdorn und
Imperiale auf die Karte setzten, die sie eben von dem preußischen
oder russischen Gesandten erhalten hatten. Und der päpstliche
Nuntius bestätigte ihm, daß die geistlichen Herren nicht besser
seien als der Laienadel. ›Es ist fast nicht mehr möglich, das Bild

der hiesigen Vorgänge zu zeichnen‹, klage dieser sächsische Diplomat; ›soviel die Zeitungen auch darüber schreiben mögen, sie
sagen nicht genug. Sie sprechen nur von Inkonsequenz, von Leicht-
fertigkeit und von den lächerlichen Erscheinungen, aber sie kennen nicht die Rechtsverletzungen, die Räubereien, das öffentliche
Feilbieten der Erkenntnisse in den Prozessen, den Ruin ganzer
Familien und die schauderhaften Dinge, welche die Häupter der
Delegation treiben, wofern nur Gold in ihre Beutel rinnt. . . Auch
läßt mich diese Verderbtheit, dieser Sittenverfall fürchten, daß das
Unglück der Nation noch nicht an seinem Ziele ist.‹

Mangel an Gemeinsinn und schmutzige Habgier, Parteifanatis-
mus und Korruption, alle schon so oft gegeißelten Schäden des
öffentlichen Lebens, alle wüsten Ausbrüche der polnischen ›Anarchie‹ waren auf diesem Reichstage, der die Augen von ganz Europa auf sich lenkte, in erschreckender Weise zutage getreten.

In ihrer Anarchie, in der Auflösung aller staatlichen Ordnung und
politischen Zucht, ist den Polen zuerst die Integrität ihres Gebietes und zwei Jahrzehnte später ihre nationale Selbständigkeit ver-
lorengegangen. Nachdem sie selbst in wahnwitziger Lemurenar-
beit die Fundamente ihres Staatswesens abgegraben hatten, mußte
der Bau endlich zusammenbrechen.«[8]

Am 3. Mai 1791 wurde in Polen die erste geschriebene Verfassung
Europas beschlossen, die das ›*liberum veto*‹ und die freie Königswahl
beseitigte, die Stellung der Bürger und Bauern verbesserte, dem Adel
aber die politisch privilegierte Stellung beließ. Trotzdem hielt die
Zarin KATHARINA II. sie für so revolutionär, daß sie einen Bürgerkrieg entfachte, der 1793 zur zweiten Teilung Polens führte. Bei der
dritten Teilung Polens 1795 wurde dann der Rest unter die drei Mächte geteilt: Warschau kam an Preußen und Krakau an Österreich,
Rußland erhielt im ganzen den größten Teil. Der letzte polnische
König STANISLAW-AUGUST PONIATOWSKI dankte ab.

[8] Reinhold KOSER, *König Friedrich der Große,* Berlin 1903, Bd. 2, S. 478 f.;
abgedruckt in: Franz WAGNER u. Fritz VOSBERG, *Polenspiegel,* 1908, Neudruck:
Verlag für ganzheitliche Forschung und Kultur, Struckum 1988.

Karte 2: Dritte Teilung Polens 1795.

Kongreßpolen (1815–1914)

Während die patriotischen Kräfte in Polen von tiefer Resignation ergriffen wurden, entstand 1797 die Nationalhymne »Noch ist Polen nicht verloren«.

Nach seinem Erfolg gegen Preußen 1806 ließ NAPOLEON I. im Herbst den Abfall der polnischen Gebiete von Preußen proklamieren. Aus diesen wurde nach dem Frieden von Tilsit 1807 das Herzogtum Warschau gebildet, dessen Herzog FRIEDRICH AUGUST von Sachsen wurde.

Auf dem Wiener Kongreß 1815 erfolgte eine weitere, die vierte Teilung Polens. Rußland behielt alle Erwerbungen der Teilungen zuzüglich Bialystoks. Das Herzogtum Warschau, um Posen und Krakau verkleinert, wurde als Königreich Polen unter Zar ALEXANDER I. in Personalunion mit Rußland vereinigt, erhielt aber eine Verfassung (1815), ein Parlament, ein eigenes Heer und eine Verwaltung. Preußen erhielt Großpolen bis zur Prosna als Großherzogtum Posen mit

Sonderstatus, Österreich behielt den ›Galizien‹ genannten Anteil von 1772, Krakau wurde mit kleinem Territorium Freie Stadt. Die Einheit der Nation wurde durch die Wiener Schlußakte gewährleistet. Daß Polen, das auf dem Wiener Kongreß ohnehin nicht vertreten war, sich in der Folge aufgrund der Wiener Schlußakte immer wieder auf angebliche Rechtstitel, auf eine polnisch-nationale Sonderstellung, berief, entbehrt jeglicher vertraglichen Grundlage. Die einzige Textstelle aus dem Wiener Protokoll, die sich auf die polnischen Verhältnisse bezieht, lautet:

»Die Polen werden, je nachdem sie Untertanen von Rußland, Österreich oder Preußen sind, Einrichtungen, welche die Erhaltung ihrer Nationalität sichern, nach den Formen politischen Daseins erhalten, die jede der Regierungen ihnen zu bewilligen für nützlich und angemessen erachten wird.«

Karte 3: Grenzen nach dem Wiener Kongreß 1815.

2. Deutsche Ostkolonisation und Kulturleistung

Die deutsche Ostkolonisation im Mittelalter war vorwiegend bedingt durch leere Siedlungsräume im Osten und verhältnismäßig übervölkerte Gebiete im Westen. Die deutschen Siedler wurden von den regierenden Fürsten wegen ihrer überlegenen wirtschaftlichen Tüchtigkeit zur Ansiedlung eingeladen und ins Land geholt. Die bessere Technik ihrer Ackerbestellung, der eiserne Pflug und vor allem die höhere Berufssittlichkeit der Deutschen, ihr Fleiß und Sinn für Ordnung und Gemeinschaftsarbeit ermöglichten es ihnen, Böden zu kultivieren, die die Polen mit ihren hölzernen Hacken nicht bearbeiten konnten. Die deutsche Technik der Waldrodung führte ebenfalls zu guten Ackerböden in bis dahin nicht zum Ackerbau genutzten Gebieten. Mit Hilfe der Entwässerungstechnik verwandelten die Kolonisten viele breite, den Verkehr behindernde Sümpfe und Flußauen in fruchtbarsten Ackerboden oder Weiden. Damit erarbeitete sich der deutsche Siedler das gleiche Recht wie der polnische neben ihm. So entstanden auf schweren Böden wohlhabende, blühende Siedlungen inmitten dürftiger, den Boden in extensiver Weise nutzender Polendörfer.

Dieser Vorgang wiederholte sich in mehreren Wellen im 12. bis 14. Jahrhundert und vom 16. bis zum 18. Jahrhundert. Auch die preußische Ansiedlung nach den Teilungen trug noch diesen Charakter einer Intensivierung der Wirtschaft.

Nicht minder trug dazu das von den Kolonisten mitgebrachte Recht bei. Die starke Abhängigkeit wirtschaftlicher Vorgänge von bestehenden Rechtsnormen zeigte sich in der wirtschaftlichen Überlegenheit der deutschen Schulzendörfer über die polnische ländliche Verfassung. Die Ermöglichung freien Eigentums in der deutschen Dorfverfassung gab rationeller Wirtschaft starke Impulse. So wurde Polen in schnellem Anstieg durch den Fleiß seiner Kolonisten zu einem Getreideexportland, das dadurch erst wieder die Bedingungen für eine höhere städtische Kultur gewann.

Die Ausbildung des polnischen Städtewesens ist das alleinige Verdienst der deutschen Kolonisation. Ihr hat Polen die Technik des höheren Gewerbes und städtischer Verwaltung mit allen Beziehungen höheren bürgerlichen Rechts, edlerer Lebenskultur, feinerer Gesittung ausschließlich zu verdanken. Mit der städtischen Arbeitsteilung ging ein schnelles Ansteigen des Wohlstandes und der Bevölkerungszahlen einher. Noch heute verraten deutsche Lehnwörter für die gebräuchlichsten Ausdrücke des Handwerks und der städtischen Verwaltung in der polnischen Sprache die Herkunft des polnischen Städtewesens aus deutscher Quelle. Ein dichtes Netz deutscher städtischer Siedlungen überspannte schon im 13. Jahrhundert nicht nur die Westgebiete, in denen sich dieses Deutschtum Jahrhunderte hindurch erhielt, sondern das ganze Land. Weithin zogen sich deutsche ländliche Siedlungen, Kultur, Fortschritt und überlegene Ordnung verbreitend. Bis weit in den Osten des polnischen Reiches erstreckten sich die Städte.

Vorwiegend mit deutscher Hilfe und ins Land geholten Einwanderern aus dem Westen wurden nach Städten in Ostdeutschland wie Stettin, Breslau und anderen 1253 Posen, 1257 Krakau, 1270 Lemberg gegründet. Diese Städte erhielten ausnahmslos deutsches Recht, im Norden nach Lübecker, sonst nach Soester oder Magdeburger Stadtrecht. Von Krakau über Sandomir, Lemberg und Premissel bis Podolisch-Kamentz östlich des Dnjestrs entstand so im 14. Jahrhundert ein Kranz vorwiegend deutscher Städte, in denen deutsche Handwerker und Kaufleute mindestens bis zum 16. Jahrhundert die tragenden Schicht bildeten, das Zunftwesen pflegten und den Handel bis zum Schwarzen Meer hin betrieben. Die östlichste Stadt mit deutschem Recht wurde Kiew. In Krakau durften sogar zunächst nur Deutsche Bürger werden, und bis zum Jahre 1356 galt für Krakau wie für viele andere Städte Polens bei Rechtsstreitigkeiten Magdeburg als gerichtlicher Oberhof. Im zunächst rein deutschen Domkapitel von Premissel durften sogar noch 1452 nur Geistliche wirken, die die deutsche Sprache beherrschten. Die ersten vier Bischöfe Lembergs waren Deutsche wie auch der erste in Premissel. Ein polnischer Geschichtsschreiber hielt fest:

»Bauten aus Stein führten bis zum 16. Jahrhundert nur die städtegründenden deutschen Ansiedler auf, die zugleich Organisatoren, Befestiger und Handwerker der wichtigsten Städte Polens waren. . . Sonst war Polen hölzern und blieb es lange Zeit.«

Deutsche trugen also in diesen frühen Jahrhunderten ebenso zur wirtschaftlichen Entwicklung Polens wesentlich bei wie erneut im 19. Jahrhundert zur Industrialisierung des Landes, etwa in Lodz.

Erfolgten die Siedlungen und Gründungen zu deutschem Recht auch nicht immer vorwiegend mit deutschen Kolonisten, so bewiesen doch auch diese Ausläufer der Kulturbewegung den deutschen Ursprung. Diese Kultur war nicht nur materieller Art. Ist schon das Recht als der geistige Ausdruck höherer menschlicher Vergesellschaftung in hervorragendem Maße ein Gebiet geistiger Kultur, so waren auch die in engerem Sinne geistigen Güter, Kunst, Wissenschaft aus deutschen Fäden gewebt. Es erübrigt sich, in diesem Zusammenhang Bekanntes zu wiederholen, Zahlen zu geben. Noch bis in die Anfänge neuzeitlicher polnischer Kulturentwicklung im 19. Jahrhundert zeigt sich die überragende Rolle deutschen Einflusses. Die höhere polnische Kultur ist aus der deutschen Kolonisation und deutscher Kulturarbeit erwachsen. Dabei darf nicht übersehen werden, daß Polen bei Beginn der Kolonisation ein dünnbesiedeltes Land war und daß erst städtisches Gewerbe und die Arbeitsteilung höherer Kultur die Siedlungsmöglichkeit verdichteten. Die deutsche Bevölkerung mußte innerhalb des polnischen Gebietes eine wachsende Bedeutung auch zahlenmäßig spielen, da es allein ihrer überlegeneren Wirtschaftsweise möglich war, sich dort Lebensraum zu schaffen, wo er für die Polen nicht vorhanden war. Die deutsche Bevölkerung hätte im natürlichen Entwicklungsgang das Übergewicht erhalten müssen, wie es etwa in Schlesien der Fall gewesen ist, wenn nicht vor allem in den östlichen Gebieten durch eine gewaltsame Entdeutschungspolitik und weitgehende Entrechtung der Kolonisten anschließend diese einer Zwangspolonisierung erlegen wären, wonach sie meist ihre höheren wirtschaftlichen und kulturellen Qualitäten verloren.

Die deutsche Kolonisation erscheint in einem ganz anderen Licht, wenn ihr – angesichts ihrer positiven Leistungen durch acht Jahrhunderte – die kulturzerstörenden Einflüsse polnischer Gegenbewegungen entgegengehalten werden. Zeiten polnischer Toleranz mit der Beförderung deutscher Einwanderung waren Zeiten wirtschaftlicher Blüte, Zeiten der Deutschenverfolgungen solche wirtschaftlichen und kulturellen Niederganges. Ursachen und Folgen lassen sich eindeutig unschwer verfolgen. Die Beseitigung des deutschen Rechtes, durchaus Formen des Minderheitenrechts, wie sie die Gegenwart auszubilden beginnt, hatte das Herabsinken der deutschen Bevölkerung auf die Stufe der Polen wirtschaftlich wie kulturell zur Folge gehabt. Eine weitere Folge war dann bei der Bedeutung des Rechts für jede Gemeinschaftsbildung das Absinken von Deutschen in das polnische Volkstum, sowohl auf dem Land als auch in den Städten: hier durch die Öffnung der Zünfte für Polen und die Beschränkung des Magdeburger Stadtrechts, dort durch die Aufhebung der freien Dorfverfassung und die Angleichung der deutschen Bauern an die sich nach polnischem Recht richtenden Polen. Das Ergebnis war überall das gleiche. Der Pole erwies sich oft als nicht fähig, in die ihm nicht gemäßen höheren Wirtschaftsformen hineinzuwachsen. Die städtischen Gewerbe verkümmerten. Die wirtschaftliche Blüte verfiel, bis eine folgende Zeit durch die Förderung neuer Kolonisation das Wirtschaftsleben wieder aufrichtete. Dabei mangelte es nicht an gehässigen, blutigen und grausamen Verfolgungen der Deutschen durch Polen. Es muß an jene Dissidentenverfolgungen erinnert werden, die mit der Gegenreformation einsetzten, ihre Höhepunkte im 18. Jahrhundert erreichten und Mitursache der Teilungen Polens gewesen waren. In der damaligen öffentlichen Meinung Europas galten die Polen alles andere als tolerant. England, Frankreich, Dänemark unternahmen diplomatische Schritte zum Schutz der religiösen Minderheit in Polen. Unduldsamkeit und staatliche Auflösung verbanden sich schon damals und besiegelten ein nach damaliger Meinung begründetes Schicksal des polnischen Staates.

Deutsch-polnische Beziehungen bis zum Ersten Weltkrieg

Sieht man von den politischen Verflechtungen einmal ab, die von den Machtzentren Habsburg, Deutschem Reich, Preußen, Rußland und Schweden ausgingen, so stellt Polen das Ergebnis des Ineinandergreifens zweier Volksgruppen dar, der polnischen und der deutschen. Je nach Standpunkt wurde die Frage erörtert, ob es sich dabei um eine gottgewollte rassische Überlegenheit des einen über die andere und um eine schicksalhafte Mission des deutschen Volkes im Osten handelte – oder um einen bösartigen, von einer angeborenen Eroberungssucht getragenen ›Drang des deutschen Volkes nach Osten‹, dem die Polen Widerstand zu leisten gezwungen waren.

Derartige polemische Beurteilungen der deutsch-polnischen Nachbarschaft vor 1914 gehen an der historischen Wahrheit vorbei. Denn Ursprung und Sinngehalt der deutschen Einwanderung können nur vom Standpunkt der Nützlichkeit und des wirtschaftlichen Denkens im Rahmen der polnischen Einwanderungsgesetzgebung richtig beurteilt werden. Sowohl dem deutschen Einwanderer als auch dem polnischen Veranlasser und Förderer der Einwanderung ging es nur um die Erlangung wirtschaftlicher Vorteile. Es entspricht auch in keiner Weise den Tatsachen, daß die deutschen Neusiedler wie Hunnen in das Land eingefallen seien und es auf Kosten der Polen an sich gerissen hätten. Vielmehr vollzog sich jeder größere Zuzug im Rahmen besonderer Rechtsnormen, die den Vorstellungen der Einwanderer und den Interessen des polnischen Staates Rechnung trugen. Im Mittelalter erhielten die deutschen Siedler mit dem ihnen zugestandenen deutschen Recht eine Kulturautonomie. Die gesetzliche Einrichtung des Staatsservitoriats[9] sicherte später deutschen Kaufleuten und Unternehmern Schutz ihres Vermögens und eine geradezu privilegierte Stellung innerhalb des polnischen Volkes zu. In der Verfassung vom 3. Mai 1791 sowie in der Einwanderungsgesetzgebung des Herzogtums Warschau und des Königreichs Polen (19. Jahrhundert) wurde die Frage der Einwanderung von Ausländern staatsrechtlich geregelt, wobei für Ausländer seit jeher gewisse Beschränkungen galten.

Einwanderergruppen

Die nach Polen eingewanderten Deutschen lassen sich in zwei Gruppen von Menschen unterteilen: in diejenigen, die von den Herrschenden eingeladen wurden, und in die, die von selbst kamen. Zur Zeit des alten Polens wurden alle großen deutschen Wellen von den Polen selbst veranlaßt. Dabei bedienten sich die polnischen Könige, Fürsten, Bischöfe und Großgrundbesitzer eines deutschen finanzkräftigen Unternehmers, der selbst oder mit Hilfe von Agenten Einwanderungswillige zur Gründung einer Stadt oder eines Dorfes anwarb.

Was die ununterbrochene Einzeleinwanderung anbetrifft, so muß noch eine Unterscheidung gemacht werden. Viele Gelehrte, Künstler, bedeutende Unternehmer, Rüstungshandwerker, Krieger, Mönche usw. wurden nach Polen eingeladen, wohingegen die Zahl derer, die ohne Berufung bis 1870 nach Polen kamen, sehr gering war.

---

[9] Staatsservitut: Vertraglich begründete Verpflichtung eines Staates gegenüber einem anderen Staat oder einer Volksgruppe, Überlassung von Stützpunkten.

Das alte Polen stand grundsätzlich für jeden Einwanderer offen. Erlangte er das Bürgerrecht einer Stadt, die Verleihung des polnischen oder die Anerkennung seines heimischen Adels, dann galt er rechtlich nicht mehr als ›Ausländer‹.

Das mittelalterliche Städtewesen in Polen

Ohne die deutsche Kolonisation ist die Entstehung des Städtewesens im mittelalterlichen Polen undenkbar. So berichtete schon der mittelalterliche polnische Historiker DLUGOSCH (1415–1480) über Krakau:

»BOLESLAUS DER SCHAMHAFTE hat seiner Stadt Krakau deutsches Recht und einen Vogt gegeben, um ihr zu einem Fortschritt zu verhelfen, den sie durch Polen und unter polnischem Recht nicht erreichen konnte.«[10]

Zu diesem Thema schrieb BRÜCKNER:

»Die deutsche Ansiedlung, besonders die städtische, war eine Wohltat für beide Seiten, den Deutschen sicherte sie Wohlstand, den Polen Ordnung. Die Rolle der Städte war geradezu erzieherisch. Man lernte Rücksichtnahme auf andere, Zusammenleben, Achtung vor dem Gesetz; das städtische Gerichtswesen (Recht und Rechtsgang) war im Vergleich zum einheimischen fortschrittlich. Die Städte schufen Handel und Gewerbe, die vorher nur im Keime bestanden. Durch sie vermehrte sich der Reichtum des ganzen Landes, hob sich das Niveau des ganzen Lebens. Sie schufen auch die Grundlage für die Schule – die Universität konnte nur in einer wohlverwalteten Stadt funktionieren. . . Nicht KASIMIR d. Gr. verwandelte das hölzerne Polen in ein gemauertes: die Städte vollbrachten das. Welch Unterschied zwischen dem deutschen Krakau von 1300 und dem bischöflichen von 1200 –, und das bezieht sich nicht nur auf Krakau, sondern auf jede andere Stadt.«[11]

GRODECKI, 1930 einer der besten polnischen Kenner dieser geschichtlichen Frage, schrieb über die Entwicklung heimischer Städte und ihrer Gemeindeorganisationen:

---

[10] LÜCK, Kurt, *Deutsche Aufbaukräfte in der Entwicklung Polens*, Hattstedt 1934, Nachdruck 1990, S. 25.
[11] LÜCK, ebenda, S. 23.

»Diese erlangten sie eben in fertiger Form dank der deutschen Kolonisation, die in unsere Städte die Zunftverfassung des Handwerks, die Gemeinde mit Selbstverwaltung und eigener Rechtsprechung und sogar in einer beträchtlichen Zahl der Fälle mit einem eigenen Organ einer richtigen städtischen Autonomie in Gestalt eines Stadtrates brachte. Diese bis dahin den Polen unbekannten Formen verpflanzten bei uns Deutsche von Geburt, die in bedeutend zahlreicheren Massen unsere Städte als die Dörfer bevölkerten. Mit Rücksicht auf die Erschwerungen, die unsere Fürsten, übrigens aus vielfach richtiger wirtschaftlicher Berechnung, der Ansiedlung polnischer Dorfbevölkerung machten, entstanden bei uns im 13. Jh. viele Stadtgemeinden als Siedlungen deutscher Bevölkerung, wo die Polen, falls sie schon früher vor der Bestiftung mit deutschem Recht wohnten, zur Rolle einer unbedeutenden Minderheit herabsanken. Die vorzüglichen Bedingungen für die wirtschaftliche Entwicklung, die bei der damaligen Lage des internationalen Handels Polen besaß, bewirkten bei einer lebhaften Einwanderung der Deutschen eine geradezu plötzliche Ausdehnung und Entwicklung unserer Städte, die dadurch, daß sie sich nach dem westlichen Vorbilde mit Mauern und Gräben umgaben, gleichzeitig neben den alten Großstätten außerordentlich wichtige Punkte der Landesverteidigung wurden, was sich schon am Beispiele Sandomirs und Krakaus beim dritten Tatareneinfall gezeigt hatte.«[12]

GRODECKIS Feststellung, daß in den Handelszentren die alte polnische Bevölkerung zahlenmäßig und wirtschaftlich eine bedeutungslose Rolle spielte, gilt für alle größeren Städte der damaligen Zeit.

Reformation und Gegenreformation in Polen

Die Geschichte der Evangelisch-Augsburgischen Kirche in Polen begann mit der Reformationsbewegung, die mit Martin LUTHER (1483–1546) im Heiligen Römischen Reich Deutscher Nation ihren Anfang nahm und sich in die europäischen Länder verbreitete.

In Schlesien, das im 16. Jahrhundert als Teil des Heiligen Römischen Reiches Deutscher Nation unmittelbar westlich des polnischen

---

[12] LÜCK, ebenda, S. 23 f.

Königreiches lag, berief der Stadtrat von Breslau schon im Jahre 1523 (fünf Jahre nach Luthers Thesen-Veröffentlichung) den ehemaligen Mönch Johann Hess (Jan Hess), der im Geiste der lutherischen Reformation predigte, zum Pfarrer der evangelischen Gemeinde der Maria-Magdalena-Kirche. Von Niederschlesien aus gelangte der reformatorische Gedanke nach Teschen, der einzigen Stadt im sonst katholischen Polen, in der noch heute die Mehrheit der Bevölkerung der lutherischen Kirche angehört.

Das Luthertum verbreitete sich auch im Herzogtum Pommern, wo unter Mitwirkung Bugenhagens die Reformation 1534 eingeführt wurde, nachdem der Nürnberger Reichstagsabschied von 1532 den Protestanten erstmals eine kaiserliche Legitimation gegeben hatte. Kaufleute und Studenten brachten Luthers Schriften auch in das polnische Königreich. Bereits 1518 wurden lutherische Predigten in Danzig gehalten.

Die reformatorischen Ideen verbreiteten sich im polnischen Königreich nicht nur unter Gelehrten, Bürgern und dem Adel, sondern bald auch in Teilen der Bevölkerung. Zwischen 1550 und 1580 (Einsetzen der Gegenreformation) erreichte der Protestantismus seine größte Verbreitung, ohne seinen Charakter als Konfession einer Minorität zu verlieren.[13]

In Masuren verlief die Reformation anders. Herzog Albrecht, der letzte Hochmeister des Deutschen Ordens, war mit der lutherischen Lehre vertraut geworden, verwandelte 1525 den Orden in ein weltliches Herzogtum und wurde weltlicher Fürst. Obwohl die polnischen Könige sich nicht der Reformation anschlossen, sicherten sie dem Luthertum in Preußen Schutz und Entwicklungsmöglichkeit zu – so auch König Sigismund August im Jahre 1569 nach dem Tod Herzog Albrechts: Die evangelische Religion nach dem Augsburger Bekenntnis sollte bewahrt werden.

Der Protestantismus förderte auch in Polen-Litauen die Verbreitung der polnischen und litauischen Schriftsprache, da die evangelischen Geistlichen anders als die damalige katholische Kirche die Muttersprache der Gläubigen gebrauchten.[14] 1553 erschien das *Neue Testament* in polnischer Sprache, 1561 die Übersetzung der *Confessio*

---

[13] Hauschild, Wolf-Dieter, *Lehrbuch der Kirchen- und Dogmengeschichte*, Bd. 1, Gütersloh 1999, S. 253.
[14] Ebenda, S. 255.

Augustana und 1563 die ganze *Bibel* (Biblia Brzeska / Brester Bibel oder Radziwill-Bibel). Die Evangelischen (jetzt auch neben den Lutheranern die Calvinisten) erreichten eine Mehrheit der Abgeordneten im polnischen Parlament Sejm, was sich in den Gesetzen zur Druck- und Konfessionsfreiheit, zu der Aufhebung der kirchlichen Zensur und der kirchlichen Gerichte zeigte. In der Warschauer Konföderation kam es 1573 zur Gleichberechtigung der Konfessionen. Die Besonderheit der polnisch-litauischen Reformation im 16. Jahrhundert war die religiöse Toleranz. Diese war mitbedingt durch das seit Jahrhunderten bestehende Nebeneinander verschiedener christlicher Konfessionen und Religionen im polnisch-litauischen Großreich, in dem viele Völker lebten und das sich zeitweise von der Ostsee bis nahe ans Schwarze Meer erstreckte.[15]

Durch die Synoden wurde eine demokratische Ordnung in den evangelischen Kirchen eingeführt, die sich auch gegen soziale Ungerechtigkeiten wandte sowie Bürger und Bauern in Schutz nahm. Anders als andere europäische Staaten blieb Polen-Litauen im 16. Jahrhundert weitgehend ohne gewaltsame religiöse Konflikte.[16] Den Protestanten in Polen-Litauen gelang trotz kurzzeitiger Erfolge (unter anderen Vereinigungssynode der Reformierten und der Böhmischen Brüder in Kozminek 1555, der sich auch die Lutheraner anschlossen) keine dauerhafte Einigung.[17]

Die Gegenreformation begann damit, daß das Sejm-Gesetz der Warschauer Konföderation, das den Protestanten 1573 völlige Religionsfreiheit gewährt hatte,[18] aufgehoben wurde. Die Könige Stephan Bathory und Sigismund III. förderten zwischen 1575 und 1632 die Gegenreformation, die maßgeblich von den Jesuiten getragen wurde. Zwar gelang es dem Protestantismus trotz aller Verfolgung, auf polnischen Boden zu überleben. Doch erst im 18. Jahrhundert erlaubte König Stanislaus August Poniatowski den Evangelischen, die Trinitatiskirche in Warschau (heute Haupt- und Bischofskirche) zu bauen.

Auf schlesischem Gebiet gestattete der Kaiser des Heiligen Römischen Reiches Joseph I. im Vertrag von 1707 den Bau von sechs Kir-

---

[15] Hauschild, ebenda, S. 253.
[16] Ebenda.
[17] Ebenda, S. 254.
[18] Ebenda.

chen, den sogenannten ›Gnadenkirchen‹ in Freystadt (heute polnisch: Kouzchów), Hirschberg (Jelena Góra), Landeshut (Kamienna Góra), Militsch (Milicz), Sagan (Zagan) und Teschen (Cieszyn). Der Zuzug evangelischer Bauern und Handwerker aus Europa, insbesondere aus Brandenburg, im 19. Jahrhundert förderte nicht nur die Industrie und Landwirtschaft in Polen, sondern auch den Protestantismus. 1888 wurde die Kirchenagenda vom Warschauer evangelisch-augsburgischen Konsistorium herausgegeben, 1891 die ganze Agende in polnischer Sprache. Und 1920 konnte die Evangelisch-Theologische Fakultät der Universität Warschau gegründet werden. Nach dem Ersten Weltkrieg wurden die Evangelischen Gemeinden der vormaligen Provinz Posen, die bis dahin zur preußisch-unierten Landeskirche gehört hatten, der Evangelisch-Augsburgischen Kirche in Polen angegliedert.

In den zwanziger Jahren des zwanzigsten Jahrhunderts umfaßte die evangelisch-augsburgische Kirche in Polen etwa 400000 Mitglieder (rund 1,3 Prozent der damaligen polnischen Bevölkerung).

Im Jahre 1939 war die Evangelisch-Augsburgische Kirche in Polen in 118 Gemeinden mit 40 Filialkirchen unterteilt. Es amtierten 179 Pastoren, und als Religionslehrer waren unter anderen 41 Geistliche tätig. Es gab damals zehn Diözesen, an deren Spitze der Senior als geistliches Oberhaupt stand:

Großpolen (Sitz: Posen
Kalisch
Lodz
Lublin
Petrikau
Plock
Schlesien
Wilna
Wolhynien (Sitz: Wlodzimierz).

Der Zweite Weltkrieg unterbrach den Prozeß der kirchlichen Stabilisierung. In den Konzentrationslagern und Gefängnissen kamen etwa 30 Prozent der evangelischen Geistlichen Polens ums Leben, unter ihnen auch der langjährige Bischof Juliusz BURSCHE.

Die Nachkriegspolitik verminderte die Zahl der Gemeindemitglieder der Evangelisch-Augsburgischen Kirche Polens. Etwa 75 Prozent der Gemeindeangehörigen wurden in Folge der Vertreibungen nach dem Zweiten Weltkrieg zwangsausgesiedelt. Zwar wurde das Leben der Evangelisch-Augsburgischen Kirche wieder stabil und entwickelte sich (besonders nach 1990) weiter, doch macht die Zahl der evangelisch-lutherischen Gemeindemitglieder heute lediglich 0,2 Prozent (etwa 80 000 Mitglieder) der polnischen Bevölkerung aus. Das Verhältnis zwischen dem Staat und der Evangelisch-Augsburgischen Kirche regelt ein Gesetz, das am 13. Mai 1994 vom polnischen Parlament verabschiedet wurde.

Polens Industrialisierung

Auch in den der Besiedlung folgenden Jahrhunderten waren es vor allem Deutsche, die als Bauern, Handwerker, Baumeister, Lehrer, Künstler und Wissenschaftler Polen halfen, westlichen Standard zu erreichen. Im Osten, besonders im Raum Lemberg, verteidigten sie erfolgreich Polen gegen den Ansturm der Kosaken und Tataren. Nach Beginn der Industrialisierung im 18./19. Jahrhundert, die sich von England aus rasch in Europa verbreitete, waren es wiederum Deutsche, die in Polen die Initiative ergriffen und Unternehmen gründeten. Da es hier nicht darum geht, die gesamte Entwicklungsgeschichte Polens aufzuarbeiten, soll am Beispiel der Stadt Lodz der Anteil der Deutschen auch an der Industrialisierung aufgezeigt werden.

Lodz war Anfang des 19. Jahrhunderts ein unbedeutender Ort. 1834 wurde mit einer Wollspinnerei die erste größere Fabrik eingerichtet. 1864 zählte Lodz bereits 38 130 Einwohner, darunter 17 810 Deutsche (etwa 47 Prozent). Sie waren es, die als Fabrikbesitzer, Meister, Fabrikangestellte, Handwerker, Hausbesitzer und Kaufleute das Fabriks- und Geschäftsleben der Stadt beherrschten. Das zeigt die Bedeutung des Deutschtums für die Stadt Lodz und die Industrie Polens auf, für die Lodz stellvertretend war. In diesem Sinne hielt der Statthalter des Königreichs Polen, Graf VON BERG, ein Deutschbalte, bei der Eröffnung der sogenannten Lodzer Fabrikbahn 1865 auf deutsch eine Ansprache an die versammelten deutschen Fabrikbesitzer:

»Die Stadt Lodz bildet eine interessante Erscheinung im polnischen Lande. Sie verdankt ihren Wohlstand der deutschen Industrie, dem Unternehmungsgeist der Deutschen und dem deutschen

Fleiße. Nächst Warschau ist Lodz die volkreichste Stadt des Königreichs Polen. Sie zählt über 40000 Einwohner, darunter zwei Drittel Deutsche. Lodz ist die Metropole von über 100000 deutscher industrieller Bewohner, welche sich in zahlreichen Städten angesiedelt haben. Ich glaube, diesen Bewohnern einen guten Rat zu geben, wenn ich sie zur treuen Nachahmung der Tugenden ihrer Väter und zum beständigen Festhalten am deutschen Charakter aufmuntere, der sie unterscheiden soll und der stets wohltätig auf ihre Lage rückwirken wird.«[19]

Die ersten Organisationsformen und sozialen Einrichtungen des polnischen Arbeiterstandes entstanden unter dem Einfluß und entscheidender Mithilfe der deutschen Facharbeiter.

Deutscher Anteil am polnischen Geistesleben und an der Kunst im 19. Jahrhundert.

Auch bei der Bildung einer neuen Intelligenzschicht war der Anteil des deutschen Mittelstandes in Polen bedeutend. Das ergibt sich schon aus den Wörterbüchern der Ärzte, Baumeister, Maler usw., sowie aus den Listen der Gründer, führenden Persönlichkeiten und ersten Mitglieder aller wissenschaftlichen Gesellschaften in Polen.

In einem Aufsatz stellt Prof. F. BUJAK die Entwicklung der polnischen Wissenschaft in den Jahren 1800 bis 1880 dar. Nach ihm unterscheiden sich die Gelehrten mit polnischen und deutschen Namen dieser Zeit sehr deutlich. Die Deutschnamigen

»zeigen im allgemeinen mehr systematische Art und Gründlichkeit auf als viele Gelehrte mit polnischen Namen. Ihre Werke haben z. T. ihren Wert bis zur Gegenwart behalten, die der polnischnamigen nicht; manche der letzteren wurden sofort nach Erscheinen ungünstig beurteilt. . . Schon vor 1830 machte sich der deutsche Einfluß auf das polnische Geistesleben sehr günstig bemerkbar. . . Nach 1863 waren die Quelle der eigentlichen Entwicklung der polnischen Wissenschaft die deutschen Universitäten und Technischen Hochschulen, an denen sich die Gesamtheit der polnischen Gelehrten sowohl der Geistes- wie Naturwissenschaften bildete. . . Bis zum achten Jahrzehnt dieses Jahrhunderts bildete

---

[19] LÜCK, Kurt, *Deutsche Aufbaukräfte in der Entwicklung Polens*, aaO., S. 354.

sich die berufsmäßig arbeitende Intelligenz in ungeheuer überwiegendem Maße aus dem Adel (*szlachta*) und dem Bürgertum
deutscher Abstammung«.[20]

Deutschfeindliche Stimmen und Maßnahmen

Die starke Durchdringung Polens mit deutschen Sprachinseln konnte
naturgemäß nicht reibungslos vonstatten gehen. Um die Mitte des
13. Jahrhunderts herrschten, wie das oben zitierte Urteil des Posener
Bischofs BOGUFAL und die großzügige Einwanderungspolitik der polnischen Fürsten bezeugen, nahezu ungetrübte Beziehungen zwischen
beiden Völkern. Doch es ist eine Erfahrung bis in die heutige Zeit,
daß Einwanderungswellen die Kräfte wecken und stärken, die sich
dann gegen deren Ausbreitung wenden. Wie im 20. Jahrhundert stellten sich bereits im 13. Jahrhundert polnische Geistliche an die Spitze
der Gegenkräfte – zumal in den deutschen Städten und in nahezu
allen Klöstern die Geistlichen und an fast allen Schulen, auch an den
polnischen, die Lehrer Deutsche waren, da noch nicht genügend
Polen herangebildet worden waren. Als erster verbot Erzbischof FUL
KO von Gnesen 1257, Deutsche als Lehrer in den Schulen aufzunehmen, die nicht die polnische Sprache beherrschten.

Sein Nachfolger, Erzbischof Jakob SWINKA (1283–1313), verschärfte
als Anführer einer deutschfeindlichen Bewegung unter der polnischen Geistlichkeit FULKOS Verbot 1285 auf der Synode in Lentschitz
(Lczyca). Er beschimpfte die Deutschen als »Hundeköpfe« und beschwerte sich 1285 bitterlich bei den Kardinälen der römischen Kirche über die deutschen Einwanderer, daß sie infolge der ihnen zu
gewährenden Freijahre der Kirche den Zehnten nicht entrichteten,
das polnische Volk verachteten und bedrückten, der löblichen alten
Rechte und Gewohnheiten beraubten und anderes mehr.

Zu Beginn des 14. Jahrhunderts kam es in Westpolen zu machtpolitischen Auseinandersetzungen. Ladislaus ELLENLANG, Fürst der
kujavisch-kleinpolnischen Linie, versuchte, das in Teilfürstentümer
gespaltene Land in seiner Hand zu vereinigen. Dem widersetzten
sich ein Teil der deutschen kleinpolnischen Städte, vor allem Kra-

[20] BUJAK, F., »Rozwój nauki pólskiej w latach 1800 do 1880«, in: *Nauka Polska*,
Bd. XV., S. 203 ff, 213 f. – zit. in: LÜCK, Kurt, *Deutsche Aufbaukräfte in der
Entwicklung Polens*, aaO., S. 377 f.

kau, sowie der großpolnische Adel und besonders die Bürger der Stadt. Doch dem tatkräftigen ELLENLANG gelang es, 1311 Krakau und 1312 auch Posen für das zu einende Polenreich zurückzuerobern. Die aufsässigen deutschen Bürger wurden drakonisch bestraft und damit ein für allemal die selbständigen politischen Regungen der deutschen Einwanderer erstickt.

Nach der Einigung Polens wandte sich ELLENLANG gegen den Kreuzritterorden, um ihm Pommerellen wieder zu entreißen. Zum ersten Mal entbrannte zwischen Polen und Deutschen der Kampf um das Gebiet des späteren Korridors. Die Ordensritter fielen dabei in Kujavien und Großpolen ein und richteten große Verheerungen an. Aber Ladislaus ELLENLANG verfuhr keineswegs zimperlicher.

Am Ende des zwölfjährigen Krieges (1320–1332) siegte der Ritterorden, dadurch konnte sich das deutsche Element in Pommerellen erfolgreich behaupten.

Polnischer Irredentismus[21] vor 1918

Roman DMOWSKI, Mitunterzeichner des Versailler Diktats, gehört neben PILSUDSKI zu den bedeutendsten Vorkämpfern für die Wiederaufrichtung Polens. Anfangs standen sie sich freundlich gegenüber, da beide die Trennung vom zaristischen Rußland anstrebten. Doch im Jahre 1896 Jahre gründete DMOWSKI eine eigene, die ›national-demokratische Partei‹ mit der *Allpolnischen Rundschau* als Hauptorgan. Diese Partei stellte bis zum Zweiten Weltkrieg in den polnischen Westgebieten die nationalistisch führende, scharf deutschfeindliche Gruppe dar.

Jahrzehnte vor dem Weltkriege proklamierte die polnische Agitation»die Wiedergeburt aus der Bluttaufe«, die gewaltsame Abtrennung polnischer Gebiete während eines notwendig kommenden europäischen Krieges. Nur um ein Jahr hatte sie sich geirrt, als sie den Ausbruch schon für das Jahr 1913 ansetzte. 1903 verkündete die Flugschrift des Aufsichtskommissars des Rapperswyler Nationalschatzes zur vierzigjährigen Wiederkehr des letzten Aufstandes: Der Grund zu einem erfolgreichen Aufstand sei vorbereitet. Wie im einzelnen bei dem »natürlich unglücklichen Kriege« für Deutschland

---

[21] Irredenta, ital. ›unerlöst‹, ein Gebiet unter Fremdherrschaft soll befreit werden.

das polnische Gebiet umrissen werden würde, das werde von der politischen Rolle abhängen, zu der jener Krieg das heutige Preußen degradieren werde.

Polnische Mitschuld am Ersten Weltkrieg

Auf der Legionärstagung in Neu-Sandec, die zur Erinnerung an den zehn Jahre zuvor erfolgten Ausbruch des ersten schlesischen Polenaufstandes abgehalten wurde, hielt Oberst SLAWEK, der Vorsitzende des Legionärverbandes, 1929 eine Festansprache, in der es unter anderem hieß:

»... Wenn wir uns die Etappen ins Gedächtnis zurückrufen, die wir Legionäre durchlebten, so sehen wir eine lange Periode der Schützenorganisationen, lange Jahre der Arbeit, in denen der Krieg, auf den wir warteten, nicht zu kommen schien. Endlich war er da! Es kam ein langer Krieg, in dem wir unter ungeheuer schweren Bedingungen des Tages harren mußten, an dem sich unsere tiefsten Träume verwirklichten...«[22]

Diese Hoffnung und die Vorarbeit polnischer Führer auf einen europäischen Krieg fanden bereits um die Mitte des 19. Jahrhunderts im bekannten *Gebet* des größten polnischen Nationaldichters, Adam MICKIEWICZ, ihren klassischen Ausdruck:

»Um den allgemeinen Krieg bitten wir Dich, Herr, für die Freiheit der Völker!«

1904 beabsichtigte PILSUDSKI in Kongreßpolen einen Aufstand gegen Rußland, was DMOWSKI aber entschieden ablehnte. Er erstrebte dagegen eine Autonomie des polnischen Teilgebietes im Rahmen Rußlands und hoffte auf einen Krieg Rußlands gegen die Mittelmächte. Rußland konnte 1914 unter anderem deshalb den Krieg gegen das Deutsche Reich und Österreich riskieren, weil es in Kongreßpolen als seinem wichtigsten Aufmarschgebiet dank DMOWSKI sich der polnischen Loyalität sicher wußte.

DMOWSKI, Angehöriger des zaristischen Parlaments, der Duma, änderte seine russophile Haltung auch während des ersten Kriegsverlaufs nicht, wie seine panslawistische Erklärung hinsichtlich der polnischen Kriegsziele vom 5. November 1915 beweist:

---

[22] *Deutsche Zeitung* vom 16. 8. 1929.

».. . Daher ist es unbedingt nötig, daß Rußland in dem polnischen
Volke ein Werkzeug habe, um die Westslawen zum Zwecke des
Kampfes mit dem Germanentum mächtig zu beeinflussen. Bei der
Bestimmung der zukünftigen Grenzen des Zarentums Polen muß
das ethnographische Prinzip zugrunde gelegt werden, wobei es
jedoch bei der Bestimmung seiner Westgrenze unerläßlich erscheint, von diesem Prinzip abzugehen und strategische und politische Erwägungen sowie geographische Besonderheiten ins
Auge zu fassen. . .«[23]

Als dann diese Anbiederungspolitik an das Zarenreich scheiterte,
zog DMOWSKI im November 1915 erst in die Schweiz, wo er eine polnische Pressestelle gründete, und ließ sich dann in London nieder. Von
dort führte er einen Propagandafeldzug in großem Stil, der sich auf
ganz Westeuropa erstreckte. Dabei versuchte er, den damaligen britischen Außenminister BALFOUR mit einer Reihe von Denkschriften
zu beeinflussen. Zu diesen gehörte eine ausführliche Darstellung mit
dem Titel »Probleme Mittel- und Osteuropas«:

».. . Königsberg zugleich mit dem die Stadt umgebenden Länd-
chen muß, da es zum geographischen Gebiete Polens gehört, früher oder später sich ökonomisch mit Polen verbinden, in unser
Wirtschaftssystem aufgehen. . . Allmählich wären die Beziehungen immer normaler geworden, während die Zugehörigkeit Ostpreußens zu Deutschland notwendig einen pathologischen Zustand schafft.

An Polen zurückgegeben, wird Danzig von neuem der Hauptha-
fen dieses großen und reichen Landes sein, und seine Bevölkerung wird schnell wachsen durch die polnische Einwanderung.
Das heutige Danzig ist deutsch; aber unter normalen Bedingungen, d. h. unter Bedingungen einer natürlichen Entwicklung, wird
es unweigerlich eine polnische Stadt werden.«[24]

Noch im selben Jahr gab DMOWSKI der allpolnischen Werbearbeit
durch Gründung des ›Polnischen Nationalkomitees‹ (Paris) einen
offiziellen Mittelpunkt und beeinflußte die maßgebenden Stellen

---

[23] ROTH, Paul, *Die Entstehung des polnischen Staates*, Berlin 1926, S. 4 f.; zitiert aus den Bemerkungen des polnischen Historikers ASKENAZY.
[24] RECKE, Walter, *Die polnische Frage als Problem der europäischen Politik*, aaO.,
S. 299 ff.

durch weitere Eingaben. Der erste größere Erfolg der DMOWSKI-Propaganda zeigte sich darin, daß US-Präsident WILSON am 8. Januar 1918 im vorletzten seiner »14 Punkte« die »Errichtung eines unabhängigen polnischen Staates« zu einer Hauptvoraussetzung des künftigen Friedens erklärte. Allerdings entsprach die dehnbare Formulierung dieses Grundsatzes durchaus noch nicht den national-demokratischen polnischen Wünschen, da sie Polen ein Anrecht nur auf »die von einer unbestreitbar polnischen Bevölkerung bewohnten Gebiete«, also noch nicht einmal auf Posen, zugestand. Daher wurde, um WILSON vollends zu gewinnen, DMOWSKI vom ›Polnischen Nationalkomitee‹ im August 1918 nach Amerika geschickt. Hier hatte Georg SOSNOWSKI, einer der Mitschuldigen an Amerikas Kriegsbeteiligung, schon seit 1915 Vorarbeiten geleistet. Zusammen mit PADEREWSKI und M. SEYDA versuchte DMOWSKI, die fast vier Millionen amerikanischer Polen für seine extremen Gebietsforderungen zu mobilisieren.

Eine erste Unterredung mit Präsident WILSON blieb ergebnislos. Auf dessen Wunsch sandte DMOWSKI die »Denkschrift dem Präsidenten der Vereinigten Staaten, W. Wilson, am 18. Oktober 1918 in Washington von R. DMOWSKI vorgelegt«, eine ausführliche Niederschrift mit vier Karten, die den US-Präsidenten von der historischen, ethnographischen und moralischen (!) Rechtmäßigkeit der polnischen Ansprüche auf die preußischen Ostprovinzen überzeugen sollte.

Diese Denkschrift muß als die ›Magna Charta‹ des polnischen Annexionismus bezeichnet werden. Sie bietet eine gedrängte Zusammenfassung aller Gebietsforderungen, die in vielen Zeugnissen bis 1939 in immer gesteigerter Form wiederkehrten. Aus der umfangreichen Denkschrift kann hier nur ein sehr knapper Auszug gebracht werden:[25]

Das polnische Problem als territoriales Problem

»Gelegen zwischen Deutschland, dem größten Volke des Kontinents, das immer die Verschlingung und Eroberung Polens anstrebte, und Rußland, wo anscheinend die zersetzenden Kräfte

---

[25] ROTH, Paul, *Die Entstehung des polnischen Staates*, aaO., S. 133 ff., übersetzt aus: KOZICKI, *Die Frage der Grenzen Polens* etc. S. 170 ff.

die Oberhand gewinnen und das wahrscheinlich nicht imstande sein wird, Polen wirksame Hilfe gegen einen deutschen Angriff zu leisten, muß Polen für sich selbst ein starker, vollkommen unabhängiger Staat sein, der imstande ist, für sich selbst zu sorgen und sich nach seiner eigenen Linie zu entwickeln. Es muß eine große schöpferische Demokratie in Osteuropa werden, eine Schanze gegen den deutschen Drang nach dem Osten. Und gleichzeitig muß es sich gegen zersetzende Einflüsse wehren. . . Die folgende Erörterung der Lage in den verschiedenen Teilen des ethnographischen und historischen polnischen Gebietes bezweckt, ihre Bedeutung für die Zukunft Polens zu zeigen und die Berechtigung der polnischen Forderungen in bezug auf die einzelnen Provinzen nachzuweisen.

Das preußische Teilgebiet

Das polnische Gebiet im preußischen Staate zerfällt in vier Provinzen:

Posen, Westpreußen, Ostpreußen und Schlesien. Posen, Westpreußen und ein Teil Ostpreußens gehörten zum polnischen Staate bis zur ersten (1772) und zweiten (1793) Teilung Polens. Schlesien und der Hauptteil Ostpreußens gehörten zur Zeit der Teilungen schon nicht mehr zu Polen, umfaßten in ihrer Sprache aber polnische Gebiete. . . [!]

1. Posen:

. . . Es kann kein Zweifel [!] bestehen an dem Recht des polnischen Volkes auf Posen. Es ist ein wesentlicher Teil Polens und einer der wichtigsten Teile für die künftige Entwicklung des polnischen Volkes. . .

2. Westpreußen:

. . . Die amtlichen Ziffern über Danzig stellen diese Stadt als rein deutsch hin. Indessen zeigen private Forschungen auf polnischem Wege, daß fast die Hälfte der Bevölkerung polnisch ist [!], wenn auch oberflächlich germanisiert [!] . . . Westpreußen muß nach dem Kriege aus folgendem Grunde zum polnischen Staat gehören:

HERMANN VON SALZA, Hochmeister des Deutschen Ritterordens. Er ließ sich von Kaiser FRIEDRICH II. in der *Goldenen Bulle von Rimini* 1226 den Status eines Reichsfürsten zusichern.

Einzug des Hochmeisters des Deutschen Ordens SIEGFRIED VON FEUCHTWANGEN auf der Marienburg 1309. Das Gemälde von Karl Wilhelm KOLBE entstand 1825.

Zu Seite 25: JAN III. SOBIESKI in der siegreichen Schlacht gegen die Türken 1673. Er schmückte sich allerdings mit den militärischen Leistungen anderer.

Rechts, zu Seite 26 f.: Erste Teilung Polens 1772 zwischen KATHARINA II. von Rußland, JOSEPH II. von Österreich und FRIEDRICH II. von Preußen. Der polnische Reichstag willigte in die Teilung ein. Zeitgenössischer Kupferstich.

»Abschied der Polen vom Vaterland« nach dem Scheitern des Aufstands gegen die Russen im Jahre 1830. In Deutschland kam es zu zahlreichen Solidaritätsbekundungen mit dem polnischen Aufstand. Auf dem Hambacher Fest am 27. Mai 1832 waren deutsche und polnische Nationalflaggen zu sehen. Gemälde von Dietrich MONTEN aus dem Jahre 1832.

Von links: AUGUST DER STARKE von Sachsen als KÖNIG AUGUST II. von Polen; STANISLAW II. August Poniatowski, der letzte König Polens; der polnische Nationaldichter Adam MICKIEWICZ (1798–1855; siehe S. 45).

Oben: Webereisaal der Textilwerke Scheibler & Grohmann AG in Lodz, die bereits vor dem Ersten Weltkrieg 10 000 Menschen beschäftigte. Bild im Bild: Carl Wilhelm VON SCHEIBLER, der als ›Vater von Lodz‹ galt.

Unten: Bauernhof in Kotusch im Obrabruch, nahe Kosten. Durch konsequente Anbaumethoden wurde die alte deutsche Ostmark zu einem wichtigen landwirtschaftlichen Überschußgebiet, das einen erheblichen Teil des Deutschen Reichs mit Lebensmitteln versorgte. Beide Abbildungen aus: Bernd G. LÄNGIN, *Deutsche Bilder,* Augsburg 1990.

a) es war ein unabtrennbarer Teil des polnischen Staates vor den Teilungen,

b) es ist polnisch auf Grund der polnischen Nationalität der Mehrheit (!) seiner Bewohner, mit Ausnahme weniger Kreise, die allerdings germanisiert worden sind. Einen Teil des germanisierten Gebietes an der Südwestecke Westpreußens würde man gegen den östlichen Teil Pommerns, der einen starken Bruchteil [?] polnischer Bevölkerung besitzt, in deutscher Hand lassen können. Dadurch würde sich die polnische Grenze von Danzig aus weiter nach Westen verschieben...

3. Ostpreußen:

Das Gebiet besteht aus zwei in historischer Hinsicht verschiedenen Teilen:

a) der kleinere westliche Teil, Ermland mit der Hauptstadt Allenstein, hat mit seiner polnischen und deutschen, katholischen Bevölkerung bis zu den Teilungen zum polnischen Staate gehört. Der größere östliche Teil mit der Hauptstadt Königsberg und einer Bevölkerung, die im Norden und in der Mitte aus Deutschen, im Süden aus Polen und im Osten aus Litauern besteht, sämtlich lutherischer Konfession, hat niemals einen unabtrennbaren Teil des polnischen Staates gebildet... Das Bestehen dieses deutschen Vorpostens zwischen den Mündungen der Weichsel und der Memel, der zwei großen Flüsse Polens, war eine der Hauptursachen des Verfalls Polens und ist jetzt das Haupthindernis zum Aufbau eines wirklich unabhängigen polnischen Staates.

Die Frage Ostpreußens erfordert eine gründliche Auseinandersetzung.

In sprachlicher Hinsicht ist der größte Teil des Gebietes deutsch.

In geographischer Hinsicht gehört es zum polnischen Gebiet.

In historischer und ethnographischer Hinsicht ist das Land nicht deutsch [!], da seine ersten Bewohner die Preußen waren, ein Zweig des litauischen Stammes, der später vom Ritterorden germanisiert worden ist.

In wirtschaftlicher Hinsicht ist es ein Land, das sich in völliger Stagnation befindet. Durch eine Zollgrenze von Polen getrennt,

zu dem es von Natur gehören sollte, mußte Ostpreußen eine ver-
armte Provinz mit einer dünnen Bevölkerung (144 auf die Qua-
dratmeile, während Polen 260 zählt) bleiben.«

Die folgenden Abschnitte handeln von den sozialen und politischen
Verhältnissen der Provinz, die Dmowski als ein »mittelalterliches
Land«, als die »Festung der preußischen Reaktion« usw. zu kenn-
zeichnen versuchte.

»4. Schlesien:

... Sehr wichtige Gründe sprechen für den Anschluß Oberschlesiens und dreier Kreise Mittelschlesiens an Polen. Diese Gründe
sind die folgenden:

a) In geschichtlicher Hinsicht ist dies ein altes polnisches Gebiet
(es heißt sogar Altpolen), das dreimal seine Herren gewechselt
hat, jetzt aber, dank einer vor verhältnismäßig kurzer Zeit erfolgten Eroberung, preußisch ist.

b) In nationaler Hinsicht ist es ebenfalls polnisch, da die Deutschen
dort nur einen sehr geringen Bruchteil [!] der Bevölkerung bilden.

c) Geographisch gehört es zu Polen und bildet eine unbedingt
nötige Verbindung zwischen Polen und der Tschechoslowakei.

d) Die Gewinnung des schlesischen Kohlenbeckens durch Polen
würde für dessen industrielle Entwicklung sichere Grundlagen
schaffen und aus Polen einen ernsthaften Konkurrenten Deutschlands auf den Märkten Osteuropas machen. . .

Das Problem des ehemals preußischen Teilgebiets ist für Deutschland von außerordentlicher Bedeutung. Das polnische Schlesien
enthält den dritten Teil seines Kohlenvorrats. Das Posener polnische Gebiet liegt nur zwei Eisenbahnstunden von Berlin. Das polnische Gebiet Westpreußens endlich bildet die Verbindung zwischen dem eigentlichen Deutschland und dem Königsberger Land,
dem deutschen Vorposten, von dem aus Deutschland Rußland
überwacht, und der Basis für deutsche Einflüsse in den baltischen
Provinzen (Kurland, Livland, Estland), wo das deutsche Element,
wenn auch nicht sehr zahlreich, doch in sozialer und wirtschaftlicher Hinsicht dominiert. Der Besitz des Ostsee-Ufers bis zur Me-
melmündung und die Erstreckung des deutschen Protektorats

über dessen östlichen Teil sichert Deutschland die völlige Herrschaft über die Ostsee und gibt mittelbar die Kontrolle über die
skandinavischen Länder und die Handelswege nach Rußland in
seine Hand. Deutschland gibt sich außerdem Rechenschaft darüber, daß, wenn es das polnische Ostsee-Ufer sowie die starke
strategische deutsche Position in Schlesien und im masurischen
Seengebiet Ostpreußens in der Hand hat, die Unabhängigkeit auch
eines sehr ausgedehnten Polens nur leerer Schein sein wird. . .
Die oben dargelegte Lösung der polnischen Frage ist das Ergebnis einer langen und sorgsamen Analyse der Lage Polens. Nach
der tiefen Überzeugung der Polen ist sie die einzige Lösung, die
dem Lande eine unabhängige Entwicklung in Frieden und Sicherheit im Falle eines Konfliktes zu gewährleisten imstande ist. . .«

Diese bewußten Falschdarstellungen – *right or wrong, my country!* –,
mit denen DMOWSKI Präsident WILSON für die allpolnischen Ziele zu
gewinnen versuchte, überbot er noch anläßlich seiner Abschieds-
audienz beim US-Präsidenten (Anfang November 1918) mit einem
Erpressungsversuch:

»Herr Präsident, Sie wissen zweifellos, wie Ihre amerikanischen
Polen sich mit dieser Frage [den polnischen Gebietsforderungen;
der Verfasser] befassen. Die an ihrer Spitze stehenden Leute stam-
men hauptsächlich aus dem von Preußen geraubten polnischen
Gebiete.

Wenn wir heute nicht die gebührende Grenze gegenüber Deutschland erhalten, wenn wir nicht nur Posen, sondern auch Schlesien,
unsere Ostseeküste mit Danzig nicht erhalten, wird keiner von
ihnen verstehen, warum das geschah. Das sind aber Leute, die
heute fest an Sie glauben. . .«[26]

Historische Nachforschungen RECKES haben inzwischen ergeben, daß
»deutsches Reichsgebiet nach dem Willen WILSONS, wie er bis zum
November 1918 bestand, überhaupt nicht an den zu errichtenden
polnischen Staat abgetreten werden sollte«.[27]

---

[26] ROTH, Paul, *Die Entstehung des polnischen Staates*, ebenda, S. 37, Anmerkung 1, und RECKE, aaO., S. 320.
[27] RECKE, Walter, *Die polnische Frage als Problem der europäischen Politik*, ebenda, S. 316.

Anscheinend hat aber jene Drohung Dmowskis angesichts der damals bevorstehenden Kongreßwahlen ihre Wirkung auf Wilson nicht verfehlt! (siehe unten)

Zweiter Teil

Entstehung des polnischen Staates und Okkupation Posens und Westpreußens

1. Das neue Polen

Proklamation eines polnischen Staates

Mit der Proklamation eines polnischen Staates schufen die Mittelmächte am 5. November 1916 die Grundlage für die Wiederherstellung des polnischen Staates. Am 20. September 1917 erkannte die
russische Provisorische Regierung das am 15. August 1917 in Lausanne gegründete Polnische Nationalkomitee mit Sitz in Paris an.
Der amerikanische Präsident Woodrow WILSON nahm die Forderung
nach Wiederherstellung eines polnischen Staates unter Punkt 13 in
sein Vierzehnpunkte-Programm auf.

Das polnische Staatsgebiet umfaßte zunächst nur Kongreßpolen und
Westgalizien. Der großpolnische Aufstand vom 27. Dezember 1918
fügte jedoch gewaltsam den Großteil der Provinz Posen hinzu. Im
Frühjahr 1919 wurde auch Ostgalizien mit Waffengewalt gewonnen.

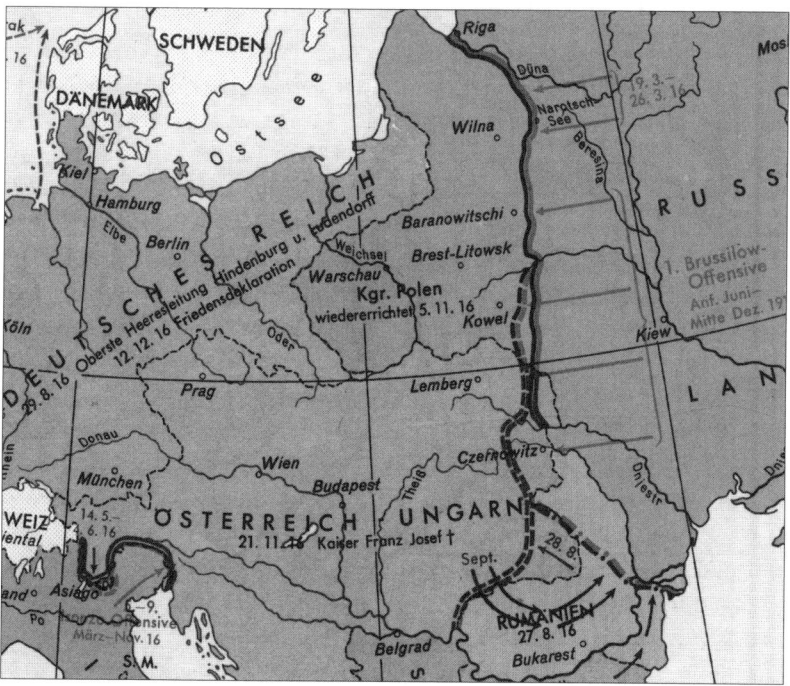

Karte 4: Polen im Kriegsjahr 1916, aus *Putzger. Historischer Weltatlas*
(Ausschnitt).

Im Versailler Diktat erhielt Polen 1919 fast ganz Posen und den größeren Teil Westpreußens (westlich der Weichsel; den Polnischen Korridor). Polen erhob außerdem Ansprüche auf das südliche Ostpreußen, auf Westpreußen östlich der Weichsel sowie auf Oberschlesien, doch gemäß dem Versailler Diktat sollte darüber abgestimmt werden. Während die Volksabstimmungen am 11. Juli 1920 in den beiden erstgenannten Gebieten ganz zuungunsten Polens ausfielen (über 90 Prozent für Deutschland), stimmten in Oberschlesien am 20. März 1921 immerhin fast 60 Prozent für Deutschland. Anstatt dieses Ergebnis zu akzeptieren, beschlossen die Alliierten am 21. Oktober 1921 auf Drängen Frankreichs, Ostoberschlesien mit seinen Industrie- und Kohlenrevieren Polen zu überlassen, um Deutschlands Wirtschaft zu schwächen. Auch Kattowitz (mit 58,8 % deutschen Stimmen) und Königshütte (mit 59,8%) fielen am 15. Juni 1922 an Polen.

Albert Korfanty und Stefan Kuby ringen um Oberschlesien

Albert KORFANTY, der Sohn eines Bergarbeiters, war der erste Abgeordnete, der mit dem Mandat der ›Polnischen Nationaldemokratischen Partei‹ (›Polenpartei‹) von 1903 bis 1912 für den Wahlkreis Kattowitz-Zabrze Mitglied des Deutschen Reichstages wurde. Nach einer Unterbrechung wegen eines Finanzskandals zog er 1918 über eine Nachwahl, diesmal im Wahlkreis Gleiwitz, erneut in den Reichstag ein.

In der Zeit von 1904 und 1918 war KORFANTY zugleich Mitglied des Preußischen Landtages, wo er sich für die polnische Bevölkerung einsetzte. Kurz vor dem Ende des Ersten Weltkrieges sprach er sich in seiner Reichstagsrede vom 25. Oktober 1918 für den Anschluß der deutschen Ostgebiete an Polen aus. Grundlage seiner Rede war der 13. Punkt des 14-Punkte-Programms des US-Präsidenten Woodrow WILSON. Er sah die Wiederherstellung eines unabhängigen polnischen Staates vor, doch es waren nicht mehr die historischen Grenzen vor den Teilungen gemeint, sondern alle »von einer unbestreitbar polnischen Bevölkerung bewohnten Gebiete«.

Nach dem Ende des Ersten Weltkrieges polonisierte Albert KORFANTY seinen Vornamen und organisierte als Wojciech KORFANTY Aufstände in Oberschlesien, um dessen Anschluß an Polen mit Gewalt zu erzwingen. Nachdem mit dem Versailler Diktat das Deutsche Reich zunächst ganz Oberschlesien an Polen abtreten sollte, erreichte die deutsche Bevölkerungsmehrheit nach Protesten die Durchführung eines Volksentscheides. Die polnischen Freikorps ›Polska Organizacja Wojskowa Górnego Zlska‹ starteten am Morgen des 17. August 1919 in Paprotzan, Landkreis Pleß (heute Pszczyna), einen Aufstand, der durch die Korps der Schwarzen Reichswehr, unter anderen der Brigade Ehrhardt, in den Kämpfen um Oberschlesien niedergeschlagen wurde. Eine Kommission der Alliierten übernahm nun die Verwaltung des Gebietes. KORFANTY wurde mit der Organisation einer Volksabstimmung beauftragt. Das Polnische Plebiszitkommissariat nahm seinen Sitz in Beuthen (Oberschlesien). Dort befand sich im Hotel ›Schlesischer Hof‹ auch die Zentrale des KORFANTYschen Freikorps unter der Tarnbezeichnung ›Verband ehemaliger Kriegsgefangener‹.

Die Sicherheitslage in Oberschlesien verschlechterte sich von Tag zu Tag durch Terror und Gegenterror. Am 20. August 1920 brach der zweite KORFANTY-Aufstand aus, der ebenfalls niedergeschlagen werden konnte.

Bereits Mitte 1919 war der Bund der Oberschlesier ›Zwiazek Górnoslazaków‹ gegründet worden, der die Losung vertrat »Oberschlesien den Oberschlesiern!« Danach sollte Oberschlesien ein völkerrechtlich anerkannter, souveräner und neutraler Staat werden. Die Popularität dieser Bewegung zeigte sich in einer steigenden Auflage ihres zweisprachigen Presseorgans *Der Bund – Zwiazek*. 1920/21 stieg die Auflage von 20000 auf 40000 Exemplare und nach der Volksabstimmung auf mehrere Hunderttausend je Ausgabe. Sigmund KARSKI schreibt dazu in seinem Buch *Albert (Wojciech) Korfanty*:[28]

»Während eines am 9. Dezember 1918 in Kandrzin, dem späteren Haydebreck, stattfindenden Parteitages wurde auch vom Zentrum die Losung ›Oberschlesien den Oberschlesiern!‹ aufgegriffen und die Autonomie unter deutscher Staatshoheit gefordert. . . Dem Druck der Zentrumspartei und der Autonomisten ist es jedoch zuzurechnen, daß der Regierungsbezirk Oppeln im Oktober 1919 zur selbständigen Provinz Oberschlesien erklärt wurde.«

In der separatistischen Bewegung waren auch kleinere Gruppen aktiv. Dazu zählte der ›Polnische Verband der oberschlesischen Autonomisten‹ (›Polski Zwizek Górnoslazaków Autonomistów‹), die

---

[28] KARSKI, Sigmund, *Albert (Wojciech) Korfanty*, Dülmen 1990.

Oberschlesische Einheit (›Jedno[Górnoslazakow‹) und vor allem der Kreis um Theofil KUPKA. Weiter schreibt KARSKI:

»Anfang 1920 wurde KUPKA beim polnischen Plebiszitkommissariat eingestellt und zählte somit zu KORFANTYS engsten Mitarbeitern. Dessen Propagandamethoden und Lügen, die Brutalität seiner Schlägertrupps, unter denen vor allem das einfache Volk zu leiden hatte, dies alles wurde KUPKA jedoch alsbald zum Greuel. Zudem störte ihn die Tatsache, daß das Plebiszitkommissariat von gebürtigen Polen vereinnahmt worden war, die, obwohl in der Minderheit – etwa ein Drittel der Belegschaft kam von außerhalb Oberschlesiens –, die Schlüsselstellungen innehatten und hierdurch tonangebend waren... KUPKA entschied sich zu handeln... und verlangte von KORFANTY die Entlassung der ›Schlachtschitzen und der Doktoren aus Kongreßpolen‹ sowie die Änderung der Abstimmungskampagne.«

KORFANTY unternahm alles Mögliche, um KUPKA mit Geld oder Drohungen für sich zu gewinnen, aber KUPKA ließ sich nicht beirren. Auf Druck KORFANTYS wurde KUPKA im Juli 1920 entlassen. Jetzt beschloß dieser, mit einer Gruppe seiner Anhänger für die Autonomie Oberschlesiens zu kämpfen.

Am 6. November 1920 erschien die erste Nummer von *Wola Ludu – Der Wille des Volkes* mit der Schlagzeile »Oberschlesien den Oberschlesiern!« Darin hieß es:

»All das Blut, all die Tränen, die bislang vergossen wurden, und all das Elend, das wir erlitten haben, wäre umsonst, wenn wir mit einer Autonomie, mit der uns die Warschauer Regierung beglücken will und die übrigens von den Schlachtschitzen[29] ... fabriziert worden ist, beschert werden sollten.«

Das bedeutete, daß die Oberschlesier zwar von den Preußen nie als gleichberechtigte Bürger anerkannt worden waren, doch

»wenn man die gewissenlose Unterdrückung der Oberschlesier durch die Erzpolen in Betracht ziehe, könne man schon heute davon überzeugt sein, daß es unter der Knüppelherrschaft der Schlachtschitzen weitaus schlimmer sein werde als unter den Preußen«.

---

[29] Schlachtschitzen: der frühere polnische Adel in Oberschlesien.

KUPKAS Zeitung gewann auf Anhieb höchste Zustimmung unter den Oberschlesiern, ihre Auflage war bald die höchste in Oberschlesien. KORFANTY unternahm alles, um den freien Verkauf dieser Zeitung zu vereiteln. Es kam zu regelrechten Straßenschlachten zwischen kaufbereiten ›Schlachtschitzen‹ und den Terrortrupps KORFANTYS, bis dieser einsehen mußte, daß seine Gewalttrupps die Verbreitung dieser Zeitung nicht mehr verhindern konnten. Er befürchtete nun, daß die polnische Fraktion ihre Wahlchancen verfehle. In KUPKA war ihm ein Gegner entstanden, der den erhofften Wahlsieg gefährdete. KARSKI schreibt weiter:

»Da KUPKAS Wirken nicht einzudämmen war, mußte er ausgeschaltet werden. Mitte November 1920 wies KORFANTY den Personalchef des Polnischen Plebiszitkommissariats, Franciszek LUBOS, an, ein Foto KUPKAS an bestimmte Männer, wahrscheinlich Mitglieder der ›Bojówka polska‹, auszuhändigen. Am 20. November 1920 wurde KUPKA in seinem Haus in Beuthen vor den Augen seiner hochschwangeren Frau erschossen. Einer der Mörder, der Schlosser Henryk MYRCIK..., wurde gefaßt und sollte vor dem Schwurgericht in Beuthen abgeurteilt werden. Einen Tag vor der Hauptverhandlung beschlagnahmte jedoch der Vertreter des von der Interalliierten Kommission in Oppeln gebildeten Gerichtshofes, PRINOSCE, bei der Beuthener Staatsanwaltschaft die Akten des Beschuldigten. Der Prozeß mußte vertagt werden. Kurz darauf wurde MYRCIK von französischen Soldaten aus dem Gefängnis geholt und in die Freiheit entlassen. Es besteht kein Zweifel, daß KORFANTY diesen Mord angeordnet hat.«

Es überrascht nicht, daß die polnische Seite alles unternahm, um eine Eröffnung des Gerichtsverfahrens gegen den Mörder und seinen Auftraggeber KORFANTY zu verhindern. Dieses hätte nämlich verhängnisvolle Auswirkungen auf die polnischen Wahlchancen gehabt und die französische Mitschuld offengelegt.

Trotz der Behandlung des politisch bedingten Mordes an KUPKA im Reichstag und aller anderen Proteste verhinderten die Franzosen die Verurteilung des Mörders, und nur so ist es zu verstehen, daß die Ermordung Theofil KUPKAS bis heute unter den Teppich gekehrt wird.

Um die Spannungen zwischen den Volksgruppen zu beenden und die Lage in Oberschlesien zu stabilisieren, war für den 20. März 1921 eine Volksabstimmung festgelegt worden. Im Vorfeld bemühten sich sowohl die deutsche als auch die polnische Seite mit allen Mitteln darum, die Stimmberechtigten für sich zu gewinnen. Während die Polen an eine vermeintlich gemeinsame slawische Vergangenheit erinnerten und materielle Vorteile versprachen (bekannt wurde zum Beispiel die sogenannte ›KORFANTY-Kuh‹), befürchteten die Deutschen ein drohendes polnisches Chaos und einen Verfall der Wirtschaft. Die Aufsicht durch das alliierte Truppenkontingent und die Abstimmungspolizei ermöglichten eine verhältnismäßig sichere Stimmabgabe. In 250 Sonderzügen kamen etwa 180 000 in Oberschlesien geborene und somit abstimmungsberechtigte Deutsche angereist. Letztlich konnte KORFANTY nicht mehr verhindern, daß die Abstimmung – auf das gesamte Gebiet bezogen – eine klare Absage an Polen erbrachte. Nach der Bekanntgabe des Ergebnisses, das mit 59,60 Prozent eine deutliche Entscheidung für den Verbleib Oberschlesiens bei Deutschland erbrachte, setzte der fanatische KORFANTY abermals auf eine gewaltsame Lösung. In der Nacht vom 2. zum 3. Mai 1921 gab er den Befehl zum dritten Aufstand. In den Kämpfen am St. Annaberg besiegte der aus deutschen Freikorps zusammengestellte ›Selbstschutz Oberschlesiens‹ (SSOS) am 21. Mai 1921 die Freischärler KORFANTYs endgültig.

KORFANTY widmete sich nun wieder der Politik, war vom 16. bis zum 31. Juli 1922 polnischer Ministerpräsident und von 1922 bis 1930 Mitglied des Sejms mit einem Mandat der Christdemokraten. Als politischer Gegner PILSUDSKIS wurde er im Herbst 1930 im Rahmen einer auf Veranlassung PILSUDSKIS durchgeführten Verhaftungswelle gegen Oppositionspolitiker festgenommen. 1935 emigrierte KORFANTY erst in die Tschechechoslowakei, dann nach Frankreich. Im April 1939 kehrte er nach Polen zurück, wo er wiederum verhaftet, aber auf Grund einer schweren Erkrankung nach einer dreimonatigen Haftzeit auf freien Fuß gesetzt wurde. Er starb am 17. August 1939 in Warschau.

Gewaltsame Osterweiterung Polens

Auf der Pariser Konferenz erhielt Polen 1919 auch Ostgalizien zugesprochen. Doch nach 1919 stießen polnische Truppen weit über diese Linie hinaus. Im April 1920 kam es im polnisch-sowjetischen Krieg zu einem Vorstoß nach Kiew. Eine sowjetische Gegenoffensive führte die Rote Armee im Juli an die Weichsel vor Warschau und dann bis Soldau. Eine von Frankreich entscheidend unterstützte Gegenoffensive (das »Wunder an der Weichsel«) zwang ab 16. August 1920 die Rote Armee zum Rückzug. Die im sowjetisch-polnischen Frie-

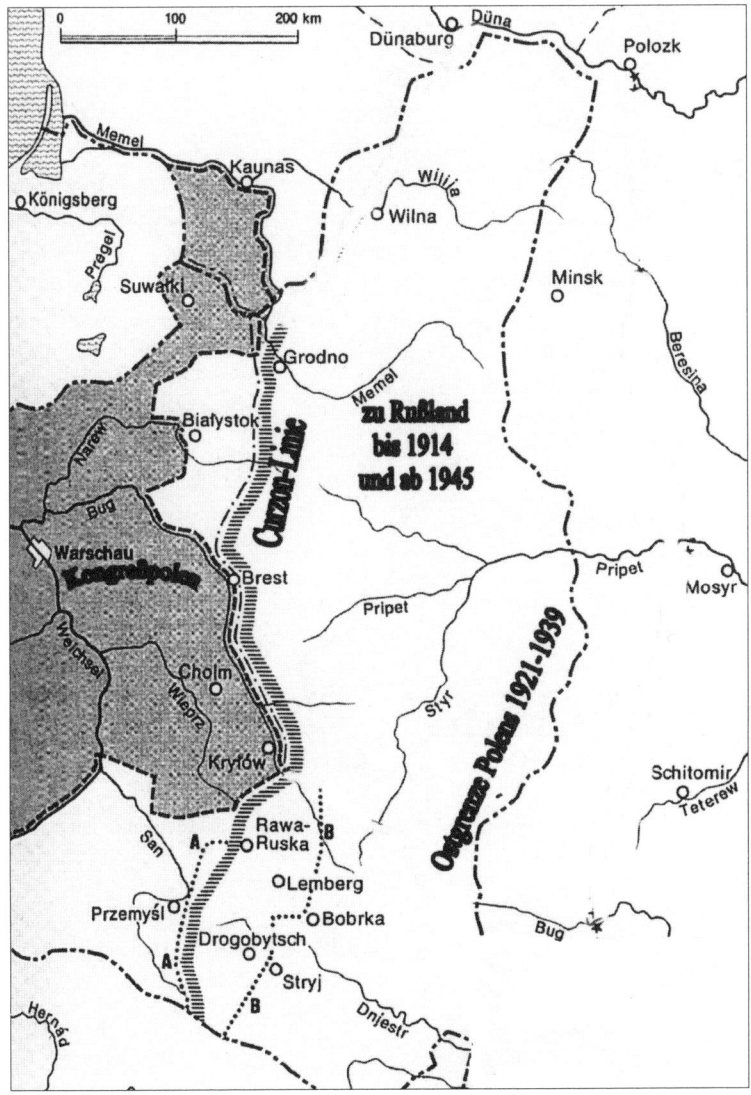

Karte 5: Curzon-Linie und Ostgrenze Polens 1921–1939
(Karte: Hans MEISER).

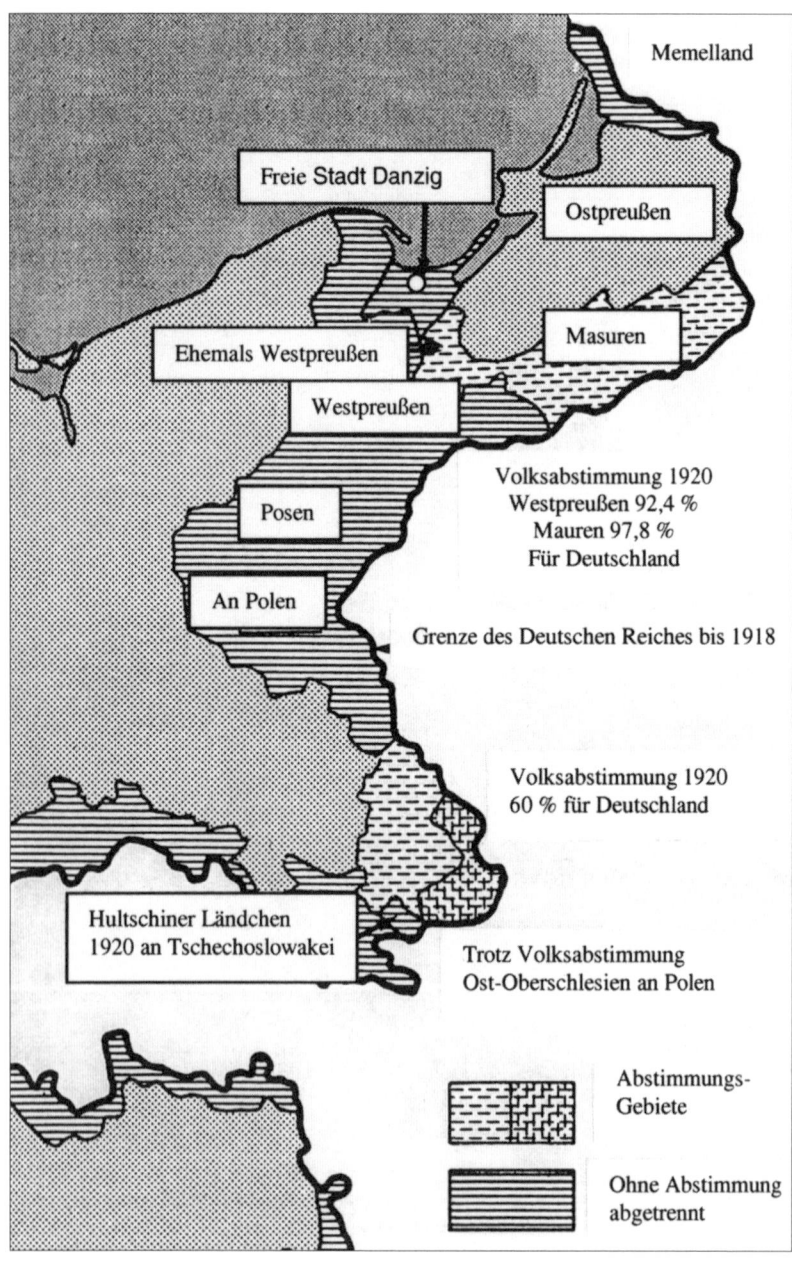

Karte 6: Die deutsche Ostgrenze nach 1918, abgetrennte deutsche Provinzen
(Karte: Hans MEISER).

densvertrag von Riga am 18. März 1921 festgelegte polnisch-russische Grenze verlief 200 bis 300 Kilometer östlich der in Paris von den Alliierten vorgesehenen Curzon-Linie[30] und brachte nach einer Zählung von 1931 mindestens 4,5 Millionen Ukrainer und 1,75 Millionen Weißruthenier unter polnische Herrschaft – in einem Gebiet, wo die Polen nur eine Minderheit stellten. Noch im Oktober 1920 wurde auch das litauische Wilna von polnischen Truppen besetzt. Auf einer Botschafterkonferenz im Jahre 1923 wurden die Erwerbungen und Grenzen Polens anerkannt.

Die ›Märzverfassung‹ von 1921 institutionalisierte die parlamentarische Demokratie mit einem schwachen Staatspräsidenten, in der aber nur schwache Koalitionsregierungen gebildet wurden, die den nationalen Minderheiten gegenüber (35 Prozent der Bevölkerung) eine restriktive Politik betrieben. Das neue Polen setzte eine sehr konsequente Nationalstaatspolitik durch, und das hieß Polonisierung. Es löste dadurch unheilvolle Spannungen aus.

Am 19. Februar 1921 schloß Polen einen Bündnisvertrag mit Frankreich und am 3. März 1921 mit Rumänien, wodurch Polen in das französische Alliazsystem gegen Deutschland einbezogen wurde. Gegenüber dem Deutschen Reich blieben die Beziehungen wegen der Behandlung der Deutschen in Posen und Westpreußen gespannt.

---

[30] Demarkationslinie zwischen Polen und der Sowjetunion, die der britische Außenminister G. Curzon im Namen der Interalliierten Konferenz von Spa am 11. Juli 1920 der sowjetischen Regierung für die Beilegung des sowjetrussisch-polnischen Konflikts vorschlug. Sie entsprach ungefähr den ethnischen Verhältnissen. Infolge der von Polen erzwungenen Grenzziehung im Frieden von Riga blieb die Curzon-Linie bis 1939 bedeutungslos. Die 1945 festgelegte Ostgrenze entspricht im wesentlichen der Curzon-Linie.

2. Hauptrichtungen und Hauptziele der polnischen Expansion – territoriale Höchst- und Mindestprogramme

Polens Vorstellungen bezüglich einer staatlichen Expansion waren in der Zwischenkriegszeit geradezu maßlos, wenn auch nicht grenzenlos: In ihren Plänen ist gar die Rede von der Oder als Grenze und von einem polnischen Großreich zwischen Ostsee und Schwarzem Meer. Natürlich sollte das Baltikum dazugehören. Politiker, Professoren, Geistliche und Journalisten überboten sich geradezu in ihren chauvinistischen Forderungen und Gebietsansprüchen. Hier nur eine kleine Sammlung von Aussagen, die das belegen und auf die weiter unten noch näher eingegangen wird:[31]

> Der heutige polnische Staat ist nur ein vorläufiges »Angeld auf ein wirklich großes Polen. Polen ist immer noch kein großes Reich, muß es aber werden. . .«[32]

> Denn noch sind »nicht alle polnischen Länder. . . mit der Mutter vereinigt«.[33]

> »Noch bedeutende von polnischer Bevölkerung bewohnte Gebiete befinden sich noch unter fremder Herrschaft.«[34]

> Es darf »kein Fußbreit polnischen Landes. . . in die Hände des Feindes gelange(n)«.[35]

> Im polnischen Eidschwur, der ›Rota‹, heißt es: »Wir werden das Land nicht lassen, aus dem unser Volk stammt.«[36]

> Der Umfang des »größeren Polens« soll sich erstrecken »von Meer zu Meer«, d. h. »von der Elbe bis zum Ural«.[37]

> »von der Oder bis zum Dnjepr« oder gar

---

[31] Zitiert nach Fuchs, Werner, *Selbstzeugnisse polnischen Eroberungswillens*, 1930, Nachdruck 1988, S. 24 ff.

[32] Dmowski, Doktoratsrede, *in: Voss. Zeitung* vom 20. Juni 1923.

[33] Rede des Staatspräsidenten Woijciechowski vom 29. April 1924, in: *D.A.Z* vom 30. April 1924.

[34] *Ilustrowany Kurjer Codzienny*, September 1927.

[35] *Kurjer Poznanski* Nr. 580 vom 14. Dezember 1929.

[36] Ebenda.

[37] Lukaszkiewicz, J.A., *Legende und Geschichte von der Weichsel. . .*, Graudenz 1929, S. 39.

> »vom Baltischen bis zum Schwarzen Meere«[38]
> Diese Expansion wird als selbstverständlich betrachtet und nicht als Imperialismus, sondern als »das normale Leben eines aufgeklärten Volkes«.[39]
> »Das ist kein Raub oder Imperialismus, das ist die Pflicht, geraubtes Erbgut wieder zurückzuholen.«[40]
> »Nicht nach Osten, sondern nach Norden zur Ostsee hin muß der . . . polnische Gedanke gewandt werden.«[41]
> Polen muß Deutschland »noch beträchtliche Gebiete rein polnischen Landes abnehmen«.[42]
> »Die natürliche Grenze ist im Westen die Oder. . .«[43]
> Polen verlangt »das ganze Gebiet von Putzig bis Myslowitz«, vorläufig »von Stettin bis Polangen« und endgültig »von Stettin bis Riga«.[44]
> Polen muß seinen Marsch »selbstverständlich. . . auf Stettin und Königsberg richten!«[45]
> Die akademische Jugend wird »ihre Fahnen nach Königsberg, Allenstein und Oppeln tragen«.[46]
> »Armselig würde tatsächlich das künftige Polen. . . nicht nur ohne Posen, sondern auch ohne Schlesien, ohne Zutritt zum Meer, also ohne Danzig und Königsberg sein.«[47]
> Polen ist »undenkbar ohne Oberschlesien, ohne Posen, ohne Westpreußen und Ostpreußen«.[48]

---

[38] *Tag* vom 2. Januar 1930; *Deutsche Tageszeitung* vom 18. Januar 1930.

[39] *Ilustrowany Kurjer Codzienny*, Sept. 1927.

[40] LUKASZKIEWICZ, J. A., *Legende und Geschichte von der Weichsel. . .*, Graudenz 1929, S. 47.

[41] SROKOWSKI, *Ostpreußen – Land und Leute*, Warschau 1929, S. 85.

[42] Prof. KOSTRZEWSKI, »Moralische Eroberung Pommerellens in der Meinung der Welt«, in: *Kurjer Poznanski*, Nr. 130 vom 19. März 1928.

[43] *Gazeta Gdanska*, Nr. 82 vom 5. April 1926.

[44] Ebenda.

[45] Ebenda.

[46] Entschließung der 6. Allgemeinen Tagung der polnischen akademischen Jugend vom 15.–18. Dez. 1929, laut *Kurjer Poznanski*, Nr. 130 vom 19. März 1928.

[47] POPLAWSKI, Johann, in: *Przeglad Wszechpolski* (Lemberg), 1889.

[48] *Przeglad Wszechpolski*, Nr. 2 vom Februar 1902.

> »Ostpreußen ist der Schlußstein im Gewölbe unseres ehemaligen Gefängnisses...«[49]

> »... Dieses Ungeheuer [Ostpreußen] hat für immer von der Karte Europas zu verschwinden.«[50]

> »Die slawischen Feuer müssen an der Ostsee auch dort wieder brennen,... wo sie vor 1000 Jahren gebrannt haben.«[51]

> »Die Weichselmündung darf keinem anderen als nur Polen gehören.«[52]

> »Danzig war unser, wird unser sein und wird unser bleiben.«[53]

> »Der Korridor ist... entschieden zu eng; früher oder später muß man ihn verbreitern... Erweiterung des Korridors... nach Westen und nach Osten, einschließlich ganz Ermlands«.[54]

> »Wir erhalten nicht nur alle Länder, die wir 1771 besaßen, sondern auch Schlesien und Pommern und Ostpreußen.«[55]

> »Die natürliche Grenze Polens ist im Westen die Oder.«[56]

> »Fort mit den Deutschen hinter ihre natürliche Grenze! Fort hinter die Oder!«[57]

> Polen macht das »Anrecht auf einen Teil des ehemaligen deutschen Kolonialbesitzes« geltend.[58]

> Polen müsse das »Mandat über Palästina« erhalten«, wo es »bei Ausübung der Hoheitsrechte als katholische Macht auf volle Unterstützung des Vatikans« rechnen könne.[59]

---

[49] SROKOWSKI, in: Jahrbuch *Polska Zachodnia* (Posen), Bd. I (1926), S. 108 ff.

[50] CONSULIBUS, *Erfahrungen und Irrtümer unserer auswärtigen Politik im Hinblick auf die Aufgaben der Gegenwart*, Warschau 1926 (unbekannter Autor aus dem Umkreis des Außenministers ZALESKI).

[51] REMBIELINSKI (Warschauer Redakteur), Ostsee-Kundgebung in Gdingen am 23. Februar 1930.

[52] BARTOSZEWICZ, Parteiführer der Christlich-nationalen Partei am 25. Januar 1930.

[53] SZYMANSKI, Senatsmarschall, in: *Deutsche Zeitung,* Berlin, Nr. 46b vom 24. Februar 1930.

[54] *Gazeta Warszawska* (Warschau) im Juni 1925 über polnische Territorialziele.

[55] LUTOSLAWSKI, Prof. Wincenty, 1916 über polnische Kriegsziele, zit. in den *Süddeutschen Monatsheften* (Jahrgang 1916).

[56] *Gazeta Gdanska*, Nr. 82 vom 5. April 1926.

[57] *Ilustrowany Kurjer Codzienny* (Krakau) vom 20. April 1929.

[58] ROZWARDOWSKI im Sommer 1928 im *Kolonial-Fachblatt.*

[59] *Osteuropäische Korrespondenz*, Berlin, 1928, Nr. 14.

Begründung der Gebietsansprüche Polens

J. A. Lukaszkiewicz:
In seinem Buch über den großen König CHROBRY[60] vermischt der Verfasser, J. A. LUKASZKIEWICZ, geradezu krankhaft Legende und Geschichte mit nationalistischen Gedankengängen und mit Religion: Expansion Polens nach allen Himmelsrichtungen und Erneuerung des piastischen und jagiellonischen Polens. Da das Buch die offizielle Druckerlaubnis und Billigung des Bischofs von Kulm, Dr. Stanislaus OKONIEWSKI, nachweist (»Imprimatur«), steht es exemplarisch dafür, in welchem Maße die katholische Kirche Polens an der Schürung des polnischen Chauvinismus und Antigermanismus beteiligt war. OKONIEWSKI stellte seine hohe geistliche Autorität stets in den Dienst des unduldsamsten Chauvinismus und besonders der antideutschen Kriegshetze.

Im September 1928 wirkte LUKASZKIEWICZ als Pfarrer und Professor in Graudenz. Aus seiner Schrift hier nur eine kleine ›Blütenlese‹, damit sich jeder selbst ein Urteil bilden kann. Über das angestrebte polnische Imperium heißt es:

»... Dieses große Ziel verlangt freigebige Opfer an Blut und Besitz. Die Reihe dieser Opfer hat der Heilige ADALBERT begonnen. Nach ihm werden andere fallen, sie werden sterben unter übermenschlichen Anstrengungen, aber sie werden für die Ewigkeit leben im Namen des erretteten machtvollen Staates vom Meer zum Meer, von der Elbe [!] bis an den Ural. Jeder Pole muß König des Geistes sein, damit ein polnisches Kaisertum im Osten Europas geschaffen werde. Das ganze Volk besteht aus Scharen von Rittern der Maria, welche auf den Stirnen blutige Narben haben und unter der Standarte des Kaiserreichs des weißen Adlers für das Vaterland kämpfen müssen... (S. 39)

CHROBRY wird seinen Geist aussenden und das polnische Volk darüber aufklären, wie es wiedererstehen und sich von Meer zu Meer auswachsen soll, um die Sendung zu erfüllen, die dem MIESZKO von Gott [der römisch-katholischen Kirche] übertragen worden ist. CHROBRY lehrt, daß, wenn ein Volk leben will, es ein großes Ziel vor Augen haben muß, danach trachten muß, dieses zu

---

[60] LUKASZKIEWICZ, J. A., *Legende und Geschichte von der Weichsel. . .*, Graudenz 1929, S. 47.

erreichen, sich zu organisieren und in die Breite zu wachsen. Ein Vegetieren in engen [!] Grenzen bedeutet Rückschritt und Vernichtung. Eine Lüge [!] ist der Vorwurf, daß Polen annexionistische Pläne hege, der Vorwurf des Imperialismus usw. Wir haben ein Recht darauf, das wieder an uns zu nehmen, was die Polanen vor OTTO I. im Westen und was sie vor den Warägo-Russen im Osten besaßen. Die Deutschen haben Polen an der Oder und an der Ostsee beraubt, und die Russen in Kiew und am Dnjestr und Boh. Wir müßten dies unbedingt zurückerhalten. Das ist kein Raub oder Imperialismus, das ist die Pflicht, geraubtes Erbgut wieder zurückzuholen. Die Ostsee muß der Stützpunkt, und das Schwarze Meer muß die Ergänzung der Großmachtstellung Polens werden...

Das Ideal oder das hohe Ziel muß der Weckruf zum Handeln sein, damit es verwirklicht werde. Christus und Polen von Meer zu Meer, das ist die Losung des Polen. Polen für die Polen!... Gerechtigkeit ist die Grundlage des Staates. Zuviel haben wir an die Deutschen, Litauer und Juden verschenkt. Wir haben schon die Hälfte des von Gott erhaltenen Erbes vertan...« (S. 47)

Dem polnischen König Boleslaw CHROBRY unterstellte LUKASZKIEWICZ folgendes »Gebet« (S. 48):

»Du gabst uns die Länder
Von Meer zu Meer
Und hast geschworen,
Die Nachkommenschaft der Polanen
Wie Sand am Meere zu vermehren.
Wenn diese ihre Mission erfüllen,
Die ihnen von Dir
Und dem Stauhalter Christi
Aufgetragen worden ist...«
»Glaube, gehorche und handle!
Gottesmutter, Jungfrau – bitte für uns,
Kyrie Eleyson Christus, erbarme dich unser!
Polen über alles!
Von Meer zu Meer!«

Eine von Lukaszkiewicz selbst verfaßte neue »Nationalhymne« (S. 50) beweist die extremen Annexionsgelüste des Autors:

»Das Erbe der Piasten und Jagiellonen
Erneure wieder ganz aufs schnellste!
Die Ostsee und das Schwarze Meer
Mit Oder und Dnjepr wirst Du, Gott, uns zurückgeben!
Denn Du gabst sie uns doch, und daher ist heute unsere Bitte,
Hilf uns, sie wiederzuerwerben, Heiliger, Mächtiger Herr!«

In seinem Buch wirbt Lukaszkiewicz auch für einen von ihm gegründeten »Geotischen Bund« (S. 52):

»Der Traktat von Versailles hat die Polen geschädigt, indem er ihnen nicht das ganze Polen zurückgab. Die Polen werden sich niemals mit den heutigen Grenzen einverstanden erklären und werden immer danach streben, das ganze Erbe der Piasten und Jagiellonen von der Ostsee bis zum Schwarzen Meere zurückzuerwerben. Diese Erbschaft steht Polen unbestreitbar zu. Es beweist dies klar die Geographie, die Hydrographie und die Geschichte. . .

Der Traktat von Versailles ist halbe Arbeit und daher eine dauernde Quelle von Mißhelligkeiten. Wenn Polen ganz Schlesien mit Breslau und Pommerellen mit Danzig und Königsberg erhalten hätte, wären die Deutschen zur Ohnmacht verurteilt, und Europa hätte für ewig Ruhe. Die Deutschen haben sich in Versailles die Volksabstimmungen [!], Danzig und Königsberg erschachert [!], und, ermuntert durch den Erfolg, schreien sie, indem sie Revision und die Rückgabe von Kattowitz, Posen und Pommerellen verlangen, welche sie Polen vor 150 Jahren geraubt haben. Gegenüber den Angriffen der Deutschen müssen sich die Polen mit Hilfe der Wissenschaft wehren und auf wissenschaftliche Weise die polnischen Rechte auf die durch Polen vor den Teilungen besessenen Länder begründen. . . Auf der Grundlage der Geopolitik müssen wir die heranwachsende Jugend ausbilden und die Erwachsenen aufklären, daß es eine zwingende Notwendigkeit ist, das ganze Polen wieder zu erwerben, um aus ihm einen geschlossenen, massiven nationalen Block zu machen. . .«

Eine dem Buch beigefügte Werbung antwortet auf die Frage:»Was muß jeder Pole von den Lehren des Königs Chrobry wissen?«:

➢ »Daß Polen, wenn es unabhängig von den Deutschen sein will, sich auf die Ostsee stützen muß!

➢ Daß Polen ein am Meere gelegenes Staatswesen sein muß, wenn es reich sein will,

➢ daß es dann die ihm im Westen geraubten Gebiete errettet und die Länder am Schwarzen Meere sich zurückholt, die im 9. Jahrhundert die Russen den Polanen geraubt haben, die germanischen Eindringlinge aus Skandinavien.

➢ Daß die polnische Kultur älter und höher als die deutsche ist. Die Deutschen haben uns diese [also die Kultur!] gestohlen, in Ordnung, in ein System gebracht, und die ihrige genannt. . .«

Wojciechowski, **Staatspräsident (1922–26)**
Bald nach Gründung des polnischen Staates wurde Wojciechowski im Januar 1919 als Innenminister in das Kabinett Paderewski berufen und im Dezember 1922 zum Staatspräsidenten gewählt. Er verblieb in dieser Stellung bis zum Maiputsch Pilsudskis 1926.

In welchem Maße sich Wojciechowski als polnisches Staatsoberhaupt unbeschadet seines hohen Amtes über alle diplomatischen Rücksichten hinwegsetzen konnte, zeigt seine Rede vom 29. April 1924 im Posener Rathaus laut *W.T.B.*-Meldung[61] vom selben Tage

»Die notwendige Bedingung unserer Existenz als Staat ist die Vereinigung aller polnischen Länder; denn Polen kann nur als Großmacht existieren. . . Dank dem allgemeinen Kriege, den Anstrengungen unserer Väter und unseren eigenen Anstrengungen, die sich auch im Posener Aufstande gezeigt haben, haben wir viel erreicht von dem, was uns zustand. Aber man muß sagen, daß wir noch nicht alles erreicht haben, daß noch nicht alle polnischen Länder, nicht alle für die Vollkommenheit unseres Lebens unerläßlichen Zentren mit der Mutter vereinigt sind. Aus diesen Worten soll man nicht den Schluß ziehen, daß ich zum Kriege aufrufe. [!] Ich glaube an die große Macht polnischer Arbeit und polnischer Kultur, die uns erlauben wird, mit der Zeit das zu erreichen, was wir bisher nicht erreicht haben. . .

---

[61] W. T. B.: Wolffs Telegraphisches Bureau, Berlin.

Die große Bedeutung der Finanzsanierung besteht auch darin, daß sie uns erlaubt, ein stärkeres Wort zu führen in allen Streitigkeiten auf internationalem Gebiete. Solange wir als schwacher und kranker Organismus betrachtet wurden, der vielleicht ausländischer Kuratel bedürfe, so lange konnte die Stimme nicht so hart und stolz klingen, wie unsere Staatswürde es verlangt. Erst heute kommt der Augenblick, wo wir dank der Finanzsanierung unsere Verteidigungsmittel und unser Militär auf einen solchen Ruf stellen können, daß niemand wagen wird, nach polnischem Lande zu streben oder auch unsere inneren Rechte zu schmälern, daß niemand wagen wird, den Richter zu spielen zwischen der Regierung und den Bürgern des polnischen Staates. Die Früchte unserer Arbeit auf wirtschaftlichem Gebiete überschauend, erinnere ich daran, daß uns nicht geringe Anstrengungen auf dem Gebiete unserer Verteidigungskraft erwarten. Wir haben noch viele Nachbarn in Europa, die sich nicht daran gewöhnten, daß Polen da ist und da sein wird...«[62]

Es war nicht das erste Mal, daß sich WOJCIECHOWSKI in seiner Eigenschaft als Staatspräsident mit erstaunlicher Offenheit über Polens wirkliche Absichten äußerte. Am 28. April 1923 erklärte er in Karthaus zur polnischen Politik gegenüber Danzig:

»Man muß Danzig alle lebenswichtigen Säfte unterbinden, und dies so lange, bis in Danzig eine andere dauerhafte Richtung die Oberhand gewinnt, die keinen Kampf und keine Aufhäufung von Schwierigkeiten will, sondern die eine loyale Zusammenarbeit sucht und Polen als Großstaat und Macht anerkennt, die in Danzig nicht nur geschriebene, sondern auch natürliche Rechte hat.«[63]

---

[62] vgl. *D.A.Z.* vom 30. April 1924 (*Deutsche Allgemeine Zeitung*, Berlin).
[63] NEHRING, Joachim, *Polnische Netze über Danzig*, Langensalza 1932, S. 5 u. 19.

polnische Grenzforderung gegen Deutschland vom 28. Februar 1919

Curzon-Linie vom 8. Dezember 1919

polnische Gebietseroberungen infolge des Krieges
gegen die Sowjetunion und Litauen 1920

polnische Gebietsansprüche gegen Deutschland,
in denen 1920/21 Volksabstimmungen stattfanden

polnische Staatsgrenze 1939

sowjetisch-deutsche Demarkationslinie 1939-1941

Karte 7: Polens Grenzen 1916–1939, aus: Michael A. Hartenstein, *Die Geschichte der oder-Neiße-Linie*, München 2006.

3. Die Ära Pilsudski (1926–35)

Józef Pilsudski

Der polnische Staatsmann und Marschall Józef PILSUDSKI wurde am 5. Dezember 1867 in Zulowo bei Wilna geboren. Er entstammte einer ursprünglich litauisch-polnischen Adelsfamilie. Vom Patriotismus seiner Eltern geprägt, versuchte er sich erfolglos in konspirativer Tätigkeit gegen die zaristischen Behörden. 1887 wurde er deswegen verhaftet und für fünf Jahre nach Sibirien verbannt. 1893 war PILSUDSKI Mitbegründer der ›Polnischen Sozialistischen Partei‹ (PPS), die sich 1903 aber von der sozialistischen Internationale trennte. In seiner Partei nahm er unter anderem als Schriftleiter des *Robotnik* (*Arbeiter*) eine führende Rolle ein. 1900 in Lodz abermals verhaftet, gelang es ihm 1901 die Flucht. Ab 1902 wirkte er in Galizien. Programmatisch stellte er den Kampf um die Unabhängigkeit Polens vor die soziale Revolution. 1904 versuchte er vergeblich, Japan zur Unterstützung für einen Partisanenkrieg in Russisch-Polen zu gewinnen, und organisierte 1905/06 kleine Kampfgruppen. Ab 1908 bildete er zusammen mit K. SOSNOKOWSKI in Galizien bewaffnete Verbände aus, die 1910 als ›Schützenverbände‹ offiziell anerkannt wurden. Als sogenannter ›Kommandant‹ genoß PILSUDSKI bei den ›Schützen‹ uneingeschränkte Autorität und bereitete bewußt den Kampf um die Wiedererrichtung eines unabhängigen polnischen Staates an der Seite der Mittelmächte (!) vor.

Am 6. August 1914 stieß er noch vor Kriegsbeginn nach Russisch-Polen vor, konnte aber den erhofften Aufstand nicht entfachen. In den von Österreich unterstützten polnischen Legionen führte er 1914–16 die I. Brigade, baute aber auch – zunächst geheim – eine ›Polnische Militärorganisation‹ (POW) auf.

Nach der bereits 1916 erfolgten Proklamation des Königreiches Polen durch die Mittelmächte wurde er Mitglied des Staatsrats, aus dem er im Juli 1917 unter Protest austrat. Seit dem 22. Juli 1917 in Magdeburg in Festungshaft, blieb er dank seiner Kompromißlosigkeit eine politische Autorität und wurde sofort nach seiner Rückkehr am 11. November 1918 vom Regentschaftsrat zum Oberbefehlshaber ernannt. In dieser Funktion fiel ihm kurz darauf als ›Staatschef‹ (*Naczelnik*) auch die politische Gewalt zu. Diese wurde von dem im

Januar 1919 gewählten Parlament am 20. Februar 1919 bestätigt. Ohne
die Basis einer eigenen Partei arbeitete er mit Koalitionsregierungen
und versuchte, seinen Plan einer osteuropäischen Föderation unter
polnischer Führung durch militärische Vorstöße nach Osten zu verwirklichen. Dem Vormarsch bis Kiew (Mai 1920) folgte aber der bolschewistische Gegenschlag bis vor Warschau (Juli/August 1920). Als
Oberbefehlshaber bewies PILSUDSKI hier Besonnenheit und strategi-
sches Können, so daß der Sieg über die Rote Armee (mit Hilfe Frankreichs) größtenteils sein Verdienst war. Der Friede von Riga (1921)
mit einer Kompromißgrenze im Osten bedeutete aber das Ende der
Föderationspläne PILSUDSKIS, der sich schon als Führer eines groß-
baltischen Bundes gesehen hatte. Durch den Coup L. ZELIGOWSKIS[64]
hatte er jedoch Wilna für Polen erobern können.

Von Parteien und Parlament schwer enttäuscht, kandidierte er
nicht für die Wahl zum Präsidenten und legte nach der Ermordung
G. NARUTOWICZS, des ersten polnischen Staatspräsidenten, auch das
Amt des Generalstabschefs nieder.

Pilsudskis gewaltsame ›Machtergreifung‹

Ab Juli 1923 lebte PILSUDSKI als Privatmann in Sulejówek bei Warschau, behielt aber Einfluß auf das Heer. Am 12./14. Mai 1926 führte er mit ihm ergebenen Verbänden einen Staatsstreich durch und
errichtete ein autoritäres System, in dem jedoch weder die Verfassung aufgehoben, noch das Parlament beseitigt wurde. Er begnügte
sich meist mit dem Amt des Kriegsministers und des Generalinspek-
teurs und war nur von Oktober 1926 bis Juni 1928 und von August
bis Dezember 1930 auch Ministerpräsident. Da aber nur Personen
seines Vertrauens in die Regierung kamen, übte er entscheidenden
Einfluß aus. Dabei stützte er sich aber im allgemeinen auf das Heer
und ab 1928 auf einen ›Unparteiischen Block‹ im Parlament.

Während dieser autoritären Phase kümmerte sich PILSUDSKI vorwiegend um die Stärkung der Armee. Gegen eine wachsende Opposition griff PILSUDSKI 1929 zu Gewaltmaßnahmen, wobei er führende
Politiker im Herbst 1930 in Brest-Litowsk gefangensetzen ließ (›Brester Prozeß‹ 1930). Gleichzeitig schüchterte er die ostgalizischen
Ukrainer durch sogenannte ›Pazifizierungen‹ ein.

---

[64] Siehe Seite 109 f.

Pilsudskis ›großpolnische‹ Minderheitenpolitik

PILSUDSKIS sogenannte ›Befriedungs‹-Aktion in der Ukraine erzeugte furchtbaren Haß. In der Wojewodschaft Lublin wurden unter anderem von Juni bis Juli 1930 114 ukrainische Kirchen zerstört. Er handelte dabei aus der Erwägung heraus, daß allein ein starkes großpolnisches Reich die Sowjetunion von aggressiver Westpolitik zurückhalten könne.

Die ganze Schärfe dieser ›großpolnischen‹ Politik traf auch die deutsche Volksgruppe. Das Deutsche Reich sah sich zu Protesten und Noten genötigt, da die Verträge, die zum Ausgleich der nachbarlichen Spannungen ausgehandelt worden waren, gefährdet schienen. Die deutsch-polnische Entspannung war nach Locarno erfolgt. Zwar war es nicht zu einer Anerkennung der polnischen Westgrenzen durch Deutschland gekommen, aber durch ein Übereinkommen der beiden Außenminister wurde die Ausweisung der deutschen Optanten aus Polen ab 1. November 1925 eingestellt.

Dennoch hörten die Klagen über die Benachteiligung der deutschen Minderheit in Polen nicht auf. Ihr beredter Anwalt wurde Reichsaußenminister Gustav STRESEMANN, der als entscheidenden Grund für den Eintritt Deutschlands in den Völkerbund gerade die »Sorge für die Auslandsdeutschen« ansah, also auch für die Deutschen in Polen. Von nun an war der Völkerbund das Forum der ständigen und höchst unerfreulichen Auseinandersetzungen zwischen Polen und Deutschen.

Im Juni 1929 erreichte dann der Völkerbundsrat eine Vereinbarung über die Frage der Liquidation deutschen Besitzes in Polen. Dieses erklärte sich bereit, Liquidationen rückgängig zu machen, wenn die betroffenen Personen die polnische Staatsangehörigkeit besäßen. Auch war eine Entschädigung für den Fall vereinbart, daß eine Rückgabe des Besitzes nicht möglich sei. Am 1. Februar 1930 kam es auch zu einem direkten deutsch-polnischen Liquidationsabkommen. Es regelte gleichzeitig den Schutz der deutschen Minderheit und beseitigte das von Polen beanspruchte Wiederkaufsrecht gegenüber den deutschen Siedlern. Es handelte sich dabei um den Besitz von 12 000 Siedlern.

Am 17. März 1930 kam ein deutsch-polnischer Handelsvertrag zum Abschluß. Er bedeutete das Ende des bisher geführten ›Zollkrieges‹ mit Polen.

Aus Anlaß der Herbstwahlen 1930 in Polen wurden Terrorakte auch gegen Deutsche verübt. Die deutsche Regierung protestierte darauf in einer Note an den Völkerbund, in der sie auf die Verletzung der Genfer Konvention hinwies. In Kattowitz und Königshütte zum Beispiel war 30 000 Deutschen das Wahlrecht genommen worden, indem ihre polnische Staatsangehörigkeit bezweifelt wurde. Außerdem waren Fälle von Einschüchterungen und sogar Mißhandlungen vorgekommen. Am 2. Dezember schlug der Auswärtige Ausschuß des Reichstages eine Entschließung vor, die Gewaltakte der Polen gegen die Deutschen betreffend. Die Regierung wurde aufgefordert, Polen zu einer Kursänderung zu bewegen. Die Zustimmung zum Liquidationsabkommen sollte zurückgenommen, die Handelsverhandlungen sollten abgebrochen werden. Am 19. Dezember ging erneut eine deutsche Note an den Völkerbund, die ähnliche Vorkommnisse wie in Oberschlesien auch für Pommerellen und Posen nachwies.

Die Vorstellung vom Deutschen als Hauptgegner des Polentums hat auch PILSUDSKI nicht ändern können. Während der ganzen Zeit bis zum Ausbruch des Krieges 1939 ist in der polnischen Publizistik die Forderung nach Erwerbung deutschen Landes, vor allem Ostpreußens, immer wieder aufgetaucht. Dieses Annexionsprogramm wurde auch von polnischen Institutionen, wie zum Beispiel von dem ›Westinstitut‹ in Posen und dem ›Westmarkenverein‹, vertreten. Sogar polnische Politiker, darunter auch Minister, machten es sich öffentlich zu eigen. Auch der ›Marsch nach Berlin‹ gehörte zu den bevorzugten Themen.

1927 erschien zum Beispiel in Thorn ein polnischer Zukunftsroman mit dem Titel *1975*, in dem die Eroberung der Reichshauptstadt in allen Einzelheiten beschrieben wurde. Die deutsche Gefahr war ein beliebtes Mittel, den Wehretat hochzuschrauben, der tatsächlich in Polen bedeutend war. Im Jahre 1929 betrug er über 38 Prozent des Gesamthaushalts, während das starkbewaffnete Frankreich nur 25 Prozent seines Haushalts in seine Armee steckte.

Auf Landkarten wurde die »Verbreitung der Polen« gezeigt und dabei die polnische Westgrenze von Rostock über Berlin nach Leipzig gezogen. Eine andere Karte zeigte »Grenzen und Gebiete, von Polen unmittelbar gefordert«, wobei sogar Brückenköpfe über die Elbe eingezeichnet waren. In den dreißiger Jahren gab die Vereinigung polnischer Volksbüchereien Postkarten heraus, die »Polens historische Westgrenze« zeigten: Sie verlief am östlichen Stadtrand von Berlin und umfaßte außer der oberen Elbe einschließlich Dresdens auch die ganze Tschechoslowakei.[65] Schon BISMARCK wies warnend auf polnische Landkarten hin, die »Pommern bis an die Oder als polnische Provinz« bezeichneten.[66] Während des Krieges gab die antifaschistische Untergrundbewegung Vignetten heraus mit der Überschrift »Darum kämpfen wir«; auf ihnen war außer der Karte eines polnischen Großreichs von der Ostsee bis zum Schwarzen Meer auch eine Karte mit sämtlichen ehemals deutschen Afrikakolonien abgebildet.[67]

Die beständigen publizistischen Angriffe auf Ostpreußen veranlaßten deutsche, wahrscheinlich amtliche Stellen, in einer Gegenschrift darzulegen, daß ein bewaffneter Angriff auf dieses Land zu keinem Erfolge führen würde.

In seiner autoritären Politik begegnete sich PILSUDSKI mit dem Nationalsozialismus. HITLER und er haben sich dann auch kurze Zeit zu einer friedlichen Paktpolitik gefunden. Locarno hatte ein Schiedsabkommen mit Polen zur Folge gehabt, außerdem hatten beide Staaten damals auf eine gewaltsame Änderung des Besitzstandes verzichtet. Diese Vereinbarungen wurden von HITLER anerkannt. Im Januar 1934 wurde für zehn Jahre ein deutsch-polnischer Nichtangriffspakt geschlossen, der von beiden Seiten, also auch von HITLER, zunächst ernst genommen wurde.

Der Vertrag von 1934 hätte Epoche machen können. Er schloß die Notwendigkeit ein, die Spannungen zwischen den beiden Völkern völlig zu beseitigen, zumal die Weltöffentlichkeit zunehmend berechtigte deutsche Forderungen in bezug auf Danzig und den Korridor erörterte. Andererseits löste er Polen von der starken Abhängigkeit von Frankreich, das sofort Annäherungsversuche an Rußland unternahm und den Eintritt der Sowjetunion in den Völkerbund unterstützte.

[65] GOLOMBECK, Oskar (Hg,), *Die katholische Kirche und die Völkervertreibung,* Köln 1966, S. 196 f.

[66] HARTENSTEIN, Michael, *Die Geschichte der Oder-Neiße-Linie,* München 2006, S. 22.

[67] GOLCZEWSKI, Frank, *Das Deutschlandbild der Polen 1918–1939,* Düsseldorf 1974, S. 240 f.

PILSUDSKI hat den Bruch des Vertrages durch HITLER nicht mehr erlebt. Er starb 1935.

Ein ›Ermächtigungsgesetz‹ vom März 1933 für den Präsidenten (Vorbild für HITLER!) bereitete die ganz auf die Autorität des Präsidenten zugeschnittene Verfassung vom April 1935 vor.

Außenpolitisch versuchte PILSUDSKI, besonders ab 1932, Polen zur Führungsmacht in Ostmitteleuropa werden zu lassen, worauf sich seitdem besonders Oberst BECK danach konzentrierte.

Polnische Mobilisations- und Präventivkriegspläne

Im Herbst 1931 wurde Berlin durch eine ausländische Macht über einen neuen polnischen Mobilisationsplan informiert. Dieser war so aufgestellt, daß die bestimmte Absicht, ganz Schlesien bei gebotener Gelegenheit durch einen Handstreich zu nehmen, außer Frage stand.

Unmittelbar nach HITLERS Machtübernahme wandte sich Marschall PILSUDSKI an die französische Regierung mit dem Vorschlag einer gemeinsamen militärischen Aktion gegen das Deutsche Reich.

Im Verlauf des Nürnberger Krupp-Prozesses von 1947 legte die Verteidigung Dokumente vor, die die polnischen Präventivkriegspläne gegen Deutschland beweisen. In dem »Dok. Krupp 190« heißt es in einem Auszug aus *Foreign Affairs* von Juli 1947:

»Der polnische Gesandte KULSKI über den von Polen den Westmächten 1933 und 1936 gemachten Vorschlag eines Krieges gegen Deutschland.«

Hierzu paßt ein nicht zitierter Auszug aus den in Nürnberg von der Verteidigung vorgelegten *Dokumenten der deutschen Politik*:

»So hatte noch im Frühjahr 1933 unmittelbar nach der Reichstagswahl vom 5. März die polnische Regierung unter offenem Vertragsbruch. . . auf der Westerplatte. . . die dortige 88 Mann starke Wache um 100 Mann vergrößert, um einen militärischen Handstreich auf Danzig einzuleiten und dadurch – ähnlich wie im Jahre 1920 in Wilna – eine vollendete Tatsache zu schaffen; erst auf energische Proteste Danzigs und das hierdurch veranlaßte Eingreifen des Völkerbundes hin entschloß sich Polen am 14. März, die Besatzung der Westerplatte auf ihre vertragsmäßige Stärke zurückzuführen.«[68]

---

[68] IMT 7 II, 568. Über diesen Zwischenfall sind im 2. Weißbuch die Dokumente Nr. 21–24 enthalten.

Im Prager Außenministerium wurden im März 1939 verschiedene tschechoslowakische Dokumente vorgefunden. Ein Teil dieser Prager Dokumente wurde 1941 in der Sammlung *Europäische Politik 1933–1938 im Spiegel der Prager Akten*, kurz *Prager Akten* genannt, veröffentlicht. In diesen finden sich die folgenden Dokumente:

Nr. 10: Der Präventivkriegs-Gedanke hat in Polen Anhänger. Bericht des Gesandten in Warschau, GIRSA, vom 10. Mai 1933:

»Der Presseattaché. . . erstattete mir folgende Meldung: . . . In den polnischen Offizierskreisen herrscht die Ansicht vor, daß der Krieg zwischen Polen und Deutschland unvermeidlich ist und es zu ihm früher oder später entschieden kommen wird. . . Der Gedanke eines Präventivkrieges hat Anhänger nicht nur in Marschall PILSUDSKI, sondern auch im Generalstab, der schon gewisse Maßnahmen getroffen hat. So wurde Anfang April mit der Konzentration der Kavallerie an der deutsch-litauischen Grenze und im Korridor begonnen.«

Nr. 79: Polen wollte Präventivkrieg gegen Deutschland. Bericht des Geschäftsträgers in Warschau, PROCHAZKA, vom 4. August 1937:

»Was die polnische Politik anbelangt, so ist RAUSCHNING der Ansicht, daß alle die unbedingt im Irrtum sind, die glauben, daß BECK an einem besonderen HITLER-Komplex leidet. RAUSCHNING hatte Gelegenheit, über die polnisch-deutschen Beziehungen mit Marschall PILSUDSKI zu sprechen. Vor der Unterzeichnung des polnisch-deutschen Paktes vom Januar 1934 bot Polen wiederholt Frankreich an, mit ihm einen Präventivkrieg gegen Deutschland zu führen. Polen zauderte lange vor einer ernsten Änderung seiner politischen Orientierung, und zwar bis zum letzten Augenblick. . . Die polnische Politik ging von den unbedingt realistischen Erwägungen aus, daß es ihr vielleicht gelingen wird, die erste Kraft des deutschen Ansturms gegen Österreich und die Tschecho-Slowakei abzulenken. Polen rechnete, daß damit Zeit für die Liquidierung [!] der deutschen Minderheit in Oberschlesien und Pommerellen gewonnen werden wird.«

Die oben beschriebenen militärischen Maßnahmen Polens Anfang 1933 bildeten auch unter anderem den Gegenstand einer Besprechung zwischen HITLER und dem polnischen Gesandten am 2. Mai 1933:

»Der Gesandte betonte das Interesse Polens an einem freien Zugang zum Meer... Aus diesem Grunde müsse Polen sein Recht auf Danzig aufrechterhalten... Der Kanzler erwiderte... daß man sich deutscherseits... durch die Vorgänge in Oberschlesien, durch Zusammenziehung von Militär an der Grenze, durch die Besetzung der Westerplatte in Danzig dauernd bedroht fühle.«[69]

Zusammenarbeit mit Deutschland?

Nach dem vergeblichen Versuch im März und November 1933, Frankreich und Belgien zu einem Präventivkrieg gegen Deutschland zu bewegen, entschloß sich PILSUDSKI zum Abschluß eines deutschpolnischen Nichtangriffsabkommens (26. Januar 1934).

Bei aller Härte im Kampf gegen einen politischen Gegner und einer Neigung zur Menschenverachtung war PILSUDSKI persönlich uneigennützig und von starker Ausstrahlungskraft.

Unmittelbar vor seinem Tod wurde die von ihm angeregte ›Aprilverfassung‹ verkündet, die den Staatspräsidenten und den Obersten Befehlshaber zu entscheidenden Autoritäten im Staat machte.

Trotz der Spannungen, die der Volkstumskampf zwischen den beiden Völkern schuf, bemühte sich Warschau im eigenen Interesse, zu geordneten nachbarlichen Verhältnissen zu kommen. Beide Staaten waren aufeinander angewiesen. Jahrhundertealte Wirtschaftsbeziehungen zwischen Mittel- und Osteuropa ließen sich nicht mit einem Machtspruch beseitigen. Obwohl Polen sichtlich bemüht war, sich nicht nur politisch, sondern auch wirtschaftlich an Frankreich zu binden, blieb Deutschland trotz gegenseitigen Zollkrieges der beste Handelspartner. 1938 zum Beispiel betrug der Anteil des Reiches am Außenhandel Polens rund ein Viertel des polnischen Gesamthandels, nämlich 23 Prozent des Imports und 24 Prozent des Exports. Es läßt sich allgemein sagen, daß nach den ersten erregten Jahren nach dem Krieg von 1925 an eine gewisse Entspannung im Verhältnis Deutschland–Polen eintrat, die bis 1930 anhielt. Die auf Diktatur hinzielende Politik PILSUDSKIS hat dann 1930 noch einmal eine erhebliche Krise zur Folge gehabt. 1934 setzte wieder eine Entspannung durch das erwähnte deutsch-polnische Abkommen ein, das HITLER aber Anfang 1939 mit guten Gründen aufkündigte.

---

[69] Dok. Ribbentrop 85 (2. Weißbuch, Nr. 26). Aufzeichnung des Reichsministers des Auswärtigen v. 2. 5. 1933.

4. Polens Großmachtpläne: Strategie und Taktik

Sammeldenkschrift der Polnischen Sachverständigenkommission auf der Pariser Friedenskonferenz von März 1919[70]

Im Februar 1919 wurde der nationalistisch eingestellten polnischen Delegation in Paris von der Warschauer Regierung noch eine besondere Sachverständigenkommission zur Seite gestellt, die im März 1919 eine eigene sogenannte »Sammeldenkschrift« vorlegte, in der sich unter anderen folgende Sätze finden:

»Die Germanisierung Danzigs ist oberflächlich; und sobald die Polen das Recht haben werden, sich in der Stadt niederzulassen, wird sie wieder polnisch werden. . . Danzig wird bald eine vorwiegend polnische Stadt werden, und das ohne irgendeinen Druck und ohne quälende Maßnahmen von Seiten der polnischen Autoritäten [!] . . . Danzig ist derart vollständig, daß ein dauernder Friede so lange unmöglich sein würde, als die Mündungen des nationalen polnischen Flusses in den Händen der Feinde Polens und der Humanität bleiben würden. . . Ferner muß, um Attentate gegen das mit Polen vereinigte Danzig zu verhüten, das ganze Weichseldelta mit Elbing an Polen angeschlossen werden. . . Die territoriale Isolierung Ostpreußens, dieses Herdes des preußischen Militarismus, ist notwendig für einen dauernden Frieden und muß zu einer freiwilligen und fortschreitenden Entdeutschung (›degermanisation‹) dieses wichtigen strategischen Gebietes führen, von welchem aus die preußische Dynastie ausgezogen ist, um die Welt zu erobern. . . Wenn das, was man ›Entwicklung Preußens‹ nennt, nur ein Gewebe von Lehnsfrevel, Treubruch und Gewalttat ist, dann hat Polen das unverjährbare Recht erworben, wenn nicht zur vollkommenen Wiederherstellung. . ., so doch zu teilweisen Wiedergutmachungen. . .«

Um diese ›hypermoralische‹ Begründung aufrechtzuhalten, war Warschau bei der Denkschrift in historischer, ethnographischer und sonstiger Hinsicht vor Fälschungen nicht zurückschreckt. Dabei

---

[70] »Questions relatives aux territoires polonais sous la domination prussienne.«

waren die für die Abfassung verantwortlichen Mitglieder der Kommission größtenteils sehr bekannte polnische Gelehrte, wie beispielsweise B. Konopczynski und Romer. Deshalb haben wir hier zugleich ein beredtes Beispiel vor uns für die in polnischen Gelehrtenkreisen vorherrschende Wissenschaftlichkeit in politischen, historischen und rechtlichen Dingen.

Geheimdenkschrift gegen Danzig

Die von Zalewski verfaßte *Geheimdenkschrift gegen Danzig* ist auszugsweise zuerst durch eine Meldung der *Tel.Union* aus Genf vom 28. Februar 1929 bekannt geworden.

Der polnische Legationsrat Zalewski gehörte bis 1928 der polnischen Konsularvertretung in Danzig an und war hier die rechte Hand seines Chefs, des ›Generalkommissars‹ und Ministers Dr. Henryk Strasburger. Zalewskis Denkschrift gibt zugleich auch seine Ansichten wieder. Strasburger bestritt sofort den amtlichen Ursprung des Dokuments und erklärte am 13. März 1929, die Denkschrift stamme weder von ihm oder einem seiner Mitarbeiter, noch überhaupt von einem Beamten des polnischen Außenministeriums. Es handele sich vielmehr »zum großen Teil« um eine Zusammenstellung von Verlautbarungen und Artikeln maßgebender polnischer Persönlichkeiten. Verschiedene Hauptgedanken entsprächen »daher« den Grundlinien der polnischen Politik Danzig gegenüber.

Zwar leugnete Zalewski auf Anweisung von oben eiligst seine Autorenschaft, doch wird er durch einige offenkundige Tatsachen widerlegt: Als Mitarbeiter des *Kurier Warszawski* schrieb er dort unter dem Decknamen ›Dantiscus‹ häufig über die polnische Politik gegen Danzig. Sie enthalten die gleichen Aussagen, wie sie sich in der Denkschrift finden. Ein in jenem Blatt am 21. April 1928 erschienener Aufsatz Zalewskis stimmt fast wörtlich mit dem Text der Denkschrift überein. Außerdem wird der Inhalt durch die von Polen geübte Praxis, insbesondere durch die von 1928 an betriebene sogenannte ›Verständigungspolitik‹ gegenüber der Danziger Linksregierung, vollauf bestätigt. Werner Fuchs urteilt in seinem Buch:[71] »Die Geheimdenkschrift selbst stellt ein geradezu klassisches Meisterstück überlegener Diplomatie dar und ist in jedem Einzel-

---

[71] Fuchs, aaO., S. 60.

punkte charakteristisch für die psychologisch fein berechneten Methoden der ebenso planmäßigen wie klug verhüllten polnischen Expansionspolitik.«

Von den 31 Seiten des Originaltextes, können im folgenden nur die bezeichnendsten Stellen gebracht werden.[72]

»Die Zeit arbeitet für Polen (S. 5 ff.)

Wenn die Zeit hinsichtlich der Verschiebung der äußeren Mächteverhältnisse für Deutschland und gegen Polen arbeitet, so arbeitet gleichzeitig in einer anderen Beziehung die Zeit für Polen. Das ist in wirtschaftlicher Hinsicht der Fall. Die Konsolidierung der allgemeinen Verhältnisse in Osteuropa bedingt ein wirtschaftliches Erstarken Polens. Es wird auch der gegenwärtige vertraglose Zustand zwischen Deutschland und Polen Platz machen einem vertraglich gesicherten Handelsverkehr. Die wirtschaftlichen Interessen zahlreicher deutscher Firmen werden dadurch wieder mehr mit Polen verknüpft werden, und die Reichsregierung wird dadurch gehemmt werden beim Vorantreiben ihrer politischen Offensive gegen Polen. . .

Die wirtschaftlich mißliche Lage der Danziger muß von polnischer Seite ausgenutzt werden. Es ist selbstverständlich, daß keine polnische amtliche Behörde irgendeinen offenen Boykottbeschluß gegen die Danziger Wirtschaft verkünden darf. Ein solcher Schritt – wir haben es bereits erlebt – würde nur den Danziger Nationalisten die Möglichkeit geben, die Danziger öffentliche Meinung gegen Polen einzunehmen. Der Erfolg bestände also in einer Schwächung, und nicht in einer Stärkung der polnischen Position. Wohl aber kann von amtlicher polnischer Seite immer wieder mit Bedauern darauf hingewiesen werden, daß durch die nationalistische deutsche Verhetzung es der polnischen Regierung so schwer gemacht werde, mit den wirklich maßgebenden Danziger Wirtschaftskreisen zu einer für beide Teile ersprießlichen Zusammenarbeit zu gelangen [!] . . .

Während die amtlichen polnischen Stellen sich so vorsichtig zurückhalten, kann von privater polnischer Seite, von führenden pol-

---

nischen Wirtschaftsorganisationen usw., immer wieder, wenn auch
in äußerlich maßvoller Form, betont werden, daß Polen nicht die
Danziger Wirtschaft, wohl aber die Danziger Wirtschaft Polen
brauche... Folgt man dieser Linie konsequent, dann wird man bald sehen,
daß die Danziger Wirtschaftler selbst zu Verfechtern der wirtschaftlichen Zusammenarbeit mit Polen werden und daß sie der
polnischen Regierung die Mühe abnehmen, ihre Taktik der Frei-
en Stadt gegenüber besonders begrüßen zu müssen... Den an
dauernder wirtschaftlicher Zusammenarbeit mit Polen interessierten und letzten Endes im Gegensatz zu den Berliner Bestrebungen stehenden Danziger Wirtschaftskreisen muß daher die Möglichkeit gegeben werden, ihre Zusammenarbeit mit Polen und ihre
stillschweigende Unterstützung der polnischen Taktik als im höheren Interesse des Deutschtums Danzigs liegend hinzustellen.

Die polnische Taktik (S. 10 ff.)

Aus diesem Grunde muß sich die polnische Taktik jeden Angriffs
auf das Deutschtum Danzigs enthalten... Eine Polonisierung Danzigs – wollte man sie versuchen – würde nämlich nicht möglich
sein. Warum sollte man sich also einem unerfüllbaren Traum zu-
liebe durch eine Polonisierungskampagne selbst Schwierigkeiten
machen? Es ist viel klüger, den Deutschen in Danzig die feste
Gewißheit beizubringen, daß Polen in kultureller Beziehung keine ›Politik des Abbröckelns‹ dem Deutschtum gegenüber verfolgt.
In dieser Hinsicht muß die polnische Politik Danzig gegenüber
bewußt anders vorgehen, als dem Deutschtum Pommerellens gegenüber, denn in Pommerellen haben die Polonisierungsmaßnah-
men die Gewißheit des Erfolges für sich, können also ebenso energisch wie nach außen hin behutsam zur Anwendung gelangen...
Bringt man den Danzigern die Überzeugung bei, daß die kulturellen Belange des Deutschtums in Danzig tatsächlich vollkommen unangefochten bleiben werden, dann wird man einen Keil
zwischen die bisher im großen ganzen noch in geeinter Front Polen gegenüberstehenden Danziger Deutschen treiben. Die Nationalisten werden nach wie vor behaupten, das Deutschtum Danzigs sei in Gefahr. Sie werden sich aber damit im Gegensatz
befinden zu der Überzeugung der Mehrheit der Bevölkerung; denn

vor allem die mehr links stehenden Wirtschaftskreise werden mit gutem Gewissen das bestreiten können, und so werden die parteipolitischen Gegensätze zwischen den Danzigern angefacht werden in einem Sinne, der die Danziger Wirtschaft rein stimmungsmäßig auf die Seite Polens treiben muß.

Einflußnahme auf die Wirtschaft (S. 12 ff.)

Hand in Hand mit der Ausnützung der innerpolitischen Danziger Gegensätze muß – und das ist das Wichtigste – eine immer stärkere Abhängigmachung bedeutender Danziger Wirtschaftsgruppen von Polen gehen. Unsere Taktik in den vergangenen Jahren ist nicht mehr ganz richtig gewesen. Es schadet nichts, wenn die Danziger Firmen durch den polnischen Handel viel verdienen, sie fühlen sich dann nur immer stärker zu dieser polnischen Geldquelle hingezogen... Je mehr Jahre vergehen und je weiter der Tag der Abtrennung Danzigs vom Reiche in die Vergangenheit rückt, je ungewisser es schließlich wird, ob überhaupt einmal Danzigs Wiedervereinigung mit Deutschland möglich sein wird, um so kleiner wird die Rolle werden, die nationale Gesichtspunkte bei der Entscheidung der Danziger über ihre Stellung zu Polen spielen werden, und um so bedeutungsvoller werden die wirtschaftlichen Argumente ins Gewicht fallen.«

Im folgenden werden nun als praktische Beispiele dafür,»wie wirtschaftliche Interessen großer Danziger Betriebe angefaßt werden müssen«, damit sie»indirekt (das heißt unbewußt) der polnischen Taktik die Wege ebnen«, ausführlich die besten Möglichkeiten für polnische Einflußnahmen auf die ehemals Kaiserliche Werft und auf die größeren Danziger Zeitungsbetriebe erörtert. Dann heißt es weiter:

»... Ferner darf man nicht vergessen, daß die Konkurrenz in der Wirtschaft eine große Rolle spielt. Wenn es nach dem Muster der Danziger Werft gelingen würde, die Mehrzahl der Danziger Wirtschaftsbetriebe in materielle Abhängigkeit von Polen zu bringen, dann wäre ein großer Schritt vorwärts getan zur Aufrichtung eines wirksamen Bollwerks zwischen Danzig und Deutschland. Wenn nämlich zutage tritt, daß Firmen, die mit polnischen Aufträgen bedacht werden, sich erheblich besser stehen als Firmen, die wegen ihrer unfreundlichen Haltung uns gegenüber keine polnischen Aufträge bekommen – dann werden auch die Widerstrebenden sich um die polnische Gunst bemühen. . . Dieser Weg führt aber mit Sicherheit fort von Deutschland und hin zu Polen. . .«

Die Wirtschaft ist unsere Politik (S. 25 f.)

»Die Zeit arbeitet also, wie man an allen diesen Beispielen gesehen hat, für Polen. Die nächste Generation wird vom Nationalismus weniger beschwert sein wie die gegenwärtige, die z. T. noch die Glanzzeiten Deutschlands gesehen und im Kriege auf deutscher Seite gefochten hat. Die nächste Generation wird um ihren eigenen Vorteil besorgt sein und es nicht anders kennen, als daß Danzig nicht mehr zu Deutschland gehört. Wenn Polen sich zum Schirmer der Freiheit und Unabhängigkeit Danzigs aufwirft, wenn mit keinem Wort mehr der Wunsch laut wird, Danzig politisch Polen einzuverleiben und kulturell zu polonisieren, dann wird der Danziger die Einflüsterungen der Nationalisten und die Berliner Lockungen nicht ernst nehmen und innerlich ein Gegner des ›Anschlusses ans Reich‹ werden, weil dieser Anschluß ihm die Quellen zustopfen würde, aus denen sein Verdienst fließt. . . Jedes Jahr, das zur Konsolidierung der wirtschaftlichen Verhältnisse in Osteuropa beiträgt, trennt die Freie Stadt Danzig nachhaltiger vom Reich und schmiedet sie fester an Polen, unbeschadet aller kulturellen Eigenart, die wir klugerweise [!] ganz unangetastet lassen sollten. . . Man muß es endlich in den polnischen Redaktionen und Parteizirkeln verstehen, daß das polnische Außenministerium und das polnische Generalkommissariat in Danzig nicht ihre Karten aufdecken und offen sagen können, daß sie bei ihren Bemühungen, Danzig unlöslich an Polen zu ketten, sichtbare Erfolge erzielen. Ein Aufdecken der Karten wäre gleichbedeutend mit der Vernichtung jeder weiteren Aussicht auf Erfolg. Wer die Oberfläche zu durchschauen vermag, der erkennt die gemachten großen Fortschritte und wird mit begründeten Hoffnungen in die Zukunft schauen [!]. . .

gez. ZALEWSKI.«

Polonisierung Ostpreußens durch wirtschaftliche Mittel

Polen spekulierte auf eine allmähliche ›Entvölkerung‹ Ostpreußens und eine damit verbundene Wirtschaftskrise. Dementsprechend verfolgte Warschau eine Politik der Unterwanderung und der Isolierung Ostpreußens gegenüber dem Reich, wie sich aus einem polnischen Beitrag ergibt. Der Schriftsteller St. Srokowski vertrat offen die Forderung, Ostpreußen durch immer stärkere Abschnürung in völlige wirtschaftliche und damit auch in politische Abhängigkeit von Polen zu bringen. Srokowski war von 1921 bis 1923 Generalkonsul in Königsberg, wurde dann Wojewode (Oberpräsident) von Wohlhynien und leitete dann bis Ende 1927 das ›Baltische Institut‹ in Thorn.

Srokowski war der publizistisch raffinierteste Verfechter des Expansionsgedankens, wobei er sich in seinen zahlreichen Veröffentlichungen fast ausnahmslos mit der sogenannten ›ostpreußischen Frage‹ befaßte:[73]

»Keine Opfer können zu groß sein, um Ostpreußen auf die eine oder andere Weise zu gewinnen, um es in den Kreislauf des Polentums einzubeziehen. Es wäre dies in Wahrheit eine zivilisatorische Arbeit. [!] Es klingt dies wie ein Paradox; denn in Ostpreußen sind die Wege und Eisenbahnen gut, bei uns aber schlecht. Doch bedenken wir, daß mit dieser äußerlichen materiellen Zivilisation die ganze Überlegenheit der ostpreußischen Kultur eben auch ihr Bewenden hat. [!] . . .

Polen sieht keinerlei Notwendigkeit ein, daß die ostpreußische Kolonie [!] einen Überfluß an Menschen ansetze, denn dadurch wächst die Gefahr nicht so sehr einer friedlichen Durchdringung mit einem dem Polentum fremden Element, als die Möglichkeit einer wirksamen bewaffneten Intervention Ostpreußens, zusammenwirkend mit einem gleichzeitigen Vorgehen des Reiches. Es ist nicht überflüssig, daran zu erinnern, daß die Grenze Ostpreußens von der Hauptstadt Polens kaum 110 Kilometer entfernt ist. Kann denn schon von Ostpreußen dessen polnischer Teil, das uns von rechts wegen [!] zukommende Masuren, nicht abgetrennt werden, um dadurch, mit einem Schlage das zahlenmäßige Ge-

---

[73] Srokowski, St., *Aus dem Lande des Schwarzen Kreuzes. Bemerkungen über Ostpreußen* (Posen 1925; Verlag des ›Westmarkenvereins‹, S. 52 ff., zit. in: Hansen, Ernst, *Polens Drang nach dem Westen*, Berlin 1927, S. 43 ff.

wicht des ostpreußischen Bevölkerungsblocks, der über unserem
Nacken hängt, zu verringern, so müssen wir doch mit allen Mitteln einem derartigen Kolonisationsprozeß entgegenarbeiten, der
über unsere Köpfe hinweg am Ufer der Ostsee eine Verdichtung
des polenfeindlichen Elements herbeiführen würde. Daß es sich
hierbei in erster Linie darum handeln kann, der ostpreußischen
Landwirtschaft unseren billigen Landarbeiter zur Verfügung zu
stellen, welcher den natürlichen Zuwachs der Bevölkerung Ostpreußens über die Grenzen der Provinz verdrängen würde, versteht sich
von selbst. Noch wichtiger jedoch wäre eine solche Regelung der
Verhältnisse, daß Ostpreußen abseits der Hauptverkehrs-und Han-
delslinien geriete.«

Weiter führte er aus:

»Wer die Bedeutung des Handels kennt, der weiß, welche Folgen
dieses nach sich ziehen und bis zu welchem Grade es wirtschaftlich Ostpreußen und Polen verbinden würde, und zwar um so
mehr, da Königsberg am östlichen Ufer derselben Meeresbucht
liegt, an welchem das mit allen natürlichen Fasern an Polen ge-
knüpfte Danzig und das emporstrebende Gdingen erwuchsen.
Aber damit eine Ablenkung des Verkehrs und Handels erfolgen
könnte, ich möchte sagen, von der Berlin–Moskauer Richtung in
die Danzig-Königsberg-Warschauer Richtung, muß man an den
Bau zahlreicher und guter Zufuhrbahnen von Polen zur Südgren-
ze Ostpreußens denken, zugleich an die Verbindung des Wasser-
wegnetzes der Provinz mit den Wasserwegen Polens. Hier freilich heißt es sich eilen, und zwar sehr, denn die Deutschen haben
nicht weniger als wir die Zukunft Ostpreußens im Auge, nur im
umgekehrten Sinne... Je mehr Ostpreußen einen Niedergang er-
leidet oder auch nur sich verändert und selbständig verwaltet, je
mehr Litauen, Weißrußland und Lettland samt ihren Handels- und
sonstigen Möglichkeiten Ostpreußen aus den Händen gleiten, um
so weniger wird Ostpreußen in den führenden Kreisen der deutschen Politik und des deutschen Handels noch Interesse erwek-
ken. Fast von selbst würde es die Bedeutung einer deutschen Provinz verlieren, würde eine Art selbständiger Landschaft werden,
die der deutschen Gesamtpolitik mehr oder weniger fremd, unter
Umständen sogar ablehnend gegenüberstände. Dann würde fast

automatisch auch der deutsch-polnische Streit um den Pommerel-
ler Korridor in die Sphäre nichtaktueller Angelegenheiten rücken,
um nach einer weiteren Reihe von Jahren, bei gleichzeitigem
Wachstum der Kräfte Polens, mehr oder minder in Vergessenheit
zu geraten.«

Mit Hilfe einer Unterwanderung durch polnische Saisonarbeiter soll
also der Zusammenbruch Ostpreußens zugunsten Polens aufgefan-
gen werden.
Die Wut über das Vorhandensein eines deutschen Ostpreußens
zeigte sich bereits in einem 1914 erschienenen Buch von E. KUMA-
TOWSKI:[74]

».. . Diese Brutstätte aller feindlichen Handlungen gegen Polen
und das Slawentum, die durch den kurzsichtigen polnischen Herzog [KONRAD VON MASOWIEN; d.V.] geschaffen ist, (muß) politisch
zerstört werden und entweder in den Bestand Rußlands oder des
mit ihm vereinigten Polens aufgehen. Im Namen des Heils des
Slawentums und der Zivilisation muß dieses Schlangennest vernichtet werden. Man kann für dieses Land irgendeine Selbstverwaltung ausdenken, aber man darf es nicht an Deutschland zurückgeben.«

St. SROKOWSKI, der eine Schädigung Ostpreußens in der »unnatürli-
chen politischen Verbindung« mit Deutschland erblickte, schrieb 1929
in einem weiteren Buch:[75]

»Wir brauchen nicht hinzuzufügen, daß diese [Schädigung, d.V.]
in hohem Maße auch das benachbarte Polen interessiert; denn Ostpreußen ist Polens Meeresküste. . . Dieser Umstand [s.o.] rächt sich
an Ostpreußen dadurch, daß dank dieser Rolle als abgelegene und
unselbständige deutsche Provinz der größte Schatz, . . . die Kü-
stenlage des Landes, . . . unausgenützt bleibt. Und unausgenützte
Schätze wirken stets anreizend, dauernd faszinieren sie sowohl
den Besitzer als auch die Nachbarn. Darin liegt gewissermaßen
die internationale Bedeutung des ostpreußischen Problems, das

---

[74] KUMATOWSKI, E., *Das ethnographische Polen*, Moskau 1914, S. 47, vgl. RECKE,
Walter, *Die polnische Frage als Problem der europäischen Politik*, aaO., S. 296
[75] SROKOWSKI, St., *Ostpreußen – Land und Leute*, Warschau 1929, S. 12, 27, 85
u. 98.

früher oder später... gelöst werden muß. (S. 27)... Nicht nach Osten, sondern nach Norden, zur Ostsee hin muß der um die Zukunft des Vaterlandes besorgte polnische Gedanke gewandt werden. Dort liegt der Talisman für Polens Größe und Glück, dort seine Sicherheit und Stärke... (S. 85) Gegen das elementare Eindringen polnischer Einflüsse in das vom Reiche abgeschnittene Ostpreußen (um 1500) wehrte man sich mit allen Mitteln, worauf Polen erneut mit seiner erfolgreichsten Waffe, der Isolierung der Ordensbesitzungen und des späteren Herzogtums Preußen, durch die Hemmung des Verkehrs durch Pommerellen antwortete... es scheint, daß allein der historische Prozeß einer Reduzierung der Provinz Ostpreußen auf ihren wesentlichen Teil, auf das Pregelgebiet, diesen Zustand [d.h. eines deutschen Vorpostens; d. V.] ändern könnte.« (S. 98)

Polnischer Expansionsdrang

Der Sozialist Stanislaw GRABSKI, Sohn einer deutschen Mutter, war ein Anhänger PILSUDSKIS und wurde später einer der Hauptführer der nationaldemokratischen Richtung OMOWSKIS. Als deren Abgeordneter übernahm er im polnischen Sejm jahrelang den Vorsitz der Kommission für auswärtige Angelegenheiten. An der Universität Lemberg wirkte GRABSKI bereits vor dem Krieg als ordentlicher Professor der Staatswissenschaften. Als Hauptschriftleiter der dortigen chauvinistischen *Slowo Polskie* übte er in den zwanziger Jahren einen weitgehenden politischen Einfluß aus, desgleichen in den nationalistischen Verbänden. In einer Denkschrift[76] stellte er das nationaldemokratische Aktionsprogramm vor, wobei er in dem hier im folgenden zitierten Kapitel besonders »die Richtung der nationalen Expansion« behandelt.

»... Vor allem besteht für die Machtpolitik Polens noch immer dasselbe grundlegende Dilemma [!], das auf unserer ganzen bisherigen Geschichte lastete [sic!], nämlich die Frage: Welche Richtung soll die Expansion [!] des polnischen Volkes einschlagen?

---

[76] GRABSKI, Stanislaw, *Bemerkungen über den gegenwärtigen geschichtlichen Zeitpunkt in der Entwicklung Polens,* 1923, S. 141 ff., zit. nach: HANSEN, Ernst, *Polens Drang nach dem Westen, aaO.,* S. 30 ff.

Die nördliche nach der Ostsee oder die südöstliche nach der Ukraine und dem Schwarzen Meere?...

Die Entscheidung der ostpreußischen Frage, die der Versailler Vertrag getroffen hat, ist zu sehr gekünstelt, als daß sie sich auf die Dauer aufrechterhalten ließe...

Und darum eins von beiden: Entweder wir lenken die polnische Machtausdehnung ostwärts gegen Rußland, indem wir uns die Perioden seiner Ohnmacht zunutze machen, die ihm das nächste halbe Jahrhundert bringen wird, und legen damit zugleich die Entscheidung der nur provisorisch geregelten ostpreußischen Frage in die Hand Deutschlands, oder aber wir setzen unsere ganze uns zur Verfügung stehende Kraft dafür ein, daß die ostpreußische Frage durch Polen im Sinne Polens entschieden werde. Steht es aber so, so ist jegliches Schwanken vom Übel.

Ohne den Zugang zum Dnjepr kann Polen bestehen, aber ohne beständigen Zugang zum Meere kann es nicht bestehen. Dies ist der entscheidende Gesichtspunkt...

Von der Energie, die wir in dieser Richtung entwickeln, hängt nicht nur die Größe und die Macht Polens ab, sondern nahezu seine Existenz. Denn in der Tat, der Bestand der Republik Polen wird erst dann dauernd gesichert sein, wenn wir in dem mit Deutschland unabwendbaren Kriege siegen, in den sich Deutschland stürzen wird, sobald es sich von der im Weltkrieg davongetragenen Niederlage erholt hat.«

Am 3. Oktober 1930 zitierten die *Münchner Neuesten Nachrichten* unter der Überschrift »Polnische Kriegsfanfaren« das Warschauer Blatt *Die Liga der Großmächte*:

»Der Kampf zwischen Polen und Deutschland ist unausbleiblich. Wir müssen uns dazu systematisch vorbereiten. Unser Ziel ist ein neues Grunwald, aber diesmal ein Grunwald[77] in den Vororten Berlins, d. h., die Niederlage Deutschlands muß von polnischen Truppen in das Zentrum des Terrorismus getragen werden, um Deutschland im Herzen zu treffen. Unser Ideal ist ein Polen im Westen mit der Oder und der Neiße als Grenze. Preußen muß für Polen zurückerobert werden, und zwar das Preußen an der Spree.

---

[77] ›Grunwald‹, die polnische Bezeichnung für ›Tannenberg‹.

In einem Krieg mit Deutschland wird es keine Gefangenen geben, und es wird weder für menschliche noch kulturelle Gefühle Raum sein. Die Welt wird erzittern vor dem deutsch-polnischen Krieg. In die Reihen unserer Soldaten müssen wir übermenschlichen Opfermut und den Geist unbarmherziger Rache und Grausamkeit tragen. Vom heutigen Tag an wird jede Nummer dieses Blattes dem kommenden Grunwald in Berlin gewidmet sein.«

5. Nationalistische und chauvinistische Reden

Erklärungen und Reden hoher geistlicher Würdenträger

Sowohl in den bisherigen Kapiteln als auch in den folgenden kommen polnische Politiker und Staatsmänner zu Wort. Bei ihnen herrschte ein Gleichklang in bezug auf Nationalismus, Chauvinismus und Expansionsgelüste, selbst bei hohen geistlichen Würdenträgern, Parlamentariern, Journalisten und polnischen Verbandsfunktionären.

Festpredigt des Prälaten STYCHEL (3. 12. 1918)

Am 3. Dezember 1918 zelebrierte in der Pfarrkirche in Posen anläßlich der Eröffnung des ›Landtages‹ der Gnesener Erzbischof DALBOR persönlich als ›Primas Poloniae‹ ein Hochamt. Dabei hielt Prälat STYCHEL die Festpredigt in einer Weise, wie es wohl nur polnische Kleriker fertigbringen, die die schlimmste chauvinistische Verhetzung mit dem Heiligenschein tiefster religiöser Inbrunst verbinden können. Die Predigt endete mit folgenden Gebetsworten:

»... Heiliger Stanislaus VON SZCZEPANOW, der Du der Sache nach auf dem Schlachtfelde von Grunwald [= Tannenberg, 1410; d. V.] den polnischen Kriegsscharen beistandest, damit das kreuzritterliche Ungeheuer in Staub zerfalle, erbitte, wir bitten Dich, von Gott, daß das Vaterland in seinen in der Zukunft unbedrohten Grenzen [in Ostpreußen; d. V.] frei und friedlich leben könne! Heiliger ADAL-BERT, der Du an der Ostseeküste das Licht des Glaubens ausbreitetest und Dein heiliges Haupt opfertest, erbitte von Gott, wir bitten Dich, daß dem Gott treuen Polen die polnische Küste wiedergegeben werde! Heiliger HYAZINTH, wache, daß das Schlesien der Piasten zur polnischen Mutter zurückkehre!«[78]

Prälat STYCHEL, der Mitglied des Deutschen Reichstages gewesen war, hatte dort am 22. Februar 1918 bei der dritten Beratung des Friedensvertrages mit der Ukraine in seiner Rede erklärt:

»In diesem Moment erzittert die polnische Nation von oben bis unten vor Schmerz und Empörung. Wir polnischen Volksvertre-

---

[78] *Wielkopolanin* (Posen), Nr. 284 vom 11. Dezember 1918. Vollständiger Text bei VOSBERG, aaO., S. 162 ff.

ter erheben auch hier unsre Stimme als ein Teil des dreigeteilten, zerrissenen Vaterlandes... Die durch die Teilung Polens geschlagene Wunde bleibt offen, und sie wird es so lange bleiben, bis das Unrecht wieder aus der Welt geschafft wird...«

Nach der bereits 1916 von Deutschland und Österreich vorgenommenen Wiederherstellung des polnischen Staates sprach Prälat STYCHEL noch während des Krieges damit das Endziel der nationalpolnischen Bestrebungen klar aus, nämlich die Abtrennung der preußischen Ostprovinzen. Der Abgeordnete Gustav STRESEMANN bezeichnete ihn in derselben Sitzung deswegen als »Priester des Hasses«.

Rede des Prälaten KLOS (28. 6. 1928)

Am 28. Juni 1928 hielt Prälat KLOS auf einem zu Ehren des ›Polnischen Nationalkomitees‹ veranstalteten Bankett eine Rede über den »Segen des Versailler Vertrages, das Grauen der deutschen Tyrannenherrschaft und die Verdienste des Polnischen Nationalkomitees«. Dieses war am 15. August 1917 in Lausanne gegründet worden, hatte unter dem Vorsitz DMOWSKIS bis Kriegsende seinen Sitz in Paris und wirkte von dort aus als Zentrale der polnischen Auslandspropaganda. Dabei galt es, die Staatsmänner der Entente und Amerikas für die Ziele der polnischen Nationaldemokratie zu gewinnen, für die »Errichtung eines unabhängigen Polens aus allen drei Teilgebieten«. Sehr bald schon erlangte das Komitee völkerrechtliche Anerkennung von seiten der Alliierten. Im Januar 1919 erhielt es die offizielle Zulassung zur Pariser Friedenskonferenz, wo seine beiden Delegierten DMOWSKI und PADEREWSKI maßgebenden Einfluß gewannen. Die einzelnen Erfolge dieses Komitees wurden in der nachfolgenden Rede ausführlich gewürdigt. Sie lautet auszugsweise:

»... Wir hatten ein anderes Polen erwartet! Wessen Schuld? Ich bin nicht begierig, die Antwort zu hören. Auch denke ich nicht daran, die Schuldigen zu suchen. Heute, am Jahrestage des Versailler Vertrages, soll man sich nicht die reine und aufrichtige Freude mit der Erörterung von Sorgen vergiften, die mit dem Wiederaufbau des neuen Staates unzertrennlich verbunden sind. Wer möchte denn trotz aller Gebrechen die heutige Freiheit in die früheren Fesseln umwandeln wollen? Lieber mag ich trocken Brot aus deiner Hand, mein polnisches Vaterland, wenn du auch heu-

te noch nicht in goldenen Kleidern einhergehst, als die Fleisch-
töpfe in der ägyptischen Gefangenschaft der feindlichen Pharao-
nen. Ich glaube doch an deine Zukunft, Polen, und ich glaube,
daß die Zeit kommt, wo du nicht nur mit trockenem Brot deine
Kinder nährst... Sollten übrigens alle, die so unwürdig und klein-
mütig seufzen: ›Wir haben ein anderes Polen erwartet‹, so wenig
die Bedeutung der historischen Tatsache erkannt haben, die am
28. Juni 1919 im historischen Saale von Versailles vollzogen wurde? Sollte gerade bei uns Bewohnern der westlichen Teilgebiete
Polens so schnell in Vergessenheit geraten sein, was uns der heutige Nachbar im Westen, damals einer unserer Tyrannen, gewesen ist? Nicht um irgendwelches Feuer des Hasses zu schüren,
Gott bewahre [!], sondern zu einer meisterhaften Charakteristik
führe ich die Worte an, mit denen der alte slawische Gefangene
DEMBIEC in den ›Gefangenen‹ Lucjan RYDELS das Grauen der deutschen Herrschaft malt:

›Wohin der Deutsche seinen Fuß stellt,
Dort blutet die Erde hundert Jahre.
Wo der Deutsche Wasser schöpft und trinkt,
Dort fault die Quelle hundert Jahre.
Dort, wo der Deutsche dreimal Atem holt,
Dort wütet hundert Jahre die Pest.
Wenn der Deutsche die Hand reicht,
So geht der Friede in Trümmer.
Denn alles ist ihm im Wege,
Wenn er nicht regieren kann.
Die Frösche quaken im Teiche,
Aber deutsch quaken wollen sie nicht.
Selbst der Vogel im Walde ärgert den Deutschen,
Da er deutsch nicht singen und zwitschern will.
Und hättest du tausend Jahre etwas in deinem Besitz,
Der Deutsche ist bereit zu schwören, daß es ihm gehöre.
Die Starken betrügt er,
Die Schwachen beraubt und würgt er!
Und führte ein direkter Weg zum Himmel,
Er würde sich nicht scheuen, Gott zu berauben.
Und wir werden es noch erleben,
Wenn der Deutsche die Sonne vom Himmel stiehlt.‹‹«

Und Prälat KLOS führte dann weiter aus:

»Für uns ist das alles weder Geheimnis noch eine besondere Neu-
igkeit; wir haben es am eigenen Leibe gespürt, und deshalb haben
wir vor allem das Recht und die Pflicht, zu rufen: Gesegnet sei
der Versailler Vertrag[79] und die Menschen, die segensreiche Werk-
zeuge der Vorsehung waren! Gesegnet in alle Ewigkeit seien diejenigen, die die Schicksalsnot unseres Volkes trugen, Männer mit
unverkäuflichen Seelen, in Vaterlandsliebe entflammt und hart
wie Stahl, die nur das eine Arbeitsziel verfolgten, daß aus dem
Vertrage ein freies, großes, unabhängiges Polen erwachse! Ihr
Name war: Polnisches Nationalkomitee in Paris! . . . Sie, und kein
anderer, legten die Fundamente für das neue Polen! Mag übrigens ein anderer, der berufener ist als ich, sagen, was das Polnische Nationalkomitee in seiner Tätigkeit gewesen ist. Als Mitglied
des ersten Sejm, der in den letzten Tagen so wenig gewissenhaft
beschimpft worden ist [Anspielung auf PILSUDSKI! d. V.], war ich
Zeuge folgender Szene: Es sprach der Ministerpräsident PADEREW-
SKI, auf der Linken oft durch Zwischenrufe der Sozialisten unter-
brochen. Unter den Zurufen wiederholten sich mit besonderer Bos-
heit die Rufe: Und das Nationalkomitee! Und Roman DMOWSKI!

PADEREWSKI brach auf einmal ab und sagte, zur Linken gewandt,
mit erhobener Stimme: ›Ihre Zurufe zeugen davon, daß Sie sich
nicht im geringsten Maße darüber klar sind, was dieses Polnische
Nationalkomitee mit Roman DMOWSKI an der Spitze gewesen ist.
Vielleicht wird Ihnen folgender Hinweis zur Aufklärung dienen:
Ohne die Arbeit des Nationalkomitees und seines Vorsitzenden
hätte sich Polen nicht an den Tisch der Friedenskonferenz gesetzt,
sondern im Vorzimmer warten müssen, wie z. B. Rumänien und
andere Staaten. Ist das nicht die beste Bezeichnung dessen, was
das Polnische Nationalkomitee bedeutete? Und wenn ich diese
kernige Definition in Tatsachen umdeuten sollte, dann sage ich
folgendes: Das P. N. K. organisiert die polnische Armee in Frankreich zum Waffenkampf mit den Deutschen, das P. N. K. führt
Polen in die Reihen der Koalition und vereinigt es mit ihr durch

---

[79] Die Heuchelei des Prälaten zeigt sich darin, daß alle seine chauvinistischen
Gesinnungsgenossen den Versailler Vertrag als »mangelhaft«, »verbesserungs-
bedürftig« und »unverbindlich« bezeichnen.

Oben: Die Entwaffnung der Deutschen vor dem Gebäude des Militäroberkommandos in Warschau am 11. November 1918. Gemälde von S. BAGIENSKI aus dem Jahre 1939.

Links, oben: der Dreiländerstein, der die nach 1919 gültigen Grenzen an Weichsel und Nogat symbolisierte: Korridor, Polen und Freie Stadt Danzig. *Links, unten:* Polnische Postkarte aus dem Jahre 1920, die den Zusammenbruch der russischen und deutschen Herrschaft über Polen darstellt.

Unten, zu Seite 65: Polnische Truppen marschieren 1920 in Kiew ein.

Deutsches Plakat und Aufruf
zur Volksabstimmung.
Aus: *Deutsche und Polen.
Eine Chronik,* Berlin 2002.

Polnisches Plakat zur
Volksabstimmung: »Es droht
der Tod, wenn
Oberschlesien deutsch
bleibt«. *Links:* Aufruf zum
Eintritt in die Deutsche
Schützendivision. Aus:
*Deutsche und Polen. Eine
Chronik,* Berlin 2002.

Volksabstimmung in Oberschlesien am 20. März 1921. Französische Truppen sichern den Theaterplatz von Kattowitz am Abstimmungstag.

Vor der Volksabstimmung in Oberschlesien kleben Schüler in den Straßen Berlins Plakate, auf denen in Berlin ansässige Oberschlesier zur Teilnahme an der Wahl aufgerufen werden.

Vojciech KORFANTY (Bildmitte), der polnische Abstimmungskommissar und Führer des polnischen Aufstands in Oberschlesien.

Polnische Aufständische 1921 bei Cosel.

Sie prägten die Politik des neuen Staats Polen nach dem Ersten Weltkrieg, von links: Ignacy PADEREWSKI, Roman DMOSKI und Josef PILSUDSKI.

unzertrennliche Bande, das P. N. K. erhält im eigenen Volke den Glauben an den Endsieg an der Seite der alliierten Völker aufrecht, das P. N. K. überwindet im Schoße der Koalition das Mißtrauen gegen das polnische Volk, und endlich, und das ist der größte Ruhm seiner Mitglieder, um den sie jeder Pole beneiden kann –: das P. N. K. bahnt Polen den Weg zum Anteil bei den Errungenschaften des Versailler Vertrages...

Möge Gott Euch, unermüdliche Arbeiter des Polnischen Nationalkomitees, dafür lohnen, was Ihr für das freie Vaterland getan habt! Der Dank des Volkes, wenigstens der großen Mehrheit, die zu schätzen weiß, was der Versailler Vertrag für das Volk ist und was mit Polen geschehen wäre, wenn nicht der Vertrag gewesen, ist auf Eurer Seite! Zu Händen des Herrn Roman Dmowski trinke ich auf das Wohl des ganzen polnischen Nationalkomitees: Sie sollen leben!«[80]

Prälat Nowakowski (20. 3. 1929)

Anläßlich des Todes von Marschall Ferdinand Foch (20. März 1929) hatten die Nationaldemokratische Partei und gesinnungsverwandte Bünde einen Trauergottesdienst veranstaltet. Deutschenhaß und blinde Schwärmerei für Frankreich kennzeichnen die Gedächtnispredigt, die der katholische Prälat und zugleich Sejm-Abgeordnete Nowakowski in der Warschauer Kathedralkirche hielt. Hierbei sagte er unter anderem:

»... Marschall Foch habe als bedeutendster Feldherr der Weltgeschichte [?!] die größte von germanischem Geiste geschaffene Militärmacht besiegt, eine Macht, die von Eroberungsgier, Herrschsucht und einem höllischen Hochmut getrieben und erfüllt gewesen sei. Der Feind habe mit seinem protestantischen [!] Einfluß und anti-katholischem Liberalismus [!] Frankreich mit der Fäulnis moralischer Verderbtheit [!] zu erfüllen versucht. Der Apostel Paulus habe gesagt, der Gerechte werde seines Glaubens leben. Dieses Wort sei in Marschall Foch lebendig gewesen und habe sein Werk geleitet. [!] Im Weltkriege hätten sich eigentlich nur zwei Mächte gegenübergestanden: einerseits Preußen als Brutstätte einer mit fremdem Blut, fremder Arbeit, fremden Tränen großgewachsenen und genährten Gewalt, deren höchster Grund-

---

[80] Vollständiger Text im *Posener Tageblatt*, Nr. 150 vom 4. Juli 1929.

satz gewesen sei, daß Macht vor Recht gehe, und das diesen Sieg
nur zur Festigung seiner traditionellen Eroberungsgier erstrebt
habe – andererseits Frankreich, das die Losung der Freiheit auf
sein Banner der historischen Gerechtigkeit geschrieben habe. Marschall FOCH, der in sich die Macht des katholischen Geistes [!] ver-
körpert habe, habe den deutschen Moloch besiegt, der auch die
Polen unter seine Fahnen habe zwingen wollen. Für diese Tat solle der Verstorbene gesegnet sein!...«[81]

Trotz solcher Lobeshymnen mehrten sich in Frankreich in den zwanziger Jahren des vorigen Jahrhunderts antipolnische Stimmen, die
sich in Polen selbst ein Urteil bilden konnten und die nun Paris vor
der Großmannssucht, Unzuverlässigkeit und Friedensstörerei dieses östlichen ›Verbündeten‹ warnten. Zu ihnen gehörten der französische Major Graf Olivier D'ETCHEGOYEN, der während eines fünfjäh-
rigen dienstlichen Aufenthalts in Polen hinreichend Erfahrungen
sammeln konnte, René MARTEL, Pierre VALMIGÈRE und Robert TOUR-
LY.[82] Leider konnten sich ihre Auffassungen in der amtlichen Politik
Frankreichs nicht durchsetzen; der kriegfördernde Einfluß der britischen ›Kavallerie St. Georg‹ war stärker.

Polnische Parlamentarier, Journalisten und Verbandsfunktionäre

Professor STRONSKI (20. 3. 1926)
Professor STRONSKI, einer der einflußreichsten polnischen Politiker
und Journalisten, bildete als Führer der Christlich-nationalen Partei
zusammen mit den Nationaldemokraten und Christlichen Demo-
kraten den nationalistischen Flügel des Warschauer Parlaments. Seine
radikalste Deutschfeindlichkeit zeigte sich bei vielen öffentlichen
Kundgebungen, die sich gegen das Reich richteten. Als sogenannte
›Abstimmungsfeiern‹ am 20. März 1926 in Ostoberschlesien stattfanden, erklärte STRONSKI bei einer solchen Veranstaltung als Fest-
redner unter anderem:

---

[81] Vgl. *O.L.*, 1929, Nr. 14; *O.M.*, 1929, Nr. 6, zit. nach FUCHS, aaO., S. 110 ff.
[82] ETCHEGOYEN, Olivier d', *Polens wahres Gesicht. Persönliche Erlebnisse aus
der Gegenwart*, deutsche Ausgabe Berlin 1927; MARTEL, René, *La Pologne et
nous. La légende et l´histoire – chimères et réalités*, Paris 1928; VALMIGÈRE, Pierre,
Und morgen. . .? Der Konflikt der nächsten Zeit, Köln 1929.

»Wenn die Deutschen von Grenzänderung sprechen und uns zurufen: Pommerellen!, so antworten wir: Ostpreußen! Wenn sie be-
strebt sind, Oberschlesien zu rauben, so erinnern wir daran, daß
uns 1919 das ganze Schlesien ohne Abstimmung zugesprochen
wurde. [?!] Wir hatten die Mehrheit in viel größerem Gebiete. [?!]
Wenn die Deutschen rufen: Kattowitz!, dann rufen wir Gleiwitz,
Groß-Strehlitz, Ratibor und Oppeln!«

Die bei solchen Veranstaltungen angenommenen Entschließungen
lauteten: Gelöbnis der Grenzverteidigung, Kampfansage wider Locarno, Drohungen gegen Deutschland, so zum Beispiel:

»Wir vergessen unsere in der preußischen Knechtschaft verbliebenen Brüder nicht!«[83]

Redakteur Gustav KLESZCZINSKI (November 1929)

Im November 1929 erklärte der polnische Redakteur Gustav KLESZC-
ZINSKI nach seiner Rückkehr aus dem deutschen Oppeln im Warschauer Staatsrundfunk:

».. . Ich fühlte mich in Deutschland wie in einem Dschungel unter wilden Tieren. . . Die Haare standen uns allen, den Vertretern
der polnischen öffentlichen Meinung, zu Berge, als wir den un-
glaublichen Grad der Verhetzung sahen, welche dort, in jenem
Land der Wildheit, vor allem die Jugend beseelt, die Jugend, die
zarte Jugend sogar!! Warum, warum denkt in Breslau kein Mensch
an das oberste Gebot der Menschheit: an Toleranz, an Menschen-
liebe, an Duldsamkeit? Wir Polen, wir rufen mit lauter Stimme zu
euch, ihr vereinzelten Bekämpfer des Tierischen, der Gehässigkeit
und des Schändlichen in Deutschland: Strengt euch mehr an, arbeitet intensiver an der Veredlung der Instinkte in eurem Volke!«[84]

Fürst Janusz RADZIWILL (September 1929)

Fürst Janusz RADZIWILL, der Führer der polnischen Konservativen und
Vorstandsmitglied des Westmarkenvereins, Vorsitzender des Sejm-
Ausschusses für auswärtige Angelegenheiten und Sprecher des Re-
gierungsblocks, beurteilte im September 1929 bei einem Warschauer Festessen vor Vertretern polnischer Staatsbehörden, Magistraten,

---

[83] *Kreuz-Zeitung* vom 24. 3. 1926, zit. in: FUCHS, aaO., S. 111 f.
[84] *O. M.*, 1929, Nr. 11, zit. in: FUCHS, ebenda, S. 113.

zahlreichen französischen, tschechischen und rumänischen Politikern Polens Verhältnis zu Deutschland:

»Selbst die größte Liebenswürdigkeit und das größte Entgegenkommen Polens werden zwecklos bleiben gegenüber der brutalen Barbarei der Deutschen.«[85]

Dr. Bartoszewicz (25. 1. 1930)

Am 24. Januar 1930 hatten die Landeshauptleute der sechs preußischen Ostprovinzen dem Reichspräsidenten von Hindenburg eine Denkschrift überreicht, die in Polen aus Angst vor einer prodeutschen Grenzrevision sofort aggressive Reaktionen auslöste. Anläßlich des zehnten Jahrestages der Besitzergreifung Pommerellens durch Polen nahm am 25. Januar 1930 der Vorsitzende des Hauptvorstandes der Christlich-nationalen Partei, Dr. Bartoszewicz, zur Denkschrift über die »polnischen Besitzrechte auf Danzig und Ostpreußen« folgendermaßen Stellung:

»Das Stückchen Pommerellen [!], das wir heute haben, hört nicht auf, eine Bedeutung für Polen zu haben. Wenn es zu klein ist, so muß man in Gott die Hoffnung setzen, daß es einst größer werden wird. Wenn Danzig nicht Polen einverleibt wurde, wie man es hätte machen können, so muß Polen alle Anstrengungen machen, damit dieser gegenwärtige Zustand nur eine vorübergehende Periode ist. Die Weichselmündung darf keinem anderen als nur Polen gehören. Wir haben aber noch eine andere Frage, die uns vielleicht am meisten schmerzt: das ist die ostpreußische Frage. Wenn die Kreuzritter von Polens Gnaden und dann noch dazu auf Grund eines gefälschten Dokuments [?] sich auf dem rechten Weichselufer festgesetzt haben, so haben wir trotz alledem unser gutes Recht auf den Besitz dieser Gebiete nicht verloren. Wir Polen hatten stets und haben ein Recht auf diese Gebiete. Und es ist doch derjenige Herr der Situation, der fühlt, daß er ein moralisches Recht hat, das wichtiger ist als das, was in diesem Augenblick geschieht. Wer kein Recht hat und doch regiert, der regiert mit der Übermacht, und die Übermacht ist eine vorübergehende Sache.«

---

[85] *D. Z.*, Nr. 223b vom 23. 9. 1929; *O. M.*, 1929, Nr. 11, zit. in: Fuchs, ebenda, S. 114.

6. Aggressiver polnischer Imperialismus

Politik der ›vollendeten Tatsachen‹

Neben dem Einsatz intriganter diplomatischer Schachzüge zögern Polen von jeher nicht, radikalere und schneller wirkende Mittel einzusetzen. 1923 plante die polnische Regierung ernstlich, »einfach mit Gewalt Danzig zu besetzen und einzuverleiben«.[86] Anfang 1925 wurde sogar offen dazu aufgerufen, daß Polen

»dasselbe, was die Litauer mit dem Memellande getan hätten, auch mit Danzig tun und dies kleine Stückchen polnischen Landes erobern solle. . .«[87]

»Was wir gegen Danzig entscheiden, ist sicherlich rechtmäßig und unsere Auslegung seines Statuts richtig. Und wenn jemand daran zweifeln und hinter unserem Rücken eine Untersuchung durchführen will, so gehen wir über die ganze Verhandlung und über das Urteil zur Tagesordnung über. Dasselbe sollte sich selbstverständlich auch auf unser Verhältnis zu der deutschen Minderheit im ehemaligen preußischen Teilgebiete beziehen [sic!]. Das ist keine abenteuerliche Politik, sondern ein festes Bestehen auf unserem unzweifelhaften Recht. Und weil diese Art der Lösung gewissermaßen auch eine vollendete Tatsache darstellt, so wird sie uns bestimmt nicht enttäuschen.«[88]

Der krasseste Fall einer ›Schaffung‹ vollendeter Tatsachen‹ stellte am 9. Oktober 1920 der berüchtigte Handstreich des polnischen Generals ZELIGOWSKI auf Wilna dar. Zwei Tage zuvor hatte PILSUDSKI den vom Völkerbund vermittelten Vorvertrag von Suwalki, der die Abtretung Wilnas an Litauen bestimmte, eigenhändig und freiwillig unterzeichnet. Anfangs leugnete PILSUDSKI noch jegliche Verbindung mit General ZELIGOWSKI, lehnte aber seine Abberufung ab. Erst als die Botschafterkonferenz am 15. März 1923 den völkerrechtswidri-

---

[86] CONSULIBUS, *Erfahrungen und Irrtümer unserer auswärtigen Politik im Hinblick auf die Erfahrungen der Gegenwart*, Warschau 1926, zit. n. *Der junge Osten (J.O.)*, Königsberg 1929, Nr. 4 und 6. Unter dem Decknamen »Consulibus« verbirgt sich eine ZALESKI nahestehende Person.

[87] NEHRING, Joachim, *Polnische Netze über Danzig*, Langensalza 1932, S. 23.

[88] *Der junge Osten (J.O.)*, Königsberg 1929, Nr. 4 u. 5, zit. in: FUCHS, aaO., S. 73.

gen Raub und Pilsudskis Vertragsbruch sanktionierte, gab Pilsudski
ganz offen seine persönliche Urheberschaft zu und führte aus:

»... Als man uns eine Verständigung mit der Gegenseite anriet,
wurden in Spa territoriale Beschränkungen aufs Tapet gebracht,
bei denen wir nicht nur Wilna, sondern auch Brest hätten abtreten müssen. Es fiel sogar über uns hinweg eine Entscheidung, die
Wilna an Litauen gab. Mit dieser Entscheidung hatte ich bei meiner neuen Arbeit zu rechnen. Es war notwendig, neue vollzogene
Tatsachen zu schaffen. Da kam die Aktion des Generals Zeligowski, der unter meiner Führung und in meinem ausdrücklichen
Auftrage handelte. Ich kann das dreist sagen, da ich es, als ich das
Belvedere verließ, ausdrücklich den Vertretern der Großmächte
gesagt habe; denn ich wollte nicht, daß diese Angelegenheit in
ihren Augen dem General Zeligowski schadete. Ich habe also eine
neue vollzogene Tatsache geschaffen, aber auch einen neuen Be-
sitzzustand unter anderen Bedingungen.«[89]

Pilsudskis Bekenntnis läßt erkennen, daß der Marschall nicht die geringsten Bedenken getragen haben würde, jene erfolgreiche Taktik
ein anderes Mal an der deutschen Grenze zu wiederholen. Laut Protokoll der Legionärstagung Nr. 32 betrachtete Pilsudskis Gefolgschaft
den Wilna-Raub tatsächlich auch nur als »erste Etappe« auf dem
weiteren Weg zur Angliederung ganz Litauens, worauf er zielbewußt hinarbeitete.

Nicht Defensive, sondern Offensive!

Im April 1929 hatte Reichsbankpräsident Hjalmar Schacht in einer
Denkschrift für die Pariser Sachverständigenkonferenz die Tatsache
herausgestellt, daß die Zahlungsfähigkeit Deutschlands wesentlich
durch den Verlust wichtiger landwirtschaftlicher Überschußprovin-
zen (Posen, Westpreußen) und des ostoberschlesischen Industriege-
bietes sowie durch die Abschnürung Ostpreußens beeinträchtigt sei.
Das versetzte die gesamte polnische Presse in höchste Aufregung.
An erster Stelle empörte sich der *Ilustrowany Kurier Codzienny* (Krakau) in seiner Ausgabe vom 20. April 1929. Die größte Tageszeitung

---

[89] Roth, Paul, *Die Entstehung des polnischen Staates*, Berlin 1926, S. 116, Anmerkung 1, nach »unwidersprochenen polnischen Presseberichten«.

Polens antwortete auf das Pariser SCHACHT-Memorandum unter anderem folgendermaßen:

»Die letzte Bombe ist zugleich ein Beweis dafür, wie schädlich die Taktik der Defensive ist, die von Polen auf internationalem Boden seit Errichtung unseres Staates angewandt wird. Schon seit zehn Jahren [!] strecken die Deutschen ihre Fühler nach der polnischen Weichsel aus, und wir verteidigen uns nur. Wir haben uns in Versailles verteidigt, indem wir auf die Linie der Mindestforderungen zurückgingen, wir verteidigten uns in der Frage Oberschlesiens, und wir verloren einen großen Teil dieses alten Piastenlandes. Wir verteidigen uns jetzt, indem wir der Welt zeigen, daß die deutschen Ansprüche auf den Korridor, Schlesien oder das Posener Gebiet unbegründet sind. Aber unsere Politik hätte vom ersten Augenblick an in anderer Richtung verlaufen müssen. In Versailles hätten wir bis zum äußersten um unser [!] Danzig und um unser [!] Ostpreußen kämpfen müssen. Man hätte Tag für Tag die Welt daran erinnern sollen, daß die Deutschen, die in Ostpreußen wohnen, ein Zuwanderungselement sind und auf wildeste Kolonisierung [!] zurückgeführt werden müssen, daß diese Germanisierung noch nicht die letzten Resultate gegeben habe. Man hat den Nationalgeist unter den Masuren getötet, man hat ihr Nationalbewußtsein geschwächt, aber die ethnographische Masse ist polnisch geblieben, und die Deutschen bilden nur eine dünne Oberschicht [!]. Auf die deutsche Parole: ›Die Weichsel muß unser werden!‹ müssen wir antworten: ›Fort mit den Deutschen hinter ihre natürliche Grenze! Fort hinter die Oder!‹ Das Oppelner Schlesien ist kernpolnisch [!], ebenso wie ganz Schlesien und ganz Pommerellen vor dem deutschen Ansturm polnisch gewesen sind! Wir haben den falschen Weg gewählt. Es ist Zeit, daß wir umkehren!«[90]

Hierbei handelte es sich nicht um eine einmalige ›chauvinistische Entgleisung‹. Das beweist unter anderem ein Artikel des *Ilustrowany Kurier Codzienny* von Anfang September 1927:

»Nicht Defensive, sondern Offensive
ist die beste Methode zur Erreichung unserer Grenzen.

---

[90] Vgl. *Pos. Tgbl.*, Nr. 92 vom 21. April 1929; *O. E. K.*, 1929, Nr. 8.

... Wenn wir von ethnographischer Warte aus Polen betrachten, so stellen wir mit Verwunderung fest, daß sich die ethnographischen Grenzen nicht mit den politischen Grenzen unseres Staates decken. Noch bedeutende, von polnischer Bevölkerung bewohnte Gebiete sind unter fremder Herrschaft, eine große Anzahl polnischer Dörfer im russischen Podolien, ein großer Teil des Suwalkilandes – ach! das ganze Litauen mit seinen großen polnischen Minderheiten, das historisch und kulturell zu Polen gehört, die Hälfte von Ostpreußen, wo unsere masurischen Brüder verdummen und germanisiert werden durch die raffiniertesten Methoden. Auch im Posenschen sind bedeutende Gebietsstreifen auf der anderen Seite der Grenzlinie geblieben, und nun erst Oberschlesien! Auf dieses Oberschlesien, das in deutscher Hand verblieb, wo man meilenweit gehen kann und dabei nur die polnische Sprache hört, sollten wir nie verzichten. Ebenfalls sollte uns nicht das Teschener Schlesien, das gegenwärtig so intensiv tschechisiert wird, gleichgültig sein. Wir müssen ein Organismus mit starken Sehnen werden, ständig zum Sprung bereit, nicht nur zur Abwehr. Nur die Starken haben auf dieser Welt recht. Wir müssen stark werden, müssen unsere Kraft zeigen; denn im anderen Falle legt man unsere Tatenlosigkeit als Schwäche aus. Das wird kein Imperialismus sein, sondern das normale Leben eines aufgeklärten Volkes.«[91]

Am 27. April 1929 befaßte sich auch das vielgelesene und besonders in Pommerellen weitverbreitete Provinzblatt *Slowo Pomorskie*[92] mit der Denkschrift und schrieb:

»Wir werden das Land nicht lassen, dem wir entstammen[93]

... Thorner Bürger, wir werden tatkräftig gegen die deutschen Gelüste nach dem Lande Pommerellen und Schlesien protestieren... Auf der Pariser Konferenz hat der hochmütige Preuße Dr. SCHACHT die freche Forderung einer Revision der Ostgrenzen des Reiches gestellt... Auf die preußische Herausforderung müssen wir würdig antworten! Wir Bewohner des durch den jahrhundertelangen Kampf mit dem eroberungssüchtigen Kreuzrittertum blut-

---

[91] Vgl. *S. B.* 1927, Nr. 36.
[92] *Slowo Pomorskie* (Thorn), Nr. 98 vom 27. April 1929.
[93] Anfangsworte des polnischen ›Eidschwures‹, der sogenannten ›Rota‹.

bedeckten Pommerellens erklären ausdrücklich vor aller Welt: Wir werden das Land nicht lassen, dem wir entstammen. Auf die preußische Frechheit aber müssen wir mit der Forderung nach Wiedergabe der uns hinterlistig geraubten und noch nicht befreiten polnischen Landesteile antworten. Zur Bekundung dieses unseres Willens eilt alle zu der Kundgebung...! Es lebe das mächtige und geeinte Polen!«

In der Nr. 100 vom 30. April 1929 teilte dasselbe Blatt dann auch die auf dieser Kundgebung gefaßte Entschließung mit:

».. . Die bei der Kundgebung am 28. April auf dem Theaterplatz in Thorn versammelten 8000 Bürger der Hauptstadt Pommerellens verurteilen:

1. den frechen deutschen Versuch, das durch die Anstrengung und die Opfer des polnischen Volkes für Polen erhaltene Pommerellen zu kaufen. . . ; sie stellen

2. feierlich fest, daß sie alle Versuche einer Verletzung der Grenzen des polnischen Staates mit der Waffe in der Hand abweisen werden; sie erinnern

3. die öffentliche Meinung der Welt an unsere unverjährten Rechte auf diejenigen uralten polnischen Landesteile, die innerhalb der Grenzen des deutschen Reiches verblieben sind und in denen 800 000 Polen in kultureller, politischer und wirtschaftlicher Bedrückung leben; sie richten

4. an die polnische Regierung den heißen Appell, die Unantastbarkeit unserer Grenzen mit unbeugsamer Entschlossenheit zu verteidigen, und sie versprechen ihr bei diesen Anstrengungen die solidarische Unterstützung der polnischen Volksgesamtheit ohne Rücksicht auf die politische und soziale Überzeugung.«[94]

Auch Staatspräsident WOJCIECHOWSKI hatte sich mit erstaunlicher Offenheit über Polens wirkliche Absichten geäußert – so beispielsweise am 28. April 1923 in Karthaus über die polnische Politik gegenüber Danzig:

»Man muß Danzig alle lebenswichtigen Säfte unterbinden, und dies so lange, bis in Danzig eine andere dauerhafte Richtung die Oberhand gewinnt, die keinen Kampf und keine Aufhäufung von

---

[94] Vgl. *G. Ob.*, 1929, Nr. 34.

Schwierigkeiten will, sondern die eine loyale Zusammenarbeit sucht und Polen als Großstaat und Macht anerkennt, die in Danzig nicht nur geschriebene, sondern auch natürliche Rechte hat.«

Zu Beginn des Jahres 1925 kam es in Danzig anläßlich des sogenannten ›Briefkastenputsches‹ vom 5. Januar zu einem besonders eindeutigen polnischen Bekenntnis zur ›Politik der vollendeten Tatsachen‹. Damals drohte die polnische Presse ganz offen mit bewaffnetem Eingreifen. Die *Straznica Baltycka* (Graudenz) zum Beispiel brachte folgenden Aufruf:

»Aufständische und Soldaten! Ihr zählt in Pommerellen 150 000 Mann. Wenn nur jeder Dritte von Euch geht, so könnten wir mit Danzig dasselbe tun, was die Litauer mit dem Memellande getan haben. Denn solange in Danzig ein Senat von Hakatisten[95] regiert, werden wir keine Ruhe und keinen freien Zutritt zum Meere haben. Eure Pflicht ist es, Soldaten, auch dieses kleine Stückchen polnischen Landes, welches ungeduldig darauf harrt (!), zu erobern. Rafft Euch empor zu dieser Tat!«[96]

Polen nach Pilsudski

Nach PILSUDSKIS Tod am 12. Mai 1935 konnten sich weder BECK noch der General und spätere Marschall Eduard RYDZ-SMIGLY mit ihren Eroberungsabsichten durchsetzen. 1936/37 trat die radikale Rechte zeitweilig stärker hervor. In Ostoberschlesien betrieb der Woiwode M. GRAZYNSKI nach 1937 eine scharfe Polonisierungspolitik, die auch durch eine deutsch-polnische Minderheitenerklärung vom November 1937 nicht geändert wurde.

Die Annäherung an Deutschland hatte der deutschen Minderheit in Polen keinerlei Erleichterung gebracht. Im Gegenteil: Im September 1934 wurde der Vertrag vom 28. Juni 1919 gekündigt. Außenpolitisch schlug Warschau einen immer aggressiveren Kurs ein. Im März 1938 zwang es Litauen durch ein Ultimatum zur Grenzanerkennung, im Oktober 1938, nach dem Münchener Abkommen, ebenfalls durch Ultimatum, wurde das Olsagebiet von der Tschechoslowakei ›erworben‹.

---

[95] Hakatisten, Mitglieder des Deutschen Ostmarkenvereins.
[96] Siehe NEHRING, Joachim, *Polnische Netze über Danzig*, aaO., S. 23.

7. Entdeutschungsmaßnahmen nach 1919

Option und Minderheitenpolitik

Die bei den Abstimmungen in West- und Ostpreußen sowie in Oberschlesien erzielten hohen Ergebnisse für Deutschland hatten die Problematik dieses neuen Polens und seiner Ansprüche noch sichtbarer gemacht. Wie im ›Korridor‹ etwa 800000 Deutsche sich 1919 plötzlich in einem anderen Staat wiederfanden, obwohl sie ihre angestammte Heimat nicht verlassen hatten, wie im Posenschen dasselbe Schicksal etwa 600000 Deutsche betraf, so brachte auch die Teilung Oberschlesiens keine wirkliche Lösung: Eine Grenzziehung nach ethnischen Gesichtspunkten war bei der Verzahnung der Volkstümer eben gar nicht möglich.

Bereits in das Versailler Vertragswerk waren allgemeine Minderheitenschutzbestimmungen (Art. 93) aufgenommen worden. Polen mußte sogar auf Druck CLEMENCEAUS als Preis für seine Unabhängigkeit und Wiederherstellung mit den Alliierten und Assoziierten Hauptmächten schon am Tag der Unterzeichnung des Friedensvertrages einen Minderheitenschutzvertrag abschließen, der dem Wortlaut nach auch den Deutschen in Polen den notwendigen Schutz vor Gewaltakten und Gesetzwidrigkeiten bieten sollte.

Der neue polnische Staat ging jedoch bald daran, das deutsche Volkstum in den ehemaligen deutschen Gebietsteilen zu dezimieren und den deutschen Charakter einiger Landschaften zu beseitigen. Zunächst wurden alle noch verbliebenen deutschen Beamten und Berufssoldaten ausgewiesen. Die Anzahl der Zwangsvertriebenen infolge Auflösung der deutschen Behörden und Garnisonen betrug etwa 200000 Personen. Insgesamt sind jedoch in den Jahren 1918 bis 1923 mindestens 800000 deutsche Menschen verdrängt worden.

Folgende Maßnahmen förderten die Polonisierung:

Allen Deutschen, die nach 1908 in die Ostprovinzen eingewandert waren, wurde das Recht verweigert, die polnische Staatsangehörigkeit anzunehmen und damit in der Heimat bleiben zu können. Das Gleiche galt für alle, die nicht ununterbrochen zwölf Jahre im Land gewohnt hatten.

Ferner mußten all diejenigen, die für Deutschland optiert hatten, das Land verlassen.

Davon wurde vorwiegend das Deutschtum in den Städten betroffen; die ländliche Bevölkerung klammerte sich an ihre Scholle und optierte lieber für Polen, ehe sie auf ihren Boden verzichtete. Eine dritte Möglichkeit, Deutsche zur Abwanderung zu bringen war die Beschlagnahme deutschen Eigentums und die Annullierung von Pachtverträgen. So gingen in kurzer Zeit rund 400 000 Hektar aus deutschem in polnischen Besitz über. Auch die Scheu vor dem polnischen Heeresdienst veranlaßte einige Deutsche, das Land ihrer Väter zu verlassen. Schließlich sorgte die seit 1926 durchgeführte Agrarreform dafür, daß weiterer deutscher Boden in polnische Hände kam. Die Agrarreform – Enteignung des größeren Grundbesitzes, Verstaatlichung der Wälder u. a. m. – wurde in Polen fast nur in den Westgebieten durchgeführt. In den polnischen Ostgebieten ist damals am Elend des Dorfproletariats nicht allzuviel geändert worden.

Das Ergebnis dieses Prozesses war ein Absinken des Anteils Deutscher an der Gesamtbevölkerung des Korridorgebietes von 65,1 % im Jahre 1910 auf 19,6 % und in Posen von 38,7 % auf 14,3 %. Besonders stark war der Rückgang in den Städten. In Thorn hatte das Deutschtum einen Verlust von 92,6 %, in Graudenz von 89,6 %, in Posen von 90,8 %.

Auch der Versuch der ›Umvolkung‹ ist unternommen worden. Polen war verpflichtet, gegenüber seinen Minderheiten die dafür geschaffene Minderheitenschutz-Gesetzgebung durchzuführen. Der Begriff ›Minderheitenrecht‹ war sicher nicht glücklich, besser wäre ›Volksgruppenrecht‹ gewesen. Die Minderheitengesetzgebung schuf zwar Recht, aber doch häufig minderes Recht gegenüber der Staatsnation. Eine Bestimmung des Minderheitenschutzes sah vor, eine Schule für die Minderheit zu errichten, wenn wenigstens vierzig schulpflichtige Kinder vorhanden waren. Hier bot sich ein Mittel, Druck auf die Eltern auszuüben, etwa durch Androhung des Verlustes des Arbeitsplatzes, wenn sie ihre Kinder nicht in polnische Schulen schickten. Der Kampf um die Schule hat nie aufgehört, 1939 gingen nur noch 20 Prozent aller deutschen Kinder in deutsche Schulen, nachdem viele deutsche Schulen aufgelöst waren.

Ein Mangel des Minderheitengesetzes war es zweifellos, daß die deutsche Volksgruppe nicht das Recht hatte, selbständig an den Völkerbund zu appellieren. Man hatte zwar den Grundsatz aufgestellt, daß alle Staatsangehörigen gleichmäßig zu behandeln seien,

»ohne Unterschied der Sprache, der Rasse oder Religion«, aber wer kontrollierte letztlich die Beachtung dieses Grundsatzes? Auch für Oberschlesien war ausdrücklich in Genf ein Abkommen unterzeichnet worden (15. Juli 1922), das Assimilierungsversuchen einen Riegel vorschieben sollte. Die Gleichberechtigung beider Nationalitäten war gesetzlich sichergestellt. Hier wurden auch Kommissionen eingerichtet, die über die Durchführung des Abkommens wachen sollten. So gab es eine ›Gemischte Kommission‹ in Kattowitz und ein ›Schiedsgericht‹ in Beuthen. Als 1930 im Zuge des verstärkten Drucks der Regierung PILSUDSKI auf alle Minderheiten in Polen flagrante Übertretungen der Minderheitengesetzgebung vorkamen, unter anderem auch deutsche Schulen geschlossen wurden, wandte sich Deutschland an den Völkerbund, der 1931 noch einmal den Grundsatz des Artikels 131 des Genfer Abkommens bestätigte, in dem es hieß:

»Was die Sprache eines Kindes oder Schülers ist, bestimmt ausschließlich die mündlich oder schriftlich abgegebene Erklärung des Erziehungsberechtigten. Diese Erklärung darf von der Schulbehörde weder nachgeprüft noch bestritten werden. Auch haben sich die Schulbehörden jeder Einwirkung, welche die Zurücknahme des Antrags auf Schaffung von Minderheitenschuleinrichtungen bezweckt, gegenüber den Antragstellern zu enthalten.«

Ablauf, Methoden und Wirkung

Die politischen Entdeutschungsmaßnahmen der polnischen Behörden und Parteien sind eine Folge einer Jahrzehnte hindurch verfolgten, zielbewußt und zäh festgehaltenen Politik polnischer Nationalisten, die sich die völlige Entblößung seiner Westgebiete von der deutschen Bevölkerung zur Aufgabe gestellt hatte, wobei sie in den offenkundigsten Gegensatz zu den Sicherungen und Bindungen des Versailler Friedensvertrages trat, der mit Rücksicht auf das weit über die Grenzen des polnischen ethnographischen Siedlungsraumes zugewiesene Staatsgebiet dem neuen Staat die Verpflichtung gerechter und toleranter Behandlung der Minderheit auferlegt hatte. Dem entzog sich Polen in fanatischer Weise durch

- Ausnahmegesetze,
- Erschwernisse des Rechtsweges,

- vorläufige Aussetzung der Wirksamkeit wichtiger Rechte,
- Hinausschieben notwendiger gesetzgeberischer Akte,
- eine damit verbundene Rechtsunsicherheit,
- politischen und wirtschaftlichen Druck.

Vorwiegend ging es dabei um

- Fragen des Staatsbürgerrechtes, des Wohnsitzes,
- ländlichen und städtischen Grundbesitz,
- wirtschaftlichen Lebensraum,
- Pflege der Minderheitenkultur,
- Sicherung persönlicher Freiheit,
- Sicherung bürgerlicher Gleichberechtigung.

Hinzu kamen viele wirtschaftliche und bürgerliche Benachteiligungen, sogar Terror und Boykott. Ein polnischer Politiker nannte die systematische Zermürbung der deutschen Bevölkerung durch einen konzentrisch wirkenden polnischen Druck auf allen Lebensgebieten das System der »erprobten Hausmittel«, ein hoher polnischer Beamter sprach von einem »verwaltungsmäßigen Kampf«.

Dieses System soll im folgenden in seiner Entwicklung und Auswirkung dargestellt werden, desgleichen die wesentlichen Züge der polnischen Politik gegenüber Deutschland, bedeutete doch die polnische Entdeutschungspolitik eine immer neue Belastung der Beziehungen beider Staaten zueinander. Es wird dabei notwendig sein, die Rechtslage der Minderheit in ihrer Beziehung zu der durch die Diktatmächte geschaffenen Ideologie der Friedensverträge zu beschreiben.

Regelung der polnischen Frage im Versailler Diktat

Der polnische Ministerpräsident PADEREWSKI hatte am 31. Mai 1919 auf der Friedenskonferenz erklärt, Polen würde den Minderheiten »dasselbe Recht gewähren wie in den westlichen Staaten. Das polnische Volk sei von demselben Geist der Duldung beseelt, der in den Beratungen der Pariser Friedenskonferenz zum Ausdruck komme, und es sei kein Grund vorhanden zu der Befürchtung, daß irgendeine nationale oder konfessionelle Minderheit sich im Rahmen des polnischen Staates weniger sicher fühlen könne, als unter dem Schutz des Völkerbundes«.

Allein diese Erklärung genügte den alliierten Mächten nicht. Sie verlangten unbeirrt die Unterfertigung des Schutzvertrages. Als mit dem Versailler Vertragsentwurf bekannt wurde, daß Polen fast die ganze Provinz Posen, einschließlich einiger Bezirke Schlesiens, der größte Teil Westpreußens mit Teilen Ostpreußens und Pommerns zugeschlagen und Danzig als Freie Stadt aus dem Bereich Deutschlands herausgelöst wurden, sah das empörte deutsche Volk darin den Vernichtungswillen der Diktatmächte. Die Entscheidung mußte um so unverständlicher sein, als nach Wilsons Absicht Westpreußen ungeteilt bei Deutschland bleiben sollte. Die Zusicherung eines polnischen Zuganges zum Meer sollte keinesfalls durch eine Gebietsabtretung westpreußischen Bodens erfüllt werden.

Im März überreichte die polnischen Sachverständigenkommission der Friedenskommission die Denkschrift »Questions relatives aux territoires polonais sous la domination prussienne«. Darin forderte Polen, es müsse

»eine Grenzziehung zu seinem Vorteil in allen den Fällen erhalten, wo eine unerbittlich streng ethnographische Grenze aus geographischen, ökonomischen oder strategischen Gründen der Verbesserung bedarf«.

Mit dieser Auffassung war allerdings jede Grenze zu rechtfertigen. Die polnischen Politiker verschmähten es dabei nicht, von falschem historischen Material und falschen statistischen Zahlen Gebrauch zu machen.[97] In den Gegenvorschlägen der deutschen Denkschrift heißt es deshalb:

»Solchen Bedingungen liegt kein Rechtsgedanke mehr zugrunde. Beliebig soll bald die Idee eines unverjährbaren historischen Rechtes, bald die Idee des ethnographischen Besitzstandes, bald der Gesichtspunkt wirtschaftlicher Interessen maßgebend sein, aber immer fällt die Entscheidung zu ungunsten Deutschlands. . . Es tritt den größten Teil der Provinz Posen, die unbestreitbar polnisch besiedelten Gebiete nebst der Hauptstadt Posen an Polen ab. Es ist bereit, den Polen durch Einräumung von Freihäfen in Danzig, Königsberg und Memel, durch eine Weichsel-Schiffahrtsakte und durch besondere Eisenbahnverträge freien und sicheren Zugang zum Meere unter internationaler Garantie zu gewähren.«

---

[97] Recke, *Die polnische Frage als Problem der europäischen Politik*, aaO., S. 326

Es war vorauszusehen, daß jeder deutsche Gegenvorschlag vergeblich sein würde. Unter dem Grundsatz der Wiedergutmachung wurde Polen ein Gebiet mit rund 1 200 000 deutschen Bewohnern – ohne Oberschlesien – überantwortet. Rechnet man dazu die in den übrigen Gebieten Polens noch ansässige deutsche Bevölkerung hinzu, so handelte es um weit mehr als zwei Millionen betroffene Deutsche.

Was die Frage der Sicherung der Rechtslage der Minderheiten betraf, wobei es sich überwiegend um sozial gehobene, wirtschaftlich führende Bevölkerungsschichten handelte, so bezogen sich darauf mehrere Artikel des Versailler Vertrages:

Artikel 93:

»Polen gibt sein Einverständnis, daß die alliierten und assoziierten Mächte in einem Vertrage, den sie mit ihm schließen, diejenigen Bestimmungen aufnehmen, die sie zum Schutz der nationalen, sprachlichen und religiösen Minderheiten für nötig halten.«

Die von Polen in diesem Artikel übernommene Verpflichtung bestand somit nicht nur gegenüber den Minderheiten und den Verbandsmächten, sondern auch gegenüber dem Deutschen Reich.

Am 28. Juni 1919 wurde der Minderheitenschutzvertrag von Polen unterzeichnet. Dieser stellte ein politisches Grundgesetz und die Bedingung staatlicher Unabhängigkeit für den verpflichteten Staat dar. Er war unkündbar. Seine Geltung stand in der Rangordnung vor den Landesgesetzen und der jeweiligen Verfassung des Staates, die sich in dem Geltungsbereich des Vertrages nach seinen Bestimmungen zu richten hatten. Polen hat diese außergewöhnliche Stellung des Vertrages, wenn auch widerstrebend, anerkannt und ihn ratifiziert.

Damit schien der Minderheitenschutz im Rechtsleben Polens formell gesichert. Doch das Minderheitenabkommen war lediglich ein Rahmenvertrag, der die Pflege nationaler und religiöser Eigenart vor Beeinträchtigung allgemein schützen sollte. Wie jedoch dieses Ziel zu erreichen war, führte der Vertrag nicht näher aus.

Die Bestimmungen des Vertrages umschreiben eine Reihe von Rechten in einer allgemeinen, zum Teil wenig präzisen Form:

Artikel 1 verpflichtet Polen zur Innehaltung der folgenden Bestimmungen als »fundamentale Gesetze«.

Artikel 2 verpflichtet Polen, den Minderheiten »vollen und ganzen Schutz ihrer Freiheit zu gewähren«. Insbesondere sollen sie das Recht auf freie öffentliche und private Ausübung jedes Bekenntnisses, jeder Religion oder jedes Glaubens haben.

Artikel 3 gewährt allen über 18 Jahre alten Einwohnern das Optionsrecht. Den Optanten wird das Recht zugesichert, unbewegliches Eigentum in Polen zu behalten, das bewegliche zollfrei bei Abwanderung mit herauszunehmen.

Artikel 5 legt noch einmal Polen die Verpflichtung auf, bei der Ausübung des Optionsrechtes keine Schwierigkeiten zu machen.

Artikel 12 unterstellt den Vertrag der Garantie des Völkerbundsrates, die einen allgemeinen Schutz aller Bewohner ohne Ausnahme, auch Angehöriger fremder Staaten, sichert.

Artikel 4 dehnt das Staatsbürgerrecht auf solche Personen aus, die von Eltern geboren sind, die im Staatsgebiet zur Zeit der Geburt wohnhaft waren.

Artikel 7:

»Alle polnischen Staatsangehörigen [auch die der Minderheiten, Anm. d. Verf.] sind vor dem Gesetz gleich und genießen die gleichen bürgerlichen und politischen Rechte ohne Unterschied der Rasse, Sprache oder Religion. Der Unterschied der Religion, des Glaubens oder des Bekenntnisses darf keinem polnischen Staatsangehörigen hinderlich sein im Hinblick auf den Genuß der bürgerlichen und politischen Rechte, insbesondere auf die Zulassung zu öffentlichen Ämtern, öffentlichen Dienststellen und Ehren oder auf die Ausübung der verschiedenen Berufe und Gewerbe. Es darf keine Bestimmung erlassen werden, die die polnischen Staatsbürger im freien Gebrauch irgendeiner Sprache beschränkt, weder in ihren privaten oder Handelsbeziehungen, noch in Angelegenheiten der Religion, der Presse oder der Veröffentlichung aller Art, noch in öffentlichen Versammlungen. Unbeschadet der Festsetzung einer öffentlichen Sprache durch die polnische Regierung sollen den polnischen Staatsangehörigen mit einer anderen Sprache als der polnischen vernünftige Erleichterungen für den mündlichen oder schriftlichen Gebrauch ihrer Sprache vor den Gerichten gewährt werden.«

Artikel 8:

»Die polnischen Staatsangehörigen, die einer völkischen, religiösen oder sprachlichen Minderheit angehören, genießen die gleiche Behandlung und die gleichen rechtlichen und tatsächlichen Garantien wie die anderen polnischen Staatsangehörigen. Sie haben insbesondere das gleiche Recht, auf ihre Kosten Wohlfahrts-, religiöse oder soziale Einrichtungen, Schulen und andere Erziehungsanstalten zu gründen, zu leiten und zu beaufsichtigen mit dem Rechte, hier ihre eigene Sprache frei zu gebrauchen und ihre Religion frei zu betätigen.«

Artikel 9:

»In bezug auf das öffentliche Unterrichtswesen soll die polnische Regierung in den Städten und Bezirken, wo in beträchtlichem Verhältnis polnische Staatsangehörige mit einer anderen Sprache als der polnischen wohnen, angemessene Erleichterungen gewähren, um sicherzustellen, daß in den Elementarschulen den Kindern dieser polnischen Staatsangehörigen der Unterricht in ihrer eigenen Sprache erteilt wird. Diese Bestimmung soll die polnische Regierung nicht hindern, in diesen Schulen obligatorischen Unterricht in der polnischen Sprache einzuführen. In den Städten und Bezirken, wo in beträchtlichem Verhältnis polnische Staatsangehörige wohnen, die einer völkischen, religiösen oder sprachlichen Minderheit angehören, sind diese Minderheiten berechtigt, einen gerechten Anteil an dem Genuß und an der Verwendung der Summen sicherzustellen, die in den öffentlichen Fonds der städtischen oder anderer Budgets für die Zwecke der Erziehung, der Religion oder der Wohltätigkeit ausgesetzt werden. Die Bestimmungen dieses Artikels finden auf die polnischen Staatsangehörigen deutscher Sprache nur in den Teilen Polens Anwendung, die am 1. August 1914 deutsches Gebiet waren.«

In der polnischen Verfassung wurden wesentliche Bestimmungen des Schutzvertrages aufgenommen. Die **Artikel 109** und **110** lauten:

»Jeder Bürger hat das Recht, seine Nationalität zu bewahren und seine Sprache und nationalen Eigentümlichkeiten zu pflegen. Besondere staatliche Gesetze sichern den Minderheiten im polnischen Staat die volle freie Entwicklung ihrer nationalen Eigentümlichkeiten mit Hilfe von autonomen Minderheitsverbänden öffentlichrechtlichen Charakters im Umfang der Verbände der allgemeinen Selbstverwaltung. Der Staat wird hinsichtlich ihrer Tätigkeit das Recht der Kontrolle und der Ergänzung ihrer finanziellen Mittel im Fall der Bedürftigkeit haben.

Die polnischen Bürger, die zu nationalen, konfessionellen oder sprachlichen Minderheiten gehören, haben in gleicher Weise wie die anderen Bürger das Recht zur Gründung, Beaufsichtigung und Verwaltung von Wohltätigkeits-, religiösen und sozialen Anstalten, Schulen und anderen Erziehungsanstalten auf ihre eigenen Kosten sowie zum freien Gebrauch ihrer Sprache und zur freien Religionsübung in diesen.«

Inwieweit und ob überhaupt Polen diesen Verpflichtungen nachkam, das sollte die Zukunft erweisen.

Die Entwicklung des polnischen Entdeutschungssystems

Die Voraussagen von 1863 waren eingetroffen, die Lage für Deutschland war so ungünstig wie nur irgend denkbar. Doch der Friedensvertrag hatte nicht alle damals ausgesprochenen maßlosen territorialen Wünsche erfüllt, die nicht nur Posen und Westpreußen, sondern auch Ostpreußen»bis Gumbinnen«, ganz Oberschlesien und das Ermland umfaßten. Und statt eines nationalen Staates hatte man einen ausgeprägten Nationalitätenstaat erhalten. Fast 40 Prozent seiner Gesamtbevölkerung gehörten anderen Ethnien an, die ebenfalls teilweise eine eigene Staatlichkeit anstrebten. Nach der ersten polnischen Volkszählung von 1921 befanden sich im Gebiet der Republik 69,2 Prozent Einwohner polnischer Nationalität. Das ergäbe aber nur 30,8 Prozent fremde Nationalitäten. Insofern schon muß die Zählung als unzuverlässig betrachtet werden.

Zu der vorausgesagten gewaltsamen Abtrennung preußischer Gebietsteile war es während des Krieges nicht gekommen. Aber durch die soziale Revolution vom 10. November 1918 entwickelte sich in Posen eine national-polnische Bewegung, die durch einen bewaffneten Umsturz noch vor den territorialen Regelungen des Versailler Friedensdiktates den größeren Teil der Provinz Posen aus dem Hoheitsbereich des Deutschen Reiches herausriß, um vollendete Tatsachen zu schaffen. Formell wurde durch die Proklamation vom 11. Januar 1919 die Übernahme des Posener Landes durch Polen nominell festgestellt. Die Gültigkeit der bisher bestehenden Gesetze war unzweifelhaft. Doch die tatsächliche Macht lag gänzlich in den Händen der Revolutionäre und wurde von diesen entsprechend ausgenutzt.

Der polnische Ministerpräsident PADEREWSKI hatte in Posen zwar zugegegeben, daß laut WILSON die Gebiete, die in den letzten hundert Jahren eine anderssprachige Bevölkerung erhalten hatten, nicht dem zukünftigen Polenreich zufallen sollten. Dennoch hatten die Polen die Verwaltung sehr schnell polonisiert und unter dem starken Druck des Kriegszustands die Bevölkerung in die neue politische Richtung gezwungen.

Um Deutschland davon abzuhalten, sich mit Gewalt die abgetrennten Gebiete zurückzuholen, hatte der polnische Volksrat bereits im Januar 1919 versichert, man wolle mit den Deutschen gemeinsam an dem weiteren Gedeihen der Provinz arbeiten. Gerüchte, daß die Ansiedler und Deutschen interniert oder vertrieben würden, wären erfunden.[98]

Doch was die Internierungen anlangt, so wurden die Gerüchte nicht nur in kurzer Zeit bestätigt, sondern sogar übertroffen. Bei völlig unzureichender, schlechter Verpflegung, ärztlicher Behandlung und mangelhafter Wohn- und Schlafgelegenheit wurden in Szczypiorno über 8000 deutsche Zivilgefangene in einem früheren Russenlager wochen- und monatelang interniert. Unter ihnen befanden sich über siebzigjährige Greise und Kranke, 24 evangelische Pastoren mit dem Generalsuperintendent D. BLAU. Deutsche Domherren wurden anderweitig gefangengesetzt. Superintendent RHODE-SCHILDBERG, der Deutsche beraten hatte, wie sie sich bei Gewaltmaßnahmen zu verhalten hätten, wurde monatelang in einer dunklen Zelle gefangengehalten, wobei er sich ein schweres Kehlkopfleiden zuzog. Die Frau des Landrats DIONYSIUS, geb. Gräfin v. d. GOLTZ, Frau Direktorin FUHR und mehrere Lehrerinnen wurden in Szczypiorno mit Dirnen in einer Baracke eingesperrt. Auch der Präsident der Ansiedlungskommission, GANSE, der Landeshauptmann v. HEYKING und Generallandschaftsdirektor v. KLITZING wurden interniert. Der Gutsbesitzer v. WENTZEL-BELENCIN starb in der Haft. Die sanitären Verhältnisse des Lagers waren unzumutbar. Vielfach bewahrten sich die Internierten

---

[98] *Posener Tageblatt,* Nr. 4 u. 8 vom 9. Januar 1919.

bei der ungesunden Verpflegung ihre Gesundheit nur durch starkes Zwiebelessen.

Die Internierung nach bolschewistischer Art war eine Maßnahme, die alle betroffenen Geschäftsleute durch die Fernhaltung von ihren Geschäften ganz besonders hart traf, da sie in der Zeit der Zwangswirtschaft und der täglich sich ändernden Wirtschaftslage dringend als Leiter ihrer Betriebe gebraucht wurden. Auch nach der Entlassung mußten sie eine weitere Inhaftierung befürchten. Dadurch wurde jede planmäßige Geschäftsführung vereitelt, während dessen sich polnische Konkurrenten ausbreiteten. Totale Rechtsunsicherheit verunsicherte die deutsche Bevölkerung vollkommen, desgleichen die Abwertung der polnischen Valuta. Die deutsche Bevölkerung wurde wirtschaftlich und kulturell erheblich benachteiligt, was die Abwanderungsbewegung förderte. Hinzu kamen die Ermordung des Gutsbesitzers VON HAZA und anderer Gutsherren im Posener Kernwerk sowie ständige Hausdurchsuchungen nach Waffen, begleitet von Diebstahl und Übergriffen. Polnische Richter verhängten hohe Strafen für geringe Vergehen.

Die schwierige Lage ganz Polens ließ befürchten, daß die bolschewistische Bewegung auf Polen übergreifen würde. Im Januar 1919 bekämpften sich Polen und Ukrainer, und dazu drohte ein polnisch-tschechischer Konflikt.

Mit dem Friedensschluß, auf den man große Hoffnungen gesetzt hatte, ging eine dauernde Rechtsminderung für die Deutschen einher. Aus der Kenntnis der polnischen Mentalität begannen die Deutschen, an der Wirksamkeit der wiederholten Toleranzversprechen zu zweifeln. In einem Aufruf des polnischen Volksrates vom 16. Mai 1919 heißt es zwar:

»Deutsche Mitbürger!. . . Republik Polen tritt wieder in ihre unveräußerlichen historischen Rechte ein! Sie gewährleistet jedem Bürger, gleichviel welchen Glaubens oder Sprache, die freie Ausübung seiner Rechte, Gebräuche und Sitten. . . Nur in gemeinsamer Arbeit, in gemeinsamer Duldung und weitestgehender gegenseitiger Toleranz liegt die Gewähr für eine gemeinsame frohe, alle Schrecken des Weltkrieges überwindende Zukunft. Vertraut der freien, demokratischen, eure Rechte achtenden Republik Polen.«[99]

---

[99] *Posener Tageblatt,* Nr. 196 vom 16. Mai 1919.

Aber die polnischen Versprechungen wurden nicht eingehalten. Nach den erzwungenen Gebietsabtretungen regte sich unter der betroffenen Bevölkerung des noch nicht besetzten Gebietes der Wille zu einem bewaffneten Widerstand. Als dann der deutsche Grenzschutz einen Vormarsch vorbereitete, wurden die polnischen Versprechungen noch einmal in besonders bindender Form wiederholt, um beruhigend auf die Deutschen einzuwirken:

»An unsere Mitbürger deutscher Nationalität.

Im Einklang mit ihren freiheitlichen Traditionen wird die Republik Polen ihren Bürgern deutscher Nationalität volle Gleichberechtigung, völlig Glaubens- und völlige Gewissensfreiheit, Zutritt zu den Staatsämtern, Freiheit der Pflege der Muttersprache und nationalen Eigenart, sowie vollen Schutz des Eigentums gewähren. Für die Stellung im Staatsleben und für das Ausmaß bürgerlicher Rechte ist in der Republik Polen weder das Glaubensbekenntnis noch die Muttersprache entscheidend, sondern lediglich die persönliche Tüchtigkeit... [Die Zivilbehörden werden aufgefordert, auf ihrem Posten zu verharren.]

Denn sie können versichert sein, daß sie nach Möglichkeit in den polnischen Staatsdienst übernommen werden... Die Ansiedler dürfen im Rahmen des Friedensvertrages in ihrem Eigentum verbleiben... Rechte aus Pachtverträgen usw. werden hiermit gewährleistet.«

Unterzeichnet wurde diese Erklärung vom Kommissariat des Obersten Polnischen Volksrates als Mandatar der Regierung.[100] Niemand, so wurde ebenso versprochen, werde seiner bisherigen politischen Betätigung wegen verfolgt oder bestraft. Der Aufruf endete mit:

»Mitbürger! Nach den furchtbaren Leiden des Krieges ruft uns die Vorsehung Gottes zu neuer, friedlicher Arbeit, zu unserem gemeinsamen Wohle und zum Wohle des Staates, welcher uns in der Zukunft unser Schutz und Hort sein soll. Laßt uns vergessen allen Hader und Haß. Als Bürger eines Staates, der aufgebaut ist nach den Grundlagen von Recht, Freiheit und Gerechtigkeit, laßt uns gemeinsam aus allen Kräften eine glückliche Zukunft erstreben und so an dem Aufbau der neuen Weltordnung mitarbeiten.«

---

[100] *Posener Tageblatt*, Nr. 276 vom 5. Juli 1919.

Stärker konnte der Wille zu friedlichem Ausgleich, zu einer versöhnlichen Politik der Gerechtigkeit und gegenseitigen Duldung nicht ausgesprochen werden. Peinlich blieb die fast wörtlich gleiche Versicherung, nicht mit dem deutschen Volk im Kampf gewesen zu sein, mit der bei der Niederlegung der Waffen die Diktatmächte einen bedeutenden Trumpf ausgespielt hatten. Waren die Toleranzversicherungen in der Tat ernst gemeint, waren sie nur Manöver politischer Taktik? Soviel ist sicher, daß sie Polen einen vollen politischen Erfolg brachten. Der Widerstand der deutschen Bevölkerung wurde durch sie größtenteils beseitigt. Es ist ebenso gewiß, daß die zugesicherte Toleranz, die in vielen Punkten bereits eine Interpretation der Bestimmungen des Minderheitenschutzvertrages bedeutete, die Bedingung für die Aufgabe des Widerstandes der Deutschen war.

Gewaltsame Entdeutschung

Aber der militärische Ausnahmezustand, der durch eine Verordnung vom 2. Juni 1919 erklärt worden war, wurde dann nicht nur nicht aufgehoben, sondern auf das ganze Gebiet ausgedehnt. Das wirkte sich auf die Dauer als Hauptwaffe zur Entdeutschung aus. Nicht nur einzelne Personen versuchten unter Mißbrauch ihrer Amtsgewalt, durch bewaffneten Druck, durch Schädigung an Leib und Leben oder durch die Drohung mit ihnen, die Deutschen aus dem Land zu treiben. Diese Methoden wurden offiziell von den Behörden inszeniert. Enteignungen, Einquartierung, Festnahme ohne richterliche Verfügung wurden zu Mitteln einer Militärpolitik, die von den Zivilbehörden geduldet oder gar unterstützt wurden. Es ist daher verständlich, wenn unter den wehrlosen Deutschen nun Panik um sich griff, was wiederum die Polen ermutigte, in verstärktem Maße damit fortzufahren.

Die dadurch bedingte Verschleuderung deutschen Besitzes führte bei den polnischen Massen zu einer wachsenden Begehrlichkeit. In der gesamten Wirtschaft hatte dies Denunziation, Durchstechereien, Begünstigung, Drohung und Nötigung zur Folge. Auf Grund der Zwangswirtschaft herrschte eine willkürliche und ungerechte Rohstoffverteilung, was die Möglichkeit bot, deutsche Unternehmen binnen kurzem in die Hand zu bekommen. Verkehrssperren, die notwendige wirtschaftliche Zusammenhänge zerrissen, und die neuen Grenzen wirkten sich ebenfalls negativ aus. Die Abwanderung blieb für viele Deutsche die einzige Möglichkeit, völligem Ruin zu entgehen.

Nicht nur deutsche Betriebe und Handelshäuser fielen der Polonisierung zum Opfer, sondern auch die großen deutschen Kulturinstitute. Den weiter deutsch bleibenden Kulturorganisationen, vor allem der Evangelischen Kirche und der deutschen Schule, bereiteten die polnischen Behörden die größten Schwierigkeiten. Deutsche Denkmäler wurden rücksichtslos zerstört. Die damit verbundene seelische Belastung der deutschen Bevölkerung zermürbte die Widerstandskräfte des Deutschtums.

»In dieser Richtung mußte auch das Denunziantentum in Verbindung mit offen zutage tretenden Mängeln in dem neuen Beamtentum wirken, das in seiner ständigen Bedrohung und Ungreifbarkeit alle Sicherheit untergrub. Arbeiter und Angestellte wurden gegen den eigenen Betriebsleiter, Dienstboten gegen ihre Dienstherrschaft ausgespielt, Hauswirte gegen die Mieter, diese gegen ihre Wirte aufgestachelt. Schon hier zeigte sich das nachmals bei der Liquidation und Annullation angewandte Verfahren, den eigenen Vorteil breiterer Bevölkerungskreise in den Dienst der Entdeutschungsmethoden zu stellen.«[101]

Im Oktober 1919 erklärte Stanislaus GRABSKI, der spätere Kultusminister, in Posen vor mehreren tausend Delegierten des nationaldemokratischen Landesverbandes unter großem Beifall:

»Wir wollen unsere Beziehungen auf die Liebe stützen, aber es gibt eine andere Liebe für die Landsleute und eine andere für die Fremden. Ihr Prozentsatz bei uns ist entschieden zu groß. Posen kann uns einen Weg weisen, in welcher Weise der Prozentsatz von 14 oder sogar 20 v. H. auf 1 % v. H. gebracht werden kann. Das fremde Element wird sich umsehen müssen, ob es sich anderswo besser befindet. Das polnische Land ausschließlich für die Polen.«[102]

Die deutsche Bevölkerung mußte nun erkennen, daß hinter der Erklärung des polnischen Politikers der klare Wille stand, die deut-

---

[101] Hermann RAUSCHNING, *Die Entdeutschung Westpreußens und Polens*, 1930, Struckum ²1990, S. 44.
[102] *Nachrichtenblatt des Deutschtumsbundes*, Nr. 12 vom 17. Februar 1920.

sche Bevölkerung aus Beruf und Heimat zu verdrängen. Die deutsche Regierung versuchte deshalb, sich mit Polen zu verständigen
und mit ihm Abmachungen über die Korridorverkehrsfrage, Opti-
onsfragen, den Minoritätenschutz sowie über den wirtschaftlichen
Verkehr zwischen beiden Staaten zu treffen. Gegenseitiges Entgegenkommen war hierbei die Grundvoraussetzung. Doch diese Bestrebungen blieben erfolglos. Die Taktik der polnischen Regierung
ging dahin, keine allgemeine Bereinigung der deutsch-polnischen
Fragen zuzulassen, sondern nur durch provisorische Einzelabkom-
men einen Zustand aufrechtzuerhalten, von dem sich Polen offenbar mehr versprach als von klaren zwischenstaatlichen Beziehungen mit Deutschland. Die polnische Delegation hatte in einer am 11.
Mai 1920 überreichten Note an die Botschafterkonferenz ihre Auffassung dahingehend vertreten, daß Fragen wie die der Option der
Einwohner des abgetretenen Gebietes nicht Gegenstand eines Son-
derabkommens zwischen Deutschland und Polen sein könnten. Die
deutsche Regierung begründete dagegen in einer am 30. Mai überreichten Note die Notwendigkeit weiterer Verhandlungen. Polen
regelte die Lage einseitig zu seinen Gunsten und erließ seinerseits
die entscheidenden Gesetze, die der Entdeutschungspolitik ihre ge-
setzmäßige Grundlage verschafften.

Das Gesetz vom 20. Januar 1920[103] über den Erwerb des polnischen
Staatsbürgerrechtes ließ erkennen, in welch ausschließendem Sinne
Polen die Bestimmungen des Versailler Vertrags interpretierte. Ein
großer Teil der deutschen Bevölkerung verlor mit dem neuen Staats-
bürgerrecht von vornherein die wirtschaftliche und bürgerliche
Gleichberechtigung. In schneller Reihenfolge erließ die polnische
Regierung diskriminierende Gesetze:

• 4. März 1920: Die polnische Regierunge verkündete ein Gesetz
  über die Registrierung und Sicherung deutscher Vermögen. Damit war die Grundlage für eine umfangreiche Entdeutschung des
  Grund und Bodens und der gewerblichen und industriellen Betriebe geschaffen. Das bedeutete, daß Polen von dem ihm durch
  den Versailler Vertrag zustehenden Recht der Liquidation reichs-
  deutscher Vermögen Gebrauch machen würde.

---

[103] Thieme, Paul, u. Bruno Schuster, *Das polnische Liquidationsverfahren*, Berlin
1924, S. 133, 192, 205, 209 u. 214.

- 10. März 1920: Eine Verordnung des Ministers des ehemals preußischen Teilgebiets regelte das Schulwesen mit deutscher Unterrichtssprache. Voraussetzung für eine Minderheitsschule war eine Mindestzahl von 40 Schülern. Später, als man viele Deutsche aus dem Land getrieben hatte und dadurch die Schülerzahl vielerorten unter 40 gesunken war, wurden diese Schulen rücksichtslos geschlossen.

- 30. Juni 1920: Eine Verfügung bedrohte zahlreiche Deutsche mit der Ausweisung aus ihren Wohnungen.

- 14. Juli 1920: Das Annullationsgesetz wird beschlossen, ein Gesetz über die Überleitung der fiskalischen Rechte der deutschen Staaten und der Rechte der Mitglieder deutscher regierender Häuser auf den Fiskus des polnischen Staates.

- 15. Juli 1920: Das Gesetz über die Liquidation privater Güter in Ausführung des in Versailles am 28. Juni 1919 unterzeichneten Friedensvertrages wird erlassen.

- 15. Juli 1920: Das Agrarreformgesetz erscheint.

Mit dem Annullationsgesetz wurden alle Kauf- und Pachtverträge zwischen dem preußischen Fiskus und Privatpersonen aufgehoben. Es bestimmte, daß der polnische Fiskus in allen diesen Fällen als Eigentümer einzutragen sei. Hierdurch wurden die Vermögensrechte von etwa 4000 Ansiedlerfamilien betroffen, aber auch die laufenden Pachtverträge der Pächter staatlicher Domänen.

Das Agrarreformgesetz bestimmte, daß die zum Zweck der wirtschaftlichen Reform vorgenommenen Enteignungen vorzugsweise solche Personen treffen sollten, »die seit Bestehen der ehemaligen Ansiedlungskommission den Teilungsmächten Land zur Parzellierung verkauft hatten«. Hier handelte es sich um eine Enteignung, die den nationalen Besitzstand über die Bestimmungen des Versailler Vertrages hinaus zugunsten des polnischen Volkstums erweitern sollte. In Verbindung mit dem allgemeinen Vorkaufsrecht auf Grund einer früheren deutschen Verordnung war es nun möglich, den gesamten deutschen Agrarbesitz nach und nach in polnische Hände überzuleiten.

Mit diesen Gesetzen zeigte Polen auf zynische Weise, was seine Toleranzversprechungen wert waren – nichts! Sie bewiesen aber den rücksichtslosen Willen, die Entdeutschung der Westgebiete mit allen Mitteln zu erreichen.

Aus allen Teilen dieser Gebiete liefen nun Äußerungen und Urteile polnischer Behördenvertreter über die Behandlung der deutschen Minderheit ein. Der Chef der geheimen Staatspolizei in Posen, FUROHJELM, erklärte dem als lästigen Ausländer ausgewiesenen Geschäftsführer des deutschen Kulturausschusses in Bromberg, Carl MEISSNER:

>»Meine Aufgabe ist es, das Deutschtum zu schwächen.«

Zusammen mit dem Unterstaatssekretär des politischen Departements, WOLCZYNSKI, versuchte FUROHJELM planmäßig, das Deutschtum zu zerstören. Der Bürgermeister in Zduny wurde von Posen um Auskunft gebeten, wie man wirkungsvoll gegen die in Polen ansässigen Arbeiter agitieren könne, um sie zur Abwanderung zu bringen. Denn die Entdeutschungspolitik richtete sich nicht nur gegen Besitzbürger, sondern gegen alle. Es brauchte nur noch einen Schritt bis zur öffentlichen Deutschenhetze, den man ging, ohne zu zögern. Am 11. Juli 1919 hetzte der Starost OSSOWSKI ohne jegliche Veranlassung auf dem Culmer Marktplatz:

>»Wenn ein Deutscher oder Jude wagt, irgend etwas gegen den polnischen Staat zu sagen, so bindet ihn mit Stricken und schleift ihn durch die Straßen.«[104]

Die Auswirkung dieser Verhetzung zeigte sich am nächsten Culmer Markttag. Deutsche Käufer erhielten keine Antwort, und man verkaufte ihnen auch keine Milch. Den Kindern eines deutschen Rechtsanwaltes drohte man, ihren Vater zu erschlagen, weil er von der Zeichnung einer Staatsanleihe abgeraten hatte. Seine Ehefrau wurde von zehn Polizisten auf das Rathaus geschleppt. Der Starost von Soldau äußerte sich zu einem Gutsbesitzer:

>»Wir wollen gar nicht, daß die deutschen Besitzer hierbleiben, namentlich der Mittel- und Großgrundbesitz, da diese als Führer des Deutschtums eine Polonisierung der Bauern und Arbeiter verhindern. Wenn diese erst heraus sind aus Polen, dann sind in wenigen Jahren die masurischen Bauern und Arbeiter ebenso gut polnisch gesinnt, wie sie deutsch gesinnt waren.«[105]

---

[104] RAUSCHNING, Hermann, *Die Entdeutschung Westpreußens und Polens*, aaO. S. 53.
[105] Ebenda.

In einer Denkschrift vom 23. September 1920 führte der Referent der Propagandaabteilung beim polnischen Generalkommando Graudenz aus:

»Die territoriale Revindikation[106] bestätigt nur die formelle Veränderung des Besitzstandes. Um die 150jährige systematisch durchgeführte Germanisationsaktion zu vernichten, gilt als erste Bedingung ein sofortiges rücksichtsloses Vorgehen der polnischen Regierung zur Weckung und Vertiefung des nationalen Bewußtseins unter den Volksmassen Pommerellens, sowie Erziehung einer Generation ohne germanischen Anflug.«

Diese Weckung und Vertiefung hatte sich besonders die Geistlichkeit zum Ziel gesetzt. Im Widerspruch zu ihrem christlichen Glauben verhetzte sie in unchristlicher Weise unablässig die breiteren polnischen Volksmassen gegen die Deutschen. Am 26. August 1920 forderte der polnische Pfarrer in Adelnau in einer Ansprache wörtlich:

»Alle Deutschen, die sich in Polen befinden, müssen aufgehängt werden.«[107]

Am 27. Dezember 1921 predigte der Posener Domherr PRONDZYNSKI haßerfüllt gegen das Germanentum:

»Noch ist unsere Aufgabe nicht erfüllt: Das Innere ist zu festigen. Wilna, Lemberg sind noch sicherzustellen, Danzigs müssen wir uns durch Einflüsse bemächtigen.«[108]

Im Sommer 1921 wurden in Posen, das bis 1919 über mehr als ein Jahrhundert zu Preußen gehört hatte, Flugblätter verteilt, auf denen es hieß:

»Chef des Emigranten-Aufstandes und des Ausrottungskommandos für Großpolen: ›Wer noch im Juli 1921 da ist von dem deutschen Gesindel, wird ohne Ausnahme niedergemacht, und die größten Hakatisten werden mit Benzin, Petroleum oder Teer begossen, angesteckt und verbrannt. . . Jetzt kommt Ihr alle dran. . .

---

[106] Revindikation: Klage auf Rückgabe.

[107] RAUSCHNING, Hermann, *Die Entdeutschung Westpreußens und Polens*, aaO., S. 55.

[108] RICHTHOFEN, Bolko von, u. Reinhold Robert OHEIM, *Polens Marsch zum Meer*, Kiel 2001, S. 242.

alle Ärzte, Pastoren, Rechtsanwälte, Domänenpächter, Ansiedler, Besitzer aller Art, wer Deutscher oder Jude ist.‹«[109]

Während des Gottesdienstes in der katholischen Kirche zu Neuenburg erklärte der Pfarrer, das Volk solle sich beruhigen und keine Grundstücke von den Deutschen kaufen, die Deutschen würden von ihren Grundstücken verjagt werden und diese dann den Polen zufallen.

Von der Verhetzung führte ein kurzer Weg zu Pogromen. So wurden die Herren v. LOESCH und Graf FINKENSTEIN TRIBUSCH grundlos verhaftet und erst nach längerer Zeit aus dem Gefängnis in Rawitsch entlassen.

Bei militärischen Musterungen und Requisitionen wurden die Opfer mit der Reitpeitsche, mit Füßen, Bajonetten, Kolben und Fäusten traktiert. Das steigerte sich zu offenen Ausbrüchen von Massenplünderungen und Mißhandlungen. In Lissa waren Juden die Opfer, in Rawitsch und anderswo waren es die Deutschen. Immer handelte es sich um die Folgen planmäßiger Verhetzung durch polnische Behörden, Geistlichkeit und Parteien.

Als Graf OBERNDORFF, der deutsche Geschäftsträger in Warschau, eine Note wegen der Unterdrückung der Deutschen überreichte, empörte sich die französische Presse bösartig, mit dieser »Drohung« wolle Deutschland einen *Casus belli*[110] schaffen.

Polen besaß nur zwei Möglichkeiten: Es konnte sich mit Deutschland verständigen oder mit militärischen und politischen Gewaltmaßnahmen die damalige politische Schwäche Deutschlands ausnutzen. Warschau entschloß sich zu der letzteren, zu einer chauvinistischen Politik.

Das bedeutete die allgemeine Übernahme des DMOWSKISCHEN Anspruchs auf Ostpreußen und Danzig als politischen Zieles, aber auch die des Posener Programms einer möglichst restlosen Beseitigung des Deutschtums in den Westgebieten. Das hieß auch, daß alle deutschen Organisationen beseitigt werden mußten, die das Zentrum der deutschen Widerstandsfähigkeit gewesen waren.

Am einfachsten war es, geringfügige Versehen zum Anlaß schwerer Anklagen auf staatsfeindliche Umtriebe zu machen. In allen grö-

---

[109] RICHTHOFEN, ebenda, S. 208 f.
[110] *Casus belli*: Kriegsgrund.

ßeren Städten wurden seit August 1920 Mitglieder, vor allem aber
Führer der deutschen Vereinigungen, wegen angeblicher Spionage
verhaftet und verschleppt. In Posen wurde der erste Geschäftsführer der ›Treuhandgesellschaft‹, Dr. KAUFMANN, sofort nach der Gründung verhaftet. In Bromberg wurde gegen das Zentralbüro der ›Deutschen Vereinigung‹ vorgegangen, der Hauptgeschäftsleitung der
vereinigten Deutschtumsbünde. Es wurde geschlossen und GRAEBEF,
das geschäftsführende Vorstandsmitglied, für mehrere Monate interniert. Das gleiche Schicksal traf viele andere Deutsche. Polen war
zum Terrorstaat geworden.

Die Entdeutschungsmethoden fanden auch auf juristischer Ebene
ihre Anwendung durch eine nahezu vollständige Rechtsverweige-
rung und -beschränkung. Polen entwickelte ein System, durch das
fast jede wirtschaftliche Existenz zugrunde gerichtet werden konnte.
Das begann mit der Aberkennung der polnischen Staatsangehörigkeit, und das wiederum bildete die Grundlage für weitere Zwangs-
maßnahmen. So griffen die Behörden zu der Methode einer verschlei-
erten Liquidation. Durch Zwangsverwaltung und -aufsicht, namentlich
gegenüber großen Unternehmungen, übten die polnischen Behörden einen starken Zwang zu ›freiwilligem‹ Verkauf aus. Als weitere
wirksame Entdeutschungsmaßnahmen erwiesen sich Wohnungsent-
ziehungen, die Beschlagnahme fremder Valuten und die Verschleppung notwendiger, aber der polnischen Politik unbequemer Aus-
führungsgesetze und Verordnungen. Das schuf einen nahezu
rechtlosen Zustand, der es unteren Behörden ermöglichte, auf für
Deutsche ungünstige Provisoria zurückzugreifen. Polen war ein Un-
rechtsstaat geworden.

Die geschilderten Methoden, die stetige Unsicherheit, die Aus-
sichtslosigkeit auf Besserung der Lage veranlaßten immer mehr Deutsche, ins Reich abzuwandern. Die ›Posener Methode‹ Stanislaus GRAB-
SKIS, den Anteil der deutschen Bevölkerung auf anderthalb Prozent
zu drücken, begann zu wirken und bildete das politische Ziel der
polnischen Regierung.

Als am 27. Dezember 1921 der dritte Jahrestag des Posener Aufstandes in Gegenwart von Staatschef PILSUDSKI gefeiert wurde, hielt
nach dem im Posener Dom zelebrierten Pontifikalamt der Domherr
PRONDZYNSKI eine Haßpredigt gegen das Germanentum, in der er zum
Schluß ausführte:

»Noch ist unsere Aufgabe nicht erfüllt. Das Innere ist zu befestigen, Wilna, Lemberg sind noch sicherzustellen, Danzigs müssen wir uns durch Einflüsse bemächtigen.«[111]

Als Ministerpräsident WITOS in Warschau eine Abordnung deutscher Domänenpächter empfing und ihnen nur zwei Minuten zugestand, erklärte er:

»Dies ist der erste Vorstoß gegen die deutsche Intelligenz, und es ist höchste Zeit, daß die sogenannten deutschen Kulturträger verschwinden.«[112]

Das Jahr 1921, das solche klaren Bekenntnisse der öffentlichen Organe zu dem Entdeutschungsprogramm brachte, hatte auch zum offenen Terror gegen Deutsche geführt.

• Nach einem blutigen Pogrom in Ostrowo im Juni 1921 faßte eine öffentliche Versammlung den Beschluß, daß alle Deutschen innerhalb von 24 Stunden Ostrowo zu räumen hätten, was dann in anderen Orten nachgeahmt wurde.

• In Bromberg wurden deutsche Geschäfte geplündert.

• Führende deutsche Persönlichkeiten erhielten Drohbriefe.

• In den Ansiedlungsdörfern holte man die Deutschen nachts aus den Häusern.

• Deutsche Arbeiter wurden aus den polnischen und staatlichen Betrieben entlassen, mußten binnen vierzehn Tagen die Wohnungen räumen und wurden obdachlos.

• Polen, die in deutschen und jüdischen Geschäften kauften, wurden durch Flugblätter und schwarze Listen als ›Vaterlandsverräter‹ beschimpft.

• Deutsche Geschäfte wurden weitgehend boykottiert.

• Die Evangelische Kirche wurde durch das Verlangen der Loslösung von der unierten Mutterkirche in ihrem Bestand bedroht.

• In Posen wurde den deutschen Katholiken der Gottesdienst gestört und die Franziskanerkirche ihnen weggenommen.

• Deutsche Schulgemeinden wurden aufgelöst, Minderheitenschulen teilweise geschlossen.

---

[111] *Kujer Poznanski,* Nr. 297 vom 28. Dezember 1921, zit. in: RAUSCHNING, Hermann, *Die Entdeutschung Westpreußens und Posens,* aaO., S. 60.
[112] *Deutsche Nachrichten,* Nr. 40 vom 27. August 1921.

- Ein großer Teil der deutschen Kinder wurde überhaupt nicht mehr unterrichtet, ein anderer war in polnischen Schulen der Polonisierung ausgesetzt.
- Eine schwere Beeinträchtigung der bürgerlichen Gleichstellung bedeutete die Wahlordnung mit einem Sprachenparagraph, der eine Sprachenprüfung von den Wahlkandidaten verlangte.
- Das Vereinswesen wurde überwacht und behindert.
- Kulturelle Pflege wurde erschwert.

Kurz: Auf allen Gebieten wurde gezielter Druck angewandt, um die Deutschen zur Abwanderung zu bewegen. Als dann alle Proteste gegen die Drangsalierungen und alle Aktionen bei Ministerien und Behörden wirkungslos blieben, polnische Gerichte das Recht weiterhin mit Füßen traten und die gesetzliche Gleichberechtigung verweigerten, blieb nur noch der Appell an den Völkerbundsrat. Das führte in einer Denkschrift des Deutschtumsbundes vom 12. November 1921 zu einem Hilferuf, der in erschütternder Weise die Entrechtung der Deutschen in Polen widerspiegelte:

»Dringende Bitte der Deutschen in Polen um schleunige Sicherstellung der ihnen im Friedensvertrage von Versailles und im Minderheitenschutzvertrage gewährleisteten Rechte.«

Der Völkerbundsrat griff die Fragen nach der Zulässigkeit der Annullation und über das polnische Staatsbürgerrecht auf und nahm die Beschwerde als begründet an. Dieser und das Haager Schiedsgericht benötigten fast zwei volle Jahre, ehe es zu einem Spruch kam. Die Ansiedler wurden in dieser Zeit zum überwiegenden Teil durch Anwendung stärkster Druckmittel vor dem Spruch verdrängt. Die Staatsangehörigkeit wurde nur im polnischen Sinne ausgelegt und zur Liquidation deutschen Besitzes genutzt. Fast alle deutschen Domänenpächter mußten ihre Pachten vorzeitig aufgeben. Die Entdeutschungspraxis wurde während der Völkerbundaktion in der Erwartung noch verschärft, daß einmal zerstörte deutsche Existenzen nicht wiederhergestellt würden. Aus demselben Grund verweigerte Polen auch alle Übereinkommen mit dem Deutschen Reich. An dessen Versuchen, eine Bereinigung der strittigen Fragen herbeizuführen, hat es auch weiterhin nicht gefehlt. Erst nach dem Abschluß der Völkerbundaktion im Herbst 1923 erklärte sich Polen zu neuen Verhandlungen bereit.

Der Deutschtumsbund hatte inzwischen abermals den Völkerbundsrat um Schutz gebeten, da die Lage des Deutschtums immer
bedrohlicher geworden war. Der deutsche Besitz wurde weitgehend
liquidiert, Agrarreform und Ausweisungen trafen die deutsche Minderheit. Die völlige Vernichtung ihrer Organisationstätigkeit war der
letzte Schlag, dem sie erliegen sollte.

Der Kampf gegen das Deutschtum fand seit 1923 immer mehr im
Bereich der Verwaltung statt, er wurde zum »verwaltungsmäßigen
Kampf«, wie der Posener Wojewode Bninski es formulierte. Für den
durch die höchsten Staatsstellen ausgesprochenen Willen zur Vernichtung des Deutschtums gab es keinen stärkeren Ausdruck. Der
Oberprokurator Kierski schrieb in der in Posen erscheinenden Zeitung *Dziennik Poznanski*:

»Den Deutschen und nicht nur ihnen gegenüber müssen wir halbe Mittel vermeiden, uns jeglichen Wankelmutes entledigen und
uns endlich entschließen, eine starke und folgerichtige auf weitere Sicht berechnete Politik zu treiben, die für Polen allein möglich
und vorteilhaft ist. Diese Politik muß gleichzeitig zwei Ziele im
Auge haben: eine möglichst große Einschränkung der Zahl der
im Gebiet der polnischen Republik vorhandenen Deutschen und
die Liquidierung des deutschen Eigentums.«

Im April 1923 besuchte Ministerpräsident Sikorski die Stadt Posen.
Auf dem Posener Rathaus verkündete er in einer Rede die weitere
Entdeutschung der Westgebiete und erklärte unmißverständlicher-
weise,

»daß der Prozeß, den man ›Entdeutschung der westlichen Wojewodschaften‹ nenne, in einem möglichst kurzen Zeitraume und
raschen Tempo vor sich gehe«,

wobei er als Grundsatz staatlicher Moral verkündigte:

»Der Starke hat immer recht.«

»Polen müsse sich im Westgebiet stärkstens konsolidieren, das
bisherige Schwanken der polnischen Politik in der Liquidations-
frage müsse radikal geändert werden. Die deutschen Optanten
[die für Deutschland gestimmt hatten – Anmerk. d. Verf.] müßten
die Konsequenz aus ihrer Option ziehen, das heißt abwandern.
Diese Aktion würde seine Regierung im Laufe des Jahres durch-

führen. Es war die Antwort auf die Entscheidungen des Völkerbundsrates, auf die Beschwerden der Minderheit.«[113]
General SIKORSKI führte weiter aus:
»In ihrem unmittelbaren Interesse liegt es, daß der große historische Prozeß der Entdeutschung der westlichen Wojewodschaften
sich in möglichst kurzer Zeit vollzieht.«
Damit war die Entdeutschungspolitik in ein neues Stadium getreten. Waren bisher provinzielle Machthaber und die Geistlichkeit die
treibenden Kräfte, so war es diesmal der leitende Beamte des Staates
selbst, der die Entdeutschungsmethoden auf die Spitze treiben wollte und seiner Rede Taten folgen ließ.

Seit längerer Zeit wurde in der polnischen Presse eine planmäßige Hetze gegen die ganze deutsche Minderheit getrieben, insbesondere aber gegen den Deutschtumsbund als den Veranlasser der Völkerbundaktion. Am 6., 7. und 8. August 1923 erfolgte der große
Schlag: gleichzeitige Haussuchungen in allen in Frage kommenden
Orten sowie die gerichtliche Schließung der Organisationsbüros. Das
Ergebnis war zwar enttäuschend: Obwohl Material zentnerweise beschlagnahmt wurde, wurde erst sechs Jahre später der wiederholt
angekündigte Prozeß im Herbst 1929 eröffnet. Es gelang aber den
Behörden, die gut durchgebildete Organisation der Minderheit zu
zerschlagen. Außerdem verdächtigte die polnische Presse in gehäs-
siger Weise den Deutschtumsbund als eine Verschwörung staats-
feindlicher Umtriebe.

Der Schlag wurde übrigens nicht nur gegen die Minderheiten-
organisation geführt, sondern auch gegen wirtschaftliche Verbände:
gegen die Hauptvereinigung deutscher Bauernvereine, gegen Bibliotheken, Frauenvereine, Schulvereine u. a. m.

Einen Tag später wurde das deutsche Lehrerseminar in Bromberg
aufgelöst. Innerhalb von vierzehn Tagen wurden mehr als hundert
deutsche Volksschulen geschlossen. Den deutschen höheren Privat-
schulen wurden alle nur erdenklichen Schwierigkeiten bereitet.

In Reichthai hatte der Starost KASPRZAK den Deutschen öffentlich
gedroht:»Die Peitsche (*baty*) auf sie«, man müsse sie mit Knüppeln
und Peitschen aus Polen jagen.

---

[113] RAUSCHNING, Hermann, *Die Entdeutschung Westpreußens und Posens,* aaO.,
S. 67 f.

Unter den Zeitungen nannte nur eine einzige Stimme die Dinge beim Namen. Der Warschauer linke *Robotnik* äußerte sich über die Schließung der deutschen Organisationen, daß es sich um Schikanen der reaktionären Regierung gegen das Deutschtum handele. Die Rechtspresse dagegen begründete allgemein die Auflösung mit der Klage vor dem Völkerbund.

In diese Situation platzten die sachlichen und überlegenen Ausführungen des Haager Schiedsgerichtshofes in den beiden Gutachten vom 10. September 1923 (über die annullierten Ansiedler) und vom 15. September 1923 (über die Staatsangehörigkeit durch Geburt). In beiden waren die deutschen Rechtsstandpunkte entscheidend bestätigt worden.

Die Haager Rechtsbelehrung durch Gutachten erwies sich für die deutsche Minderheit, aber auch für die künftige Entwicklung des Minderheitenrechts in Europa, als außerordentlich bedeutsam und erschütterte den polnischen Staat in seinem Ansehen. Von größter politischer Bedeutung war die ausdrückliche Feststellung der Zuständigkeit des Völkerbundes in allen angeregten Fragen.

Eine Auswirkung der Interpretationen auf die innere Gesetzgebung Polens mußte für die Minderheit, wie sie glaubte, von großer Bedeutung sein und ihre Lage mit einem Schlag verbessern. Sie hätte jedoch die Polen besser kennen müssen. Polen hatte es in der Hand, seinen Rechtsirrtum einzugestehen. Eine volle Ablehnung dagegen hätte dazu geführt, daß Polen sich zu der Gewaltpolitik SIKORSKIS auch auf dem internationalen Forum hätte bekennen müssen. Polen wählte bezeichnenderweise einen windigen mittleren Weg:

1. In den Medien ließ die Regierung eine allgemeine Empörung über den ungerechten und deutschfreundlichen Beschluß feststellen, mit dem Austritt aus dem Völkerbund und der Kündigung der Schutzverträge drohen.

2. Sie unterwarf sich durch ihre diplomatische Vertretung den Schiedssprüchen.

3. Sie verhinderte auf dem Verwaltungsweg die praktische Durchführung der Interpretationen durch Änderung ihrer Gesetzgebung.

Trotzdem war der von der deutschen Minderheit eingeschlagene Weg der allein richtige und in die Zukunft weisende, mochte sich zunächst auch nur eine Verstärkung der politischen Agitation zeigen. Der *Glos Pomorski* forderte

»eine geschlossene Front gegen das Deutschtum, intensive Polonisierung der westlichen Grenzgebiete«.

Der Völkerbund, der in Genf am Grünen Tisch sitze, möge Rezepte zur Gesundung Europas schreiben, aber Polen empfinde die nationalen Minderheiten

»wie ein Geschwür am Körper... Wenn wir dieses Geschwür mit unseren erprobten und einzig erfolgreichen Hausmitteln herausschneiden, kann das dem Völkerbund gefallen oder nicht gefallen. Er kann protestieren oder sich mit dem herausgeschnittenen Geschwür befassen«.[114]

Eine vom polnischen ›Westmarkenverein‹ einberufene Protestversammlung forderte, die Ausweisung der Ansiedler strikt durchzuführen. Derselbe Verband veranstaltete mit der »juristisch-wirtschaftlichen Vereinigung in Posen« einen Diskussionsabend, bei dem die Entschließung angenommen wurde, die Optanten auszuweisen.

»Die allgemeinen Grundsätze, betreffend den Rechtsschutz der Ausländer, könnten auf die Optanten keine Anwendung finden. Die Ausweisung sei eine Kardinalfrage der Sicherheit und Entwicklung der westlichen Landesteile.«

Am 9. Dezember 1922 reichte der Deutschtumsbund die zweite Eingabe an den Völkerbundsrat ein. Sie bemängelte das angebliche polnische Recht zu einer Entgermanisierung und führte aus, Polen habe ein solches geltend gemacht, als bereits mehr als 400000 Deutsche die beiden Provinzen hätten verlassen müssen.

»Die hier ausgesprochene Tendenz der inneren Politik unserer Regierung bildet die Grundlage und die Grundstimmung für eine unendliche Fülle von Maßnahmen, die täglich gegen die deutschstämmige Bevölkerung gerichtet werden.«

Aus ihr ergebe sich,

»daß in den Jahren 1920 und 1921 eine Atmosphäre ständigen Druckes auf der deutschen Bevölkerung gelegen hat, die auf Ausübung der Option und auf Abwanderung hinwirken mußte und hingewirkt hat. Nach einer polnischen Statistik ist bereits heute

---

[114] *Dz. Poz.*, Nr. 162 vom 20. Juli, zit. in: RAUSCHNING, Hermann, *Die Entdeutschung Westpreußens und Posens*, ebenda, S. 71 f.

die Zahl der deutschen Bewohner der Wojewodschaft Posen von
680 000 auf unter 351 000 zurückgegangen. Sie hat damit einen Prozentsatz der Gesamtbevölkerung erreicht, der um mehr als 50 %
niedriger ist, als er je war, seit über die Bevölkerung dieser Gebiete Zahlenangaben vorliegen, nämlich seit den fünfziger Jahren des
vorigen Jahrhunderts und wahrscheinlich auch seit den Zeiten vor
den polnischen Teilungen«.

Im Verlauf der Jahre 1923 und 1924 wiesen die polnischen Behörden
eine bedeutende Zahl Deutscher aus. Die Interpretationen der juri-
stischen Kommission des Völkerbundes fanden dabei ebenso wenig
Berücksichtigung wie die Haager Gutachten. Im Juni 1923 wurden
allein zwölf evangelische Geistliche ausgewiesen, dazu eine Reihe
von evangelischen Krankenschwestern, ferner Lehrer, Eigentümer
wertvoller landwirtschaftlicher Betriebe, deren Besitz auf diese Weise liquidiert werden konnte.

Inzwischen hatte sich eine Einheitsfront sämtlicher Parteien gebildet:

»Es gibt eine Frage, in der sich alle Polen der Westgebiete verbunden fühlen, in der trotz aller verschiedenen Parteiansichten voll-
kommene Einigkeit herrscht: das ist die deutsche Frage«,

schrieb der *Kurjer*. Am 29. März 1926 veröffentlichte er ein Schreiben der Einheitsfront der polnischen Abgeordneten Westpolens an
Ministerpräsident SKRZYNSKI:

»Der Parlamentarische Einigungsausschuß für die Westgebiete
(Porozumiewawezy Komitet Parlamentarny Ziem Zachodnich)
hält es für erforderlich, daß die Regierung ihre bisherige Politik in
Sachen der Westgebiete einer gründlichen Revision unterzieht
zwecks:
1. rücksichtsloser Beseitigung der deutschen Irredenta in den
Westgebieten,
2. Durchführung einer entschiedenen Regierungspolitik in den
Westgebieten in politischer, wirtschaftlicher und kultureller Beziehung,
3. Fortsetzung der Ausführung des Wiener Vertrages, betreffend
Option und Staatsangehörigkeit,
4. kategorische Durchführung der Liquidation deutscher Güter,

5. Ablehnung der Forderung des freien Niederlassungsrechtes für deutsche Reichsangehörige in Polen im künftigen Handelsvertrage mit Deutschland...«[115]

Angesichts dieser breiten Ablehnungsfront gegenüber jeglicher Änderung der Entdeutschungspolitik mußten alle deutschen Versuche, mit Polen zu einem Ausgleich auf wirtschaftlicher Grundlage zu kommen, unfruchtbar bleiben.

Offenherzig schrieb die *Gazeta Gdanska* am 13. Juni 1926 zum Thema Entdeutschung:

»Der sicherste Panzer Pommerellens sind die Millionen polnischer Ansiedler. Alles Land, das noch im Besitz der Deutschen ist, muß den deutschen Händen entrissen werden.«

Den polnischen Radikalen war jedes Mittel recht, um die deutsche Volksgruppe zu schwächen und zu dezimieren. Deutsche Zeitungen in Polen durften die volle Wahrheit über die Unterdrückung und Entrechtung der Volksdeutschen nicht erwähnen. Andernfalls hatten sie mit hohen Strafen zu rechnen. Der Bromberger *Deutschen Rundschau* wurden von 1920 bis 1939 872 Strafverfahren angehängt. Die Schriftleiter wurden zu insgesamt 5 Jahren, 11 Monaten und 20 Tagen Gefängnis verurteilt. 546mal wurde diese deutsche Zeitung beschlagnahmt. Die Gesamtverluste betrugen rund 700000 Zloty. Aber auch den anderen volksdeutschen Zeitungen in Polen erging es nicht besser.

Die eingesessene polnische Bevölkerung Westpolens war in ihrer Mehrheit nicht deutschfeindlich eingestellt. Man sorgte sich vielfach um die Zukunft des Landes, nachdem so viele tüchtige Deutsche aus dem Land getrieben worden waren. Polnische Arbeiter beantragten bei den Behörden, man solle den deutschen Domänenpächter wieder einstellen, da der neue polnische vom Wirtschaften nichts verstehe.

Auf dem Land wohnte man Hof an Hof und vertrug sich, Polen wählten deutsche Gemeindevorsteher. Die Sejmwahlen von 1928 drückten mit dem Ansteigen der deutschen Stimmen gemeinsame Interessen aus. Nur gelegentlich zeigte sich nach Deutschenhetzen nationalistischer Kreise die viel bemühte »kochende polnische Volks-

---

[115] *Kurjer Poz.* Nr. 148 vom 31. März 1926, zit in: RAUSCHNING, Hermann, *Die Entdeutschung Westpreußens und Posens*, ebenda, S. 88.

seele«. Dabei handelte es sich um Aufstachelungen einer allgemeinen Massenbegehrlichkeit zur Ausnützung einer günstigen Gelegenheit zur mühelosen Bereicherung an deutschem Besitz. Somit war
der Kampf gegen das Deutschtum in Westpreußen und Posen nicht
die Reaktion eines bedrückten Volkes gegen seinen Bedrücker, sondern das Ergebnis bewußter politischer Erwägungen der regierenden Männer, die ihre politischen Ziele unter Anwendung eines von
den Regierungs- und Verwaltungsstellen ausgebildeten Drucksy-
stems zu erreichen suchten. Insgesamt lassen sich die Maßnahmen in drei Kategorien zusam-
menfassen. Es handelte sich
1. um wirtschaftliche Erschwernisse, die dem Deutschtum folge-
richtig den Lebensraum nahmen,
2. um rechtliche und gesetzgeberische Maßnahmen, die für die
Deutschen einen Zustand dauernder Rechtsunsicherheit schufen, und
3. um geistig moralische Druckmittel, die mit Einschüchterung,
Drohung, Anklagen, Hinweisen auf frühere Zeiten, Vergeltung und
kultureller Benachteiligung die deutsche Bevölkerung in Furcht ver-
setzten, ihr jede Hoffnung für die Zukunft nehmen mußten, und
damit schließlich die Möglichkeit, ihren Besitz einer Nachkommenschaft gesichert vererben zu können.

Umfang und Wirkung der Entdeutschung

Der Umfang der Entdeutschung in Westpolen läßt sich nur schwer
ermitteln. Das betrifft sowohl die Veränderungen in der nationalen
Struktur der Gesamtbevölkerung als auch die Grundbesitzverände-
rungen. Über den Umfang der Entdeutschung innerhalb der Gesamtbevölkerung dagegen haben der deutsche Fürsorgekommissar des
Roten Kreuzes und später die Abwanderungsstellen der deutschen
Reichsvertretungen im abgetretenen Gebiet Zahlenmaterial geliefert.
Allerdings setzte die Abwanderungsstatistik für das Aufstandsge-
biet Posen erst mit dem Juni/Juli 1919, in den Bezirken Bromberg
und Pommerellen erst mit Januar 1920 ein. In beiden Bezirken waren ebenfalls große Bevölkerungsteile nach Bekanntwerden der Versailler Friedensbestimmungen schon vor der Besetzung abgewan-
dert. Aber viele Abwanderer entgingen der Erfassung, da sie ohne
Erfüllung von Formalitäten einfach abreisten oder unter Vermeidung
offizieller Grenzstellen über die grüne Grenze nach Deutschland

flüchteten. Dies traf besonders für die Jahre 1920/21 zu. Die Zahlen der offiziell gezählten Abwanderer und Vertriebenen stellen deshalb nur Mindestzahlen dar. Eine Vergleichsmöglichkeit des Zahlenmaterials bietet aber die indirekte Erfassung des Deutschtumsverlustes durch Vergleich der Nationalitätenverhältnisse vor der Abtretung mit dem Stand zur Zeit, als die Abwanderung im wesentlichen als beendet angesehen werden konnte. Die Bevölkerungsverhältnisse beim Übergang des Gebietes an Polen sind nur als Annäherungswerte zu ermitteln. Kriegssterblichkeit, Geburtenausfall, ein starkes Abströmen großstädtischer Bevölkerung während der Nahrungsmittelknappheit auf das Land erschwerten die Ermittlung. Ein Vergleich der Ergebnisse der letzten deutschen Volkszählung von 1910 mit der ersten polnischen von 1921 ergibt zwar keine absoluten Zahlen für die deutschen Verluste, aber eine relative zwischen den beiden Jahren.

Ein Vergleich von 1910 mit 1921 ergibt auch insofern ein nur sehr unvollkommenes Bild, als die Abwanderung 1921 noch längst nicht abgeschlossen war. Ein genaueres Bild ermöglichte erst eine private deutsche Zählung, die von der deutschen Sejmfraktion als Grundlage für ihre Vorschläge zu einer Kulturautonomie im Sommer 1926 veranstaltet wurde, nachdem die Optantenabwanderung als letzte große Abwanderungswelle bereits beendet gewesen war. Das ermöglicht Vergleiche zwischen 1910, 1921 und 1926, wobei es sich ebenfalls nur um Mindestzahlen handelt, da manche Deutsche, die sich in abhängiger Stellung befanden, wegen des andauernden Terrors davon absahen, sich öffentlich zum Deutschtum zu bekennen.

Es lassen sich somit die Ergebnisse der Abwanderungsstatistik mit den aus den drei Zählungen vergleichen, wobei man für die Entdeutschung in dem Zeitraum zwischen September 1921 und 1926 das Zahlenmaterial unmittelbar vergleichen kann.

Die Entdeutschung ergibt demnach folgendes Bild auf Grund der drei Zählungen (siehe die Tabellen im Anhang).

Provinz	Gesamt-Bevölk.	Zahl der Deutschen 1910	1921	1926	in Prozent 1910	1921	1926	deutsche Verluste gesamt	in %
Pommerellen	935.643	421.033	175.726	117.251	42,5	18,7	12,5	303.782	72,2
Bromberg	672.591	315.646	162.022	107.345	45,2	24,1	16,0	208.301	66,0
Posen	1.295.274	363.693	165.824	116.909	28,7	12,8	9,0	246.784	67,9
Insgesamt	2.903.508	1.100.372	503.572	341.505	37,9	17,3	11,7	758.867	69,0

Die deutsche Bevölkerung war in Westpolen von 1100372 im Jahre 1910 auf 341505 Einwohner im Jahre 1926 gesunken, also um 69 Prozent auf nur noch 31 Prozent – ein Verlust ungeheuren Umfanges. Die höchsten Einwohner-Verluste wiesen folgende Städte auf:

Bromberg	63276	Graudenz	30652
Posen	59341	Thorn	28254

Die nationalen Besitzverhältnisse 1914 des Bezirkes Bromberg im Umfang des an Polen abgetretenen Gebietes (in Hektar)

Bezirk	Privatbesitzfiskal. u. korp. Besitz Gesamtbesitz deutscher	polnischer	deutscher	polnischer	in Hektar
Bromberg	399.843 988.410	347.124	219.175		22.268
Posen	541.010 1.488.195	713.686	197.629		35.870
Pommerellen	599.405 1.614.852	487.226	497.517		30.704
insgesamt	1.540.258 4.091.457	1.548.036	914.321		88.842

Deutscher Privatbesitz:1.540.258 ha
Dt. Fiskal- u. korp. Besitz:914.321 ha

Zusammen: 2.454.579 ha = 60% von 4.091.457 ha

Wenn 1914 noch 60 Prozent des Bodens in deutscher Hand war, so ist das ein Ergebnis der seit dem Mittelalter ins Land gerufenen deutschen Siedler, die in mühsamer, entbehrungsreicher Arbeit das teilweise morastige Land urbar gemacht hatten:»Dem ersten der Tod, dem zweiten die Not, dem dritten das Brot.« Bis 1926 muß man mit einem absoluten deutschen Bodenverlust von 700 000 Hektar an Polen rechnen.

Vom Gesamtverlust an deutschem privaten landwirtschaftlichen Grundbesitz sind rund 300 000 Hektar unmittelbare Folgen der Entdeutschungsgesetzgebung. Liquidation, Annullation, Agrarreform, Geltendmachung des staatlichen Wiederkaufrechtes gehören zu den Ursachen. Vom Verlust durch freihändigen Verkauf wird man, vorsichtig geschätzt, mindestens drei Viertel, also weitere 150 000 Hektar, einem mittelbaren Druck durch Drohung, Benachteiligung in Belieferung mit Rohstoffen und ähnlichem zuzuschreiben haben, so daß man den Umfang der Panikverkäufe, einer nicht unmittelbaren Preisgabe des deutschen Besitzes, auf ein Zehntel des Gesamtverlustes oder 50 000 Hektar wird ansetzen dürfen.[116]

Noch höher als der Verlust an landwirtschaftlichem Grundbesitz war der von städtischem und industriellen Besitz. Der städtische Hausbesitz, zu deutscher Zeit ganz überwiegend in deutscher Hand, war bereits 1926 ebenso polonisiert wie die industriellen Anlagen und Handelsunternehmen.

Diese ungeheure Besitzverschiebung und Polonisierung fand entgegen den Bestimmungen des Versailler Vertrages einseitig zu Lasten der deutschen Gesamtwirtschaft und des deutschen Volksvermögens statt. Aus reichsdeutschen Schädenberechnungen ergibt sich: Läßt man die Schäden aus der Liquidation und Annullation der Ansiedler, Domänenpächter und sonstigem Liquidationsbesitz aus dem Gebiet und die großen Objekte der anderen Gebiete außer acht, desgleichen die Zusatzschadenforderungen des Deutschen Gläubiger-Schutzverbandes, beliefen sich allein die eingeklagten deutschen Schäden beim Pariser Gemischten Schiedsgericht 1927 auf rund 750 000 000 Goldmark. Die beim deutschen Reichsentschädigungsamt anerkannten 130 000 Verdrängungsschäden der aus dem Gebiet

---

[116] Rauschning, Hermann, *Die Entdeutschung Westpreußens und Posens*, ebenda, S. 373 ff.

Abgewanderten beliefen sich auf rund 820 000 000 Goldmark. Hinzu kamen die Inflationsschäden, die die deutsche Volkswirtschaft als Gesamtheit belasteten.

Der Inflationsgewinn durch die erzwungene Trennung der beiden bisher vereinigten Wirtschaftsgebiete Deutschland und Westpolen kam einseitig Polen zugute. Insgesamt ergibt sich eine private Besitzverschiebung von deutschem Eigentum an Polen im Gesamtwert von sechseinhalb Milliarden Goldmark. Dabei steckte die polnische Volkswirtschaft einen Gewinn von etwa 4,8 Milliarden ein. Diesem Gewinn muß man noch die Vermögenswerte hinzurechnen, die der polnische Staat vom Deutschen Reich und dem preußischen Staat übernahm: Grundstücke, Gebäude, das Inventar der Heeres- und Unterrichtsverwaltung, der Post-, Eisenbahn-, Justiz- und Zollverwaltung, die Domänen, Forsten usw. Ohne die Werte der Kommunen stellten sie alle einen Gesamtwert von etwa 3,2 Milliarden Goldmark (GM) dar.

Deutsches Eigentum an Polen:	6,5 Mrd. GM
Polnischer Inflationsgewinn:	4,8 Mrd. GM
Ehemals preußischer Besitz:	3,2 Mrd. GM

gesamter deutscher Verlust 14,5 Mrd. GM
Mindestzahlen (s. oben)

14,5 Mrd. GM entsprechen einem heutigen Wert von:
(Umrechnungsfaktor UF10) rund 145 Mrd. DM
oder von rund   **72,5 Mrd. Euro**

Folgen der Entdeutschung in Polen

Der vorausgegangene Überblick über den zeitlichen Ablauf, die Methoden und die Auswirkung der polnischen Entdeutschungspolitik ergibt ein Gesamtbild von erschütterndem Ausmaß, wie durch planmäßige Entrechtung und Bedrückung erstmals in Europa eine altansässige, mit der Kultur und dem Wohlstand des Landes unzertrennlich verbundene Bevölkerung aus Heimat und Besitz vertrieben wurde. Aber die Auswirkungen und Folgen der Entdeutschung zeigten sich bald. Denn eine solche Bevölkerungsbewegung und Besitzverschiebung veränderten das Gefüge des gesamten polnischen Staates:

● Durch die doppelbödige Gesetzgebung, die Unaufrichtigkeit der Anwendung wurde die Rechtsmoral der neuentstandenen Republik von Anfang an stark beschädigt. Diese Rechts(un)moral übertrug sich auf die gesamte öffentliche Moral und ganz besonders auf die Geschäftsmoral, wie ausländische Reisende und Wirtschaftspolitiker der Vereinigten Staaten von Amerika u. a. in Polen immer wieder feststellen mußten.

● In wirtschaftlicher Hinsicht bedeutete die Entdeutschung des landwirtschaftlichen Bodens ganz allgemein den Übergang an den schlechteren Wirt mit einer starken Verminderung der Ertragsfähigkeit sowohl des bürgerlichen Besitzes als auch des Großgrundbesitzes.[117]

● Politisch hatte die Entdeutschung eine prekäre Lage geschaffen. Die Souveränität Polens war nämlich an die Bedingungen des Minderheitenschutzes geknüpft, die von Polen nicht eingehalten wurden.

Auf dieser Grundlage entwickelte sich Polen zum damals größten rassistischen Aggressions- und Raubstaat Europas, was mit zum Ausbruch des Zweiten Weltkriegs beitrug.

---

[117] Schubert, Albrecht, »Die Entwicklung der Posener Landwirtschaft seit 1919 im Rahmen der gesamten Staatswirtschaft«, in: *Deutsche wissenschaftliche Zeitschrift für Polen*, Heft 14, 1928, S. 117 ff.

Dritter Teil

Verschärfung der Lage bis zum Zweiten Weltkrieg

1. Polens Judenpolitik

Die geplante Vertreibung der Juden aus Europa

Von den den Deutschen vorgeworfenen Verbrechen an Juden reden ganze Bibliotheken, künden Tausende von Gedenkstätten. Über die Behandlung der jüdischen Minderheit in Polen dagegen herrscht tiefes Schweigen. Dabei wurde das Judenproblem in vielen europäischen Ländern – mehr noch als in Deutschland – als besonders drükkend empfunden. Frankreich und England bildeten hierbei keine Ausnahme. Der in Jerusalem und Harvard lehrende Antisemitismusforscher Robert S. WISTRICH betont in seinem Buch *Hitler und der Holocaust*[118] die europäische Dimension des Verbrechens, denn der Holocaust war, wie WISTRICH zusammenfaßt,

»ein paneuropäisches Ereignis, zu dem es nicht hätte kommen können, wenn nicht in den späten dreißiger Jahren des zwanzigsten Jahrhunderts Millionen von Europäern ein Ende der uralten jüdischen Präsenz in ihrer Mitte hätten sehen wollen«.

An der Spitze dieser Bewegung stand nicht das deutsche Volk, sondern ein großer Teil der polnischen Bevölkerung und ihrer Politiker, die von einer weitgehend antisemitisch eingestellten Presse unterstützt wurden, und zwar bereits vor dem Ersten Weltkrieg. Die in Danzig erscheinende *Gazetta Gdanska* schrieb zum Beispiel in ihrer Ausgabe vom 2. Juni 1902:

»Als Erbteil unserer Väter ist der Jude bis heute von uns unzertrennlich geblieben, er hält uns in seinen Krallen fest, wie die Spinne ihr Opfer; er geht um die anderen Länder herum wie der Hund um den heißen Brei; doch wie ein Blutegel saugt er am liebsten polnisches Blut. Wo die meisten Polen sind, ob in der Stadt oder auf dem Lande, da sind auch die meisten Juden zu finden. Ja, ja, es ist höchste Zeit, sich von den Umschlingungen dieser jüdischen Spinne frei zu machen! Endlich kommen wir zur Besinnung; schade, daß es nicht schon eher geschehen ist!«[119]

---

[118] WISTRICH, Robert S., *Hitler und der Holocaust*, Berlin 2003, S. 16 f.

[119] Zitiert in: WAGNER, Franz, u. Fritz VOSBERG, *Polenspiegel*, 1908, Neudruck: Struckum 1988.

Der Madagaskarplan – eine polnische Initiative

Auf Initiative der Polen, die sich nach dem Ersten Weltkrieg als die ärgsten Befürworter der Parole »Juden raus!« erwiesen, fanden zwischen verschiedenen europäischen Staaten Verhandlungen über die Auswanderung von Juden statt. Durch die britischen Antisemiten Henry Hamilton BEAMISH und Arnold LEESE sowie den Niederländer Egon VAN WINGHENE war in der Zwischenkriegszeit der Gedanke einer Abschiebung der Juden in die französische Kolonie Madagaskar populär geworden. Polen waren es, nicht Deutsche, die den Plan aufgriffen, auf der Insel Madagaskar vor der ostafrikanischen Küste einen eigenen Judenstaat errichten zu lassen, da Palästina, die Heimat der Juden, seit fast zweitausend Jahren von arabischen Stämmen und Völkern bewohnt war und deshalb (anfangs) nicht in Frage kam.[120]

Polen terrorisieren jüdische Minderheiten

Während die NS-Regierung Mitte 1938 noch darüber nachdachte, wie man die im Lande verbliebenen Juden zur Ausreise zwingen könnte, zogen es mehrere zehntausend Juden mit polnischem Paß vor, trotz der Nürnberger Rassengesetze nach Deutschland zu ziehen, um dort zu leben. Denn im Gegensatz zu Polen bildeten direkte Übergriffe auf Juden in Deutschland immer noch die Ausnahme. In Polen hingegen wurde in den dreißiger Jahren neben der deutschen und ukrainischen besonders die jüdische Minderheit terrorisiert. Dabei wurden allein 1935/36 mehr als 1200 Juden verletzt und einige von ihnen sogar getötet. Im Unterschied zum deutschen Antisemitismus, der von oben verordnet war und bei der Bevölkerung wenig Resonanz fand, kamen der polnische Deutschenhaß und Antisemitismus aus der Bevölkerung selbst.

1937 hatte Polen, das die Emigration der Juden vorantreiben wollte, von Frankreich die Genehmigung erhalten, eine dreiköpfige Prüfungskommission nach Madagaskar zu schicken, um Ansiedlungsmöglichkeiten für polnische Juden zu erkunden. Der Kommission gehörten Major Mieczyslaw LEPECKI, Leon ALTER und Salomon DYK an. LEPECKI vertrat die Ansicht, daß 40000 bis 60000 Juden im Hochland angesiedelt werden könnten, doch Leon ALTER behauptete, die

---

[120] ZENTNER, Kurt, *Illustrierte Geschichte des Dritten Reiches*, Köln (ohne Jahrangabe), Bd. II, S. 509 f.

Reichskanzler HITLER während des Requiems für den am 12. Mai 1935 verstorbenen polnischen Staatschef Josef PILSUDSKI in der Berliner Hedwig-Kathedrale.

Seit seinem Amtsantritt ging Polens Außenminister BECK auf keine deutschen Vorschläge ein. Spätestens seit seinem Treffen mit HITLER am 5. Januar 1939 in Berchtesgaden wußte die deutsche Diplomatie, daß eine Lösung der deutsch-polnischen Probleme nicht mehr möglich war. Hier begrüßt der Brite HALIFAX Josef BECK nach dem Abschluß der britisch-polnischen Beistandsverpflichtungen im August 1939 in London.

Der Bromberger
Blutsonntag vom
3. September
1939 bildete
wohl den
Höhepunkt der
Gewalt gegen-
über in Polen
lebenden
Volksdeutschen.
Rechts: Überrall
lagen die meist
verstümmelten
Leichen der
massakrierten
Volksdeutschen.
Unten: eine
weinende Frau,
im Flur ihr von
Polen ermorde-
ter Mann.

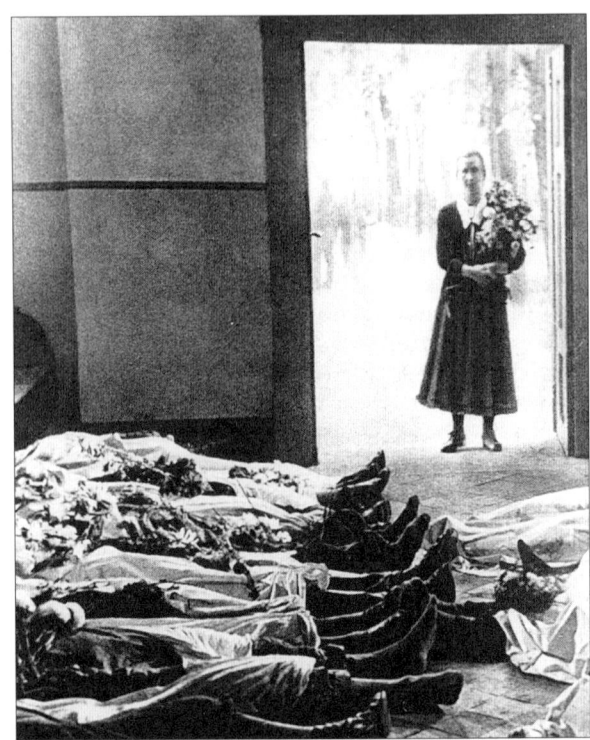

Internationale Journalisten überzeugen sich von den an Volksdeutschen begangenen Greueltaten.

Danzig, 1920 vom Reichsgebiet gelöst, besaß kein Hinterland und war somit wirtschaftlich von Polen abhängig. Deutschlands Forderung hinsichtlich Danzigs war mehr als gemäßigt.

DANZIG
IST DEUTSCH

RYDZ-SMIGLY,
Oberbefehlshaber der
polnischen Armee im
Jahre 1939.

Oben, rechts: General
Tadeusz KASPRZYCKI,
polnischer Kriegsmini-
ster, befürwortete einen
harten Kurs gegenüber
Deutschland, verließ
sich dabei auf ein
Abkommen mit dem
französischen General-
stabschef GAMELIN.
Bereits im polnisch-
russischen Krieg von
1920 hatte Frankreich
Polen beratend
(WEYGAND) und finanzi-
ell unterstützt.

Rechts: Der polnische
Botschafter LIPSKI
verläßt am Abend des
31. August 1939 das
Auswärtige Amt. Er hat
VON RIBBENTROP mitge-
teilt, daß er keinerlei
Vollmacht zu irgend-
einer Verhandlung
habe.

Insel böte höchstens für 2000 Juden Platz. Neben der polnischen und der französischen Regierung erwogen auch die britische Regierung und sogar das Joint Distribution Committee (JDC), Juden in Madagaskar anzusiedeln.

In Polen wohnten mehr Juden als in jedem anderen europäischen Land, mit Ausnahme der UdSSR. Zum Programm des ›Lagers der nationalen Einheit‹, einer polnischen Spielart des Faschismus, gehörte die Vertreibung aller Juden. Der polnische Außenminister Josef Beck forderte in aller Öffentlichkeit die Millionen Juden auf, aus Polen nach Palästina oder irgendwohin in europäische Kolonialgebiete Afrikas auszureisen. Gleichzeitig wandte sich die polnische Regierung mit dem ›Madagaskar-Plan‹ hilfesuchend an den Völkerbund (!) und forderte, ihr bei der Vertreibung von jährlich einhunderttausend Juden behilflich zu sein. Dabei sollten die Emigranten ihren Besitz und ihr Geld in Polen zurücklassen. Im Gegensatz dazu wollte die NS-Regierung den auswandernden Juden einen Besitztransfer erlauben: Die Auswanderer sollten für ihren Besitz Wertgutscheine erhalten, mit denen sie von Israel aus deutsche Waren hätten kaufen können – wenn London das erlaubt hätte.

Der britische Botschafter in Warschau vertrat ebenfalls die Ansicht, daß für eine »Lösung der Judenfrage« nur die Auswanderung in Frage komme. Die Regierung in London dachte aber nicht im geringsten daran, den Juden Palästina zu öffnen, und erklärte die Judenfrage bequemerweise zum internationalen Problem, für das sich aber alle anderen Staaten als nicht zuständig erklärten.

Neben dem vagen Madagaskar-Plan der Polen, dem die Franzosen wohlwollend gegenüberstanden, unterbreiteten die Engländer offiziell über das ›Zwischenstaatliche Komitee‹ den Vorschlag, jüdischen Auswanderern aus Deutschland die Ansiedlung in Rhodesien und Britisch-Guayana zu gestatten.

Später, am 20. September 1938, äußerte Hitler Lipski gegenüber, er wolle das Judenproblem durch eine Emigration in »die Kolonien« lösen, durchaus im Einvernehmen mit Polen, Ungarn und vielleicht auch Rumänien. Lipski hatte darauf geantwortet,

»... daß wir ihm, wenn er eine Lösung fände, in Warschau ein herrliches Denkmal errichten würden«.[121]

---

[121] Bernhardt, Hans, *Deutschland im Kreuzfeuer großer Mächte*, Preußisch Oldendorf 1988, S. 216; Irving, David, *Hitlers Weg zum Krieg*, S. 21 u. 306.

Dieser Ausspruch des polnischen Botschafters deckt sich mit den Feststellungen des jüdischen Gelehrten Friedrich Wilhelm KÖNIG, (1897–1972), der die Geschichte des Alten Vorderasiens an der Universität Wien lehrte und erklärt hatte:

> »Daher stieß der Jude bei dieser allgemeinen [wirtschaftlich sehr schlechten] Lage überall in allen Schichten Polens auf Widerstand und Fremdherrschaft, die bei der antijüdischen Massenstimmung zu einem Judenhaß geführt hat, der den der Nazi völlig erreichte.«[122]

Roosevelts Evian-Konferenz vom 6. bis 15. Juli 1938

Der amerikanische Präsident Franklin D. ROOSEVELT war bereits 1937 propagandistisch auf Kriegskurs gegangen, als er in seiner Chicagoer ›Quarantäne‹-Rede Deutschland zum Schurkenstaat erklärt hatte, der isoliert werden müsse. Er witterte nun eine Chance, gegen das Deutsche Reich vorgehen zu können. Auf polnische Initiative hin, aber auch im Interesse anderer Staaten berief er im Sommer 1938 eine Konferenz im französischen Evian ein. Dort diskutierten Vertreter fast aller westlichen Staaten die Organisationsmöglichkeiten jüdischer Auswanderungen. Unter den Delegationen befand sich auch eine zehnköpfige jüdische, der unter anderem Golda MEIR und Nahum GOLDMANN angehörten.

Im wesentlichen ging es darum, zu ermitteln, ob und wie jüdischen Auswanderern die Mitnahme ihres Vermögens in jedes beliebige Land ermöglicht werden könne. Als ROOSEVELT, der lediglich über die deutschen Juden sprechen wollte, erkannte, daß das Judenproblem keine Erscheinung des Dritten Reiches war, und als sich in Evian eine große Debatte über das Schicksal der Juden in ganz Osteuropa entwickelte, fand die Konferenz ihr schnelles Ende – mit dem verhängnisvollen Ergebnis, daß durch die Anwesenheit von 32 Regierungen die Vertreibung von Juden jetzt im Prinzip international anerkannt worden war. Selbst ROOSEVELT – und das will heute niemand mehr wissen – setzte sich für die gewaltsame Aussiedlung der Juden ein, denn kurz danach erkundigte er sich bei MUSSOLINI, ob es möglich wäre, osteuropäische Juden in der italienischen Kolonie Äthiopien unterzubringen.

---

[122] KÖNIG, Friedrich Wilhelm, u. Richard KOMZIOLU, *Verreckt*, Wien 1946, S. 68 f.

Es ist bezeichnend, daß die Evian-Konferenz von 1938, die sich mit dem Madagaskar-Plan beschäftigte, weder im *Großen Plötz*, noch im *Vertrags-Plötz* (Bd. 4A: 1919–1959, *Konferenzen und Verträge)*, noch in der *Brockhaus-Enzyklopädie* erwähnt wird. Selbst das Buch von Uwe Dietrich ADAM, *Judenpolitik im Dritten Reich*, unterschlägt ›Haavara‹ und ›Evian‹. Im Standardwerk Raul HILBERGS, *Die Vernichtung der europäischen Juden*, wird zwar ›Haavara‹, jedoch nicht ›Evian‹ erwähnt.

Deutsch-polnischer Konflikt wegen polnischer Judenpolitik

Die polnische Regierung hatte schon seit 1936 geplant, die gesamte jüdische Minderheit zu enteignen und entschädigungslos aus Polen zu vertreiben. Im Herbst 1938 griff der polnische Außenminister BECK zur Selbsthilfe und ordnete an, polnischen Staatsbürgern – gemeint waren nur die siebzigtausend in Deutschland lebenden polnischen Juden – ab Ende Oktober 1938 die Rückkehr nach Polen zu verweigern. Das aber wurde vom NS-Regime als Provokation angesehen. Es dachte nicht daran, den dauerhaften Aufenthalt der polnischen Juden in Deutschland hinzunehmen. Auf Befehl HIMMLERS wurde die Ausreise polnischer Juden nach Polen erzwungen. Polen dagegen ließ seine Staatsbürger nicht mehr einreisen, was zu einem zeitweiligen Flüchtlingselend im deutsch-polnischen Niemandsland führte.

Zwischen Warschau und Berlin kam es schließlich zu einer Einigung. Die im Flüchtlingslager wartenden Juden durften nach Polen zurückkehren. Für die Zukunft sollten aber monatlich nur noch etwa einhundert die Einreiseerlaubnis erhalten. Einige tausend polnische Juden, denen Warschau die Staatsbürgerschaft bereits vor ihrer Ausreise aberkannt hatte, mußten in Deutschland bleiben.

2. Chronologie der Deutschenverfolgung

Brüder, Sensen in die Hände! Auf zum Kampfe laßt uns eilen!
Polens Knechtschaft hat ein Ende, länger wollen wir nicht weilen.
Sammelt Scharen um euch alle. Unser Feind der Deutsche falle!
Plündert, raubet, senget, brennet. Laßt die Feinde qualvoll sterben.
Wer die deutschen Hunde hänget, wird sich Gottes Lohn erwerben.
Ich, der Probst, verspreche euch fest dafür das Himmelreich.
Jede Sünd' wird euch vergeben, selbst der wohlbedachte Mord,
den der Polen freies Leben unterstützt von Ort zu Ort.
Aber Fluch dem Bösewicht, der vor uns für Deutschland spricht.
Polen soll und muß bestehn. Papst und Gott versprechen's mir.
Rußland, Preußen muß vergehn. Heil dem polnischen Panier.
Darum jauchzet froh darein: Polzka zyje, groß und klein

Polnisches Haßlied, 1848 auf Deutsch gesungen

Konzentrationslager in Polen

In keinem anderen europäisch Staat wurde der Haß gegen seine
Minderheiten und Nachbarländer derart auf die Spitze getrieben wie
in Polen, was – wie beabsichtigt – zu blutigen Ausschreitungen gegen Ukrainer, Juden und Deutsche führen mußte. In Polen existier-
ten Konzentrationslager, noch bevor sie von der NS-Führung auch
in Deutschland eingeführt wurden. Bereits 1918 wurden ein Lager
in Szcipiorno und ein weiteres 1919 in Stalkwo errichtet.[123, 124] Rund
16000 Deutsche wurden in diese Lager eingewiesen. Es waren die
ersten KZs westlich der Sowjetunion.[125] 1926 wurden unter der Diktatur Marschall Pilsudskis das Konzentrationslager Bereza-Kartuska
in Galizien und ein weiteres in Brest-Litowsk eingerichtet, wo neben
Deutschen auch Ukrainer interniert wurden. Im Jahre 1939 kamen
das Lager von Chodzen zwischen Leslau und Kutno sowie einige
kleinere Lager hinzu.

---

[123] 1939 waren in allen deutschen KZs zusammen ›nur‹ 23000 Häftlinge untergebracht, davon waren die meisten Kriminelle.

[124] Beide in Posen.

[125] Arndt-Verlag (Hg.), *Der Tod sprach polnisch – Dokumente polnischer Grausamkeiten an Deutschen 1919–1945*, Kiel 1994.

1934–1939: Auszüge aus deutschen Akten

In den Jahren 1934 bis 1939 steigerte sich der geschürte Haß gegen alles Deutsche ins Abgrundtiefe. Davon zeugt eine kleine Auswahl von Haßtiraden.

Die Berichte, die deutsche Diplomaten an das Auswärtige Amt sandten, schildern die erschütternde Lage der Volksdeutschen in Polen seit Abschluß des ›Freundschaftsvertrages‹ zwischen dem Deutschen Reich und Polen am 26. Januar 1934. Hier einige wenige Auszüge aus den Akten des Auswärtigen Amtes:[126]

15. April 1934, Seite 135:[127]
WITZ, der Deutsche Generalkonsul in Kattowitz, berichtet:

»Am 13. April 1934 fand in Antonienhütte, Oberschlesien, ein Protestumzug des Aufständischen-, des Schützen- und des Reservistenverbandes unter Beteiligung von etwa 500 Personen gegen die deutsche Minderheit und die deutschen Verbände statt. Zwei Polizeibeamte begleiteten den Umzug. Während des Umzuges, der sich durch sämtliche Straßen in Antonienhütte bewegte, spielte die Reservistenkapelle. Es wurden polnische Lieder gesungen. In den Straßen, in denen deutsche Minderheitsangehörige wohnen, wurden von mehreren Umzugsteilnehmern, die mit Pistolen bewaffnet waren, etwa 25 bis 30 Schüsse abgegeben. Von den Sprechchören wurde folgendes ausgerufen: ›Nieder mit den deutschen Minderheitsschulen und Verbänden! Es lebe die polnische Schule, nieder mit dem Verständigungspakt!‹

Gegen 21 Uhr löste sich der Umzug vor dem Rathaus auf. Nach dem Umzug wurden mehrere deutsche Minderheitsangehörige von den Aufständischen auf der Straße belästigt und bedroht.

In Vertretung QUIRING.«

3. November 1934, Seite 150:
Der deutsche Konsul in Krakau, SCHILLINGER, schickt an das Auswärtige Amt in Berlin einen ihm zugegangenen Bericht von einer polnischen Tagung in Krakau, in dem es unter anderem heißt:

---

[126] Zit. in: BERNHARDT, Hans, *Deutschland im Kreuzfeuer großer Mächte*, Preußisch Oldendorf 1988, Berichte deutscher Diplomaten und Konsuln aus der Republik Polen.
[127] Ebenda. Alle Seitenzahlangaben beziehen sich auf die genannte Ausgabe.

»Herr SMOLENSKI, Krakau, wies darauf hin, daß in Pommerellen noch heute 7/9 des gesamten Großgrundbesitzes in deutschen Händen seien. PAWLOWSKI wies insbesondere auf das starke Übergewicht deutschen Grundbesitzes in den Kreisen Dirschau, Stargard, Graudenz, Kulm, Zempelburg und im Seekreis hin. Der augenblickliche Zustand sei keineswegs zufriedenstellend, und es müsse so schnell wie möglich eine Änderung der Lage durchgeführt werden. Hier dürfe es kein Pardon oder Hemmungen irgendwelcher Art geben. Gerade die jetzige Stille müsse ausgenutzt werden, um in den Grenzkreisen in stärkerem Maße zu siedeln, damit hier ein lebendiger Verteidigungswall polnischer Bauern entstehe. Der Vorsitzende der Landwirtschaftskammer Thorn, DYKIER, fügte hinzu, man habe im Kampf gegen das im Lande ansässige Deutschtum zwei Instrumente, nämlich 1. die Parzellierung und 2. den Landkauf.«[128]

16. April 1935, Seite 161:
Der deutsche Konsul in Thorn berichtet im Telegrammstil an das Auswärtige Amt in Berlin:

»Sonnabend, 13. d.M., stattfand in Neustadt polnische Versammlung, wobei Bürgermeister zum Zusammenschluß aufforderte. Versammlung ausartete dann in schwere Hetze gegen deutsche Minderheiten, wobei verschiedene Redner provokativ auftraten. Die durch Hetze aufgebrachte und nicht mehr zurückzuhaltende Menge durchzog dann die Stadt und einschlug 23 große Schaufenster und Unmenge sonstiger Fensterscheiben Deutscher. Ähnliche Versammlungen auch in anderen Ortens Seekreises. In Kleinkatz kam es am Sonnabend bei einer solchen Demonstration zu schweren Schlägereien, in deren Verlauf mehrere Deutschstämmige gefährlich verletzt wurden. Einer davon namens GROEN starb Montag im Zoppoter Krankenhaus.

KÜCHLER.«[1129]

---

[128] Siehe auch: *Deutsches Weißbuch* Nr. 2/1939, Dok. Nr. 54.
[129] Siehe auch: *Deutsches Weißbuch* Nr. 2/1939, Dok. Nr. 58.

18. April 1935, Seite 161:
Der deutsche Generalkonsul in Posen berichtet an das Auswärtige Amt in Berlin:

>»Am Sonnabend, den 13. d.M., wurde der deutsche Bauer Rudolf RIECK aus Neuhütte, Kreis Ostrowo, von unbekannten Tätern überfallen und so schwer verletzt, daß er kurz darauf starb. Es kann aber schon jetzt als feststehend angenommen werden, daß ausschließlich politische Motive der Anlaß zur Tat gewesen sind.
>in Vertretung: VON TUCHER.«[130]

12. August 1935, Seite 171:
Der Staatssekretär im polnischen Auswärtigen Amt, Graf Jan SZEMBECK, meinte gegenüber dem US-Botschafter in Paris, William BULLITT:

>». . . Wir sind Zeugen einer Angriffspolitik der Welt gegen HITLER mehr noch als einer aggressiven Politik HITLERS gegen die Welt.«[131]

18. Februar 1936, S. 178:
Der deutsche Generalkonsul in Thorn, VON KÜCHLER, berichtet an das Auswärtige Amt in Berlin unter anderem:

>». . . Gestern ist die offizielle Namensliste 1936 für die Agrarreform erschienen. Die jetzt zur Zwangsparzellierung aufgerufenen Güter umfassen in Pommerellen 4784 ha deutscher Güter und 2900 ha aus polnischem Besitz. Allein hierin liegt wieder ein deutlicher Beweis der ungleichen Heranziehung des deutschen Besitzes zum polnischen. . . Es soll eben bis zum Ablauf des 10jährigen Verständigungsabkommens soviel wie nur möglich deutscher Grundbesitz zerschlagen werden. Das bedeutet dann aber, daß die so zerschlagenen Güter nicht mehr in der Lage sind, deutsche Volksgenossen zu beschäftigen, und daß diese wiederum, dem Elend preisgegeben, abzuwandern versuchen.
>Diesem Zerstörungswillen müßte Einhalt geboten werden, wenn das Deutschtum hier nicht seiner völligen Auflösung in kurzer Zeit entgegengehen soll.

>gez. v. KÜCHLER«[132]

---

[130] Ebenda, Nr. 60.
[131] MAIER-DORN, Emil, *Anmerkungen zu Sebastian Haffner*, Wiesbaden 1981, S. 139.
[132] *Deutsches Weißbuch* Nr. 2/1939, Dok. Nr. 64.

4. April 1936, Seite 1983:
Der deutsche Generalkonsul in Kattowitz berichtet an das Auswärtige Amt Berlin:

»Die zahlreichen deutschfeindlichen Kundgebungen, die hier in letzter Zeit von verschiedenen polnischen Verbänden und Parteien, insbesondere vom Westverband veranstaltet worden sind, haben den Präsidenten CALONDER[133] veranlaßt, nachdrücklich auf Möglichkeit gefährlicher Auswirkungen hinzuweisen.

Am Sonntag, dem 15. März, ist im Hotel Graf Reden in Königshütte eine Versammlung des dortigen deutschen Bauernvereins von einer mit Stöcken und Knüppeln bewaffneten Menge gesprengt worden, wobei auch einige völlig unbeteiligte deutsche Angestellte des oberschlesischen Landestheaters angegriffen und mißhandelt worden sind. Am 29. März ist eine Gruppe von Deutschen in der Nähe Stadt Rybnik von uniformierten Jungaufständischen überfallen und mit Gummiknüppeln und Stöcken mißhandelt worden.

gez. NÖLDEKE.«[134]

18. Mai 1936, Seite. 185:
Der deutsche Generalkonsul in Thorn berichtet an das Auswärtige Amt in Berlin:

»Im Zuge der in letzter Zeit behördlicherseits und seitens des Westverbandes unter Duldung der Behörden betriebenen deutschfeindlichen Handlungen ist jetzt ein neuer Schlag gegen das Deutschtum erfolgt. Es ist durch ein kurzes Dekret beschlossen worden, sämtliche Ortsgruppen der deutschen Vereinigung im Seekreis, nämlich Neustadt, Putzig, Hela, Krokau und Smasin, nicht nur zu schließen und damit ihre Wirksamkeit zu unterbinden, sondern zu liquidieren, also völlig aufzulösen...

Da nach Vorstehendem die polnischen Machthaber hier in meinem Amtsbezirk... unverblümt wieder die Feindschaft gegen die Deutschen und damit ihren Ruin und ihre Vernichtung predigen,

---

[133] Felix CALONDER (1863–1952), Präsident der schweizerischen Eidgenossenschaft 1918–1919.
[134] *Deutsches Weißbuch* Nr. 2/1939, Dok. Nr. 64.

während Deutschland noch immer in Beharrlichkeit eine Verständigung mit Polen verfolgt, erscheint es meines Erachtens angesichts der hiesigen Vorfälle dringend notwendig, auf eine Umkehr hier im Lande zu dringen.

gez. v. KÜCHLER«[135]

17. Juli 1936, Seite 185 f.:
Der deutsche Botschafter in Warschau berichtet an das Auswärtige Amt in Berlin:

»Am 17. d. M. veranstaltete eine große Zahl von Verbänden und Organisationen... eine öffentliche Demonstration auf dem Marktplatz der Warschauer Altstadt. In den Maueranschlägen, die die Bevölkerung zur Teilnahme an der Kundgebung aufforderten und auf die die gesamte Presse hinwies, heißt es, jede Revision des Danziger Statutes dürfe nur in der Richtung einer Erweiterung der polnischen Rechte in Danzig gehen. Polen allein könne der gesamten Danziger Bevölkerung die Bedingungen freier kultureller, politischer und wirtschaftlicher Entwicklung sichern und der polnischen Bevölkerung [etwa 7% der Bevölkerung, d. Hg.] als »Mit-Hausherren« des Gebietes eine »gleichrangige Entwicklung« garantieren.

An der Kundgebung auf dem Warschauer Marktplatze beteiligten sich etwa 10000 Personen... Die sozialistischen Gewerkschaften kamen unter Absingen der ›Internationale‹ und mit Transparenten, wie ›Alle Macht den Arbeitern und den Bauern‹, anmarschiert ... Den stärksten Beifall erntete der sozialistische Redner, der von der Mündung des Weichselstromes sprach, an der sich eine Hitlerregierung niedergelassen habe, die ihre Befehle aus dem Dritten Reich erhalte.

Die deutschfeindliche Rede des Sozialisten wurde von Niederrufen gegen den Präsidenten GREISER [in Danzig, d. Hg.], gegen den Faschismus und gegen den Hitlerismus begleitet. Der Redner der ›Gesellschaft der Vaterlandsverteidiger‹ stellte sich auf einen kriegerischen Ton ein und schloß mit den Worten: Wenn der General-Inspekteur befehle, würde ganz Polen marschieren! Die Transparente, die bei dem Umzug getragen wurden, hießen etwa ›Danzig

---

[135] *Deutsches Weißbuch* Nr. 2/1939, Dok. Nr. 66.

war polnisch und wird polnisch sein‹, ›Danzig verdankt Polen
seinen Wohlstand‹. . ., ›Deutschland, Hände weg von Danzig!‹. . .
gez. v. MOLTKE«[136]

23. November 1936, Seite 188 f.:

Der deutsche Generalkonsul in Posen berichtet an das Auswärtige
Amt in Berlin:

»In meinem Amtsbezirk macht sich überall eine fieberhafte Tätigkeit zur Schürung des Hasses gegen Deutschland bemerkbar. Die
Versammlungen, die in ungezählten Mengen stattfinden, sollen
für ›Aufklärung‹ der Bevölkerung sorgen. Es handelt sich um Agi-
tationsversammlungen sogenannter patriotischer Verbände, wie
Westverband, Reservistenverband, Legionäre, *Eisenbahner-* und *Schützenverbände.*

Alle sprechen wie auf ein Kommando in abfälligster Weise über
die Deutschen und hetzen die Bevölkerung gegen das Deutschtum auf. Man hat hier zur Zeit völlig vergessen, daß inzwischen
Abmachungen zwischen Deutschland und Polen getroffen worden sind, die ganz konkret darauf hinzielen wollen, eine verständ-
nisvolle gegenseitige Beurteilung und dadurch eine Annäherung
des deutschen und des polnischen Volkes herbeizuführen. Das
Ungeheuerlichste aber ist, daß die neue starke Welle des Deut-
schenhasses und der aktiven Drohungen gegen Deutsche sich
unter den Augen der höchsten Behörden (Woiwodschaft, Armee-
kommando) breitmacht und nicht nur von ihnen geduldet, sondern direkt unterstützt wird.
gez. REINEBECK.«[137]

4. März 1937, Seite 194:

Der deutsche Generalkonsul in Thorn berichtet an das Auswärtige
Amt in Berlin:

»Die polnischen Behörden gehen, wie bereits berichtet, erneut, mit
den verschiedensten Mitteln gegen das Deutschtum vor.

Der Wille, zu einer Verständigung zu gelangen, ist auf polnischer
Seite, wie die Maßnahmen klar erkennen lassen, nicht in entspre-

---

[136] *Deutsches Weißbuch,* Nr. 2/1939, Dok. Nr.187.
[137] Siehe auch: *Deutsches Weißbuch* Nr. 2/1939, Dok. Nr. 70.

chender Weise wie auf der deutschen Seite vorhanden. Die deutsche Minderheit bemerkt zu ihrem Bedauern, daß das Verständigungsabkommen für sie keine Ergebnisse gezeitigt hat.

Ich zähle folgende in letzter Zeit besonders scharf hervortretende Maßnahmen gegen das Deutschtum auf:

1. Der stärkste Schlag gegen das Deutschtum war wie alljährlich die Agrarreform, die aber in diesem Jahre weitaus schärfer und unverhüllter sich gegen das Deutschtum richtete. 75,5% der Gesamtfläche, die enteignet wird, wird von dem deutschen Großgrundbesitz gestellt, trotzdem der gesamte deutsche Grundbesitz wohl höchstens noch 30% beträgt.

2. Auch dem deutschen Genossenschaftswesen wird der Kampf in verstärktem Maße angesagt. Hinzu kommt, daß die Genossenschaften der [deutschen] Minderheit trotz aller Bedrückung im großen und ganzen noch verhältnismäßig gut dastehen, während das polnische Genossenschaftswesen hier ganz im argen liegt. Es ist klar, daß diese Tatsachen die Polen ärgern.

3. Neuen Schikanen ist auch die deutsche Elternschaft ausgesetzt. Aus der deutschen Privatschule in Neustadt sind z. B. durch Verfügung des Kreisschulinspektors 26 Kinder ausgeschult und der polnischen Schule überwiesen worden, obwohl die Eltern dagegen protestierten.

gez. VON KÜCHLER.«[138]

7. April 1937, Seite 194:
Der deutsche Generalkonsul in Thorn an das Auswärtige Amt in Berlin:
»Im Soldauer Kreis wird wiederum im verstärktem Maße gegen das Deutschtum gehetzt. Dabei wird zum Boykott der Deutschen und gleichermaßen der Juden aufgefordert. Ende vorigen Monats sind in Soldau Plakate angebracht worden, die folgenden Inhalt hatten:
›Kauf nicht beim Deutschen und Juden! Wenn Du unsere Aufforderung nicht befolgst, wird Dich diese Faust treffen!‹
Auf den Plakaten ist eine Faust mit einem Dolch in der Hand ab-

---

[138] Siehe auch: *Deutsches Weißbuch* Nr. 2/1939, Dok. Nr. 74.

gebildet. Ich habe die Woiwodschaft auf diesen Tatbestand hingewiesen.

gez. VON KÜCHLER.«[139]

Durch diese immer härter werdende Behandlung der Deutschen in Polen verschlechterten sich die Beziehungen zwischen dem Reich und Polen zunehmend. Hinzu kam der sich steigernde Propagandakrieg durch ausländische Zeitungen. Der britische *Daily Telegraph* meldete am 10. Mai 1937, Joseph GOEBBELS habe die Absicht Deutschlands erklärt, Danzig zu annektieren. Diese Meldung traf in dieser Form nicht zu. Die polnische Führung benutzte derartige Verlautbarungen aber sofort zu neuen Propagandamanövern gegen Deutschland und organisierte Protestversammlungen in den polnischen Städten um Danzig. Die durch Hetzreden aufgewühlte Menge brüllte schließlich:

»Wir wollen nach Danzig marschieren!«

»Schlagt die Hitleristen tot!«

Dies alles kam selbstverständlich auch HITLER zu Ohren. Trotz solcher Vorfälle, die in der polnischen Presse leidenschaftlich diskutiert wurden, bemühte sich HITLER weiterhin um eine Verbesserung der deutsch-polnischen Beziehungen. In seinem Auftrag verhandelte Hermann GÖRING im Februar 1937 in Warschau geschickt mit maßgebenden Persönlichkeiten der polnischen Regierung und legte einen neuen Plan für eine engere deutsch-polnische Zusammenarbeit vor. Im Namen HITLERS erklärte GÖRING, Deutschland fordere nicht die Rückgabe des Korridorgebietes. Aber Außenminister BECK ließ sich auf die deutschen Vorschläge nicht ein.

14. Oktober 1937, Seite 198:
Der deutsche Generalkonsul in Thorn berichtet an das Auswärtige Amt in Berlin:

»Ganz besonders scharfe Resolutionen wurden bei den Veranstaltungen des deutschfeindlichen Westverbandes gefaßt. Es wird dabei gegen die »unwürdige teutonische Arbeit« Protest erhoben und folgende Forderungen aufgestellt:

---

[139] Ebenda, Dok. Nr. 79.

1. Die Ausweisung von etwa 6000 hier lebenden Optanten;
2. Die Aufhebung der Volksschulen und die Beschränkung ihrer Zahl auf diejenigen der polnischen Volksschulen in Deutschland;
3. Verbot der deutschen Sprache bei den Gottesdiensten;
4. Boykott der deutschen Genossenschaften und Auflösung der deutschen Organisationen aller Art;
5. Rücksichtslose Durchführung der Agrarreform bei deutschen Gütern und die Übergabe des parzellierten Landes an die polnische Bevölkerung;
6. Entziehung der den Deutschen erteilten Konzessionen;
7. Beschlagnahme und Schließungen sämtlicher deutscher Zeitungen.

gez. VON KÜCHLER.«[140]

Unbeirrt ließ HITLER auf diplomatischem Wege weiterverhandeln. Seiner Initiative ist zuzuschreiben, daß es am 5. November 1937 zu einem provisorischen Abkommen zwischen dem Reich und Polen über Danzig kam. Am selben Tag wurde ferner ein deutsch-polnischer Minderheitenpakt abgeschlossen.

HITLER soll über den Abschluß dieser Verträge sehr erfreut gewesen sein. Sollte er tatsächlich geglaubt haben, daß sich die Polen an die Abmachungen halten würden, zumal schon acht Tage später wieder große polnische Demonstrationen durchgeführt wurden, die gegen die Abkommen verstießen? Am Tag der Unabhängigkeit Polens, am 11. November 1937, hielt CHODACKI, der diplomatische Vertreter Polens in Danzig, auf dem Gebiet der Freien Stadt Danzig in Groß-Trampken vor polnischen Zuhörern eine Rede und erklärte dabei unter anderem:

»Ich erinnere mich sehr gut der Zeit, in der ich in den großen Krieg zog in der Hoffnung auf Polens Wiederauferstehung. Die Polen hier in Danzig sollten genau so leben und warten in der Hoffnung, daß sie binnen sehr kurzem vielleicht auf polnischem Boden leben werden.«

Diese Rede CHODACKIS beruhte auf der politischen Konzeption BECKS, auf der ›Politik des Blutvergießens‹. CHODACKI hoffte, durch einen neuen großen Krieg Danzig für Polen zu gewinnen.

---

[140] Siehe auch: *Deutsches Weißbuch* Nr. 2/1939, Dok. Nr. 80.

22. November 1937, Seite 199:
Der deutsche Generalkonsul in Kattowitz berichtet dem Auswärtige Amt in Berlin:

»Die Not der Deutschen wächst mit jedem Monat und verschärft sich fortgesetzt durch neue Kündigungen und Entlassungen. Nach zehnjähriger Amtstätigkeit des Woiwoden GRAZYNSKI sind 75% der Deutschen in Ostoberschlesien mit ihren Familien um die Existenz gebracht worden. Ferner sind allein innerhalb der letzten drei Jahre (1934–1937), d. h. also seit dem deutsch-polnischen Verständigungspakt, in der Schwerindustrie 840 deutsche höhere Angestellte entlassen und größtenteils durch polnische Kräfte ersetzt worden. Die Entlassungen werden fortgesetzt, obwohl in Punkt 5 (der Minderheitenerklärung vom 5. November 1937 der deutschen und polnischen Regierung) der Schutz des Arbeitsplatzes des deutschen Arbeiters ausdrücklich gesichert wird und obwohl die Auftragslage der Werke, wie es das Anblasen eines neuen Hochofens zeigt, als durchaus günstig anzusprechen ist.

gez. NÖLDEKE.«[141]

Besonders kennzeichnend für die politische Zuspitzung seit 1938 war der psychologische Krieg, der 1938 in England und Polen gegen Deutschland in bisher nie erreichter Heftigkeit entbrannte. Es verlief kein Tag, an dem die Zeitungen dieser Länder nichts Nachteiliges über Deutschland berichteten oder erfanden und die Saat des Hasses gegen Deutschland ausstreuten. Diese psychologische Kriegführung wurde von London aus gesteuert. Fast alle englischen Blätter richteten sich einheitlich gegen Deutschland aus.

Auch in den USA begann die Presse nach englischem Vorbild gezielt gegen Deutschland zu hetzen. Präsident ROOSEVELT ließ einige Dutzend Zeitungen aufkaufen, die planmäßig Propaganda gegen Deutschland betrieben, um die amerikanische Bevölkerung für einen Krieg reif zu machen.

Die jahrelangen beharrlichen Bemühungen HITLERS, mit Polen zu einem freundschaftlichen Verhältnis zu kommen, ermutigten Warschau 1938, noch wesentlich schärfer gegen die Deutschen in Polen vorzugehen. Am 2. April 1938 behauptete Jan WALEWSKI, der Vorsit-

---

[141] Siehe auch: *Deutsches Weißbuch* Nr. 2/1939, Dok. Nr. 105.

zende des außenpolitischen Ausschusses im Sejm, in einer Rede wahrheitswidrig, die Polen in Deutschland würden weit schlechter behandelt als die Deutschen in Polen. Diese Rede wurde in allen polnischen Zeitungen wortwörtlich wiedergegeben und gehässig kommentiert. Diese Pressehetze brachte die polnische Bevölkerung gegen die Volksdeutschen auf. Die polnischen Behörden gingen mit allen Mitteln und Schikanen gegen die deutsche Minderheit vor.

Im Zusammenhang mit der Pressekampagne organisierten polnische Verbände mit staatlicher Unterstützung zahlreiche Demonstrationen mit Massenkundgebungen auch vor den deutschen Konsulaten in Polen. Dabei gröhlten die aufgehetzten Demonstranten haßerfüllt die ›Rota‹, die denjenigen Gottes Lohn verspricht, die einen Deutschen hängen.

Diese Stimmung war das Ergebnis einer zielbewußten Haß-Propaganda, die das polnische Volk auf einen Krieg gegen Deutschland einstimmen sollte.

11. März 1938, Seite 204:
Der deutsche Botschafter in Warschau, VON MOLTKE, gibt einen Bericht an das Auswärtige Amt, in dem es unter anderem heißt:

»Im allgemeinen sei der Stand der beschäftigten Bergarbeiter in Oberschlesien im Jahre 1937 von 44500 auf 53600 und in der Eisen- und Hüttenindustrie von 23400 auf 26600 gestiegen, gleichzeitig seien aber Hunderte von deutschen Arbeitern entlassen worden.

Daraus geht hervor, daß einzig und allein das Bekenntnis der Arbeiter zum Deutschtum die Ursache der Entlassungen gewesen sei. Bei den deutschen Arbeitern sei eine Arbeitslosigkeit von 60 bis 80% festzustellen.

Bei den deutschen Angestellten sei die Lage ebenso ungünstig. Nicht weniger als 1248 Mitglieder der Gewerkschaft deutscher Angestellter seien in den Jahren 1934 bis 1937 entlassen worden. Schließlich wies Senator WIESNER darauf hin, daß die Lage der schulentlassenen deutschen Jugend ganz besonders trostlos sei, da sie keine Lehrstellen bekommen könne, und zwar nur aus dem Grunde, weil sie deutsche Schulen besucht habe. Ungefähr 14000 bis 16000 deutsche Jungen und Mädchen im Alter von 15 bis 18 Jahren hätten seit dem Austritt aus der Schule keine systemati-

sche Arbeitsschulung erfahren. Wir müssen leider wieder die Feststellung machen, daß die Minderheitenerklärung sich auch auf
dem wichtigen Gebiet des Arbeitsmarktes nicht in der Weise aus-
gewirkt hat, wie das den Zusicherungen der polnischen Regierung entsprochen hätte.

gez. VON MOLTKE.«[142]

27. Mai 1938, Seite 210:
Das Auswärtige Amt in Berlin gibt in einem Erlaß an den deutschen
Botschafter in Warschau folgendes bekannt:
»Leider hat die Minderheitenerklärung vom 5. November v. J. auch
auf dem Schulgebiet keine Erleichterung gebracht. Seit der Minderheitenerklärung haben die Polen sieben zum Teil sehr große
deutsche Schulen geschlossen, und zwar in Westpolen Karmin,
Dominowo und Strakkowo, und in Wolhynien Luck, Jozefin, Ce-
zaryn und Darbrowz.«[143]

22. September 1938:
Sir Howard KENNARD, der britische Botschafter in Warschau, berichtete dem Foreign Office, daß die deutschfeindliche Stimmung in
Ungarn zu schwach sei, um Großbritannien zu nützen. Dagegen
bestehe in Polen weitverbreiteter Haß gegen die Deutschen. Eine
Steigerung dieses Hasses liege im Interesse Englands.[144]
Im Oktober 1938 erreichten die Deutschenverfolgungen in Polen
ihren ersten Höhepunkt. Zu jener Zeit besetzten die Polen mit Billigung HITLERs das vorher tschechische Teschener Industriegebiet. Anstatt HITLER dankbar zu sein, begannen sie sofort, alle Deutschen
derart als Erzfeinde zu behandeln, daß in den ersten vier Wochen 20
Prozent der deutschen Bevölkerung des Teschener Landes nach West-
Oberschlesien flüchtete. Dort wurden 5000 Flüchtlinge in Notlagern
untergebracht. Im Teschener Gebiet schlossen die Polen alle deutschen Schulen und drohten danach allen noch verbliebenen Deutschen mit Entlassung aus ihren Arbeitsstellen, wenn sie ihre Kinder
nicht in polnische Schulen schickten.

---

[142] Siehe auch: *Deutsches Weißbuch* Nr. 2/1939, Dok. Nr. 113.
[143] Siehe auch: *Deutsches Weißbuch* Nr. 2/1939, Dok. Nr. 114.
[144] Siehe: HOGGAN, David L., *Der erzwungene Krie*g, Tübingen 1963, zit. in:
REILE, Oscar, *Geheime Ostfront*, München 1963, S. 272.

Die Polen beschränkten sich indessen nicht mehr auf die psychologische Kriegführung und Schikanen gegen Deutsche in ihrem Machtbereich, sie trafen auch energische Vorbereitungen, um für den Kriegsfall militärisch gerüstet zu sein.

2. Januar 1939, Seite 228:
Der deutsche Generalkonsul in Thorn, VON KÜCHLER, berichtet an das Auswärtige Amt:

>»Schon in früheren Berichten war darauf hingewiesen worden, daß der ›Verband des jungen Polen‹ beispielsweise überall vor den Geschäften deutscher Volksgenossen Posten aufgestellt hatte, um Kauflustige von dem Betreten der Geschäfte zurückzuhalten: Die aufgestellten Männer, die weißrote Armbinden trugen, riefen dabei den Kunden zu: ›Hier ist eine deutsche Firma‹ oder ›Kauft nicht bei Deutschen‹.«[145]

25. Februar 1939, Seite 231:
Der deutsche Generalkonsul in Posen, KASSLER, telegraphiert an das Auswärtige Amt:

>»Gestern stattfanden hier antideutsche Ausschreitungen polnischer Studenten. Zug mehrerer hundert Demonstranten kurz vor Generalkonsulat von Polizei aufgelöst. Gestern und besonders vergangene Nacht Fensterscheiben von mindestens elf volksdeutschen Gebäuden zertrümmert. Einzelne Volksdeutsche mißhandelt.«[146]

25. Februar 1939, Seite 231:
Der deutsche Botschafter in Warschau, VON MOLTKE, berichtet an das Auswärtige Amt:

>»Die aus heutiger DNE-Meldung bekannte deutschfeindliche Demonstration vor Botschaftsgebäude ist schärfste Kundgebung, die seit den letzten acht Jahren hier stattgefunden hat. Abgesehen vom Einwurf eines Fensters wurde zum ersten Mal Haßgesang der ›Rota‹ vor der Botschaft gesungen, und während einer Viertelstunde wechselten Sprechchöre ab mit Rufen wie ›Nieder mit Hitler‹, ›Fort mit den deutschen Hunden‹, ›Es lebe das polnische Danzig‹.«

---

[145] Siehe auch: *Deutsches Weißbuch* Nr. 2/1939, Dok. Nr. 140.
[146] Ebenda, Dok. Nr. 148.

25. Februar 1939, Seite 231:

Der deutsche Konsul in Krakau, SCHILLINGER, berichtet an das Auswärtige Amt:

»Das Studentenheim der deutschen Hochschüler in Krakau war gestern abends um 9 Uhr der Schauplatz einer wüsten deutschfeindlichen Demonstration. Eine Anzahl von etwa 200 bis 300 Personen hatte sich vor dem erwähnten Haus zusammengefunden, und eine Gruppe von etwa 15 polnischen Studenten drang, mit Knüppeln und Totschlägern versehen, in das deutsche Studentenheim ein. Sie überfielen die dort anwesenden deutschen Hochschüler und Hochschülerinnen, wobei ein Hochschüler derartig blutig geschlagen wurde, daß er sofort in ein Krankenhaus gebracht werden mußte. Einer der Eindringlinge zerstörte die Lichtleitung, so daß in den Räumen sofortige Finsternis eintrat, und nun begann ein unerhörtes Zertrümmern der Einrichtung, Stühle, Tische und Klavier, Fensterscheiben und Kleiderrechen wurden ein Opfer des sinnlosen vandalischen Wütens der polnischen Studenten. Erst längere Zeit, nachdem die Demonstranten sich entfernt hatten, kam die Polizei und nahm ein Protokoll auf. . .«[147]

24. März 1939, Seite 234:

Der deutsche Botschafter in Warschau, VON MOLTKE, berichtet dem Auswärtigen Amt:

»Kurzfristig Reservisteneinziehung, drei bis vier Jahrgänge, und zwar 1911–1914, ferner 1906 und 1907, örtlich verschieden, sicher bestätigt. Reserveoffiziere technischer Truppen eingezogen.«
[Auf Grund der polnischen Teilmobilisierung verstärkte sich die polnische Armee um 334 000 Mann.]

24. März 1939, Seite 235:

Der deutsche Konsul in Gdingen, HOFMANN, berichtet an das Auswärtige Amt:

»Seit gestern sind in Gdingen drei Jahrgänge eingezogen worden. Die Polen wurden direkt vom Arbeitsplatz abberufen. Die polnische Kriegsflotte ist bis auf ein Fahrzeug seit gestern ausgelaufen.«

---

[147] Siehe auch: *Deutsches Weißbuch* Nr. 2/1939, Dok. Nr. 149.

25. März 1939, Seite 235:
Der Dirigent der Politischen Abteilung des Auswärtigen Amts, Fürst
VON BISMARCK,[148] macht folgende Aufzeichnung:

»Das Oberkommando des Heeres rief mich heute 11 Uhr an und
teilte mir über die polnischen Mobilisierungsmaßnahmen folgendes mit:

1. Bei Gdingen seien etwa 4000 Mann polnische Truppe zusam-
mengezogen.

2. Die Truppe einer Garnison, die bisher im südlichen Korridor
stationiert gewesen sei, sei in die unmittelbare Nähe der Danziger
Grenze verlegt worden.

3. Die Polen haben drei Jahrgänge mobilgemacht.

4. Alle diese Maßnahmen bezögen sich nur auf den nördlichen
Teil Polens, in den anderen Gebieten des Landes sei der Umfang
der militärischen Maßnahmen noch nicht klar erkennbar.

Fürst VON BISMARCK.«[149]

28. März 1939, Seite 235:
Der deutsche Generalkonsul in Thorn, GRAF, an das Auswärtige Amt
in Berlin:

»25. März gegen 20 Uhr wurde Kameradschaftsabend der Orts-
gruppe Liniewo, der im Hause des Reichsangehörigen KLATT stattfand, von polnischen Einwohnern genannten Dorfes gesprengt
und Einrichtung Versammlungsraumes zerstört. Dabei Führerbild,
Reichsflaggen und Hoheitsabzeichen vernichtet. Polizei war nicht
zu erreichen. Vorstellungen bei Woiwodschaft erhoben. Strenge
Bestrafung Täters und Schadenersatz gefordert.«[150]

30. März 1939, Seite 236:
Der deutsche Generalkonsul in Thorn, GRAF, an das Auswärtige Amt
in Berlin:

---

[148] Otto III., Fürst VON BISMARCK, 1897–1975 war Gesandter a.D., zuletzt an der
Botschaft des Reiches in Rom, Mitglied des Reichstags (DNVP), Mitglied des
Bundestags (CDU).
[149] Siehe auch: *Deutsches Weißbuch* Nr. 2/1939, Dok. Nr. 207.
[150] Ebenda, Dok. Nr. 350.

»29. März 21. Uhr Überfall von etwa 40 Polen auf Lokal Reichsangehörigen SCHNAKENBERG in Jablonowo. Drei volksdeutsche Gäste
beim Verlassen Lokals angegriffen, einer schwerverletzt. Gewalt-
sames Eindringen in Wirtschaft konnte verhindert werden. Gar-
tenzaun niedergerissen. Latten als Waffen benutzt. Heftiges Stein-
bombardement auf Haus. Polizei, die rechtzeitig von drohendem
Überfall verständigt war, abwesend und bisher nichts unternommen. Heute beim Vizewoiwoden schärfste Verwahrung eingelegt
und sofortige Untersuchung gefordert.«[151]

31. März 1939, Seite 236:
Der deutsche Generalkonsul in Posen berichtet an das Auswärtige
Amt in Berlin:

»Seit Monaten arbeitet die polnische Presse in den Westgebieten
auf eine Vergiftung der öffentlichen Meinung gegen die Deutschen
hin. Diese deutschfeindliche Stimmungsmache, die besonders seit
der Septemberkrise des letzten Jahres stetig gewachsen ist, hat jetzt,
offenbar im Zusammenhang mit der Entwicklung der politischen
Lage in Europa, zu einer Entladung geführt. Die Presse äußert
hemmungslos ihre deutschfeindlichen Gefühle, und es vergeht
kaum ein Tag, an dem nicht die Posener Blätter irgendeinen mehr
oder weniger aggressiven Artikel oder ausfallende Bemerkungen
gegen das Deutschtum bringen. In der Stadt Posen ist eine äußer-
liche Beruhigung eingetreten, wenigstens haben tätliche Angriffe
im Allgemeinen aufgehört; vorgestern wurden einige Fensterscheiben einer deutschen Bank, deutscher Buchhandlungen und eines
evangelischen Pfarrhauses zertrümmert. Das Generalkonsulat
steht noch unter verstärktem polizeilichen Schutz. Es sind jedoch
in anderen Städten und auf dem Lande weiterhin Ausschreitungen zu verzeichnen, es wurden deutschen Kaufleuten die Fensterscheiben eingeschlagen, die deutschen Aufschriften übermalt,
Hauswände verunreinigt und volksdeutsche Versammlungen
gestört. In einzelnen Fällen wurden Boykottposten aufgestellt. Die
feindliche Haltung ist bis in letzte Dorf vorgedrungen.
WALTHER.«[152]

---

[151] Ebenda, Dok. Nr. 353.
[152] Ebenda.

13. April 1939, Seite 237:
Der deutsche Generalkonsul in Danzig, VON JANSON, berichtet an das Auswärtige Amt:

»In zahlreichen, in der Nähe der Danziger Grenze gelegenen Ortschaften Pommerellens haben sich die deutschfeindlichen Ausschreitungen in der letzten Zeit erheblich verstärkt. Die Nervosität unter den Volksdeutschen ist ständig im Wachsen begriffen und hat dazu geführt, daß in den Tagen um Ostern eine größere Anzahl von deutschen Volksgenossen aus Pommerellen – man spricht von annähernd 100 Personen – über die Grenze nach Danzig geflüchtet ist.

Wie ich von zuverlässiger Seite hierzu ergänzend erfahre, sind in den ersten Tagen des Monats April in verschiedenen Orten des früheren Kreises Bernet polnische zugereiste Banden auf Kraftwagen herumgefahren, die die deutsche Bevölkerung tätlich angriffen, in die deutschen Gehöfte eindrangen und die Wohnungseinrichtungen zerschlugen.

Die deutsche Bevölkerung ist hierdurch zum Teil derartig verängstigt, daß sie bereits den wertvolleren Teil ihrer Habe vergraben hat, sich tagsüber nicht mehr auf die Straßen und Felder wagt und die Nächte aus Angst vor Überfällen außerhalb der Gehöfte in irgendwelchen Verstecken verbringt. Die polnische bodenständige Bevölkerung behauptet, im Besitz von Waffen zu sein.«[153]

Zu dieser Zeit, also im September 1938, lief in England und Frankreich die Aufrüstung bereits auf Hochtouren. In einem vom 13. Juli 1939 datierten Schreiben des polnischen Ministeriums für Handel und Industrie heißt es in Übersetzung wörtlich:
»Ministerium für Handel und Gewerbe
Nr. M .3.3o/tjn.

Warschau, den 13. Juli 1939
Geheim!

An den Handelsrat in Paris,
     in London.

Das Ministerium für Handel und Industrie hat in Erfahrung gebracht, daß die französischen und englischen Seeschiffahrtsunter-

---

[153] Siehe auch: *Deutsches Weißbuch* Nr. 2/1939, Dok. Nr. 359.

nehmen von ihren Regierungsüberwachungsstellen schon jetzt genaue Instruktionen erhalten haben für den Fall des Kriegsausbruchs.

Ebenso Vorschriften über Konstruktionsveränderungen, Umbauten und Ergänzungsbauten speziell am Bug der Schiffe, die von diesen Gesellschaften benutzt werden.

Infolgedessen bittet das Ministerium für Handel und Industrie, diese Angelegenheit möglichst rasch zu untersuchen und möglichst genaue Informationen an das Ministerium einzusenden. Wenn es möglich ist, bittet das Ministerium um den Wortlaut der betreffenden Instruktionen.

Direktor des Seedepartments

L. MOZDZENSKI«

8. Mai 1939:

Der deutsche Konsul in Lodz an das Auswärtige Amt

»Der Terror der verhetzten polnischen Bevölkerung gegen die Deutschen in der Woiwodschaft Lodz, der sich durch zahlreiche Schlägereien mit oft schweren Körperverletzungen, Drohungen, Beleidigungen, Boykott, Eigentumsbeschädigungen, Verhaftungen und Schikanen aller Art nicht zuletzt durch Brandstiftungen äußert, hält unvermindert an.«

2. *Weißbuch*, Nr. 366

15. Mai 1939:

Der deutsche Konsul in Lodz an das Auswärtige Amt am 15. Mai 1939:

»Sehr schwere Ausschreitungen, die man als Deutschenpogrom bezeichnen kann, ereigneten sich am vergangenen Samstag, dem 13., und Sonntag, dem 14. Mai, in der Stadt Tomaschow-Mazowiecki. . . bei denen zahlreiche deutsche Existenzen vernichtet wurden. . . Die Deutschen wurden wie Freiwild gejagt.«

2. *Weißbuch*, Nr. 370

18. Mai 1939, Seite 247:

Der deutsche Konsul in Lodz berichtet an das Auswärtige Amt in Berlin:

»Eine große Anzahl von Deutschen aus Tomaschow haben auf dem Konsulat Angaben über die Ausschreitungen vom 13. und

14. d.M. und über den ihnen zugefügten Schaden gemacht und gebeten, ihnen die Abwanderung nach Deutschland zu ermöglichen. Die Gesamtzahl der Geschädigten geht in die Tausende, da ja alle Deutschen mit nur ganz wenigen Ausnahmen Opfer des Pogroms geworden sind. Auch aus den bei Tomaschow gelegenen Dörfern, wo deutsche Bauern wohnen, werden sehr große Sachschäden gemeldet. Im Krankenhaus in Tomaschow befinden sich etwa 10 schwerverletzte Deutsche

VON BERCHEM.«[154]

19. Mai 1939, Seite 247:
Der deutsche Generalkonsul in Kattowitz, NÖLDEKE, berichtet an das Auswärtige Amt:

>»Ich beehre mich, eine erneute Sammlung von mehr als 100 Fällen über Ausschreitungen gegen Angehörige der deutschen Volksgruppen vorzulegen.«[155]

22. Mai 1939, Seite 247:
Der deutsche Generalkonsul in Posen berichtet an das Auswärtige Amt in Berlin:

>»Durch Verfügung des Schulkuratoriums sind die privaten Volksschulen in Gnesen, Birnbaum und Wollstein geschlossen worden. Es handelt sich um die
>
>• 7-klassige Volksschule Gnesen = Gniezno mit 209 Schülern,
>• 4-klassige Volksschule Wollstein = Wolsztyn mit 81 Schülern,
>• 4-klassige Volksschule Birnbaum = Miedzychod mit 102 Schülern
>
>WALTHER.«

19. Juni 1939, Seite 249:
Der deutsche Generalkonsul in Posen berichtet an das Auswärtige Amt in Berlin:

>»Über die große Zahl der Mißhandlungen von Reichs- und Volksdeutschen lege ich eine neue Liste von 52 Fällen vor. In letzter

---

[154] Siehe auch: *Deutsches Weißbuch* Nr. 2/1939, Dok. Nr. 371.
[155] Ebenda, Nr. 2/1939, Dok. Nr. 372.

Zeit häufen sich die Meldungen, nach denen Volksdeutsche so
wohl auf dem Lande wie auch in Posen mit Anrufen ›Wenn es
jetzt zum Kriege kommt, werden wir Euch alle aufhängen‹ bedroht werden.

WALTHER«

Die letzten Wochen vor Beginn des Zweiten Weltkriegs waren in
Polen durch eine gegen alle Deutsche gerichtete maßlose Politik gekennzeichnet:

10. Juli 1939, Seite 249 f.:
Der deutsche Botschafter in London, Herbert VON DIRKSEN, berichtet
an das Auswärtige Amt in Berlin:

»Die Hetzkampagne wegen eines angeblich geplanten deutschen
Handstreichs gegen Danzig ist nach einigen Tagen an ihrer Verlogenheit zusammengebrochen. Damit wäre an sich dieses neue Kapitel der Bemühungen unserer Feinde, Deutschland in einen Weltkrieg zu verwickeln, abgeschlossen. Aber diese wenigen Tage
haben eine stimmungsmäßige Lage der englischen Öffentlichkeit
enthüllt, die ernste Aufmerksamkeit verdient.

Durch eine Reihe von verschiedenen Faktoren: durch die gegen
Deutschland gerichtete Einkreisungsaktion der Regierung, durch
die Aufrüstungspropaganda, die Einführung der allgemeinen
Wehrpflicht, die Luftschutzorganisation, vor allem durch die Flut
antideutscher Propaganda in Presse, Kino, Theater und Rundfunk
ist die für emotionelle Reaktion empfängliche öffentliche Meinung
Englands in einen Geisteszustand versetzt worden, der den Begriff ›Krieg‹ zum Mittelpunkt des Denkens und der Gespräche
macht. Zusammenfassend läßt sich feststellen, daß die Gegnerschaft gegen Deutschland im Zunehmen begriffen ist; daß die
Kampfbereitschaft sich gehärtet hat; daß das Gefühl zugenom-
men hat: Wir dürfen uns nichts mehr gefallen lassen, unsere Ehre
ist im Spiel; wir müssen kämpfen; die Regierung darf nicht nach-
geben. Zu dieser Geistesstimmung haben die gemeldeten deutschen Pressestimmen über das dekadente England, über seine feh-
lende Bereitschaft zu kämpfen wesentlich beigetragen.«[156]

---

[156] FREUND, Michael, *Geschichte des Zweiten Weltkrieges in Dokumenten*, Teil
II, S. 443 f.

4. August 1939:

Die Freie Stadt Danzig hatte am 29. Juli in einer Protestnote an Polen Beschwerde gegen polnische Zollinspektoren erhoben, die sich auf Danziger Gebiet gewisser Tätlichkeiten schuldig gemacht hatten. CHODACKI, der diplomatische Vertreter Polens in Danzig, überreichte am 4. August 1939 im Einvernehmen mit Außenminister BECK dem Präsidenten des Senats der Freien Stadt ein Ultimatum: Polen werde den Import aller ausländischen Lebensmittel nach Danzig unterbinden, wenn die Regierung der Freien Stadt bis zum 5. August um 18 Uhr nicht die feste Zusage gebe, daß sie sich künftig nie mehr in die Tätigkeit der polnischen Zollbeamten einmische.

Diese Androhung bedeutete, daß Polen die Bevölkerung der Freien Stadt Danzig aushungern wollte, wenn ihre Regierung sich den polnischen Forderungen nicht beugte.

HITLER, der befürchtete, daß Polen einen Konflikt mit Deutschland provozieren wollte, sandte GREISER, den Präsidenten des Senats der Freien Stadt, am nächsten Morgen zum diplomatischen Vertreter Polens und erklärte ihm, daß sich die Danziger Regierung dem Ultimatum unterwerfe.

Heute weiß man, daß Polen tatsächlich bereit war, gegen Danzig militärisch vorzugehen, falls das Ultimatum abgelehnt worden wäre. Außenminister BECK hat dies am Abend des 4. August 1939 dem damaligen englischen Botschafter in Warschau, KENNARD, mitgeteilt.

6. August 1939:

Am Tag der Pilsudski-Legionen versicherte der polnische Marschall RYDZ-SMIGLY in Krakau in einer großen Festrede, Polen sei bereit, wegen des Streites um Danzig alle Konsequenzen zu tragen. Da brüllte die Masse der Zuhörer wie auf Kommando:

»Wir wollen Danzig! Wir wollen Danzig!«

Die seit Jahren betriebene psychologische Kriegführung gegen Deutschland zahlte sich aus. In allen Festreden und in allen Propagandaschriften wurde jeder Vorschlag, einen Krieg mit Deutschland zu vermeiden, als unannehmbar abgelehnt.

7. August 1939:

Einen Tag später schilderte die größte polnische Zeitung, der Krakauer *Ilustrowany Kurjer*, in provokatorischer Absicht, wie militärische Einheiten ständig Vorstöße über die Grenze hinweg in deutsches Gebiet unternähmen, um militärische Anlagen zu zerstören und Waffen und Geräte der deutschen Wehrmacht nach Polen mitzunehmen. Tatsächlich hat sich das Deutsche Reich in jenen Tagen eine Reihe von groben Grenzverletzungen durch Polen gefallen lassen.

Daß dieses Verhalten Polens zu einem Krieg führen mußte, war den meisten polnischen Diplomaten und Politikern klar. Viele von ihnen lehnten jedoch die Politik von Außenminister BECK ab. Polens Botschafter in den USA, Graf POTOCKI, suchte im August 1939 Außenminister BECK auf, um ihn für ein Abkommen mit Deutschland zu gewinnen. Doch dieser lehnte brüsk ab, verhielt sich ihm gegenüber abweisend, woraufhin Graf POTOCKI äußerte:

»Polen zieht Danzig dem Frieden vor.«

8. August 1939:
Baron WÜHLISCH, deutscher Botschaftsrat in Warschau, meldete dem Auswärtigen Amt, die polnischen Behörden bereiteten Massenverhaftungen von Deutschen vor, und zwar nicht nur in Ostoberschlesien, sondern auch in den Wojewodschaften Posen, Pommerellen sowie in Zentralpolen. Als Vorwand diene den Polen die Behauptung, die Deutschen hätten in diesen Gebieten zahlreiche Sabotagetrupps aufgestellt.

14. August 1939:
Die polnischen Behörden in Ostoberschlesien verhafteten an jenem Tag Tausende von Deutschen, die sie dann – mitten im Frieden (!) – in Zwangsmärschen in das Innere des Landes trieben. Viele von ihnen kehrten nie zurück. Weitere Tausende Deutsche flüchteten in panischer Angst nach Deutschland. Alle deutschen Geschäfte und Wohlfahrtseinrichtungen wurden geschlossen, deutsche Konsumgenossenschaften und Handelsverbände aufgelöst. Die noch verbliebenen Deutschen wurden aus ihren beruflichen Stellungen entlassen. Arbeitslosenunterstützung erhielten sie nicht.

15. August 1939, Seite 252:
»Mitte August 1939 waren bereits 76 535 Volksdeutsche ins Reich

geflohen, und gewiß nicht, weil Hitler sie dazu gezwungen hätte.«[157]

20. August 1939:
Aufzeichnung eines Beamten der Politischen Abteilung des Auswärtigen Amts:

»Dem Auswärtigen Amt sind in den letzten Monaten dauernd Berichte der deutschen Konsulate in Polen zugegangen über grausame Mißhandlungen, denen die Volksdeutschen. . . ausgesetzt sind.«

2. Weißbuch, Nr. 415

30. August 1939, 17.30 Uhr, Seite 262:
Der deutsche Geschäftsträger in Warschau macht dem Auswärtigen Amt in Berlin folgende telefonische Mitteilung:

»Seit einer Stunde ist in Polen durch Anschlag die allgemeine Mobilmachung befohlen worden. Erster Mobilmachungstag ist der 31. August; zu melden haben sich alle Personen, die eine weiße Einberufungskarte besitzen.«[158]

Am Vorabend des Krieges

Während die Korridorfrage immer mehr diskutiert wurde, weil man durch sie den Frieden Europas bedroht sah, versuchte Polen zu beweisen, daß es keine Korridorfrage gäbe. Mit Hilfe der Westmächte hätte sie ohne Gewalt geregelt werden können. Die deutschen Wünsche waren maßvoll: Sie bezogen sich auf die Sicherung eines freien Durchgangs nach Ostpreußen und auf die Eingliederung Danzigs ins Reich. Die polnische Regierung berief sich auf die nationalistischen Strömungen in Polen, die jede Änderung des Status quo zugunsten Deutschlands leidenschaftlich ablehnten. Die innerpolitischen Maßnahmen der polnischen Regierung hatten bereits erkennen lassen, daß Polen deutsche Revisionsansprüche nicht gelten lassen wollte. Es sah zum Beispiel eine Verwaltungsreform vor, um die Minderheitenfrage zu ›klären‹. Minderheitenschutz hatten nach Art. 9

---

[157] Walendy, Udo, *Wahrheit für Deutschland*, Vlotho 1965, S. 170.
[158] Siehe auch: *Deutsches Weißbuch* Nr. 2/1939, Dok. Nr. 465, S. 302.

des Minderheitengesetzes nur Bezirke, »in denen in beträchtlichem Verhältnis Angehörige einer Minderheit wohnen«. Durch den Anschluß beispielsweise des Kreises Soldau an den Bezirk Warschau, von Teilen Posens an Lodz und ehemals kongreßpolnischer Kreise an Posen sollte der Prozentsatz deutscher Bevölkerung herabgedrückt werden.

Warschau glaubte unter BECK und RYDZ-SMYGLI, die Probleme militärisch lösen zu können, und ordnete am 30. August die Generalmobilisierung an.

3. Polens Weg zum Krieg

Bereits 1922 begann in Polen eine zielstrebige psychologische Kriegführung gegen Deutschland, über die Oscar REILE folgendes schreibt:

»Die Polen gingen daran, halbamtliche Propagandainstitutionen
aufzubauen, die ihr ganzes Land mit einem Netz von Tausenden
von Ortsgruppen überzogen und Publizisten, Offiziere, Schriftsteller und vor allem Hunderte von Zeitschriften in ihren Dienst
stellten.

In unzähligen Büchern und in Tausenden und Abertausenden
Zeitungsartikeln wurde der ›Nachweis‹ geführt, daß Danzig, ferner ganz Westpreußen und große Teile Pommerns und Ostpreußen ursprünglich zu Polen gehört hätten bzw. von slawischen,
den Polen verwandten Volksstämmen bewohnt gewesen wären,
bis die bösen Deutschen diese Gebiete in Besitz genommen hätten. Verfälschung historischer und ethnologischer Forschungser-
gebnisse, gefälschte Statistiken und Umdeutungen geschichtlicher
Ereignisse mußten dazu herhalten, diesen sogenannten ›Beweis‹
zu führen. Jedem Polen sollte auf diese Weise die Überzeugung
eingeimpft werden, er gehöre zu einem großen Volk von Seefah-
rern, das in den letzten Jahrhunderten nur keine Möglichkeit gehabt habe, Schiffe zu bauen und die Meere zu befahren. Um so
lebenswichtiger für Polen sei es, an der Ostsee wieder festen Fuß
zu fassen und die ›altpolnischen‹ Gebiete wiederzugewinnen.

Die bedeutendsten Träger dieser halbamtlichen, über ganz Polen
gespannten Organisationen waren das sogenannte Baltische Institut, ferner der polnische Westmarkenverband und die Liga der
Polnischen Seefahrt. Der letzteren allein gehörten in den dreißiger
Jahren über 6000 Ortsgruppen mit über 800 000 Mitgliedern an. Bezeichnend für den Charakter dieser Verbände war, daß ihren Vor-
ständen hohe polnische Offiziere und Staatsbeamte angehörten.

Wahrlich, die Polen hatten von den Franzosen gut gelernt, wie
psychologisch Krieg geführt wird.«[159]

1933 wollte Staatschef PILSUDSKI präventiv in Deutschland einmar-
schieren, obwohl keine Bedrohung vorlag. Frankreich verweigerte
eine Beteiligung.

[159] REILE, Oscar, *Geheime Ostfront*, aaO., S. 37 f.

1936 bot Staatschef BECK Belgien und Frankreich an, sich an einem Krieg gegen Deutschland zu beteiligen.

1938, nach dem Münchener Abkommen, besetzte Polen das Teschener Gebiet.

1939, nach der Besetzung Prags durch deutsche Truppen, verlangte Polen ultimativ von der Tschechoslowakei die Abtretung des Olsagebietes und nahm es gewaltsam in Besitz.

1938/39 lehnte Polens Staatschef BECK, von England und den USA unterstützt, provokativ sogar berechtigte deutsche Minimalforderungen ab, das heißt die Rückkehr der fast rein deutschen Stadt Danzig zum Reich und eine exterritoriale Autobahn nach Ostpreußen.

1939 sagte Marschall RYDZ-SMIGLY vor Thorner Offizieren unter anderem:

»Wir werden HITLER den Krieg aufzwingen, ob er will oder nicht.«

Die Lage aller Minderheiten Polens, besonders aber der deutschen, verschlechterte sich von Jahr zu Jahr. Die Polen benutzten den Nichtangriffspakt von 1934 in zynischer Weise zur Unterdrückung. HITLER hingegen hatte Presse und Rundfunk angewiesen, davon nichts zu vermelden. Wegen der Zusammenarbeit mit Polen hatte er die deutsche Minderheit in Polen anscheinend abgeschrieben, so ähnlich, wie er um des Friedens willen auf Tirol und Elsaß-Lothringen verzichtet hatte. Allerdings hatte er die in Versailles festgelegten Grenzen Polens zum Ärger der Polen nicht anerkannt.

Die deutschen Diplomaten in Polen, besonders die Herren VON MOLTKE und VON KÜCHLER, meldeten, wie oben dargelegt, ununterbrochen Übergriffe polnischer Behörden, wobei sie betonten, daß die Unterdrückung ihrer Meldungen in der deutschen Presse die Polen keineswegs friedlicher stimmte, sondern sie im Gegenteil aggressiver werden ließ. Dazu meint der Historiker Alfred SCHICKEL:

»Auch die Volksdeutschen in Polen bekamen die sich steigernde deutschfeindliche Stimmung immer deutlicher zu spüren. Unter dem Vorwand der Spionage- und Agententätigkeit wurde auch der deutsche Minderheitenführer und Vertreter seiner Volksgruppe im polnischen Senat, Rudolf WEISNER, festgenommen. Grund für die Verhaftungswelle war der Verdacht, daß die Volksdeutschen als ›Fünfte Kolonne‹ für Berlin arbeiteten und auch bei bestimmten Grenzzwischenfällen, bei denen polnische Staatsangehörige zu Schaden gekommen waren, ihre Hand im Spiel hatten. Daß möglicherweise mehr Ressentiments und Stimmungsmache für den Argwohn gegen die Volksdeutschen verantwortlich waren als tatsächliche Unzuverlässigkeit dieser Volksgruppe, konnte aus einer Bemerkung geschlossen werden, die ein hochrangiger Regierungsbeamter Warschaus gegenüber britischen Emissären schon im Mai 1939 machte. Der Pole befürchtete, wie er sagte, nach dem möglichen Ausbruch eines Kriegs ›ein schreckliches Massaker unter den Volksdeutschen‹, zu dem es dann in den ersten Septembertagen auch tatsächlich kam und rund 5800 Volksdeutsche das Leben kostete.

Auf alle diese Vorgänge in Polen reagierte die deutsche Seite auffallend zurückhaltend. Weder revanchierte man sich an den rund 42 000 Volkspolen in Deutschland, noch ging man offiziell auf die zahlreichen Warn- und Drohreden aus Warschau, Krakau oder Gdingen mit entsprechenden Gegenerklärungen ein. Lediglich die Abschiebung polnischer Juden (also Juden polnischer Staatsangehörigkeit!), die in den zwanziger Jahren in das Reich eingewandert waren, wurde verstärkt und die Grenze zu Polen sorgfältig überwacht.«[160]

Am 5. Mai 1934 verlängerte Polen den polnisch-sowjetischen Nichtangriffspakt auf zehn Jahre. Am 23. April 1935 wurde eine ›verordnete‹ neue Verfassung angenommen, womit sich das ›parlamentarisch-demokratische System‹ auch *de jure* entmachtete. Die neue ›gelenkte Demokratie‹ stellte eine Militärdiktatur dar mit einem Marschall-Präsidenten an der Spitze, gefolgt von den ›Obersten‹, besser gesagt ›Obristen‹.

Als kurz darauf Josef PILSUDSKI, der erste Marschall Polens, am 12. Mai 1935 im Alter von 68 Jahren starb, wurde Eduard RYDZ-SMIGLY, (1886–1941) zum Führer der Armee und des Staates. Nach den Wahlen zur Volksvertretung am 15. Juli 1936 wurde der Oberbefehlshaber der Armee, General RYDZ-SMIGLY, vom Staatspräsidenten zur »Leitenden Persönlichkeit des ganzen Staates« erklärt. Damit stand er über dem Staatspräsidenten und dem Ministerpräsidenten.

---

[160] SCHICKEL, Alfred, *Deutsche und Polen. Ein Jahrtausend gemeinsamer Geschichte*, Bergisch-Gladbach 1984, S. 226 f.

Polens ›Politik des Blutvergießens‹

Schon Jahre vor Ausbruch des Zweiten Weltkrieges arbeitete Warschau auf einen Krieg in Europa hin. Es zeigte sich insbesondere als
unempfänglich für alle, auch die maßvollsten deutschen Vorschläge
zur Bereinigung des deutsch-polnischen Verhältnisses und für eine
dauerhafte Friedenslösung. Das wird durch viele Stellungnahmen
führender polnischer Politiker belegt. Einige seien nachfolgend angeführt.

19. Januar 1935, Seite 155:
Die *Londoner Morgenpost* schreibt:
»Der letzte Krieg [1914/18] war nur die erste Runde eines Ent-
scheidungskampfes...«[161]

Oscar REILE, ein deutscher Abwehroffizier, erfuhr 1935 über seine
Agentin, eine Gräfin mit besten Verbindungen zu Oberst BECK, welche Ziele der Außenminister verfolgte:

»BECK verwarf sowohl die Gedanken und Vorschläge des Politikers DMOWSKI, der ein Zusammengehen Polens mit der Sowjetunion befürwortete, als auch die des für eine Verständigung mit
Deutschland eintretenden Politikers STUDNICKI. Mehr und mehr
entschied sich BECK für die Thesen des Historikers Adolf BOCHEN-
SKI, der eine Politik des Blutvergießens als die einzig richtige für
Polen verkündete. Ihm schwebte vor, mit Hilfe der Westmächte
Europa erneut in einen großen Krieg zu stürzen. Da der Erste Weltkrieg Polen die Selbständigkeit und einen Teil der ursprünglich
polnischen Gebiete gebracht habe, sei zu hoffen, daß ein zweiter
großer Krieg Polen auch noch die restlichen Gebiete bescheren
werde, auf die es Anspruch erheben könne.«[162]

Aus derselben Quelle erfuhr die deutsche Abwehr, daß BECK – nach
der Besetzung des Rheinlandes durch deutsche Truppen am 7. März
1936 – Frankreich in verbindlicher Form Waffenhilfe gegen Deutschland angeboten und damit gerechnet habe, daß es in den folgenden
Tagen zum Krieg kommen würde. Tatsächlich hatte BECK als Außenminister Frankreichs Botschafter in Warschau, Léon NOËL, am

---

[161] MAIER-DORN, Emil, *Anmerkungen zu Sebastian Haffner*, aaO., S. 133.
[162] REILE, Oscar, *Geheime Ostfront*, aaO., S. 213.

Nachmittag des 7. März 1936 eine eindeutige Erklärung überreicht, der zufolge Polen Deutschland im Osten angreifen würde, wenn Frankreich bereit wäre, nach Westdeutschland einzumarschieren. »Wir wissen heute aus dokumentarischen Veröffentlichungen verschiedener Historiker, daß Polens Außenminister Beck damals sehr enttäuscht darüber war, daß die französische Regierung auf sein Drängen zu einem Krieg gegen Deutschland nicht einging. Es lag ihm so sehr daran, Europa in einen Krieg zu stürzen, daß er nach der Ablehnung seines Vorschlages durch Frankreich umgehend nach England reiste, um in persönlichen Gesprächen König Eduard VIII. und führende Mitglieder der Konservativen Partei doch noch für einen Präventivkrieg gegen Deutschland zu gewinnen. Er wurde damals aber von den Engländern kühl abgewiesen.«[163]

Seit dieser Zeit hielt Beck an der gegen das Reich gerichteten Politik des ›Blutvergießens‹ fest. Streitigkeiten zwischen Polen und dem Reich, meistens wegen Danzigs, forderte er heraus, da sie in sein Konzept paßten.

Im Jahre 1936 wurde der polnisch-französische Beistands- und Allianzvertrag von 1921 erneuert. Im März 1937 gründete einer der zahlreichen führenden ›Obristen‹ das ›Lager der nationalen Einigung‹.

Als Österreich 1938 dem Deutschen Reich angeschlossen wurde und das Weltinteresse auf diesen Vorgang gerichtet war, nutzte Warschau diese Lage dazu aus, von Litauen ultimativ diplomatische Beziehungen zwischen den beiden Staaten und die Anerkennung der Wilna-Grenze zu verlangen. Am 19. April 1919 hatte Pilsudski mit der Stadt Wilna halb Litauen »in polnischen Besitz« gebracht, wie der polnische Historiker Ritter Halecki v. Nordenhorst es verschämt umschreibt. In Wirklickleit hatte Polen Litauen überfallen, neben Wilna auch Lida besetzt und Polen einverleibt.

Als Hitler mit dem Münchener Abkommen 1938 von den Alliierten die Abtretung des Sudetenlandes erreichte, besetzte Polen das Teschener Gebiet sowie einige Landstreifen in der Karpato-Ukraine.

---

[163] Ebenda, S. 215.

»BECK benutzte die Notlage der Tschechoslowakei, um ihr die Abtretung des Teschener Schlesien abzutrotzen; im Einklang mit den Bedingungen des polnischen Ultimatums erfolgte die Sezession noch am 1. Oktober 1938, obgleich die Münchner Entscheidungen eine Frist von drei Monaten vorgesehen hatten.«[164]

Botschafter Josef LIPSKI[165] wurde am 24. Oktober 1938 zu einer Unterredung mit Reichsaußenminister Joachim VON RIBBENTROP[166] nach Berchtesgaden eingeladen. Dieser teilte LIPSKI mit, daß Deutschland größtes Verständnis für die polnischen Wünsche in der Karpato-Ukraine und somit für den Wunsch einer gemeinsamen Grenze mit Ungarn habe. Allerdings seien noch einige Fragen zu klären, die das Werk HITLERS und Marschall PILSUDSKIS vollenden sollten. Er schlug vor, daß Danzig zum Reich zurückkehre, das Reich eine exterritoriale Straße und Eisenbahn durch den Korridor erhalte, Polen eine ebensolche durch Danzig. Die beiderseitigen Grenzen sollten garantiert werden. Der Nichtangriffspakt sollte von 10 auf 25 Jahre verlängert und eine Konsultationsklausel angefügt. Außerdem sollte ein gemeinsames Vorgehen in Kolonialangelegenheiten, in der Frage der Judenauswanderung sowie in der Politik gegen die Sowjetunion vereinbart werden.

Von LIPSKI über das deutsche Angebot informiert, erklärte Außenminister BECK, Polen sei zu einem Abkommen bereit, aber:

»Jeder Versuch, die Freie Stadt in das Reich einzugliedern, müßte unvermeidlich zu einem Konflikt führen, der mehr als nur lokalen Charakter tragen würde.«

Als Oberst BECK an die Riviera reiste, lud HITLER ihn nach Berchtesgaden ein. Bei dem Treffen am 5. Januar 1939 wiederholten beide ihre gegensätzlichen Standpunkte. Auch ein Besuch von Reichs-

---

[164] ROOS, H., *Polen und Europa, Studien zur polnischen Außenpolitik 1931–1939*, Tübingen 1957, S. 156.

[165] Josef LIPSKI (1894–1958), geboren in Breslau, im Ersten Weltkrieg Offizier in der Kgl. preußischen Armee, nach 1918 im polnischen diplomatischen Dienst, ab 1933 Gesandter, später Botschafter in Berlin.

[166] Reichsaußenminister Joachim VON RIBBENTROP (1893–1946) war vom Beruf preußischer Husaren-Offizier, als Schwiegersohn des führenden Sektfabrikanten HENKEL dessen Generalvertreter für Frankreich und Großbritannien, 1938–1945 Reichsaußenminister, am 16. Oktober 1946 als ›Hauptkriegsverbrecher‹ gehenkt.

außenminister VON RIBBENTROP in Warschau vom 25. bis 28. Januar 1939 änderte nichts an der ablehnenden Haltung der polnischen Regierung. Inzwischen hatte Polen nämlich die Gewißheit erhalten, daß die USA zu einem Krieg gegen Deutschland entschlossen waren. Am 19. November 1938 hatte der amerikanische Botschafter William BULLITT in Paris seinem polnischen Kollegen Graf POTOCKI mitgeteilt:

»Nur Gewalt und schließlich ein Krieg können die wahnsinnige Expansion Deutschlands beenden.«[167]

Die Liquidierung der CSSR im März 1939 rief in Warschau Bestürzung hervor. Außerdem war Polen darüber verstimmt, daß es nicht zur Bestimmung des Schicksals der Slowakei beigezogen worden war. Zwischen dem 11. und dem 13. März suchte der polnische Botschafter LIPSKI um eine Unterredung mit VON RIBBENTROP nach. Am 21. März bat dieser LIPSKI zu einem Gespräch und unterbreitete ihm ein Angebot mit folgendem Wortlaut:

»Allgemein werde die Korridorregelung als die schwerste Belastung des Versailler Vertrages für Deutschland empfunden. Keine frühere Regierung sei in der Lage gewesen, auf die deutschen Revisionsanträge zu verzichten, ohne daß sie innerhalb von 48 Stunden vom Reichstag fortgefegt worden wäre. Der Führer denke anders über das Korridorproblem. Er erkenne die Berechtigung des polnischen Anspruchs auf einen freien Zugang zum Meer an. Er sei der einzige Staatsmann, der einen endgültigen Verzicht auf den Korridor aussprechen könne. Voraussetzung hierfür sei aber die Rückkehr des rein deutschen Danzig zum Reich sowie die Schaffung einer exterritorialen Bahn- und Autoverbindung zwischen dem Reich und Ostpreußen. Nur hierdurch würde für das deutsche Volk der Stachel beseitigt, der in der Existenz des Korridors liege. Wenn die polnischen Staatsmänner in Ruhe den realen Tatsachen Rechnung trügen, dann könne man auf folgender Basis eine Lösung finden: Rückkehr Danzigs zum Reich, exterritoriale Eisenbahn- und Autoverbindung zwischen Ostpreußen und dem Reich und hierfür Garantie des Korridors.«

Warschau lehnte am 26. März – mit britischer und US-amerikanischer Rückendeckung – das deutsche Angebot ab. Es betonte,

---

[167] SCHULTZE-RHONHOF, Gerd, *Der Krieg, der viele Väter hatte*, München ⁵2006, S. 190.

»daß ein Versuch, den Status Danzigs einseitig zu ändern, als *casus belli* betrachtet werden würde.«[168]

Westmächte treiben Polen in den Krieg

Am 12. Januar 1939 schrieb der polnische Botschafter in den USA, POTOCKI, einen aufschlußreichen Bericht an seine Regierung nach Warschau:

»Die Stimmung, die augenblicklich in den Vereinigten Staaten herrscht, zeichnet sich durch einen stetig zunehmenden Haß gegen den Faschismus aus... Die Propaganda ist vor allem in jüdischen Händen, ihnen gehört fast zu 100% das Radio, der Film, die Presse und Zeitschriften...

Die Lage hierzulande bildet ein ausgezeichnetes Forum für alle Art Redner und für die Emigranten aus Deutschland und der Tschechoslowakei, die an Worten nicht sparen, um durch die verschiedensten Verleumdungen das hiesige Publikum aufzuhetzen...

Es ist sehr interessant, daß in dieser sehr gut durchdachten Kampagne, die hauptsächlich gegen den Nationalsozialismus geführt wird, Sowjetrußland fast ganz ausgeschaltet ist. Wenn es überhaupt erwähnt wird, so tut man es in freundlicher Weise und stellt die Dinge so dar, als ob Sowjetrußland mit dem Block der demokratischen Staaten zusammen ginge...

Außer dieser Propaganda wird auch noch künstlich eine Kriegspsychose geschaffen: Es wird dem amerikanischen Volk eingeredet, daß der Frieden in Europa nur noch an einem Faden hängt, ein Krieg sei unvermeidlich. Dabei wird dem amerikanischen Volk unzweideutig klargemacht, daß Amerika im Falle eines Weltkrieges auch aktiv vorgehen müßte, um die Losungen von Freiheit und Demokratie in der Welt zu verteidigen... Der Weg war ganz einfach, man mußte nur von der einen Seite die Kriegsgefahr richtig inszenieren, die wegen des Kanzlers HITLER über der Welt hängt, andererseits mußte man ein Gespenst schaffen, das von einem Angriff der totalen Staaten auf die Vereinigten Staaten faselt. Der Münchener Pakt ist dem Präsidenten ROOSEVELT sehr gelegen ge-

---

[168] *Vertrags-Ploetz*, S. 164 ff.

kommen. Er stellt ihn als eine Kapitulation Frankreichs und Englands vor dem kampflustigen deutschen Militarismus hin. . .
Ferner ist es das brutale Vorgehen gegen die Juden in Deutschland und das Emigrantenproblem, die den herrschenden Haß immer neu schüren gegen alles, was irgendwie mit dem deutschen Nationalsozialismus zusammenhängt. An dieser Aktion haben die einzelnen jüdischen Intellektuellen teilgenommen. . . Sie wollen, daß der Präsident zum Vorkämpfer der Menschenrechte wird, der Religions- und Wortfreiheit, und er soll in Zukunft die Unruhestifter bestrafen. Diese Gruppe von Leuten, die die höchsten Stellungen in der amerikanischen Regierung einnehmen und die sich zu den Vertretern des ›wahren Amerikanismus‹ und als ›Verteidiger der Demokratie‹ hinstellen möchten, sind im Grund doch durch unzerreißbare Bande mit dem internationalen Judentum verbunden. Für diese jüdische Internationale, die vor allem die Interessen ihrer Rasse im Auge hat, war das Herausstellen des Präsidenten der Vereinigten Staaten auf diesen ›idealsten‹ Posten eines Verteidigers der Menschenrechte ein idealer Schachzug. Sie haben auf diese Weise einen sehr gefährlichen Herd für Haß und Feindseligkeit auf dieser Halbkugel geschaffen und haben die Welt in zwei feindliche Lager geteilt. Das ganze Problem wird auf mysteriöse Art bearbeitet: Roosevelt sind die Grundlagen in die Hand gegeben worden, um die Außenpolitik Amerikas zu beleben und auf diesem Wege zugleich die kolossalen militärischen Vorräte zu schaffen für den künftigen Krieg, dem die Juden mit vollem Bewußtsein zustreben. Innenpolitisch ist es sehr bequem, die Aufmerksamkeit des Publikums von dem in Amerika zunehmenden Antisemitismus abzulenken, indem man von der Notwendigkeit spricht, Glauben und individuelle Freiheit vor den Angriffen des Faschismus zu verteidigen.«[169]

William C. Bullitt, der amerikanische Botschafter in Paris und ›Großbotschafter‹ Roosevelts in Europa, beauftragte seinen Botschafter-

---

[169] *Deutsches Weißbuch* Nr. 3: *Polnische Dokumente zur Vorgeschichte des Krieges*, Berlin 1940 (Dok. Nr. 6). Die Echtheit dieser Dokumente wurde von polnischen Diplomaten bestätigt. So schrieb der polnische Botschafter in London, Raczynski, in seinen Memoiren *In Allied London* (S. 51): »The documents are certainly genuine« (Die Dokumente sind mit Sicherheit echt).

kollegen in London, Joseph P. KENNEDY, den britischen Premierminister CHAMBERLAIN zu unterrichten,

>»daß die Vereinigten Staaten wünschten, daß Großbritannien Krieg gegen Deutschland führe, wenn der Streit um Danzig sich zu einer Explosion zwischen Deutschland und Polen entwickele«.[170]

1945 meinte Joseph P. KENNEDY:

>»Weder die Franzosen noch die Briten hätten aus der deutsch-polnischen Frage einen Kriegsgrund gemacht, wenn nicht Washington dauernd gebohrt hätte.«[171]

Nachdem William C. BULLITT Polens Botschafter in Paris, Juliusz LUKASIEWICZ, am 25. März 1939 mitgeteilt hatte,

>»die Vereinigten Staaten hätten volles Verständnis für den polnischen Standpunkt zu der Allianzfrage«,

erwiderte der Pole seinem Botschaftskollegen:

>»LIPSKI [der polnische Botschafter in Berlin] wird noch heute die deutschen Vorschläge in Berlin ablehnen... Sie sind ein unermüdlicher Freund, der unsere Situation an vielen schwierigen Punkten nachhaltig und nutzbringend erleichtert hat.«[172]

Angesichts der äußerst deutschfeindlichen öffentlichen Meinung in Großbritannien schlug der britische Ministerpräsident Neville CHAMBERLAIN (1869–1940) am 21. März einen Konsultativpakt vor, der Großbritannien, Frankreich, die UdSSR und Polen umfassen sollte. BECK stimmte dem Unternehmen am 23. März zu. Zugleich ließ Marschall RYDZ-SMIGLY demonstrativ und provokativ vier polnische Divisionen an den Grenzen Ostpreußens aufmarschieren. Diese Maßnahme war – von BECK zugegeben – vollständig unbegründet, dennoch erteilte London am 31. März 1939 auf VANSITTARTS Betreiben der Republik Polen eine Garantie für britische Hilfe bei einem Kriegsfall.[173]

Der Hintergrund dieser Maßnahme ist in der sogenannten ›Tilea-Lüge‹ zu suchen, in die VANSITTART verstrickt war: Er hatte Himmel und Hölle, genauer gesagt, die Weltpresse und Rundfunksender,

---

[170] HOGGAN, David, *Der erzwungene Krieg*, Tübingen 1963, S. 448.

[171] BAVENDAMM, Dirk, *Roosevelts Weg zum Krieg*, München 1983, S. 563–603.

[172] Ebenda.

[173] ROOS, *Polen und Europa*, aaO., S. 161.

gegen Deutschland mit der Behauptung des rumänischen Diplomaten TILEA mobilisiert, deutsche Truppen stünden bereit, Rumänien
zu überfallen. Dabei wußte VANSITTART genau, daß das nicht stimmen konnte, da zwischen dem Reich und Rumänien 400 Kilometer
lagen. Als die Lüge offenbar wurde, rettete er sich, indem er mit
dem Konsultativvertrags-Vorschlag vom TILEA-Dilemma ablenkte.
Mit der in der Weltgeschichte einmaligen Garantie für Polen war
die Entscheidung über den *casus foederis*, den Bündnisfall, der Warschauer Regierung überlassen. Die britische Regierung handelte, als
ob die polnische Republik unmittelbar bedroht gewesen sei, obwohl
sie genau wußte, daß die militärischen Maßnahmen einseitig von
Polen ausgegangen waren.

Am 2. April 1939 setzte Oberst BECK, der von VANSITTART nach London beordert worden war, noch eins drauf: Er erklärte unwirsch,
eine einseitige Garantie entspräche nicht dem Prestige der Republik
Polen. London kuschte und beeilte sich, mit Polen am 6. April 1939
einen zweiseitigen polnisch-britischen Beistandsvertrag als einen öffentlichen Akt abzuschließen. Dabei hatte Oberst BECK lediglich den
Auftrag gehabt, eine *geheime* Vereinbarung abzuschließen, um HIT
LER nicht unnötig zu reizen. Dennoch und entgegen dieser Weisung
unterzeichnete er.

Die Nachricht von der Vertragsunterzeichnung veranlaßte HITLER
zu einem Politikwechsel. Die polnische Teilmobilmachung vom 23.
März 1939 hatte eben dieselbe Wirkung wie die tschechische Teilmobilmachung vom 24. Mai 1938. Die britische Garantie vom 31.
März betrachtete HITLER durchaus zu Recht als Blankoscheck für
Warschau.[174]

Nachdem sich Frankreich der ›Garantie‹ angeschlossen hatte,
wurde sie am 13. April auf Rumänien und Griechenland ausgedehnt.
Doch beim Polenfeldzug 1939 waren die Westmächte nicht einmal
imstande, den Polen Luftunterstützung zu bieten, geschweige denn
eine Entlastungsoffensive zu unternehmen.

Frankreichs Mitschuld an der polnischen Katastrophe

Im Zusammenhang mit Polen muß nicht nur der anglo-amerikanische Einfluß gesehen werden, sondern auch das Verhalten Frank-

---

[174] ROOS, ebenda.

reichs, das bei allen Freundschaftsbemühungen von seiten Deutschlands sich gegen dieses entschied und damit Polen in die Katastrophe schliddern ließ. Der gesamte recht komplexe Zusammenhang kann hier nicht erörtert werden. Er ist im Buch *Das Ringen um Frankreich 1919–1940* dargelegt.[175] An dieser Stelle soll zur Schuldfrage des Zweiten Weltkrieges das bereits 1939 in deutscher Übersetzung erschienene aufschlußreiche Buch des französischen Publizisten Pierre VALMIGÈRE zitiert werden. Der Verfasser warf darin den Herrschenden in Paris vor, ein gefährliches Spiel mit Polen gegen Deutschland zu treiben:

»Deutschland will mit Frankreich Frieden. Es erkannte endlich die Grenze fest an, die Jahrhunderte hindurch schwankte. Was wollt ihr also noch? Ihr stützt euch auf etwas Ungewisses: den polnischen Nationalismus. Was sage ich? Auf etwas Ungewisses, auf einen sicheren Konflikt!. . . Weiß Frankreich, daß dieses Polen noch nicht zufrieden mit seinen vierzig Prozent Fremdstämmigen ist, daß es die Großmannssucht und den Kilometerwahnsinn so weit treibt, daß es Schlesien von Beuthen bis Oppeln, die ganze Ukraine, Danzig und Ostpreußen aufsaugen will? Ich habe hier die Reden seiner Staatsmänner, seine Zeitungen und Bücher vor mir liegen. Niemals ist in der Geschichte der Heißhunger nach Land bis zu einem derartigen Wahnsinn getrieben worden. Und die Völker, deren es sich bemächtigt hat, die tyrannisiert es, beleidigt es, zermürbt es. Und wir sollen für dieses Polen mit Deutschland Krieg führen?«[176]

Nur sieben Wochen, nachdem der deutsch-französische Nichtangriffspakt geschlossen worden war, und während Reichsaußenminister VON RIBBENTROP in Warschau verhandelte, hielt Frankreichs Außenminister BONNET am 26. Januar 1939 eine Rede über die Grundzüge seiner Außenpolitik vor der Pariser Nationalversammlung:

». . . Im Falle eines Krieges würden. . ., falls England und Frankreich hinzugezogen werden sollten, alle Kräfte Großbritanniens Frankreich zur Verfügung stehen und genauso alle Kräfte Frankreichs Großbritannien. . . Bezüglich der Beziehungen zu Polen ge-

---

[175] MEISER, Hans, *Das Ringen um Frankreich 19~~90~~ 19-1945*, Stegen 2007.
[176] VALMIGÈRE, Pierre, *Und morgen. . .? Frankreich, Deutschland und Polen*, Berlin 1939.

nügt es, daran zu erinnern, daß der polnische Außenminister BECK erklärt hat, daß die polnisch-französische Freundschaft unverändert eine der Grundlagen der polnischen Politik darstellt.«

Ministerpräsident Edouard DALADIER ergänzte in derselben Sitzung, daß es gelte, den Forderungen gewisser Nachbarn ein »kategorisches Nein« entgegenzusetzen.

Der Friede stirbt

Von nun an überschlugen sich die Ereignisse:

17. April 1939: Die Sowjetunion gab der Reichsregierung zu verstehen, daß sie an einer Annäherung interessiert sei.

18. April: Moskau bot den Westmächten ein britisch-französisch-sowjetisches Bündnis unter der Voraussetzung an, daß Polen miteingeschlossen werde. Trotz langer Verhandlungen kam es zu keinem Ergebnis, weil Polen aus sehr verständlichen Gründen es ablehnte, der Roten Armee ein Durchmarschrecht zu gewähren. Das aber wußte Moskau bereits im voraus, so daß das Scheitern der Verhandlungen einkalkuliert war.

26. April: Der britische Botschafter in Berlin, Sir Nevile HENDERSON, schrieb an seinen Außenminister:

> »Persönlich habe ich größere Angst, als ich je im letzten September hatte, und doch sind die unmittelbaren Fragen, die sich abzeichnen, verhältnismäßig unwichtig an sich und wären einer Regelung durchaus fähig. Wenn Danzig an Deutschland vor sechs Monaten gefallen wäre, würde kein Hahn danach gekräht haben, und ein exterritorialer Korridor durch den Korridor hindurch ist eine durchaus gerechte Regelung. Wenn Schottland von England durch einen irischen Korridor getrennt. wäre; würden wir mindestens soviel verlangen, was HITLER jetzt verlangt. Wenn man diese Forderungen an und für sich betrachtet, würde es etwas Schlechtes sein, in einen Weltkrieg wegen solcher Punkte hineinzutreiben.«[177]

27. April: Großbritannien führte auf Druck ROOSEVELTS die allgemeine Wehrpflicht ein.

---

[177] BERNHARDT, Hans, *Deutschland im Kreuzfeuer großer Mächte*, aaO., S. 238 f.

28. April: In seiner Reichstagsrede kündigte Adolf HITLER gleichzeitig sowohl das deutsch-britische Flottenabkommen als auch den deutsch-polnischen Nichtangriffspakt auf.

3. Mai 1939: Der langjährige Volkskommissar des Äußern [Ministerrang] Maxim Maximowitsch LITWINOW[178] wurde in Moskau entlassen und durch MOLOTOW ersetzt. STALIN hatte man zugetragen, daß HITLER auf keinen Fall mit einem jüdischen Außenminister verhandeln würde.

12. Mai: Unterzeichnung einer englisch-türkischen Beistandserklärung, der sich Frankreich anschloß.

31. Mai bis 7. Juni: Das Deutsche Reich schloß Nichtangriffspakte mit Estland, Lettland und Dänemark ab.

9. Juni: Zwei britische Agenten, die Polen bereist hatten, berichteten über ihre Gespräche mit dem Abteilungsleiter des polnischen Generalstabes:

»Teils von ihm, teils von den anderen Herren erfuhr ich, daß man daran denke, zu Beginn des Krieges Ostpreußen anzugreifen, weil es für die Deutschen schwierig sein würde, die Provinz rasch und ausreichend zu verstärken... Jedenfalls schien es die allgemeine Auffassung zu sein, daß Ostpreußen von Polen annektiert werden müsse.«[179]

13. Juni: Der britische Botschafter in Berlin empfahl,

»die Polen sollten etwas weniger über ihre Tapferkeit sprechen und etwas mehr über die Realitäten ihrer geographischen Lage nachdenken«.

6. Juli: Graf Jan SZEMBECK, der Staatssekretär im polnischen Auswärtigen Amt, faßte den Bericht des Botschafters J. POTOCKI aus Washington vom 12. Januar 1939 wie folgt zusammen:

»Im Westen gibt es allerlei Elemente. die offen zum Krieg treiben: die Juden, die Großkapitalisten, die Rüstungsfabrikanten. Alle stehen heute vor einer glänzenden Konjunktur, denn sie haben einen Ort gefunden, den man in Brand stecken kann: Danzig, und eine Nation, die bereit ist zu kämpfen: Polen. Auf unserem Rük-

---

[178] recte Meir Moisejewitsch WALLACH, 1876–1951, im Amt 1930–1939.
[179] Foreign Office, S. W. 9th June 1939, Gladwyn Jebb.

ken wollen sie Geschäfte machen. Die Zerstörung unseres Landes würde sie gleichgültig lassen. Im Gegenteil: Da später alles wieder aufgebaut werden müßte, würden sie auch daran verdienen. Sie behandeln uns wie Neger. . .«[180]

9. Juli: Das *Passauer Bistumsblatt*, Organ des Bischöflichen Stuhles, meldete:

>»Der Haß der polnischen Chauvinisten gegen die deutsche Volksgruppe in Polen ist schon so weit gediehen, daß selbst das Gotteshaus vor deutschfeindlichen Ausschreitungen nicht verschont bleibt. In Kattowitz und zahlreichen anderen Orten wurden Gottesdienste von Polen gestört, als die Priester deutsch predigten oder deutsche Gebete beteten. Zu den Vorfällen meldet das deutsche Nachrichtenbüro aus Rom, daß nun der Vatikan, der sich ja immer für die religiöse Betreuung der völkischen Minderheiten in ihrer Muttersprache einsetzt, den polnischen Episkopat wegen der fortgesetzten Beeinträchtigung der deutschen Katholiken zur Ordnung rufen ließ.«

10. Juli:

>»Ministerpräsident Chamberlain gab am 3. Juli vor dem Unterhaus bekannt, daß verläßliche Berichte die Durchführung ausgedehnter Maßnahmen militärischen Charakters in der Freistadt Danzig anzeigten. Eine große und wachsende Zahl Deutscher sei jüngst in der Freistadt vorgeblich als Touristen eingetroffen; ein örtliches Verteidigungskorps unter der Bezeichnung ›Heimwehr‹ sei in Bildung begriffen.«

Der *Danziger Vorposten* bemerkt hierzu:

>»Es erhebe sich die Frage, ob die Informationen Chamberlains über Danzig aus derselben Quelle stammen wie seine angeblich verläßlichen Berichte über die aktuellen Ereignisse. Es sei zu wünschen, daß er seine Informationen über Danzig vom britischen Konsulat in Danzig, und nicht von der polnischen Botschaft in London beziehe.«[181]

---

[180] Maier-Dorn, Emil, *Anmerkungen zu Sebastian Haffner*, aaO., S. 192.
[181] *Keesing's Archiv der Gegenwart*. 3. Jg. 1933, 1. unveränderter Nachdruck der Serie I des Archivs der Gegenwart (1. Juli 1931 bis 25. März 1945) durch den Verlag für Zeitarchive Bonn–Wien–Zürich 1962, S. 4130 f.

18. Juli: Der französische Journalist Henri DE KERILLIS, ein Deutschenhasser, schrieb in der Pariser *Epoque*:

> »Das deutsche Volk muß ausgerottet werden.«

19. Juli: Die Zeitschrift *News Chronicle* veröffentlichte ein Interview, das die amerikanische Journalistin Mary Heaton VORSE Mitte Juli 1939 mit RYDZ-SMIGLY geführt hatte. Es stellt ein weiteres eindeutiges Bekenntnis zum Krieg mit Deutschland dar. Zur Danzigfrage fügte er hinzu:

> »Sofern die Deutschen weiter bei ihren Anschlußplänen beharren werden, wird Polen den Kampf aufnehmen, sogar wenn es allein und ohne Bundesgenossen sich schlagen sollte... Aus diesem Grunde habe ich vor vier Monaten die Mobilisierung angeordnet... Glauben Sie mir bitte, daß diese nicht nur eine Demonstration war. Wir waren damals zum Kriege bereit, wenn das notwendig gewesen wäre.«

Mit anderen Worten: RYDZ-SMIGLY war bereits im März 1939 bereit, in Deutschland einzumarschieren!

England und Frankreich treffen Kriegsvorbereitungen

Am 24. Juli 1939 kam es zu einer britisch-französischen Übereinkunft mit der Sowjetunion.

> »Artikel 1: Das Vereinigte Königreich, Frankreich und die UdSSR verpflichten sich, sich gegenseitig und unverzüglich den ganzen Bestand ihrer Macht zu leihen für den Fall, daß eines dieser Länder in Feindseligkeiten mit einer europäischen Macht verwickelt sein würde infolge einer Aggression, welche diese Macht, gleichviel gegen welche dieser drei Staaten, richtet oder eine Aggression, welche durch diese Macht gegen einen anderen europäischen Staat gerichtet wird.«

Nicht veröffentlichtes Protokoll:

> »Es ist zwischen den drei abschließenden Regierungen abgemacht, daß der Artikel 1 sich im Fall einer direkten oder indirekten Aggression auf folgende europäische Staaten beziehen wird: Estland, Finnland, Lettland, Litauen, Polen, Rumänien, Türkei, Griechenland und Belgien.«

Sofern ein möglicher Gegner von einer Aggression abgeschreckt werden soll, ist es notwendig, derartige Abmachungen möglichst deutlich allen Beteiligten zur Kenntnis zu bringen. Geschieht dies nicht, muß man annehmen, daß man den ›Aggressor‹ absichtlich in eine Kriegsfalle laufen lassen will. Interessant sind in diesem Zusammenhang die Äußerungen des britischen Botschafters in Berlin, Sir Nevile HENDERSON. Am 16. August schrieb er an den Leiter der Europa-Abteilung im Foreign Office, William STRANG:[182]

»Das Urteil der Geschichte wird dahin gehen, daß die Presse die Hauptursache des Krieges war. Wenn es einen Waffenstillstand geben soll – und das ist die letzte Hoffnung –, muß die Mißhandlung der deutschen Minderheit [in Polen] aufhören. Von allen Deutschen, glaube es oder nicht, ist HITLER der gemäßigste, soweit es Danzig und den Korridor betrifft.«[183]

Am 23. August sollte HENDERSON schreiben:

»Wenn die Polen nicht vom hohen Roß steigen, kann ich nichts anderes voraussagen als ein Ultimatum an Polen, begleitet von einer allgemeinen deutschen Mobilmachung. Und was dann?«[184]

Die Absprache zwischen dem Vereinigten Königreich, Frankreich und der UdSSR trat nicht in Kraft, weil Polen nicht gewillt war, der Roten Armee Durchmarschrechte zu gewähren. Die Ereignisse von 1945 und der folgenden Jahre machen diesen Entschluß verständlich.

6. August: Die Londoner *Daily Mail* schrieb:

«Wir vermissen Erklärungen des Premierministers, ob er diese Reden [in polnischen Zeitungen, d. Hg.] billigt, die gegen Danzig und gegen Deutschland gehalten werden und dem Krieg zwangsmäßig zutreiben. Es muß objektiv darauf hingewiesen werden, daß von deutscher Seite keine Reden der führenden Staatsmänner gegen Polen gehalten werden, wie sie der Marschall [RYDZ-SMIGLY] am letzten Sonntag in Krakau hielt. Wenn England die Dinge so weitertreiben läßt, wird es mitschuldig, wenn die Explosion kommen sollte.«[185]

---

[182] Baron STRANG OF STONSFIELD, 1893–1978, zuletzt Staatssekretär 1949–1953.

[183] MAIER-DORN, Emil, *Anmerkungen zu Sebastian Haffner*, aaO., S. 16.

[184] MAIER-DORN, Emil, *Alleinkriegsschuld, Unkenntnis oder Feigheit?* Großaitingen 1975, S. 45.

[185] Ebenda, S. 44.

7. August: Die größte polnische Zeitung, *Ilustrowany Kurjer* in Krakau, behauptete:

»... polnische Einheiten überschritten fortgesetzt die deutsche Grenze, um drüben militärische Anlagen zu zerstören, deutsches Wehrmachtsmaterial zu beschlagnahmen und nach Polen zu schaffen. Diese Unternehmungen sind von einem starken Geist des Wetteiferns getragen.«

So wurde in die Welt hinausposaunt, daß sich Deutschland Grenzverletzungen gefallen lassen müsse![186]

7. August: Die Warschauer konservative Zeitung *CZAS* meinte zur Rede, die der Oberbefehlshaber der polnischen Armee, Marschall RYDZ-SMIGLY, am 6. August in Krakau gehalten hatte:

»Die Geschütze, die Polens Ehre schützen, sind auf Danzig gerichtet. Es sollen sich alle klar darüber sein, daß diese Geschütze schießen, wenn die Behörden der Freien Stadt entgegen den offensichtlichen Interessen der Danziger Bevölkerung Polen vor irgendwelche vollendete Tatsachen stellen wollen. . .«[187]

9. August: Die britische Zeitung *Evening Standard* schrieb:

»Niemals zuvor in unserer Geschichte haben wir die Entscheidung, ob England in den Krieg ziehen soll oder nicht, in den Händen einer der kleineren Mächte (Polen) gelassen. Doch heute liegt diese Entscheidung dort bei einer Handvoll Männern, deren Namen nicht einmal dem englischen Volk bekannt sind, vielleicht mit der Ausnahme Oberst BECKS. Diese unbekannten Männer können entscheiden, daß der europäische Krieg morgen beginnen soll.«[188]

15. August: Aufgrund der Deutschenverfolgung in Polen sind inzwischen über 70 000 Flüchtlinge in Lagern des Deutschen Reiches untergebracht.[189]

---

[186] HOGGAN, David, *Der erzwungene Krieg*, aaO., S. 556.
[187] *Deutsches Weißbuch zur Vorgeschichte des Zweiten Weltkrieges*, 1939/40, Dokument 448 (Fußnote), S. 285, und WALENDY, Udo, *Wahrheit für Deutschland*, aaO., S. 199.
[188] MAIER-DORN, Emil, *Alleinkriegsschuld, Unkenntnis oder Feigheit?*, aaO., S. 51.
[189] WALENDY, Udo, *Wahrheit für Deutschland*, aaO., S. 170.

16. August: Der britische Botschafter in Berlin, Nevile HENDERSON, schreibt an den Leiter der Europa-Abteilung im Foreign Office, Mr. STRANG, unter anderem:

>»Das Urteil der Geschichte wird dahin gehen, daß die Presse die Hauptursache des Krieges war... Wenn es einen Waffenstillstand geben soll – und das ist die letzte Hoffnung –, muß die Mißhandlung der deutschen Minderheit [in Polen] aufhören... Von allen Deutschen, glaube es oder nicht, ist HITLER der gemäßigte, soweit es Danzig und den Korridor betrifft.«[190]

19. August: Der sowjetische Staatschef Josef STALIN erklärt vor dem höchsten Gremium der kommunistischen Partei der Sowjetunion, dem Politbüro in Moskau, unter anderem:

>»... Wir sind unbedingt überzeugt, daß Deutschland, wenn wir einen Bündnisvertrag mit Frankreich und Großbritannien schließen, sich gezwungen sehen wird, vor Polen zurückzuweichen. Auf diese Weise könnte der Krieg vermieden werden...
>Auf der anderen Seite wird Deutschland, wenn wir einen Nichtangriffspakt annehmen, sicher Polen angreifen, und die Intervention Englands und Frankreichs wird unvermeidlich sein... Es ist wesentlich für uns, daß der Krieg so lange wie möglich dauert, damit die beiden Parteien sich erschöpfen. In der Zwischenzeit müssen wir die politische Arbeit in den kriegführenden Ländern intensivieren, damit wir gut vorbereitet sind, wenn der Krieg sein Ende nehmen wird.«[191]

19. August: Winston CHURCHILL schreibt in der Londoner Wochenzeitung *Picture Post* unter anderem:

>»England kann binnen weniger Tage drei Viertel der Gesamtbevölkerung der Erde gegen Deutschland auf die Beine bringen.«[192]

20. August: In der Warschauer *DEPESZA* steht geschrieben:

>»Wir sind bereit, mit dem Teufel einen Pakt abzuschließen, wenn er uns im Kampf gegen HITLER hilft. Hört ihr – gegen Deutsch-

---

[190] MAIER-DORN, Emil, *Anmerkungen zu Sebastian Haffner*, aaO., S. 16, und WINTZEK, Bernhard C., *Unsere Väter waren keine Verbrecher*, Asendorf 1975, S. 45.
[191] RICHTHOFEN, Bolko von, *Kriegsschuld 1939–1941*, Kiel 1981, S. 103.
[192] BUCKREIS, Adam, *Politik des 20. Jahrhunderts*, Nürnberg ca. 1940, S. 231, und WALENDY, Udo, *Wahrheit für Deutschland*, aaO., S. 43.

land, nicht nur gegen Hitler. Das Blut wird in einem kommenden Kriege in solchen Strömen vergossen werden, wie dies seit der Entstehung der Welt noch nicht gesehen worden ist.«[193]

23. August: Der Nichtangriffspakt zwischen Berlin und Moskau wird unterschrieben. Am Donnerstag, dem 24. August, unterrichtete von Ribbentrop um zwei Uhr morgens Hitler telefonisch von dem Abschluß:

»Die Deutsche Regierung und die Regierung der Union der Sozialistischen Sowjetrepubliken, geleitet von dem Wunsche, die Sache des Friedens zwischen Deutschland und der UdSSR zu festigen, und ausgehend von den grundlegenden Bestimmungen des Neutralitätsvertrages, der im April 1926 zwischen Deutschland und der UdSSR geschlossen wurde, sind zu nachstehender Vereinbarung gelangt: Sie wollten sich jeder aggressiven Handlung gegeneinander enthalten, eine dritte Macht, die allenfalls den einen oder anderen Teil der Vertragsschließenden mit kriegerischen Handlungen überziehen wollte, nicht unterstützen, fortlaufende Konsultationen miteinander eingehen, sich an keiner Gruppierung beteiligen, die gegen den einen oder den anderen Vertragspartner gerichtet wäre und ihre allenfalls entstehenden Streitigkeiten durch Schlichtungskommissionen bereinigen.«

Sodann folgt das geheime Zusatzprotokoll:

»1. Für den Fall einer territorial-politischen Umgestaltung in den baltischen Staaten (Finnland, Estland, Lettland, Litauen) bildet die nördliche Grenze Litauens zugleich die Grenze zwischen der sowjetischen und der deutschen Interessensphäre.

2. Für den Fall einer territorial-politischen Umgestaltung der zum polnischen Staat gehörenden Gebiete werden die Interessensphären Deutschlands und der UdSSR ungefähr durch die Linie der Flüsse Narew, Weichsel und San abgegrenzt

3. Die Frage, ob die beiderseitigen Interessen die Erhaltung eines unabhängigen polnischen Staates erwünscht erscheinen lassen und wie dieser Staat abzugrenzen wäre, kann endgültig erst im Laufe der weiteren Entwicklung geklärt werden. In jedem Fall werden

---

[193] Maier-Dorn, Emil, *Alleinkriegsschuld. Unkenntnis oder Feigheit?*, aaO., S. 44.

Rechts: Das Schlachtfeld an der Bzura. Dabei wurde die feindliche Mitte durchbrochen.

Unten: Deutsche Offiziere mit Kraftradmeldern vor dem brennenden Warschau. Der ungleiche Kampf ist zu Ende. Die Hauptstadt kapituliert bereits am 27. September 1939.

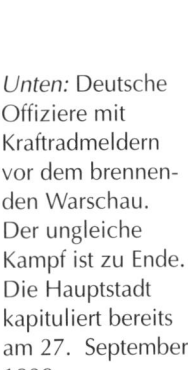

Nach der Einnahme der Weserplatte verhört General Eberhard den polnischen Kommandanten. Achtung vor dem Besiegten spricht aus den Gesichtern.

Die Übergabeverhandlungen fanden im Wagen des deutschen Armeeoberkommandos vor den Toren Warschaus statt.

Die deutsche Siegesparade in Warschau im Oktober 1939.

Über die Niederschlagung des Aufstands im Jahre 1944 laufen meist falsche, Deutschland belastende Darstellungen. Eine umfassende Richtigstellung ist nachzulesen bei: Rolf KOSIEK u. Olaf ROSE (Hg.), *Der Große Wendig*, Bd. 1, Tübingen 2006, S. 706 f. Das Foto dokumentiert, wie Polen vor dem Aufstand Panzergräben vor der polnischen Hauptstadt ausgraben.

Rechts: Eine internationale Kommission besichtigt ein Massengrab in Katyn. Sieben von neun Massengräbern wurden bis April 1943 geöffnet und 4243 polnische Offiziere identifiziert.

Jan T. Gross
Nachbarn
Der Mord
an den Juden
von Jedwabne
C. H. Beck

Mit seinem Buch *Nachbarn* enthüllte der amerikanische Soziologe Tomasz GROSS das polnische Massaker an Juden in Jewabne und rückte den seit Jahrzehnten verdrängten Antisemitismus in Polen der Öffentlichkeit ins Bewußtsein.

beide Regierungen diese Frage im Wege einer freundschaftlichen Verständigung lösen.

4. Dieses Protokoll wird von beiden Seiten streng geheim behandelt werden.«[194]

Der Abschluß des deutsch-sowjetischen Nichtangriffspaktes wurde weltweit als eine Sensation betrachtet. Präsident ROOSEVELT und Außenminister HULL gaben sich nach außen hin überrascht, obwohl sie über den Inhalt des Vertrages durch einen Verrat des Deutschen Hans Heinrich HERWRATH VON BITTENFELD bereits bestens informiert waren.[195] Dieser arbeitete als Zweiter Sekretär der deutschen Botschaft in Moskau und hatte gehofft, daß Washington seine Informationen, die bereits am 24. August um zwölf Uhr mittags mittels eines chiffrierten Telegramms nach Washington gelangt waren,[196] an England und Frankreich weitergeben würde. Doch Außenminister HULL informierte seine britischen und französischen Kollegen nur über den Stand der deutsch-sowjetischen Verhandlungen, nicht aber über das geheime Zusatzprotokoll, das die Teilung Polens vereinbarte.

Nun wäre es aber die Pflicht Präsident ROOSEVELTS gewesen, das geheime Zusatzprotokoll unverzüglich bekanntzugeben, um damit die Polen vor der drohenden Gefahr zu warnen und sie zu Verhandlungen mit Deutschland zu bewegen. Mit größter Wahrscheinlichkeit hätte die britische Regierung ihre Garantieerklärung für Polen zurückgezogen und HITLERS Verhandlungsangebot angenommen. Doch dann wäre die von ROOSEVELT errichtete Einkreisungsfront gegen Deutschland zunichte gewesen. Sein langfristiges Ziel war aber nicht der Erhalt des Friedens, sondern die Vernichtung des Deutschen Reichs, und das bedeutete Krieg.

Am 25. August 1939 bot der Reichskanzler dem britischen Botschafter in Berlin einen Freundschaftspakt an und sprach von der Möglichkeit eines Bündnisses mit England:

»1. Die polnischen Akte der Provokation sind unerträglich geworden. Wenn die polnische Regierung die Verantwortung bestreitet, so beweist dies nur, daß sie selbst keinen Einfluß mehr auf

---

[194] *Vertrags-Ploetz*, S. 173–176.
[195] HERWARTH BITTENFELD, Hans Heinrich von, *Zwischen Hitler und Stalin. Erlebte Zeitgeschichte 1931–1945*, Frankfurt–Berlin–Wien 1982.
[196] FRUS (Foreign Relations of the United States) 1939, S. 342 f.

ihre militärischen Unterorgane besitzt. In der letzten Nacht seien wieder 21 neue Grenzzwischenfälle erfolgt, auf deutscher Seite habe man die größte Disziplin bewahrt. Alle Zwischenfälle seien von polnischer Seite hervorgerufen worden. Wenn die polnische Regierung erkläre, nicht verantwortlich dafür zu sein, so beweise dies, daß es ihr nicht mehr möglich ist, ihre eigenen Leute im Zaum zu halten.

2. Deutschland sei unter allen Umständen entschlossen, diese mazedonischen Zustände an seiner Ostgrenze zu beseitigen, und zwar nicht nur im Interesse von Ruhe und Ordnung, sondern auch im Interesse des europäischen Friedens.«

Sodann unterbreitete HITLER seine Vorschläge bezüglich Danzigs und des Korridors, die der britische Botschafter als durchaus angemessen bezeichnet hatte.

»Wenn die britische Regierung diese Gedanken erwägen würde, so könnte sich daraus ein Segen für Deutschland und auch für das britische Weltreich ergeben. Wenn sie diese Gedanken ablehnt, wird es Krieg geben. Auf keinen Fall würde Großbritannien aus diesem Krieg stärker hervorgehen; schon der letzte Krieg hat dies bewiesen.«

Diese Voraussage ist in einem Maße eingetreten, das niemand für möglich gehalten hätte. Aus dem weltumspannenden Imperium ist ein wirtschaftlich schwacher Mittelstaat geworden. Großbritannien hat gegen sich selbst gekämpft.

Botschafter Nevile HENDERSON notierte:

»Ruhig und offenbar ernsthaft sprach HITLER von einer letzten Anstrengung um des Gewissens willen, mit Großbritannien gute Beziehungen herzustellen.«[197]

25. August: Großbritannien schloß mit Polen einen gegenseitigen Beistandsvertrag. Artikel 1 der acht Artikel lautet:

»Sollte eine der Vertragsparteien in Feindseligkeiten mit einer europäischen Macht verwickelt werden, und zwar infolge eines Angriffs der letzten auf diese Vertragspartei, so wird die andere Vertragspartei der in Feindseligkeiten verwickelten Vertragspar-

---

[197] BERNHARDT, Hans, *Deutschland im Kreuzfeuer großer Mächte*, aaO., S. 254 f.

tei sofort jede Unterstützung und jeden Beistand gewähren, die in ihrer Macht stehen.«[198]

Auf Anfrage des britischen Unterhausmitgliedes HARVEY, ob der britisch-polnische Vertrag vom 25. August 1939 auch den Fall des Angriffs durch Rußland decken sollte, gab der britische Unterstaatssekretär für Auswärtige Angelegenheiten, BUTLER, am 19. Oktober 1939 folgende schriftliche Antwort:

»Nein. Während der Verhandlungen, die zur Unterzeichnung des Abkommens führten, wurde zwischen der polnischen Regierung und der Regierung seiner Majestät vereinbart, daß das Abkommen nur den Fall eines Angriffs durch Deutschland decken sollte; die polnische Regierung bestätigt, daß dies zutrifft.«[199]

26. August: Der US-Botschafter in Warschau, Joseph E. DAVIES, berichtete nach Washington, einer der höchsten Beamten unter BECK habe ihm erklärt:

»... Die polnische Regierung würde nie zugeben, daß Polen und Deutschland zusammenkämen, um ihre Schwierigkeiten wegen des polnischen Korridors und Danzigs beizulegen... Drei Wochen später (nach Kriegsausbruch!) würden polnische Truppen in Berlin sein.... Sie können mit den Deutschen allein fertig werden!«[200]

28. August: Der britische Chef des Military Intelligence Service und diplomatische Chefberater der britischen Regierung, Robert Lord VANSITTART, höhnte über das Bündnisangebot:

»Und gegen wen sollen wir uns verbünden mit einem solchen Pack wie dem jetzigen Regime in Deutschland? Die bloße Andeutung würde uns in den Vereinigten Staaten ruinieren.«[201]

28. August: Der britische Botschafter erschien bei HITLER und bot Londons Vermittlung für direkte deutsch-polnische Verhandlungen an. HENDERSON berichtete darüber:

---

[198] *Deutsches Weißbuch* Nr. 2/1939, Dokumente zur Vorgeschichte des Krieges, S. 295.

[199] Ebenda, S. 295, Fußnote.

[200] DAVIES, J. E., *Als USA-Botschafter in Moskau*, Zürich 1943, S. 355, und MAIER-DORN, Emil, *Anmerkungen zu Sebastian Haffner*, aaO., S. 139.

[201] Ebenda, S. 224.

»Ich fand den Führer, abermals freundlich und vernünftig und mit der Antwort, die ich ihm überbracht hatte, nicht unzufrieden. Er bemerkte, daß er sie sorgfältig studieren müsse und mir am nächsten Tag Bescheid geben werde. Wenn auch unverbindlich, so war er doch ruhig und sogar versöhnlich.«[202]

29. August: Bis zum 30. August sollte sich ein bevollmächtigter Vertreter Polens in Berlin einfinden. Sir Nevile HENDERSON schrieb dazu:

»Ich habe den polnischen Botschafter aufgesucht, über die deutsche Antwort unterrichtet und ihn beschworen, seine Regierung zu drängen, daß sie unverzüglich einen Vertreter für die vorgeschlagenen Verhandlungen ernennt.«[203]

29. August: Robert COULONDRE (1885–1959), französischer Botschafter in Berlin, schrieb an den Quai d'Orsay:

»Die polnische Regierung sollte der Ernennung eines Bevollmächtigten zustimmen, weil bei alledem der deutsche Kanzler in den ihm von Großbritannien und Frankreich gemachten Vorschlag eines direkten Kontaktes zwischen Berlin und Warschau eingewilligt hat.«[204]

Bis zum 30. August um Mitternacht erschien jedoch keinerlei Bevollmächtigter aus Polen. Josef LIPSKI erklärte,

»nicht daran interessiert zu sein, mit Deutschland auf dieser Basis zu verhandeln«. Er »teilte aber RIBBENTROP mit, daß die polnische Regierung dem Vorschlag zu direkten Verhandlungen nachkommen werde. Polen war zu diesem Zeitpunkt an einer friedlichen Beilegung des Konfliktes nicht mehr interessiert. RIBBENTROP übergibt die deutschen Vorschläge jedoch nicht. LIPSKI bittet nicht, sie ihm zu überlassen«.[205]

Inzwischen hatte der polnische Botschafter den Text über GÖRING-DAHLERUS–HENDERSON bekommen und sogleich ablehnend beschieden.

Der Historiker Alfred SCHICKEL urteilt:

---

[202] HENDERSON, Nevile, *Failure of a Mission*, 1940, S. 270.

[203] Ebenda, S. 281.

[204] BERNHARDT, Hans, *Deutschland im Kreuzfeuer großer Mächte*, aaO., S. 236 u. 210.

[205] *Ploetz*, 28. Aufl., S. 1276.

»Unstreitig steht dagegen fest, daß die polnische Regierung für den 30. 8. 1939 die Generalmobilmachung angeordnet und bis zum Abend dieses Tages keinen Unterhändler nach Berlin entsandt hatte. Nach 470 Jahren seit dem zweiten Thorner Frieden standen Deutsche wieder in offener Feldschlacht gegen Polen, hatte sich die deutsch-polnische Nachbarschaft in kriegerische Gegnerschaft verwandelt. Daß sie zu einer schrecklichen Todfeindschaft auszuarten drohte, brachten die nachfolgenden Kriegs- und Besatzungsjahre mit sich.«[206]

Diese »schreckliche Todfeindschaft« entstand aber keineswegs erst durch den Krieg und die fünfjährige Besatzungszeit. Denn schon am 28. November 1933 hatte Marschall PILSUDSKI dem deutschen Gesandten und nachmaligen Botschafter in Warschau, VON MOLTKE, bei der Entgegennahme der deutschen Vorschläge über eine friedliche Regelung erklärt:

»Sagen Sie Ihrem Führer, ich glaube es gern, daß er ehrlich bemüht ist, alle Probleme zwischen Polen und Deutschland vernünftig zu lösen. Er möge aber nicht übersehen: Der Haß meines Volkes gegen alles Deutsche ist abgrundtief.«[207]

31. August: HENDERSON berichtete nach London:

»Mein Botschaftsrat hat den Schweden DAHLERUS,[208] von der englischen und der deutschen Regierung als Vermittler anerkannt, heute beim polnischen Botschafter LIPSKI eingeführt. Er legte ihm die deutschen Vorschläge zur Lösung der Danzig- und Korridorfrage vor, die er als vernünftige und maßvolle Grundlage einer ehrenhaften Beilegung des Konfliktes für beide Seiten bezeichnete, wo die Alternative nur ein Weltkrieg sein würde. Der Botschafter sagte meinem Botschaftsrat, dieser Plan verletze die polnische Souveränität und er [LIPSKI] setze in der Überzeugung seinen Namen aufs Spiel, daß die deutsche Moral zusammenbrechen und das gegenwärtige Regime bald auseinanderbrechen würde. Es wäre fatal, wenn Herr BECK nach Berlin käme. Wir müssen um

---

[206] SCHICKEL, Alfred, *Deutsche und Polen*, aaO., S. 230.

[207] BERNHARDT, Hans, *Deutschland im Kreuzfeuer großer Mächte*, aaO., S. 124.

[208] Birger DAHLERUS (1891–1957), schwedischer Industrieller und britischer Agent (!), bemühte sich als Bekannter GÖRINGS um Vermittlung zwischen dem Reich und Großbritannien. Dabei diente er London als äußerst wertvoller Informant.

Gottes Willen fest bleiben und eine geschlossene Front zeigen. Selbst, wenn Polen von seinen Verbündeten verlassen würde, wäre es bereit, allein zu kämpfen und zu sterben. Dieses Angebot sei eine Falle. Es sei auch ein Zeichen deutscher Schwäche.«[209]

31. August: GÖRING, DAHLERUS und HENDERSON versuchten zu retten, was zu retten war. HENDERSON bat vormittags den schwedischen Vermittler DAHLERUS und den britischen Legationsrat OLGIVIE-FORBES,[210] zur polnischen Botschaft zu fahren und Botschafter Jósef LIPSKI das deutsche 16 Punkte-Angebot zu übermitteln. Als sie um 11 Uhr dort eintrafen, fanden sie ein leergeräumtes Botschaftsgebäude vor. Der Botschafter LIPSKI interessierte sich nicht im geringsten für das deutsche Angebot. In seinem Buch *Der letzte Versuch*[211] berichtet DAHLERUS:

»Bereits bei der Ankunft spürte man sehr deutlich den Ernst der Lage. In der Halle standen Kisten aufgereiht, und überall war das Personal damit beschäftigt, die Abreise vorzubereiten. LIPSKI empfing uns in seinem Arbeitszimmer, aus dem bereits ein Teil der Ausstattung entfernt war. . .

FORBES. . . bat mich hierauf, die deutsche Note an Polen vorzulesen, was ich tat. Aber LIPSKI erklärte bald, daß er den Inhalt nicht verstehen könne. FORBES notierte hierauf eigenhändig die Hauptpunkte und übergab die Aufzeichnungen LIPSKI, der das Papier mit zitternden Händen nahm und eine Weile betrachtete, dann aber erklärte, daß er nicht deuten könne, was dort stehe. Ich erbot mich hierauf, die Note sofort seiner Sekretärin zu diktieren. . .

Während ich der Sekretärin diktierte, hatte LIPSKI FORBES mitgeteilt, daß er in keiner Weise Anlaß habe, sich für Noten oder Angebote von deutscher Seite zu interessieren. Er kenne die Lage in Deutschland. . . Er erklärte, davon überzeugt zu sein, daß im Falle eines Krieges Unruhen in diesem Land ausbrechen und die polnischen Truppen erfolgreich gegen Berlin marschieren würden.«

Auf Drängen Londons schickte Außenminister BECK um 12 Uhr 40 eine Funkdepesche an Botschafter LIPSKI, mit der dieser aufgefordert wurde, VON RIBBENTROP folgendes mitzuteilen:

---

[209] *Documents on British Foreign Policy*, Vol. VII, Nr. 597.

[210] OLGIVIE-FORBES, Sir George, britischer Diplomat, 1933–1939 Geschäftsträger in Berlin.

[211] DAHLERUS, Birger, *Der letzte Versuch*, München 1948, S. 110.

»Diese Nacht wurde die polnische Regierung von der britischen von deren Erörterungen mit der deutschen Regierung über die Möglichkeit direkter Verhandlungen zwischen der deutschen und der polnischen Regierung unterrichtet. Die polnische Regierung wird den Vorschlag der britischen Regierung in günstigem Sinn erwägen und der britischen Regierung in einigen Stunden eine formelle Antwort zu dieser Frage geben.«[212]

In dem Mitschnitt der deutschen Funkaufklärung hatte diese Weisung einen Anhang, den Lipski genau befolgte:

»Lassen Sie sich unter keinen Umständen in sachliche Diskussionen ein. Wenn die Reichsregierung mündliche oder schriftliche Vorschläge macht, müssen Sie erklären, daß Sie keinerlei Vollmacht haben, solche Vorschläge entgegenzunehmen oder zu diskutieren, und daß Sie ausschließlich obige Mitteilung Ihrer Regierung zu übermitteln und erst weitere Instruktionen einzuholen haben.«[213]

Doch Göring versuchte noch ein letztes Mal, den Frieden zu retten. Um 16 Uhr 30 kam es zu einer Konferenz mit Henderson, Göring, Ogilvie-Forbes und Dahlerus. Als sie aber um 19 Uhr auseinandergingen, hatte Göring nichts erreicht. Der bereits befohlene Aufmarsch an der polnischen Grenze wurde jetzt von Hitler nicht mehr gestoppt.

Provokative polnische Grenzverletzungen und Terrorakte

Warschaus Aggressivität im Sommer 1939 beschränkte sich keineswegs auf diplomatische Schachzüge und Provokationen. Vor Ausbruch des Zweiten Weltkrieges kam es nicht nur zu unzähligen polnischen Übergriffen auf Volksdeutsche und zu Unterdrückungsmaßnahmen gegenüber der deutschen Minderheit. Über vierzigmal überschritten polnische Einheiten zwischen dem 25. und 31. August 1939 provokativ die deutsche Grenze, überfielen deutsche Gehöfte, zündeten sie an und metzelten Bauern und Zollbeamte nieder.[214] Dabei handelte es sich um folgende Provokationen, die sich unter anderem aus einer Dokumentation des Auswärtigen Amts in Berlin

---

[212] *Polnisches Weißbuch*, Dokument 110.
[213] Dahlerus, Birger, *Der letzte Versuch,* aaO., S. 113.
[214] Einzeln nachgewiesen in: Auswärtiges Amt (Hg.), *Dokumente zur Vorgeschichte des Krieges,* Berlin 1939, S. 307–311.

(vom August 1939) ergeben. Am 23. August 1939 teilte Vizekonsul VON GROLMANN vom Deutschen Generalkonsulat Danzig folgendes mit:

>Gegen 14.25 Uhr ist die fahrplanmäßige Verkehrsmaschine Berlin–Danzig–Königsberg in der Nähe von Heisternest, auf der Halbinsel Hela, von polnischer Seite scharf beschossen worden. Die Maschine befand sich etwa sechs Seemeilen von der Küste entfernt und flog in einer Höhe von etwa 50 m. Die Schüsse lagen etwa je 50 m seitlich der Maschine sowie vor dem Flugzeug.«

Am 24. August 1939 gingen bei der Deutschen Lufthansa noch zwei weitere Meldungen über die Beschießung von Flugzeugen ein:

>1. Das Flugzeug D-APUP, Typ ›Savoia‹, Flugzeugführer BÖHNER, ist auf dem Flug von Danzig nach Berlin um 13.15 Uhr von Hela aus und auch von einem 40 km von der Küste liegenden polnischen Kreuzer durch Flak beschossen worden. Die Entfernung des Flugzeugs von der Halbinsel Hela betrug 15 bis 20 km, die Flughöhe 1500 m. Sprengwolken von 8 Schüssen wurden in größerer Entfernung von der Maschine beobachtet.
2. Das Flugzeug D-AMYO, Typ Ju 86, Flugzeugführer NEUMANN, wurde auf dem Flug von Danzig nach Berlin um 16 Uhr von der Halbinsel Hela aus beschossen. Entfernung von der Küste 5 bis 6 Seemeilen, Flughöhe 1200 m. Die Schüsse lagen zu kurz und zu tief.«

Meldung des Oberfinanzpräsidenten Ostpreußen vom 25. August 1939:

>In der Nacht v. 25. auf den 26. August wurden die auf deutschem Gebiet gelegenen Teile der Straßenbrücke und der Eisenbahnbrücke Zandersfelde-Neuliebenau von polnischem Militär gesprengt und völlig zerstört.«

Meldung des Hauptzollamtes Lauenberg vom 26. August 1939:

>Um 23 Uhr flüchtete der Volksdeutsche TATULINSKI aus Seelau gegenüber der Zollaufsichtsstelle Groß-Sellnow über die Grenze, nachdem sein Gehöft von einer polnischen Bande angezündet worden war. Auf den Flüchtigen wurden von den Polen mehrere Schüsse abgegeben, die auf deutschem Gebiet einschlugen.«

Meldung des Hauptzollamts Meseritz vom 26. August 1939:

»Volksdeutsche Flüchtlinge, die am 26. 8. 1939 bei Betsche-Süd über die Grenze kamen, wurden von polnischen Grenzbeamten mehrfach beschossen, nachdem sie sich schon in einem Maisfelde auf deutschem Boden verborgen hatten.«

Meldung der Staatspolizeistelle Elbing vom 27. August 1939:

»Gegen 3.15 Uhr wurde die Eisenbahnhaltestelle und das Sägewerk in Alt-Eiche, Kreis Rosenberg, Westpreußen, von einer etwa 15 Mann starken, mit Gewehren bewaffneten polnischen Bande überfallen. Nachdem die Polen mehrere Schüsse abgegeben hatten, wurden sie durch eine Gruppe des deutschen Grenzschutzes vertrieben.«

Meldung des Hauptzollamts Schneidemühl vom 27. August 1939:

»Gegen 10.30 Uhr wurden in der Gegend Vorwerk-Dreilinden, etwa 300 m diesseits der Grenze, drei deutsche Grenzwacht-Offiziere, Hauptmann Täschner, Oberleutnant Sebulka und Leutnant Dinger, von der polnischen Grenze her beschossen.«

Meldung des Hauptzollamts Neidenburg vom 27. August 1939:

»Gegen 17 Uhr postierte eine Streife der Zollamtsstation Flammberg bei Punkt 128, der etwa 100 m vom Grenzfluß Orzy an einem Waldrande westlich Flamm gelegen ist. Plötzlich fielen von polnischer Seite her etwa 20 Schüsse, die auf deutschem Gebiet einschlugen. Wie sich später ergab, rührten sie von einer polnischen Grenzstreife her, die sich unter Führung eines polnischen Offiziers der deutschen Grenze genähert und das Feuer auf einen deutschen Wehrmachtsposten eröffnet hatte. Es konnte ferner festgestellt werden, daß hierbei seitens der Polen 4 Eierhandgranaten geworfen wurden.«

Meldung des Hauptzollamts Beuthen vom 28. August 1939:

»Gegen 1 Uhr wurden von einem polnischen Maschinengewehr mehrere Schüsse abgegeben. Sie schlugen dicht neben einer Maschinengewehrgruppe der Grenzwacht ein, die an der Schlackenhalde beim Sportplatz Borsigwerk in Stellung lag.«

Meldung der Staatspolizeistelle Elbing vom 28. August 1939:

»Gegen 1.45 Uhr wurde die Feldwache in Alt-Eiche, Kreis Rosenberg, Westpreußen, von regulären polnischen Truppen überfallen. Zunächst griffen die Polen eine Gruppe der Grenzwacht an, die an dem dortigen Grenzübergang postiert war und sich daraufhin bis zum Bahnhof Alt-Eiche zurückzog. In diesem Augenblick kamen aus einer anderen Richtung etwa 10 polnische Soldaten, welche zum Sturmangriff ansetzten. Die deutsche Gruppe ging nunmehr wieder in Stellung und eröffnete das Feuer. Die Polen waren in Schützenlinie ausgeschwärmt und schossen ebenfalls. Hierdurch wurde der Gefreite GRUDZINSKI aus Hansdorf tödlich getroffen und ein weiterer Schütze an der Schulter verletzt. Die polnischen Soldaten zogen sich sodann wieder auf polnisches Gebiet zurück.«

Meldung der Staatspolizeistelle Köslin vom 29. August 1939:

»In den frühen Morgenstunden führten polnische Grenzschutzsoldaten einen Feuerüberfall auf das deutsche Zollhaus Sonnenwalde-Bahnhof aus. Bei der Abwehr wurden ein deutscher Bezirkszollkommissar und ein deutscher Hilfsgrenzangestellter verwundet.«

Meldung der Staatspolizeistelle Breslau vom 29. August 1939:

»Um 13.40 Uhr wurde der Zollbetriebsassistent DIPPE von einem polnischen Grenzposten mit Gewehr beschossen, als er sich in einem Wäldchen bei Neu-Vorberg an der Straße Lesten-Tharlang aufhielt.«

Meldung des Hauptzollamts Beuthen vom 29. August 1939:

»Gegen 21.45 Uhr wurden von polnischem Militär wiederholt auf deutsches Gebiet in der Nähe des Zollamts III Beuthen Schüsse abgegeben. Zunächst erfolgten etwa 20 bis 30 Pistolenschüsse über die Zollstraße beim Zollamt hinweg in Richtung auf den Grubenhof der Beuthen-Grube, die etwa 10 m vor der dritten Gruppe eines dort befindlichen Zuges der 8. Grenzwachtkompanie einschlugen. Es folgten dann 10 bis 15 Gewehrschüsse und unmittelbar darauf weitere 4–5 Schuß, die von einer Maschinenpistole herrührten. Das Feuer wurde von deutscher Seite nicht erwidert.«

Meldung des Hauptzollamts Gleiwitz vom 29. August 1939:

»Gegen 23.50 Uhr wurden deutsche Zoll- und Grenzwachtbeamte auf deutschem Gebiet nahe dem Zollamt Neubersteich von einer polnischen Formation heftig unter Feuer genommen. Hierbei waren zwei leichte Maschinengewehre, die auf deutschem Gebiet in Stellung gebracht waren, sowie ein schweres Maschinengewehr einwandfrei festzustellen. Nach einem Feuergefecht stellten die Polen um 1.15 Uhr das Feuer ein.«

Meldung der Staatspolizeistelle Elbing vom 30. August 1939:

»Gegen 0.30 Uhr wurde das Zollgehöft Neukrug, Kreis Rosenberg, von der Waldseite aus von regulären polnischen Truppen angegriffen. Die Polen beabsichtigten offenbar, der Besatzung des Zollgehöfts in den Rücken zu fallen. Sie hatten unweit des Zollgehöfts hinter einer Autogarage ein leichtes Maschinengewehr in Stellung gebracht. Ein Schütze der deutschen Feldwache wurde tödlich verletzt. Im Zollgehöft wurden mehrere Fensterscheiben und die Telephonleitung zerstört.«

Meldung des Oberfinanzpräsidenten in Troppau vom 30. August 1939:

»Um 15.05 Uhr wurde ein über deutschem Gebiet befindliches Flugzeug – anscheinend ein deutsches Aufklärungsflugzeug – von polnischem Gebiet aus Richtung Oderberg und Wurbitz von Flakartillerie beschossen. Sprengstücke wurden gefunden und sichergestellt.«

Meldung des Hauptzollamts Gleiwitz vom 31. August 1939:

»Gegen 2 Uhr erfolgte von polnischer Seite ein Feuerüberfall auf die das Zollamt Neubersteich sichernde deutsche Grenzwache. Ein Angriff der Polen auf das Zollamt wurde durch deutsches Abwehrfeuer verhindert.«

Meldung des Zoll-Bezirkskommissars Deutsch-Eylau vom 31. August 1939:

»Gegen 3 Uhr früh wurde bei Scharschau auf deutschem Reichsgebiet durch polnische Truppen auf eine Streife der Grenzwacht ein Feuerüberfall verübt. Als die Streife Verstärkung heranzog und das Feuer erwiderte, zogen sich die Polen zurück.«

220 Hans Meiser ·Polen – ein Ärgernis?

Meldung der Staatspolizeistelle Elbing vom 31. August 1939

»Gegen 24.30 Uhr wurde das Zollgehöft Neukrug von 30 polnischen Soldaten angegriffen, die mit Maschinengewehren und Karabinern ausgerüstet waren. Der Angriff wurde durch die deutsche Feldwache zurückgeschlagen.«

Meldung der Staatspolizeistelle Liegnitz vom 31. August 1939:

Ein deutscher Zollbeamter wurde bei Pfalzdorf, Kreis Grünberg, etwa 75 m von der polnischen Grenze entfernt, durch polnische Truppen tödlich verletzt.«

Meldung der Staatspolizeistelle Liegnitz vom 31. August 1939:

»In der Nacht wurde ein deutscher Zollbamter während der Ausübung seines Dienstes bei Röhrsdorf, Kreis Fraustadt, durch polnische Truppen erschossen, ein weiterer Zollbeamter schwer verletzt.«

Aus einem Bericht von Heinrich-Julius ROTZOLL, 47574 Goch (früher Königsberg), vom 25. Juni 1990:

»Das Heeres-Artillerie-Regiment 57 aus Königsberg/Preußen wurde Mitte August 1939 an die von Polen gefährdete Grenze gelegt. Wir bezogen die Bereitstellung bei Garnsee, Kreis Neidenburg (Ostpreußen). Die Stellung meiner Batterie lag in einem Maisfeld. In diesem Raum war bereits seit Wochen die Arbeit auf den Feldern zum Lebensrisiko geworden. Bis in 7 km Tiefe in ostpreußisches Reichsgebiet fielen aus Polen sengende und mordende Kavallerietrupps ein. Dieses begann bereits seit Juli 1939. Soweit das Auge reichte, konnte man in den Abendstunden Rauch und Feuer sehen. Die brennenden Häuser und Dörfer wurden von polnischen Kavallerietrupps provokatorisch angesteckt. Wer sich von der Bevölkerung aus den brennenden Häusern ins Freie rettete oder das Feuer löschen wollte, wurde niedergemacht.

Um diesen Umtrieben Einhalt zu gebieten, erhielt meine Batterie am 23. August 1939 den Befehl, ein Jagdkommando aufzustellen. Als Wachtmeister bekam ich das Kommando unterstellt und auch den Einsatzbefehl. Am ersten Tage des Einsatzes war unser motorisierter Stoßtrupp eine halbe Stunde zu spät in den Einsatz gekommen – eine mordende polnische Schwadron raste bereits in

Richtung der schützenden Grenze. Die Spuren waren grausam; in den Feldwegen und auf den Feldern fanden wir Leichen von deutschen Bauern. Diese waren mit Säbel zerfetzt oder erschossen worden. . . Doch bereits am 26. August 1939 stellte unser Kommando einen polnischen Reitertrupp in einem Zuckerrübenfeld unweit von Garnsee. In unseren MG-Garben wurde die polnische Kavallerie aufgerieben. 47 polnische Reiter waren auf reichsdeutschem Boden gefallen. . .

Als unsere Einheiten am 1. September 1939 um 5 Uhr zum Sturmangriff überging, fanden wir jenseits der polnischen Grenze frische Gräber von deutschen Zivilisten. Auch blutige und zerfetzte Kleidungsstücke von Zivilisten lagen auf Wegen und Straßenrändern herum. Auch von polnischen Kriegsgefangenen bekamen wir die Bestätigung, daß provokatorische Angriffe auf die Zivilbevölkerung auf deutschem Reichsgebiet vor dem 1. September 1939 befohlen worden sind.«

Aus einem Bericht von Frau L. S., 32312 Lübbecke (früher Bromst) vom 23. Juli 1990:

»Im Sommer 1939 kamen von April bis kurz vor Ausbruch des Zweiten Weltkrieges Hunderte, nein Tausende von deutschen Familien an seichten Stellen durch die Sümpfe gewatet, bzw. durch die Obraseen geschwommen, hindurch zu uns vor die Türen, abends spät, daß sie keiner sah, und bettelten um Brot oder Milch für die Babies und um trockenes Zeug. Wir waren zunächst sprachlos und wußten nicht, was los war. Sie berichteten immer wieder folgendes:

›Wir sind schon seit vielen Wochen auf der Flucht vor den Polen, wir werden einfach auf den Straßen und Feldern erschossen, wir sind unseres Lebens nicht mehr sicher, die Polen verfolgen alle Deutschen.‹ ›Und warum?‹ fragten wir. ›Die polnischen Pfarrer reden und hetzen von den Kanzeln: Schlagt die Deutschen tot, wo immer ihr sie trefft. Schießt sie über den Haufen, vernichtet die ganze deutsche Brut.‹ . . . Diese Völkerwanderung dauerte während des ganzen Sommers an, zuletzt kamen nur noch ganz wenige. weil die Grenze stark bewacht wurde.«

Insgesamt wurden in der Zeit von März bis August 1939 über zweihundert von polnischem Militär hervorgerufene Grenzzwischenfälle, Grenzüberschreitungen und damit verbundene Gewalt- und Mordtaten festgestellt. Dazu gehören auch nächtliche Überfälle von polnischen Reitern, die schon im Juli 1939 sengend und mordend im ostpreußischen Grenzgebiet einfielen. Die Deutschen dagegen hatten Schießverbot, solange sie sich nicht verteidigen mußten. Um den Frieden nicht zu gefährden, durften deutsche Zeitungen vor dem 1. September nicht darüber berichten. Alle diese Überfälle und Terrorakte hätten genügend Grund für einen militärischen Gegenschlag geboten. Aber genau das war es, was Polen erreichen wollte. Hitler bewies unendliche Geduld. Aber jetzt kam noch die polnische Generalmobilmachung vom 30. August hinzu.

Frage an einen objektiven Beobachter: Wer hat nun wen überfallen?

31. August 1939, 18 Uhr 30 – die Entscheidung

Der polnische Botschafter in Berlin, Josef Lipski, berichtete über seine vereinbarte Unterredung mit Joachim von Ribbentrop um 18 Uhr 15 das Folgende an das polnische Außenministerium: Nachdem er die Weisung seiner Regierung verlesen habe, habe ihn Ribbentrop gefragt, ob er »mit besonderen Vollmachten zu Verhandlungen« versehen sei. Als er das verneinen mußte, schien Ribbentrop überrascht und beendete das Gespräch mit der Bemerkung, daß er dem Führer die Lage berichten werde.[215]

Nach der amtlichen Bekanntgabe von Hitlers Angebot an Polen um 21 Uhr gab der polnische *Rundfunksender Warschau* kurz vor Mitternacht folgende Meldung (Übersetzung):

»Die heutige Bekanntmachung des deutschen offiziellen Kommuniqués hat die Ziele und Absichten der deutschen Politik klar gezeigt. Es beweist die offenen Aggressionsabsichten Deutschlands gegenüber Polen. Die Bedingungen, unter denen das Dritte Reich bereit ist, mit Polen zu verhandeln, lauten: Danzig kehrt sofort zum Reich zurück. . .«

Es folgen die Hauptpunkte von Hitlers 16 Punkte-Angebot an Polen. Dann heißt es weiter:

---

[215] Tansill, Charles C., *Die Hintertür zum Kriege*, Selent 2000, S. 335. Lipski an das polnische Außenministerium, in: *Polish White Book*, S. 119 f.

»Die deutsche Agentur gibt bekannt, daß der Termin für die Annahme dieser Bedingungen gestern abgelaufen ist. Deutschland
hat vergeblich auf einen Abgesandten Polens gewartet. Die Antwort waren die militärischen Anordnungen der Polnischen Regierung. Keine Worte können jetzt mehr die Aggressionspläne der
neuen Hunnen verschleiern. Deutschland strebt die Herrschaft
über Europa an und durchstreicht mit einem bisher nicht dage-
wesenen Zynismus die Rechte der Völker. Dieser unverschämte
Vorschlag beweist deutlich, wie notwendig die militärischen Anordnungen der Polnischen Regierung gewesen sind.«[216]

Am 1. September 1939, noch ehe der deutsche Angriff einsetzte, soll
der polnische Sender in einer Sondermeldung um 0.00 Uhr bekannt-
gegeben haben:

»Wir sind auf dem siegreichen Vormarsch nach Berlin und werden Ende der Woche in Berlin sein. Die deutschen Truppen gehen
an der ganzen Front in Unordnung zurück.«

Damit waren die Würfel gefallen. Der ›Fall Weiß‹ war eingetreten.

---

[216] *Deutsches Weißbuch* 2/1939: *Dokumente zur Vorgeschichte des Krieges,*
Dokument Nr. 469, S. 306.

4. Schuld am Ausbruch des Krieges?

Der berühmte schwedische Wissenschaftler und Weltreisende Sven HEDIN schrieb in seinem Buch *Amerika im Kampf der Kontinente* (1942) über die Behandlung von HITLERS Angebot vom 29. August 1939 an Polen:

>»Die diplomatischen Akten der neueren Geschichte werden kaum ein Schriftstück aufweisen, das diesem Vorschlag an Mäßigung, an Entgegenkommen und Verständnis für die Bedürfnisse eines anderen Landes gleichkommt. Daß Polen ihn trotzdem nicht einmal einer Empfangsbestätigung für wert hielt, kann nur durch die inzwischen bekannt gewordene Tatsache erklärt werden, daß es sich nicht nur auf seine europäischen Freunde Großbritannien und Frankreich verließ, sondern vor allem auch auf die Unterstützung der Vereinigten Staaten. ROOSEVELT hatte sie durch seine Botschafter in Warschau und Paris zusagen lassen.

In London ist behauptet worden, daß der deutsche Vorschlag so spät abgesandt wurde, daß die Warschauer Regierung gar nicht darauf antworten konnte. Der deutsche Einmarsch in Polen sei so schnell erfolgt, daß der ganze Vorschlag wahrscheinlich nicht ernst gemeint war.

Diese Behauptung ist unwahr. Der Londoner *Daily Telegraph*, eine dem Foreign Office nahestehende Zeitung, hat in der Abendausgabe vom 31. August 1939 einen Bericht über Beratungen im englischen Kabinett veröffentlicht. In diesen sei zur Sprache gekommen, daß dem britischen Botschafter in Berlin, Sir Nevile HENDERSON, vom deutschen Reichsaußenminister die deutschen Vorschläge über eine friedliche Beilegung des deutsch-polnischen Konflikts übermittelt worden seien. Er habe sie sofort nach London weitergemeldet, da sich die britische Regierung in einer Note vom 28. August 1939 gegenüber der deutschen Regierung bereit erklärt hatte, die Vermittlung zu übernehmen. Das Londoner Kabinett habe das deutsche Memorandum nach Warschau weitergeleitet, und die polnische Regierung habe nach seinem Empfang die Generalmobilmachung[217] angeordnet.

---

[217] Nach damaligen Auffassungen galt eine Generalmobilmachung bereits als Kriegserklärung.

In London hat der Bericht des *Daily Telegraph* große Bestürzung hervorgerufen, denn man war dort mit ROOSEVELTS Zustimmung entschlossen, die Schuld am Ausbruch des Krieges nach dem Vorbild von 1914 Deutschland zuzuschieben. Im britischen *Blaubuch* über den Kriegsausbruch und in den Erinnerungen Sir Nevile HENDERSONS, *The Failure of a Mission* ist dieser Entschluß ausgeführt worden.

Die unbeabsichtigte Wahrheitsliebe des *Daily Telegraph* wurde dadurch zu vertuschen gesucht, daß die genannte Abendausgabe beschlagnahmt und die Redaktion veranlaßt wurde, eine zweite Spätausgabe herauszubringen, in deren Bericht über die Kabinettsberatung der für die britische Regierung so peinliche Satz über die polnische Generalmobilmachung nach Erhalt des deutschen Vorschlags entfernt war. Das Foreign Office hat aber nicht verhindern können, daß die erste Ausgabe des *Daily Telegraph* mit der Mitteilung bereits in die Hände einiger Menschen gekommen war, die sich für die wahren Umstände interessierten...«[218]

Am 30. August sandte Lord HALIFAX an Botschafter KENNARD eine Weisung, in der es heißt, die englische Regierung

»könne die Verantwortung nicht übernehmen, der polnischen Regierung die Mobilmachung abzuraten, doch bitte sie, daß sie in einer unauffälligen Form, wie irgend möglich, erfolge«.

Daraufhin wurde in Polen zum 31. August 1939 durch öffentlichen Anschlag die endgültige allgemeine Mobilmachung befohlen. Von einer Verhandlungsbereitschaft Polens kann also keine Rede sein, ebenso wenig von einer Absicht London, eine solche Bereitschaft gefördert zu haben. Vielmehr war London entschlossen, einen lokalen Krieg zum Anlaß für einen europäischen Vernichtungskrieg zu nutzen.

Hintergründe des deutsch-polnischen Konflikts

Zu den Hintergründen des Ersten Weltkrieges gehört die Tatsache, daß beim auslösenden Mord in Sarajewo westliche Freimaurer ihre ›schwarze Hand‹ im Spiel hatten. Gleiches gilt für die Politik Polens, die zum Zweiten Weltkrieg führte. Das beweist Professor Leon CHAJN

---

[218] HEDIN, Sven, *Amerika im Kampf der Kontinente*, Leipzig 1942, S. 64.

in seinem Buch *Wolnomularstwo w II. Rzeczypospolitej,* zu deutsch: *Freimaurerei in der II. Republik Polen in den Jahren 1918–1939.*

Daraus ergibt sich, daß polnische Freimaureraktivitäten – weitgehend beeinflußt vom Pariser ›Grand Orient‹ – die polnische Innen- und Außenpolitik der Jahre 1920 bis 1939 mitgestaltet haben, besonders nach Pilsudskis Tod im Jahre 1935 im Spiel gegen Deutschland. Der einzige Gegenspieler war Marschall Josef Pilsudski, der gegenüber den Logen wie auch gegenüber der Kirche geistig unabhängig und nie Mitglied einer Loge war. Mehrmals hat er die Einmischung in- und ausländischer Logen in die polnische Politik als diejenige ›fremder Agenturen‹ öffentlich verurteilt.

Pilsudski wußte sehr genau, daß das Werben Hitlers um Polens Gunst ehrlich gemeint war. Zur Sicherung Europas gegen den Bolschewismus war im Rahmen des europäischen Schutzwalles Polen ein besonderer Platz zugedacht, der des besonderen militärischen Schutzes durch das Deutsche Reich hätte ganz sicher sein können.

Nach dem sehr mysteriösen Tod des polnischen Marschalls waren für die internationalen Kriegstreiber die Jahre von 1935 bis 1939 nur noch eine »Abwartezeit«, wie es der britische Lord Vansittart bereits 1933 vorausgesagt hatte:

»Wenn Hitler fehlschlägt, wird sein Nachfolger der Bolschewismus sein; wenn er Erfolg hat, wird er innerhalb von fünf Jahren einen europäischen Krieg bekommen.«[219]

Hitlers ›goldene Friedens-Brücke‹: ›Ostlocarno‹

Es gehört zu den infamsten, aber auch raffiniertesten Lügen, daß Hitler die Zerstörung Polens schon seit langem geplant habe. Ganz im Gegenteil dazu hat die deutsche Regierung im Zeitraum 1934 bis 1939 mit Hilfe zahlreicher großzügiger Angebote unablässig versucht, Polen wahrhaft ›goldene Brücken‹ zu bauen. Daß diese ehrlichen Bemühungen letztlich scheiterten, kann nicht dem Deutschen Reich, sondern muß dem damaligen imperialistisch ausgerichteten Polen sowie den internationalen Kriegstreibern in London, Paris und Washington angelastet werden.

Heute steht einwandfrei fest, daß sich der polnische Präsident Rydz-Smigly wie auch sein Außenminister Josef Beck nach Pilsudskis

---

[219] In *Even now,* London 1933, S. 69.

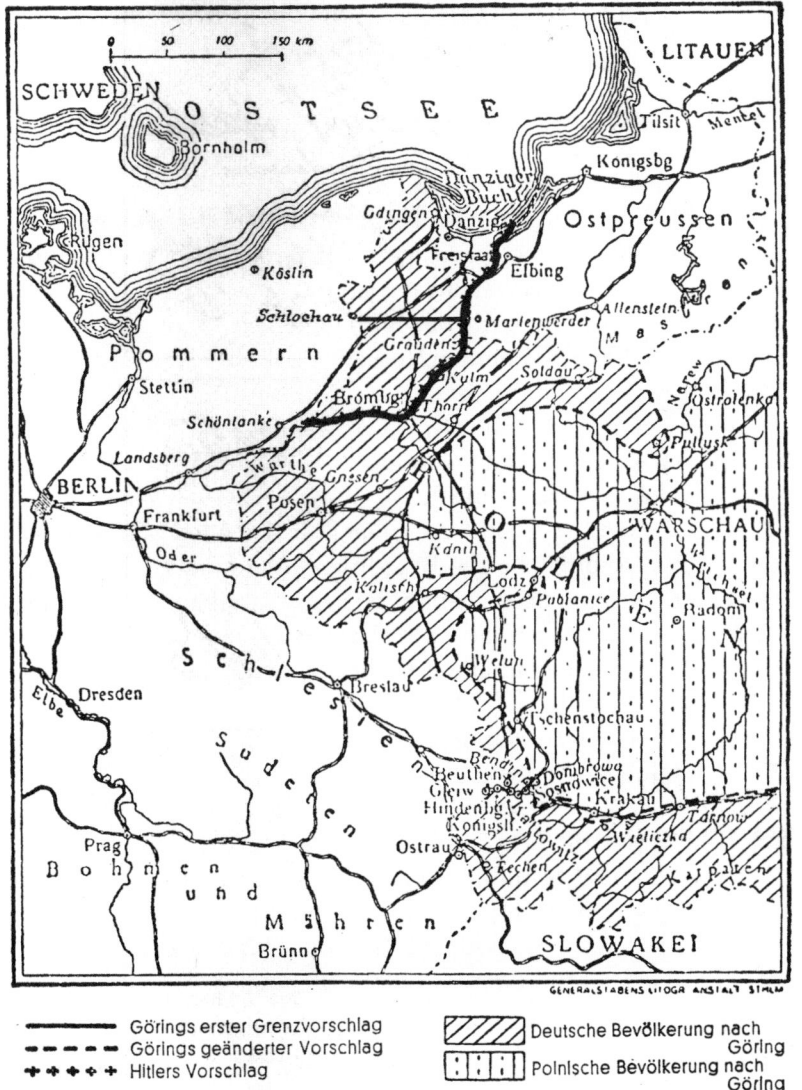

——————— Görings erster Grenzvorschlag	▨▨▨ Deutsche Bevölkerung nach Göring
— — — — Görings geänderter Vorschlag	
+++++ Hitlers Vorschlag	⋮⋮⋮ Polnische Bevölkerung nach Göring

Karte 8: Die Korridor-Frage – letzte deutsche Kompromißvorschläge vom 30. August 1939.

Tod – also vom Sommer 1935 bis in den Sommer 1939 hinein – als hemmungslose Kriegstreiber gegen Deutschland betätigt haben.

Die Warschauer Verschwörergruppe strebte zielbewußt den Krieg mit Deutschland an. Wie bereits nachgewiesen, war die Zielsetzung dabei rein imperialistischer Natur, woraus auch in der Öffentlichkeit nie ein Hehl gemacht wurde. Sie bestand vor allem in der lauthals proklamierten festen Absicht, die deutschen Ostgebiete gewaltsam zu erobern und sie in das geplante Großpolen einzugliedern. Um dieses Ziel zu erreichen, waren sie, wie gesagt, gewillt, mit Hilfe der Westmächte eine Politik des Blutvergießens zu verwirklichen.

Über fast alle diese internen Vorgänge und verhängnisvollen Betrugsmanöver in Warschau war HITLER in den dreißiger Jahren bestens informiert. Erstaunlich ist, daß er dennoch nie die Nerven verlor und mit einer Langmut ohnegleichen immer wieder versuchte, mit Polen ins reine zu kommen.

Die auf einen Krieg mit Deutschland abzielenden Machenschaften der Gruppe um BECK und RYDZ-SMIGLY wurden restlos bestätigt, als beim Einmarsch deutscher Truppen in Warschau im September 1939 nahezu alle Akten des polnischen Außenministeriums sowie des polnischen Geheimdienstes in die Hände der Deutschen fielen.

Für die hinterhältige Politik Polens in den dreißiger Jahren zeugen die bereits erwähnten historischen Tatsachen, die niemand aus der Welt zu reden vermag:

1. Im Jahre 1933 versuchte Polen, einen Präventivkrieg gegen das Reich mit Unterstützung Frankreichs in Gang zu bringen.

2. Im Jahre 1936 bemühte sich Josef BECK in Paris und London um einen Krieg gegen Deutschland.

3. Polen erzwang im Sommer 1939 mit Hilfe terroristischer Gewaltakte, vorwiegend Grenzverletzungen, den Krieg mit Deutschland.

Dem polnischen Kriegsgebaren standen deutscherseits Angebote an Warschau gegenüber, mit denen wahrhaft ›goldene Brücken‹ gebaut wurden:

1. Aufnahme Polens in den Antikominternpakt und militärischer Schutz für Polen im Falle eines sowjetischen Angriffs.

2. Rückkehr Danzigs zum Deutschen Reich und Bau einer exterritorialen Autobahn durch den Korridor.

3. Garantie der polnischen Grenzen.
4. Verlängerung des deutsch-polnischen Vertrags von 10 auf 25 Jahre.

Polens Antwort bestand in einer bis dahin unerhörten Deutschenhetze und in kaum faßbaren, wissentlich provozierten Herausforderungen in unbekannter Zahl. Seit Juli 1939 befand sich das Leben eines jeden einzelnen Volksdeutschen in Polen in ständiger Bedrohung und Gefahr. Somit lag für das Deutsche Reich ein im Völkerrecht verankerter übergesetzlicher Notstand vor, der dadurch begründet war, daß die damalige polnische Regierung und ihre Organe weder willens noch fähig waren, den Schutz der über 1 200 000 volksdeutschen Staatsbürger Polens überhaupt noch wahrzunehmen und zu gewährleisten. Folglich war der deutsche Einmarsch in Polen am 1. September 1939 genaugenommen nichts anderes als eine Polizeiaktion gegen rabiat gewordene Terroristen, die ganz sicher vielen tausend Deutschen das Leben gerettet hat.

Darauf hatten die internationalen Kriegstreiber geradezu brennend gewartet, um der ohnehin unwissenden Welt und vornehmlich später den ›umerzogenen‹ Deutschen einreden zu können, der Aggressor Deutschland habe das friedliebende Polenvolk vorsätzlich und brutal überfallen und somit einen Weltkrieg verschuldet. Diese größte Lüge des 20. Jahrhunderts wurde nach 1945 für alle Deutschen zu einer Art ›Geschichtsdogma‹ erhoben, dessen Zweck der Tübinger Professor Theodor Eschenburg (*Zur politischen Praxis in der Bundesrepublik,* 1964, S. 164) so charakterisierte:

»Die Erkenntnis von der unbestrittenen und alleinigen Schuld Hitlers ist vielmehr eine Grundlage der Politik der Bundesrepublik.«

Die im Auftrag der offiziellen politischen Korrektheit arbeitenden etablierten Historiker vermeiden es, Hitlers letztes Angebot überhaupt zu erwähnen, geschweige denn zu analysieren, besonders den dritten Punkt. Denn unter der unscheinbaren Bezeichnung »Garantie der polnischen Grenzen« verbirgt sich der Vorschlag Adolf Hitlers, im Rahmen eines Abkommens mit Polen deutscherseits die bestehenden Grenzen zwischen beiden Ländern als endgültig anzuerkennen.

Dieser geradezu sensationelle Vorschlag war der entscheidende Höhepunkt des Angebots. Ihn hätte Warschau als spektakulären

Erfolg verkaufen können und als ausreichende Kompensation für den formellen Anschluß der rein deutschen Stadt Danzig an das Reich. Denn das sogenannte ›Ostlocarno‹, also die völkerrechtlich verbindliche Anerkennung der polnischen Hoheit über die nach 1918 von Polen annektierten deutschen Provinzen war bis dahin ein absolutes Tabu in Deutschland gewesen. In der Weimarer Republik hatten alle Parteien von rechts bis links es rigoros abgelehnt, die deutschen Ostgrenzen zu Polen anzuerkennen. Die Oberschichten und Teile der militärischen Führung standen HITLER auch wegen seiner Polenpolitik kritisch gegenüber. Besonders der gegen HITLER konspirativ arbeitende konservative ›Widerstand‹[220] wandte sich grundsätzlich gegen HITLERs Versöhnungspolitik gegenüber Polen. Obwohl HITLER wohl kaum von der schon damals existierenden landesverräterischen Verschwörung des ›Widerstandes‹ wußte, war ihm diese grundsätzliche politische Frontstellung durchaus bewußt.

In Kenntnis der Ablehnung seiner Polenpolitik in den höheren militärischen Rängen ließ HITLER seinen Außenminister dem polnischen Botschafter LIPSKI am 24. Oktober 1938 das genannte spektakuläre Angebot unterbreiten. In diesem steckt das überzeugendste Argument für HITLERs Verständigungsbereitschaft gegenüber Polen und für die Nichtexistenz jeglicher strategischer Pläne der deutschen Regierung zur Zerschlagung Polens.

Ist es ein Zufall, daß im Laufe der letzten Jahrhunderte dreimal ein slawisches Zentrum Quellort eines großen Krieges wurde? 1618 war es Prag, 1918 Sarajewo und 1939 Warschau. Ob die Drahtzieher und Nutznießer woanders zu suchen sind, ist eine andere Frage.

Der Westen ließ Polen ins offene Messer laufen

Prof. Pawel WIECZORKIEWICZ, Historiker an der Warschauer Universität, der in den letzten vier Jahren u. a. *Die Feldzüge von 1939* und *Die Politische Geschichte Polens 1935–1945* veröffentlichte, gab der seriösen Tageszeitung *Rzeczpospolita* (*Republik*) zum 17. September 2006, dem 66. Jahrestag des sowjetischen Angriffs auf Polen, ein bemerkenswertes Interview zum Polnischen Krieg 1939.

---

[220] Ausführliche Darstellung dieses ›Widerstandes‹ und seiner Protagonisten in: MEISER, Hans, *Verratene Verräter – Die Schuld des Widerstandes an Ausbruch und Ausgang des Zweiten Weltkrieges,* Stegen 2006.

Darin wendet er sich gegen die Behauptung, nach Versailles habe es polnischer Territorialgewinne wegen zwangsläufig zu deutschen Revanchegelüsten und zum Krieg kommen müssen. Vielmehr betrachtet er Hitlers anfängliches Angebot, das Problem Danzig und Korridor in einem 8 Punkte-Programm friedlich zu lösen, keineswegs als Forderung oder gar Ultimatum, sondern als Vorschlag, mit dem er gleichzeitig für polnische Zugeständnisse einen Nichtangriffspakt und den Beitritt zum Antikomintern-Pakt anbot. Hitler habe Polen die Funktion eines Schutzwalles gegen die Sowjetunion im Falle eines Krieges mit Frankreich zugedacht, gegen das er den Konflikt habe beginnen wollen. Danach sollte Polen die Rolle eines wichtigen Partners im Feldzug gegen die Sowjetunion zugedacht werden. In diesem Sinne habe er dem polnischen Außenminister Beck beim letzten Gespräch in Berchtesgaden[221] gesagt, jede polnische Division bei Moskau[222] erspare eine deutsche Division.

»Der Führer versprach uns damals Anteile am aufgeteilten Europa.«

Trotzdem habe Polen das Angebot ausgeschlagen, weil Außenminister Beck im Sinne Pilsudskis[223] Deutschland mit Hilfe von Paris und London einkreisen wollte. Diese »ziemlich richtige Überlegung« habe jedoch Stalins Eroberungspläne nicht einkalkuliert. Diese Tatsache werde verschwiegen, weil seine Generation alles aus der Perspektive der »grausamen Politik« der Deutschen in Polen betrachte, es sei unvorstellbar, daß man ein Verbündeter des Dritten Reichs hätte sein können. Doch damals seien die Deutschen keinem europäischen Politiker schrecklich erschienen. Im Gegensatz zum Massenmord in der Sowjetunion waren keine großen deutschen Verbrechen bekannt. Gefragt, warum es die meisten Wissenschaftler nicht störe, daß Polen trotz Katyns und trotz des sowjetischen Völkermords mit der Sowjetunion zusammengearbeitet habe, antwortete er:

»Wir wollten das Dritte Reich nicht als unseren Verbündeten sehen, dafür die genauso verbrecherische Sowjetunion. Und noch schlimmer, wir wollten unter ihrer absoluten Dominanz sein.«

---

[221] Am 5. Januar 1939.
[222] Gemeint ist: vor der russischen Grenze.
[223] Gestorben 1935.

HITLER habe seine Verbündeten nie so behandelt wie STALIN die besetzten Gebiete und ihre Souveränität geachtet. Polen wäre von den
Deutschen viel weniger abhängig gewesen, als es durch die Sowjetunion erniedrigt wurde.

»Wir konnten ja auf der Seite des Reichs sein, wie einige rechte
Staaten. . .«

Eigentlich hätte HITLER mit RYDZ-SMIGLY[224] die »Siegesparaden des polnisch-deutschen Militärs« abnehmen können. Möglicherweise hätte
ein schneller deutscher Sieg bedeutet, daß es nie zum Holocaust gekommen wäre, der eher eine Reaktion auf Niederlagen gewesen sei.

Bis zur britischen Garantie-Erklärung für Polen habe es Verhand-
lungsspielraum gegeben. *Erst danach* [Hervorh. durch den V.] habe
der Führer befohlen, den Krieg gegen Polen zu planen, und damit
begonnen, an einen Angriff im Westen zu denken. Die polnische Regierung habe nicht erkannt, daß England und Frankreich auf den
Krieg nicht vorbereitet waren und um jeden Preis Zeit gewinnen
wollten. WIECZORKEWICZ sieht Franzosen und Briten auf der Jagd gegen Deutschland, schon bevor die Danzig-Frage virulent war. Die
Jäger[225] hätten sozusagen die Gewehre beiseite gelegt und trotzdem
gejagt. Dabei hätten sie Opfer bringen müssen: erst Österreich, dann
die Tschechoslowakei, schließlich Polen. Die »allgemeine Meinung«,
daß nicht Großbritannien zur Verteidigung Polens in den Krieg eingetreten sei, sondern Polen zur Verteidigung Großbritanniens, sei
richtig, denn die Briten, obwohl sofort informiert,[226] hätten den Polen das Geheimprotokoll[227] des MOLOTOW-RIBBENTROP-Abkommens
verheimlicht. Hätte Warschau es gekannt, hätte es kapitulieren müssen. Briten und Franzosen hätten die Polen zur Niederlage verurteilt.

STALIN habe den Kriegsausbruch gesucht, um die Gegner – die
westlichen Demokratien und das Dritte Reich – in einem möglichst
langen Krieg ausbluten zu lassen. STALIN sei zu dem ihm bekannten

---

[224] Polnischer Oberbefehlshaber.
[225] Franzosen und Briten.
[226] Von wem? ROOSEVELT hatte davon von seinem Agenten H. HERWARTH VON BIT-
TENFELD aus der deutschen Botschaft in Moskau erfahren, sein Wissen, wie gesagt, aber nicht nach London weitergegeben.
[227] HITLER-STALIN-Pakt.

Termin des geplanten französischen Angriffs einmarschiert, um zu zeigen, daß es sich nicht lohne, für Polen zu kämpfen. Polen habe vermutlich auf Wunsch Englands und Frankreichs der Sowjetunion nicht den Krieg erklärt, um diesen eine klare Stellungnahme zu ersparen, zumal Moskau den Krieg als Fortsetzung des revolutionären Bürgerkrieges erklärte. Infolgedessen sei er unmenschlich und verbrecherisch verlaufen, und die Greueltaten der Sowjets seien erheblich größer als die der Deutschen gewesen. Aber vom polnischen Krieg habe das Schicksal Europas, ja sogar der Welt abgehangen. Da die Deutschen 16 000 Tote zu verzeichnen und über 25 Prozent ihrer Flugzeuge und Panzer verloren hatten, habe Polen den Alliierten wertvolle Zeit geschenkt, Briten und Franzosen 1939 und Stalin 1940 vor einem Angriff gerettet, der die Vernichtung des Landes bedeutet hätte.

Soweit das Interview mit WIECZORKEWICZ. Wenngleich er einerseits Schuld oder Mitschuld der Westalliierten und STALINS am Kriegsausbruch viel klarer herausstellt, als das bisher in Polen üblich war, unterstellt er (im Sinne des IMT) HITLER einen vorsätzlichen Angriff auf Frankreich und die Sowjetunion sowie die Absicht, Europa aufzuteilen, wofür es nicht nur keinen Beleg gibt, sondern ständige Erklärungen HITLERS, gegen die Westmächte auf keinen Fall Krieg führen zu wollen. Was die Sowjetunion angehe, so hatte er dem polnischen Außenminister erklärt, daß die von Rußland ausgehende Gefahr für Deutschland ein starkes Polen erfordere; denn jede polnische Division erspare eine deutsche.

Fest steht auch, daß Polen und Deutschland gute Verbündete hätten sein können, daß die Kriegsabsichten gegen Polen und Frankreich erst nach der feindlichen Haltung der Westalliierten entstanden, die Polen bewußt ins offene Messer laufen ließen, weil sie den großen Krieg wollten.

Schuldeingeständnis des US-amerikanischen Politikers Kissinger

Der ehemalige US-Außenminister Henry KISSINGER, Nahost- und Sicherheitsberater von Präsident CARTER, erklärte am 13. November 1994 in einem Interview mit der *Welt am Sonntag*:

»Präsident CLINTONS Gedanke von den Führungspartnern USA und Deutschland war nicht gerade klug, denn dies ist eines jener

Schlagworte, die nichts Gutes bringen. Tatsächlich treibt dieser Gedanke [daß die USA und Deutschland eine partnerschaftliche Rolle spielen sollen] alle auf die Barrikaden, denn letztendlich wurden zwei Weltkriege geführt, um eben das, eine dominante Rolle Deutschlands, zu verhindern.«

Damit hat ein Kenner der Zeitgeschichte zugegeben, daß es nicht Deutschlands Herrschaftsanspruch war, der die Alliierten zum Angriff auf Deutschland bewog, sondern die Absicht, Deutschlands »dominante Rolle« in Europa zu verhindern. Es ging auch keineswegs um die Beseitigung HITLERS und der Nationalsozialisten. Es ging darum, die Konkurrenz des Deutschen Reiches auszuschalten. Es waren die Westalliierten, die mit Hilfe Polens den Zweiten Weltkrieg inszenierten. Sie alle haben den Krieg gewollt, geplant und entfesselt.

Einblick in die Verschwörung gegen Deutschland gibt auch der belegte Ausspruch Oberst BECKS, der »feige Österreicher« HITLER wage es trotz massiver Herausforderung nicht, mit Polen zu kämpfen.[228]

---

[228] Foreign Relations of USA (FRuS), Bd. I, S. 113–119.

Vierter Teil

Polen im Zweiten Weltkrieg

1. Verbrechen an Volksdeutschen

Aus Aggressivität wird tödlicher Haß – polnische Todesmärsche im September 1939

In der vom amerikanischen Historiker Alfred M. DE ZAYAS veröffentlichten Dokumentation alliierter Kriegsverbrechen im Zweiten Weltkrieg[229] faßt der Autor die Untersuchungsergebnisse über die von Polen im September 1939 organisierten Todesmärsche mit Volksdeutschen wie folgt zusammen:[230]

»Die polnischen Behörden hatten von langer Hand Listen zu inhaftierender Personen angelegt. Sie umfaßten die gesamte deutsche Intelligenz der beiden West-Wojewodschaften. Die Aufgeführten, soweit man ihrer habhaft werden konnte, wurden am 1. und 2. September ohne richterlichen Haftbefehl inhaftiert. Dem folgten weitere Verhaftungen seitens kommunaler Organe. Im Kreise Samter, dessen Starost (Landrat) die Listen unter Verschluß hielt, wurden sieben Deutsche inhaftiert, im Nachbarkreis Obornik etwa siebenhundert, von denen nachweislich 231 dabei umgekommen sind. Die Verschleppten wurden nach Osten in Marsch gesetzt. Die Behandlung auf den Märschen durch Bewachungspersonal und Zivilpersonen war unmenschlich. Wer nicht mehr weiterkonnte, wurde totgeschlagen. Einzelne Marschgruppen wurden fast vollständig aufgerieben, andere am 9. September in Lowitsch befreit. Ebenfalls befreit wurden andere am 17. September im Kutno-Kessel, in Brest-Litowsk und in Bereza Kartuska, einige erst am 27. September in Warschau nach dem Fall der Festung.«

Die Dokumentation nennt 1131 Ortschaften in Posen und Pommerellen, aus denen Deutsche verschleppt wurden. Insgesamt lassen sich 40 größere Marschgruppen (über zehn bis tausend Mann) feststellen, die Strecken zwischen nur einigen und etwa dreihundert Kilometern ganz oder größtenteils im Fußmarsch zurücklegen mußten.

---

[229] ZAYAS, Alfred M. de, *Die Wehrmacht-Untersuchungsstelle*, München [7]2001, S. 36.

[230] Über die Verschleppungsmärsche aus Posen und Pommerellen im September 1939 liegt eine bisher unveröffentlichte Dokumentation im Bundesarchiv Koblenz vor.

Die Marschrouten sind in einer Karte eingezeichnet, die Stellen von Massenexekutionen angekreuzt. Die Verschleppungsortschaften sind kreisweise zusammengefaßt, für jede Ortschaft sind die Verschleppten und die dabei Umgekommenen festgehalten, getrennt nach Männern, Frauen und Kindern. Für jede Person ist eine Karteikarte angelegt mit folgenden Angaben: Name, Vorname, Alter und Beruf (sofern bekannt), Schicksal und Quellen. Dadurch ist eine Nachprüfung im einzelnen jederzeit möglich. Die Kartei umfaßt 4500 Verschleppte. Von ihnen sind 1794 als umgekommen nachgewiesen. Die Unterlagen sind aber unvollständig. Man kann mit etwa 10 000 verschleppten Deutschen aus Posen und Pommerellen sowie mit etwa 2200 dabei Umgekommenen rechnen. Hinzu kommen mehrere tausend Verschleppte aus Mittelpolen (aus Lodz allein mehr als 600) und Galizien.

›Bromberger Blutsonntag‹

Mit Ausschreitungen gegen die wehrlosen und friedlichen Volksdeutschen bereits vor Ausbruch des Krieges und mit polnischen Massakern seit dem 1. September 1939 begann die Brutalisierung des Krieges durch Polen. Presse, Rundfunk und polnische Parteiführer hatten die Bevölkerung monatelang durch eine maßlose Hetze davon überzeugt, alle Volksdeutschen seien Angehörige einer Spionage- und Sabotageorganisation und somit als Staatsfeinde vogelfrei.

Mitschuld an dieser Verleumdung tragen auch zahlreiche polnische Geistliche. Der *Kurjer Poznanski* hatte Monate vor Kriegsbruch, am 17. Juni 1939, offen Greuel gegen Deutsche angekündigt. Der oberschlesische Wojwode GRAZYNSKI hatte am 20. August 1939 in einer öffentlicher Versammlung zum Pogrom aufgerufen:

»Schlagt die Deutschen nieder, wo ihr sie trefft!«[231]

Diese Haßparole hatte für die Volksdeutschen schon in den Tagen vor Kriegsausbruch und danach in ganz Polen ein schreckliches Inferno zur Folge.

---

[231] KOTOWSKI, Alfred, *Polens Politik gegenüber seiner deutschen Minderheit, 1919–1939*, Wiesbaden 1998. Gesamtauswertung polnischer Quellen und Akten.

Dem bestialischen Abschlachten der Deutschen ging der Geheimbefehl Nr. 59 an alle Wojewoden voraus, wodurch eindeutig feststeht, daß es sich dabei um eine zentral organisierte Aktion gehandelt hat. Marineoberkriegsgerichtsrat Dr. Ulrich SCHATTENBERG führte vom 9. bis 13. September in Bromberg und in Hohensalza beeidete Zeugenvernehmungen und weitere Ermittlungen durch. In seinem Bericht heißt es unter anderem zusammenfassend:

»Insgesamt sind von mir über 40 Volksdeutsche eidlich als Zeugen vernommen worden über die Ermordung ihrer Angehörigen. Jeder Zeuge bekundete die Ermordung von wenigstens zwei oder drei seiner Angehörigen, z. T. wurden ganze Familien ausgerottet. . .

Bei den Haussuchungen wurden zunächst von den Soldaten und dem Mob sämtliches Geld und Wertsachen gestohlen, die Wohnungen auch sonst ausgeplündert und völlig verwüstet. Die Männer der Familien, und zwar ohne Rücksicht auf ihr Alter, von 13jährigen oder gar 10jährigen Jungen bis zum 70- oder 80jährigen Greis, wurden in fast allen Fällen in viehischer Weise umgebracht. Nur in wenigen Fällen begnügte man sich mit dem einfachen Abschießen. Zumeist wurden die Ermordeten mit Brechstangen, Seitengewehren, Gewehrkolben, Knüppeln derart zusammengeschlagen, daß ihre Gesichter bis zur Unkenntlichkeit verstümmelt wurden. . .

Ich sah selbst angekohlte, z. T. verbrannte Leichen ermordeter Volksdeutscher. In vielen Fällen mußten die Volksdeutschen die Ermordung ihrer Väter, Brüder oder Kinder mitansehen, ohne ihnen, wenn die Verletzten noch nicht gleich tot waren, Hilfe bringen zu dürfen. Dabei wurden sie noch von den Soldaten und vom Pöbel verhöhnt. In anderen Fällen mußten sie die Ermordung der Angehörigen ansehen, um dann selbst als nächstes Opfer erschlagen oder erschossen zu werden.«[232]

Als konkretes Beispiel führt SCHATTENBERG die Aussage der Zeugin Johanna GIESE vom 12. September 1939 an:

»Am Sonntag, den 3. 9. 1939, zwischen 11 und 12 Uhr befanden wir uns in dem Keller unserer Wohnung. Polnische Soldaten und

---

[232] BA-MA, RW 2/v. 51, S. 11 f. (aus SCHATTENBERGS Bericht vom 14. September 1939), zitiert in: ZAYAS, Alfred M. de, *Die Wehrmacht-Untersuchungsstelle*, aaO., S. 228 f.

Zivilpersonen kamen auf unser Grundstück. Sie verlangten, daß wir aus dem Keller hervorkämen. Als wir aus dem Keller herauskamen, behauptete ein Soldat, aus unserem Hause sei geschossen worden. Wir hatten überhaupt keine Waffen im Hause. Mein Schwiegersohn verließ zuerst den Keller. In diesem Augenblick rief eine Zivilperson, die Schwaben müßten alle erschossen werden! Mein Schwiegersohn bekam von einem Soldaten gleich einen Schuß. Sie durchschossen ihm die Schlagader; außerdem hatte er noch 3 andere Schüsse in der Brust und am Hals. . .

Mein Sohn Reinhard GIESE war ebenfalls mit unten im Keller gewesen. Mein Sohn war 19 Jahre alt. Als er sah, daß mein Schwiegersohn erschossen wurde, wollte er fliehen. Es gelang ihm auch, über den Zaun in das Nachbargrundstück zu entkommen. Sie liefen ihm nach, fingen ihn und erschossen ihn. Ich holte die Leiche meines Sohnes am Abend in die Waschküche. Er hatte einen Brustschuß.«[233]

Mit weiteren Untersuchungen im Raum Bromberg wurde auch der Referent für Völkerrecht bei der Wehrmachtrechtsabteilung, Kriegsgerichtsrat der Luftwaffe Dr. Alfons WALTZOG, beauftragt. Über das Schicksal ihrer Familie sagte Vera GANNOT ihm gegenüber eidlich aus:

»Sonntag (3. September) gegen 2 Uhr näherten sich unserem Hause Thornerstraße 125, 4 km von der Stadt entfernt, polnische Soldaten und polnische Zivilbevölkerung. Die polnischen Zivilisten sagen: ›Hier wohnen Deutsche.‹ Daraufhin begannen die Soldaten sofort zu schießen. Wir flüchteten in einen Schuppen. . . Zuerst wurde mein Vater aus dem Schuppen herausgeholt. Er wurde von den Polen gefragt, wo er das Maschinengewehr hätte. Mein Vater verstand jedoch die Frage nicht, da er nicht polnisch konnte. Ich ging daraufhin auch aus dem Schuppen heraus. Ich wollte meinem Vater beistehen, da ich polnisch kann. Ich habe die Polen gefragt, was wir ihnen angetan hätten und für meinen Vater gebeten. Die Polen riefen jedoch: ›Herunter mit den deutschen Schweinen‹. Mein Vater erhielt mehrere Kolbenhiebe ins Gesicht und an den Körper, sodann wurde er mit dem Seitengewehr gestochen. Daraufhin fiel mein Vater zu Boden und erhielt im Lie-

---

[233] BA-MA, RW 2/v. 51, S. 56 f. aus SCHATTENBERGS Bericht, zitiert in: ZAYAS, Alfred M. de, *Die Wehrmacht-Untersuchungsstelle*, aaO., S. 228 f.

gen noch sechs Schüsse. Die Horde zog sodann ab, nachdem sie der Zivilbevölkerung gesagt hatte, sie könnten das Haus plündern, sonst würden sie es in Brand stecken. . . Nach einiger Zeit kam eine andere Horde polnischer Soldaten und Zivilisten. . . Die Polen rissen mir daraufhin die Kleidung vom Leibe, legten mich nackt auf die Erde. Etwa 10 Mann hielten mich fest, und zwar am Kopf, Händen und Füßen. Einer der Polen verging sich an mir. Er vollzog den Beischlaf.«[234]

Am 6. September 1939 wurden allein in Bromberg (›Bromberger Blutsonntag‹[235]) 981 Deutsche ermordet. Aber nicht nur hier, sondern in ganz Polen waren Deutsche dem entfesselten Mob ausgeliefert:

Ort	Ermordete
Kreis Hohensalza	471
Kreis Obornik	215
Kreis Kosten	153
Kreis Wreschen	96
Kreis Nieszawa	165
Kreis Lipno	80
Dorf Slonsk	38
Kreis Sochaczew	154
Lodz	97
Lask	40
Gostynin	34

Insgesamt wurden 4332 Ermordete registriert. Dabei handelt es sich, vieler Vermißter wegen, nur um eine Mindestzahl.

Kriegsgerichtsrat Joachim Schölz mußte sich in Oberschlesien neben der Untersuchung von Vergehen an Volksdeutschen auch mit der Erschießung deutscher Kriegsgefangener befassen. Am 17. September 1939 protokollierte er im Kriegslazarett Krakau die Aussagen des Soldaten Kurt Lernser:

»Am 9. September 1939 wurde unser Musikkorps von der Front nach Sagan in Marsch gesetzt, weil der Omnibus, in dem wir fuh-

---

[234] BA-MA, RW 2/v. 51, S. 63
[235] Richthofen, Bolko von, u. Reinhold R. Oheim, *Die polnische Legende*, aaO., Teil 2, S. 229.

ren, den schnellen Vormarsch nicht mitmachen konnte. Das Musikkorps war 31 Mann stark. . . Als wir auf der Heimfahrt an den Eingang eines Ortes kamen, der nach meiner Erinnerung Stopnica heißt, sahen wir plötzlich hinter einer Kurve polnisches Militär. . . Die Polen waren zuerst überrascht, schossen dann aber mit Gewehren und einer Art Panzerabwehrgeschützen. . . Danach wurden wir mit anderen 16 gefangenen deutschen Kameraden zusammengetan und an einen Kirchhof geführt. Dort mußten 7 bis 8 Mann heraustreten und sich mit dem Gesicht zur Kirchhofsmauer stellen. Als sie es getan hatten, machten die Polen ihre Gewehre fertig, um die Kameraden zu erschießen. Plötzlich schoß deutsche Artillerie in den Ort. Wir mußten deshalb sofort rechts um machen und neben den Polen hermarschieren. . . Als wir etwa eine Stunde marschiert waren, führte uns eine Eskorte von 50 bis 60 Mann durch den Straßengraben an eine strohgedeckte Scheune. Dort mußten wir uns in 2 Gliedern aufstellen. Als die Polen, die vor uns gewesen waren, sich hinter uns stellten und als wir hörten, daß Gewehre durchgeladen wurden, wußten wir, daß unser letzter Augenblick gekommen war. Kurz darauf schoß es auch schon. Da lief ich mit noch einigen anderen Kameraden im Schutze der Dämmerung davon. Die Polen schossen wie wild mit Gewehren und Maschinengewehren auf uns Fliehende und auf die an der Scheune stehenden Kameraden. . . von den 45 oder 46 Mann, die mit mir in Gefangenschaft waren, sind 12 entkommen.«[236]

Das polnische KZ Bereza-Kartuska

Im *Posener Tageblatt* vom 27. Oktober 1939 erschien folgender Erlebnisbericht aus dem polnischen KZ Bereza-Kartuska:

»In dem polnischen Internierungslager Bereza-Kartuska waren 5786 Personen, darunter 3500 Deutsche und 1600 Ukrainer, inhaftiert, als sie in der Nacht vom 17. zum 18. September befreit wurden. Die Folterqualen, die die Inhaftierten in der Hölle von Bereza-Kartuska erdulden mußten, sind ein furchtbares Anklagematerial gegen die ehemalige polnische Regierung, nach deren Weisun-

---

[236] BA-MA, RW 2/v. 51, S. 63 f.

gen die Verschleppung und Mißhandlung der Reichs- und Volksdeutschen erfolgt sind. Über die Leiden der nach Bereza-Kartuska verschleppten Deutschen wird u. a. berichtet:
Die ›mildeste Art der Mißhandlungen‹ war das tägliche Spießru-
tenlaufen unter den Gummiknüppeln der Polizisten. Schauriger
waren die täglichen Prügel, die die als ›Instruktoren‹ eingesetzten
und lediglich für diesen Zweck freigelassenen polnischen Schwer-
verbrecher mit Zaunlatten und Keulen gegen die Deutschen aus-
teilten. Auch deutsche und ukrainische Frauen wurden diesen
Mißhandlungen unterzogen. Wer die Roheiten nicht mehr ertra-
gen konnte und zusammenbrach, wurde ›brach geschlagen‹, d. h.
entsetzlich mit Knüppeln über den Nieren traktiert. Was man als
›Widerstand‹ auslegte, war zumeist letzte Abwehrbewegung vor
dem körperlichen Zusammenbruch und wurde zum Vorwand für
die Erschießung genommen. 158 Deutsche wurden auf diese Weise in Bereza-Kartuska umgelegt. Methodische und unnötige Grausamkeit der Behandlung der inhaftierten Deutschen und Ukrainer waren an der Tagesordnung: Die Deutschen an die Wand zu
stellen, Gewehre zu laden und auf sie anlegen zu lassen oder sie
vor Maschinengewehre hinzujagen, einige zu erschießen, die anderen aber in der Vorstellung der Todesqualen martern zu lassen.«[237]

Hätte sich beispielsweise Mexiko in dieser Weise gegenüber US-Ame-
rikanern verhalten, hätten die USA damals mit Billigung der ganzen
Welt hart zugeschlagen. Bei Deutschland wurde und wird dagegen
immer mit zweierlei Maß gemessen. In sämtlichen deutschen Schul-
büchern werden die polnischen Septemberverbrechen nicht erwähnt.
    Im Jahre 2007 wurde gerichtlich festgestellt, daß das Massaker von
Sebrenitza (2005, rund 8000 Opfer) als Völkermord zu gelten hat und
die serbische Regierung mitverantwortlich war. Analog dazu muß
auch der ›Bromberger Blutsonntag‹ mit seinen insgesamt wohl mindestens 5000 Mordopfern als Genozid gelten. Das bedeutet im Klar-
text: Der erste Völkermord des Zweiten Weltkrieges ist von Warschau zu verantworten.

---

[237] Brief an Dr. Marcel JUNOD vom Internationalen Roten Kreuz; aus dem Bundes-
archiv-Militärarchiv.

Polen unter deutscher und sowjetischer Besatzung – Teilung Polens

Die Niederlage der polnischen Armee beruhte weniger auf der zahlenmäßigen als auf der technischen Unterlegenheit und der strategisch ungünstigen Lage. Schon am 17. September flüchteten die polnische Regierung und Heeresleitung nach Rumänien. Dort erklärte der fanatische Deutschenhasser RYDZ-SMIGLY, er habe bereits am zweiten Kriegstag, am 2. September 1939, als sich die Katastrophe bereits klar abzuzeichnen begann, den Krieg beenden wollen. Doch die Engländer hätten ihn beschworen, er dürfe auf keinen Fall mit Deutschland Frieden schließen. Sie – die Engländer – würden Polen zu Lande, zu Wasser und in der Luft zur Hilfe kommen. [!] Bekanntlich kamen die Westmächte nicht zu Hilfe. Statt dessen haben sie die deutsche Polizeiaktion für die Entfesselung eines furchtbaren Weltkrieges genutzt.

Gemäß dem STALIN-HITLER-Pakt vom 23. August 1939 wurde die Grenze zwischen dem deutschen und dem sowjetischen Interessengebiet in Polen entlang von San, Weichsel und Narew gezogen. Nach dem deutsch-sowjetischen Vertrag vom 28. September 1939 verschob sich die Grenze von der Weichsel zum Bug. Zum deutschen Besatzungsgebiet gehörte damit fast der gesamte polnische Siedlungsraum. Im sowjetische Machtbereich lagen außer im Raum um Bialystok jedoch nur polnische Siedlungsinseln.

Die östlich der Demarkationslinie (Curzon-Linie) in der Westukraine und in Westweißruthenien verbliebene polnische Bevölkerung – mindestens 3,5 Millionen – wurde von den Sowjets nach 1945 vertrieben.

Die Sowjetunion annektierte im Oktober 1939 52 Prozent des polnischen Staatsgebietes, das über zehn Millionen Einwohner (Ukrainer, Weißruthenen, Polen, Juden) zählte; hinzu kamen zahlreiche Flüchtlinge aus Westpolen. Die Sowjets deportierten etwa 1,8 Millionen Menschen, hauptsächlich Polen, aus diesem Gebiet in die Zwangsarbeitslager von Workuta, Karaganda und in Sibirien. Nur jeder Vierte von ihnen kehrte später von dort zurück.

Nach den Massenverhaftungen und Deportationen ließ die Sowjetunion in ihrem Teilgebiet am 22. Oktober 1939 Scheinwahlen abhalten. Die daraufhin gebildeten Nationalversammlungen der Westukraine und Westweißrutheniens (also der bisher polnischen Gebiete) ›baten‹ um Aufnahme in die Sowjetunion. Sie wurden teils der Ukrainischen, teils der Weißrussischen Sowjetrepublik zugeschlagen. Wilna dagegen traten die Sowjets an Litauen ab, das aber 1940 ebenfalls von der Sowjetunion annektiert wurde.

Noch im September 1939 leiteten die deutschen Besatzungsbehörden für die brutale Mißhandlung von über zehntausend und Ermordungen von mindestens fünftausend Deutschen durch polnische Staatsangehörige harte Vergeltungmaßnahmen ein.

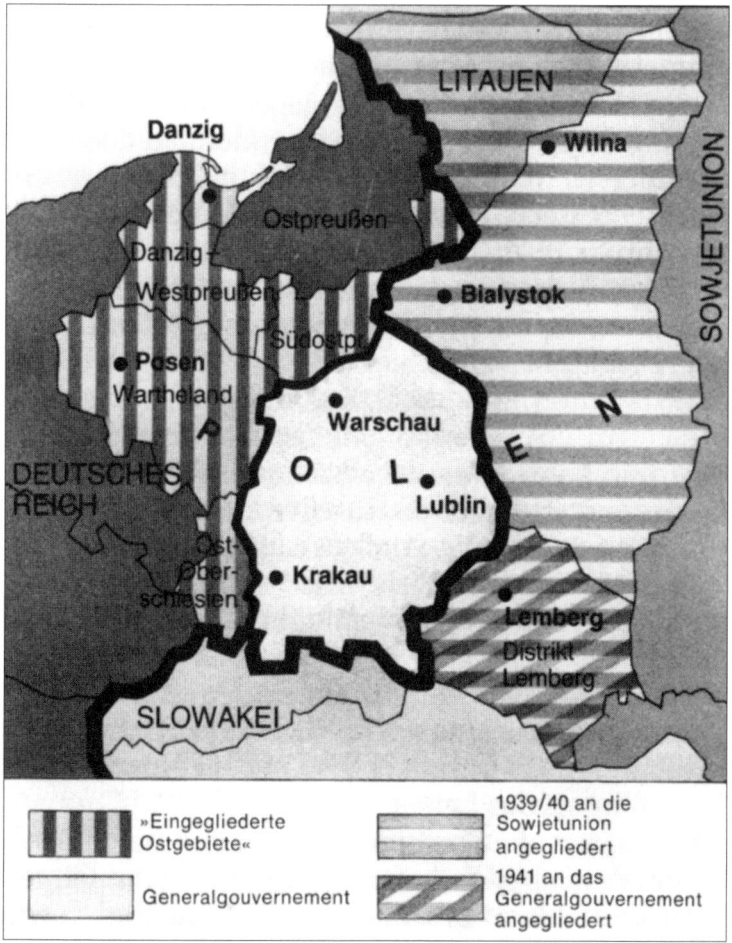

Karte 9: Polen im Zweiten Weltkrieg unter deutscher Besatzung. Aus: Heinrich JAENECKE, *Polen, Hamburg 1981.*

HITLER stellte sich wie STALIN auf den Standpunkt, daß Polen zu existieren aufgehört habe.[238] Am 8. Oktober 1939 vereinigte er die Westhälfte des deutsch besetzten Teilgebietes unmittelbar mit dem Reich. Es wurden daraus die Reichsgaue Wartheland und Danzig-Westpreußen gebildet, letzterer unter Einbeziehung der bisherigen Freien Stadt Danzig und eines ostpreußischen Regierungsbezirks. Die Provinzen Ostpreußen und Schlesien wurden vergrößert. Die nach dem Ersten Weltkrieg an Polen verlorenen Gebiete wurden somit dem Reich wieder angegliedert, desgleichen auch der polnische Anteil des ehemals österreichischen Schlesiens (mit Bielitz) sowie Teile von Galizien (mit Auschwitz) und Kongreßpolen (mit Lodz).

Die Osthälfte des deutschen Teilgebietes wurde als Generalgouvernement mit der Hauptstadt Krakau zum ›Nebenland‹ des Reiches erklärt und Hans FRANK zum Generalgouverneur ernannt. Für den gesamten deutschen Anteil an Polen war der Reichsführer SS Heinrich HIMMLER in seinen Eigenschaften als ›Chef der Deutschen Polizei‹ und ›Reichskommissar für die Festigung deutschen Volkstums‹ zuständig.

Nachdem der sowjetische Anteil Polens von Deutschland im Sommer 1941 erobert worden war, wurde Ostgalizien (mit Lemberg) dem Generalgouvernement eingegliedert und das Gebiet um Bialystok verwaltungsmäßig Ostpreußen unterstellt.

Die Reichsgaue

Das dem Reich angeschlossene West-Polen zählte zu Beginn des Krieges etwa 10,6 Millionen Einwohner, von denen 87 % Polen, 6,5 % Deutsche und 6,4 % Juden waren. Hatten die Polen bis 1939 versucht, Deutsche und Juden aus Polen zu vertreiben, so befahl HITLER HIMMLER und den zuständigen Gauleitern, die ihnen unterstellten Gebiete in wenigen Jahren in völlig deutsches Land zu verwandeln. Um das

---

[238] Diese Haltung wurde von HITLER revidiert. Im September 1940 hatte er eine weitere Friedensinitiative ergriffen und seinen Vertrauten, den Berliner Rechtsanwalt Ludwig WEISSAUER, zu einer geheimen Friedensmission nach Schweden gesandt. Dort versicherte dieser in HITLERS Namen den Briten, daß HITLER die Wiederherstellung aller besetzten Staaten wünsche. Speziell zu Polen führte WEISSAUER aus: »Es soll einen ›polnischen Staat‹ geben.« (siehe MEISER, Hans, *Gescheiterte Friedensinitiativen 1939–1945*, Tübingen 2004, S. 205.)

zu erreichen, wandte man die vormals von den Polen praktizierten Methoden an: Nur das Deutsche wurde in den Behörden, Schulen, Kirchen, Zeitungen und Büchern zugelassen. Polnische Inschriften mußten überall entfernt werden. Alle Ortschaften erhielten ihre alten deutschen oder neue deutsche Namen.

Die Bevölkerung wurde in Klassen eingeteilt:

1. Volksliste: In diese wurden diejenigen Volksdeutschen aufgenommen, die sich unter polnischer Herrschaft offen zum deutschen Volkstum bekannt hatten.

2. Volksliste: Sie enthielt die übrigen Volksdeutschen.

3. Volksliste: In diese wurden diejenigen Polen eingetragen, die deutsche Vorfahren hatten. In die

4. Volksliste kamen diejenigen, die aus anderen Gründen als zur Eindeutschung geeignet betrachtet wurden. Sie wurden den Deutschen rechtlich und wirtschaftlich nahezu gleichgestellt. Nach ›Bewährung‹ konnten sie später vollberechtigte deutsche Bürger werden.

Die Polen, das heißt die Mehrheit der Bevölkerung, wurden nur geduldet. Ihr Haus- und Grundbesitz wurde zwar enteignet, wurde ihnen aber im allgemeinen zur Nutzung belassen. Diejenigen, die als politisch ungefährlich eingestuft und als Arbeitskräfte gebraucht wurden, konnten vorläufig in ihrer Heimat bleiben.

Polen, die zwar ungefährlich, aber im Wirtschaftsprozeß entbehrlich waren oder deren Wohnungen und Besitzungen man für Deutsche benötigte, wurden in das Generalgouvernement abgeschoben.

Diejenigen Polen aber, die als politisch gefährlich galten, das waren alle Gebildeten und Wohlhabenden, vor allem Lehrer, Geistliche und Gutsbesitzer, wurden überwacht und verfolgt. Proteste des Oberbefehlshabers Ost, Generaloberst BLASKOWITZ, und anderer militärischer Befehlshaber gegen SS-Terror wurden von HITLER und HIMMLER zurückgewiesen.

Insgesamt wurden im Zeitraum 1939–1941 rund 365 000 Polen und Juden aus den Reichsgauen in das Generalgouvernement abgeschoben.[239] Auf ihren Besitztümern wurden bis 1944 348 000 Volksdeutsche aus den Ländern angesiedelt, die 1939 und 1940 in den sowjeti-

---

[239] Man vergleiche dieses Unrecht mit der zwanzigfach größeren Vertreibung nach 1944/45.

schen Machtbereich gerieten (Estland, Lettland, Litauen, Ostpolen, Ostrumänien), außerdem aus dem übrigen Rumänien und aus Jugoslawien. Hinzu kamen mehrere Hunderttausende von Reichsdeutschen: Beamte, ›Treuhänder‹ polnischer Betriebe, Bombenflüchtlinge u. a. m.

Das Generalgouvernement

Im Generalgouvernement stützte sich der Gouverneur Hans FRANK auf SS-Einheiten und die Polizei. Die führenden Stellungen wurden nur mit überzeugten Nationalsozialisten besetzt. Die etwa 230000 Reichsdeutschen (1943) sowie die über 80000 Volksdeutschen waren rechtlich und wirtschaftlich privilegiert. Dagegen besaß die deutsche Wehrmachtführung keinen Einfluß auf die Herrschaft in Polen.

Um das Generalgouvernement zur politisch ungefährlichen ›intellektuellen Wüste‹ zu machen, wurden alle Mittelschulen, Gymnasien, Hochschulen, Bibliotheken und Museen geschlossen. Heinrich HIMMLER erklärte 1940:

»Für die nichtdeutsche Bevölkerung des Ostens darf es keine höhere Schule geben als die vierklassige Volksschule. Das Ziel dieser Volksschule hat lediglich zu sein: einfaches Rechnen bis höchstens 500, Schreiben des Namens, eine Lehre, daß es ein göttliches Gebot ist, den Deutschen gehorsam zu sein und ehrlich und fleißig und brav zu sein. Lesen halte ich nicht für erforderlich.«

Etwa 1,7 Millionen Polen und Polinnen wurden als Ostarbeiter, durch ein ›P‹ an der Kleidung gekennzeichnet, nach Deutschland gebracht. Anfangs wurden sie angeworben. Ende September 1941 arbeiteten in Deutschland rund eine Million Polen freiwillig. Als aber immer weniger sich freiwillig meldeten, wurden viele zwangsverpflichtet, was übrigens auch viele Deutsche betraf.

Im Gegensatz zu der Behandlung deutscher Zwangsarbeiter nach 1944/45 in Polen genossen in Deutschland polnische ›Fremdarbeiter‹, wie sie früher genannt wurden, bestimmte Rechte: freie Unterkunft, Verpflegung und angemessene Entlohnung. Nach Abzug dieser Kosten verblieben dem Arbeiter im Durchschnitt monatlich noch 50 RM (heutiger Wert rund 300 Euro). Hinzu kamen die Leistungen der Sozialversicherung, wie ein Auszug aus dem Reichsarbeitsblatt von 1942 beweist:

»Der Einsatz ausländischer Arbeitskräfte in Deutschland
Berlin 1942
Die Arbeitsämter überwachen die Durchführung des Lohntransfers laufend. Auch die Lagerführer und die Beauftragten des Amts für Arbeitseinsatz der DAF[240] kümmern sich darum, ob die Lohnüberweisungen pünktlich erfolgen.
9. Sozialversicherung. Ausländische Arbeiter und Angestellte unterliegen grundsätzlich der deutschen Krankenversicherung, Unfallversicherung und Rentenversicherung (Invalidenversicherung, Angestelltenversicherung, knappschaftliche Pensionsversicherung) in derselben Weise wie die vergleichbaren deutschen Arbeitskräfte. Für sie sind daher die Versicherungsbeiträge nach den allgemeinen gesetzlichen Vorschriften zu entrichten. . . .«[241]

Die polnische Untergrundbewegung

Von London gelenkt und mit Geld und Waffen unterstützt, bildete sich im von den Deutschen besetzten Generalgouvernement eine große und gut organisierte polnische Widerstandsbewegung mit einer Art Regierung, Truppen, Gerichten, Zeitungen und Schulen.[??] Nach Ausbruch des deutsch-sowjetischen Krieges im Juni 1941 versuchte diese Untergrundarmee, die AK (Armja Krajowa = Heimatarmee), durch Überfälle, Sabotage und Terrorakte aller Art den Rükken der deutschen Ostfront zu schwächen. Schon bei der Kapitulation Warschaus im September 1939 waren große Mengen polnischer Waffen für eine spätere Untergrundarmee versteckt worden.

Neben dieser Untergrundbewegung entstand 1943 nach dem Abbruch der Beziehungen zwischen Moskau und der polnischen Exil-Regierung noch eine kommunistische unter Wladyslaw Gomulka. Anfang 1944 gründete letzterer mit Boleslaw Bierut den ›Nationalrat‹ als Kern einer künftigen kommunistischen Regierung.

Beide Widerstandsbewegungen bekämpften im Wettbewerb miteinander die Deutschen und riefen dadurch deren Gegenterror hervor, über den man sich in der Nachkriegszeit erbittert entrüstete.

---

[240] DAF: Deutsche Arbeitsfront – gemeinsame Organisation für alle Unternehmer, Arbeiter und Angestellte.
[241] Dehoust, Peter, *Zwangsarbeiter – Lüge & Wahrheit*, Coburg 2000,

Als im Sommer 1944 die sowjetische Armee unter Marschall Ro-KOSSOWSKI die östlich der Weichsel gelegenen Vororte von Warschau besetzte, erhob sich die 40000 Mann starke Heimatarmee unter Führung von General BOR (Graf KOMOROWSKI) am 1. August 1944 in der Stadt Warschau gegen die Deutschen. Die Sowjets, die vorher zum Aufstand aufgefordert hatten, halfen den Polen jedoch nicht, sondern hielten ihren Vormarsch wochenlang an, bis die Untergrundarmee verblutet war und kapitulieren mußte. Angebote der Westmächte, mit Flugzeugen den Aufständischen zu Hilfe zu kommen, waren von den Sowjets abgelehnt worden. Die Flugzeuge durften nicht auf sowjetischen Flugplätzen landen.

Damit hatten die Sowjets die nicht-kommunistische Untergrund-Gegenbewegung entscheidend geschwächt. Nur um das zu erreichen, hatte STALIN den Vormarsch der Roten Armee verzögert.

Es muß noch vermerkt werden, daß die deutsche Wehrmachtführung die überlebenden Untergrundkämpfer entgegen der Völkerrechtskonvention, die das erlaubt hätte, nicht als Partisanen erschießen ließ, sondern sie als reguläre Soldaten anerkannte und die Offiziere in ehrenvolle Gefangenschaft nahm.

Die polnische Exilregierung

Der im September 1939 nach Rumänien geflohene Staatspräsident MOCICKI ernannte den Sejm-Marschall RACZKIEWICZ zu seinem Nachfolger. Dieser bildete noch im September 1939 eine Exilregierung in Frankreich. Ihr Ministerpräsident und Kriegsminister wurde General SIKORSKI. Aus entkommenen polnischen Soldaten und aus Auslandspolen, die in Frankreich und Belgien ansässig waren, schuf er sofort eine neue polnische Armee von zunächst 70000 Mann. Sie nahm 1940 in Norwegen und Frankreich am Kampf gegen Deutschland teil. Kurz vor der Kapitulation Frankreichs verlegte die Exilregierung ihren Sitz nach London (1940).

Gleich nach dem deutschen Angriff auf die Sowjetunion im Juni 1941 widerrief STALIN den RIBBENTROP-MOLOTOW-Pakt vom August 1939. Damit erkannte er Polen wieder als Staat an.

Von Winston CHURCHILL gezwungen, schloß die polnische Exilregierung am 30. Juli 1941 einen Bündnisvertrag mit der Sowjetunion und bemühte sich, die Sowjetunion zum Verzicht auf Ostpolen zu bewegen, die in sowjetische Hand gefallenen Polen freizubekommen und durch eigene Truppenteile im Rahmen der sowjetischen und britischen Armee sowie durch Schaffung einer Untergrundarmee in Polen selbst am Kampf gegen Deutschland teilzunehmen.

Es gelang SIKORSKI und seinem Nachfolger nicht, die Sowjetunion zum Verzicht auf Ostpolen zu veranlassen, und der größte Teil der in die Sowjetunion deportierten Polen blieb verschwunden. Ein kleiner Teil wurde unter General ANDERS in den Nahen Osten entlassen. Aus ihm wurde mit britischer Hilfe ein polnisches Korps geschaffen, das später in Nordafrika, Italien und Deutschland gegen die deutsche Wehrmacht kämpfte.

Als im Frühjahr 1943 in Katyn die Massengräber Tausender ermordeter polnischer Offiziere gefunden wurden, forderte der polnische Exil-Verteidigungsminister M. KUKIEL eine Untersuchung des Falles durch das Internationale Rote Kreuz. Die sowjetische Regierung brach daraufhin, im April 1943, ihre Beziehungen zur polnischen Exilregierung ab. Fortan bildete der sowjetisch-polnische Gegensatz eine ständige Belastung des Verhältnisses zwischen den westlichen Alliierten und der Sowjetunion.

Die mit großer Wahrscheinlichkeit von der britischen Regierung veranlaßte und vom britischen Geheimdienst durchgeführte Ermordung SIKORSKIS (4. Juli 1943) führte zwar zu sowjet-freundlicheren Exilregierungen, die aber alle die Hauptforderung der Sowjetunion, den Verzicht auf die polnischen Ostgebiete, ablehnten.

Nach dem Bruch mit der polnischen Exilregierung erklärte der Kreml im Jahre 1943, daß er den kommunistischen ›Verband polnische Patrioten‹ in Moskau als die Vertretung des polnischen Volkes betrachte. Nachdem die Rote Armee 1944 einen Teil des Generalgouvernements erobert hatte, bildeten die Sowjets aus Mitgliedern dieses Verbandes und des ebenfalls kommunistischen Nationalrats das ›Komitee zur nationalen Befreiung‹, das sogenannte ›Lubliner Komitee‹, als provisorische polnische Regierung. Vergeblich bedrängten die Westalliierten Moskau, die Londoner polnische Exilregierung anzuerkennen. Schließlich erklärten sich die Sowjets damit einverstanden, daß im Juni 1945 ein ehemaliger Ministerpräsident der Exilregierung, Stanislaw MIKOLAJCZYK, Mitglied der inzwischen nach Warschau verlegten Lubliner Regierung wurde. Diese bezeichnete sich daraufhin als ›Regierung der nationalen Einheit‹. Obgleich sich dadurch nichts an ihrem vorwiegend kommunistischen Charakter geändert hatte, wurde sie nunmehr doch statt der Londoner von den Westmächten anerkannt. Die Londoner Exilregierung löste sich aber trotzdem nicht auf.

Die ›Vorläufige Regierung‹ erklärte 1945 die Freie Stadt Danzig als polnisch und übernahm die Verwaltung Schlesiens, Pommerns und Ostbrandenburgs, die von den Sowjets besetzt waren und zunächst zur sowjetischen Besatzungszone gehörten.

Ostpolen

Im Oktober 1939 annektierte die Sowjetunion 52 Prozent des damaligen polnischen Staatsgebietes. Im polnisch-sowjetischen Vertrag vom 16. August 1945 trat Polen gezwungenermaßen rund 178920 Quadratkilometer an die Sowjetunion ab, das Gebiet östlich der Curzon-Linie. Im wesentlichen handelt es sich um jenes Gebiet, das Polen 1920/1921 gewaltsam an sich gerissen hatte, als die Sowjetunion militärisch schwach war, und wo nur eine polnische Minderheit lebte.

Dort lebten 13,199 Millionen Einwohner: Ukrainer, Weißruthenen, Polen, Juden und zahlreiche Flüchtlinge aus Westpolen. Die Sowjets deportierten etwa 1,8 Millionen Menschen, hauptsächlich Polen, davon etwa 700000 Juden, aus diesem Gebiet in die Zwangsarbeitslager von Workuta, Karaganda und in Sibirien.[242] Nur jeder Vierte von ihnen kehrte später zurück. Mit anderen Worten: 1350000 kamen ums Leben. Von den Juden kamen nur noch 157000 zurück, also knapp 22 Prozent.[243] Die unter den Sowjets umgekommenen 543000 Juden wurden meist dem deutschen Schuldkonto zugeschrieben.[244]

Katyn

Das Verbrechen von Katyn, das von den Sowjets geleugnet und von den Westalliierten bewußt nicht zur Kenntnis genommen wurde, ist heute größtenteils geklärt. Im Wald von Katyn bei Smolensk in der Sowjetunion hatten die Sowjets eine Gedenktafel aufgestellt, deren Inschrift lautete:

---

[242] REITLINGER, Gerald, *Die Endlösung,* Berlin ³1960, zitiert in: FECHNER, Helmut (Hg.), *Deutschland und Polen 1772–1945,* S. 207 ff.
[243] Ebenda.
[244] Polish Ministery of Information, *Concise Statistical Year-Book of Poland September 1939 – June 1941,* London ²1944, zitiert in: FECHNER, aaO., S. 207 f.

»Hier im Wald von Katyn wurden im Herbst 1941 11000 polnische Kriegsgefangene, Soldaten und Offiziere von den Schergen des Hitler-Regimes erschossen. Die Truppen der Roten Armee werden sie rächen!« 1993 veröffentlichte Moskau das entscheidende Dokument vom 5. März 1940, das die Planung und Durchführung des Massenmordes von Katyn durch die sowjetische Führung beweist. Es trägt die Unterschrift des berüchtigten Geheimdienstchefs BERIJA und wurde von STALIN und seinem Ministerpräsidenten KALININ abgesegnet, nach dem heute die Hauptstadt Ostpreußens Königsberg benannt ist (›Kaliningrad‹).

»Streng geheim 5.III.40 UdSSR
Volkskommissariat für innere Angelegenheiten
März 1940 Nr. 794/5
ZK der BKP(b) Moskau
An den Genossen STALIN

In den Kriegsgefangenenlagern des NKWD der UdSSR und in den Gefängnissen der westlichen Gebiete der Ukraine und Weißrußlands werden gegenwärtig eine große Anzahl ehemaliger Offiziere der polnischen Armee, ehemaliger Mitarbeiter der polnischen Polizei und der Aufklärungsorgane, Mitglieder polnischer nationalistischer konterrevolutionärer Parteien, Teilnehmer aufgedeckter konterrevolutionärer aufständischer Organisationen, Überläufer und andere festgehalten. Alle sind sie erbitterte Feinde der Sowjetherrschaft, erfüllt von Haß gegen das sowjetische System.

Die in Kriegsgefangenschaft geratenen Offiziere und Polizisten versuchen, auch in den Lagern ihre konterrevolutionäre Arbeit fortzuführen, und betreiben antisowjetische Agitation. Jeder von ihnen wartet nur deswegen auf die Befreiung, um sich aktiv dem Kampf gegen das sowjetische System anzuschließen.

Durch die Organe des NKWD in den westlichen Gebieten der Ukraine und Weißrußlands ist eine Reihe konterrevolutionärer aufständischer Organisationen aufgedeckt worden. In all diesen konterrevolutionären Organisationen haben die Offiziere der ehemaligen polnischen Armee und die einstigen Polizisten und Gendarmen eine aktive und leitende Rolle gespielt. Unter den festgehaltenen Überläufern und den Verletzern der Staatsgrenze ist auch eine bedeutende Anzahl von Personen aufgedeckt worden, die Teilnehmer konterrevolutionärer, spionagehafter und aufständischer Organisationen sind.

In den Kriegsgefangenenlagern werden insgesamt (ohne Soldaten und den Bestand an Unteroffizieren) 14 736 frühere Offiziere, Beamte, Gutsbesitzer, Polizisten, Gendarmen, Gefängniswärter, Belagerer und Agenten festgehalten - gemäß ihrer Nationalität sind es zu 97 Prozent Polen. Von ihnen sind:

Generale, Oberste und Oberstleutnants	295
Majore und Hauptleute	2080
Leutnants, Unterleutnants und Fähnriche	6049
Offiziere und Unteroffiziere der Polizei, des Grenzschutzes und der Gendarmerie	1030
Soldaten der Polizei, der Gendarmerie, der Gefängniswache und des Aufklärungsdienstes	5138
Beamte, Gutsbesitzer, Priester und Belagerer	144

In den Gefängnissen der westlichen Gebiete der Ukraine und Weißrußlands werden insgesamt 18 632 Verhaftete (davon 10 685 Polen) festgehalten, unter ihnen:

Ehemalige Offiziere	1207
Ehemalige Aufklärer der Polizei und der Gendarmerie	5141
Spione und Sabotageagenten	347
Ehemalige Gutsbesitzer, Fabrikanten und Beamte	465
Mitglieder verschiedener konterrevolutionärer aufständischer Organisationen und verschiedene konterrevolutionäre Elemente	5345
Überläufer	6127

Ausgehend davon, daß sie alle eingefleischte und unverbesserli-

che Feinde der Sowjetmacht sind, hält es der NKWD der UdSSR für unausweichlich:
dem NKWD der UdSSR vorzulegen:

1. Die Angelegenheit der sich in Kriegsgefangenenlagern befindenden 14700 ehemaligen polnischen Offiziere, Beamten, Gutsbesitzer, Polizisten, Aufklärer, Gendarmen, Belagerer und Gefängniswärter

2. und auch die Angelegenheit der verhafteten und sich in Gefängnissen der westlichen Gebiete der Ukraine und Weißrußlands befindenden 11000 Mitglieder verschiedener konterrevolutionärer, spionagehafter, Sabotage betreibender Organisationen, der Gutsbesitzer, Fabrikanten, der ehemaligen polnischen Offiziere, der Beamten und Überläufer in einem außerordentlichen Verfahren zu behandeln und die höchste Strafe über sie zu verhängen – die Erschießung.

II. die Behandlung dieser Angelegenheiten ohne die Vorladung der Verhafteten und ohne Eröffnung der Anklage, des Beschlusses über die Beendigung des Untersuchungsverfahrens und des in eine Anklage mündenden Abschlusses in folgendem Verfahren durchzuführen:

a) gegen Personen in den Kriegsgefangenenlagern auf Grund der Auskünfte, welche die Leitung der Kriegsgefangenenlager des NKWD der UdSSR vorlegt;

b) gegen verhaftete Personen auf Grund der Auskünfte, welche der NKWD der Ukrainischen und der Weißrussischen SSR vorlegt.

III. die Betrachtung der Angelegenheiten sowie das Fällen einer Entscheidung einer Troika aus den Genossen MERKULOW, KABUROW und BASCHTAKOW (Leiter der 1. Spezialabteilung des NKWD der UdSSR) aufzuerlegen.

Der Volkskommissar für innere
Angelegenheiten der Union der SSR
L. BERIJA«

Moskau bekennt sich zu Katyn

Mit folgender Erklärung der Moskauer Nachrichtenagentur *Tass* vom 13. April 1990 gestand auch Sowjetrußland auf seine letzten Tage die antideutsche Lüge von Katyn ein:

>»Sowjetische Archivmitarbeiter und Historiker haben in allerletzter Zeit einige Dokumente über die polnischen Militärangehörigen entdeckt, die in den Lagern des NKWD der UdSSR in Koselsk, Starobelsk und Ostaschkowo gehalten worden waren. Daraus ergibt sich, daß im April und Mai 1940 von den etwa 15 000 polnischen Offizieren, die in diesen drei Lagern gehalten wurden, 394 in das Lager Grjasowez überführt worden waren. Der größte Teil wurde jedoch den NKWD-Verwaltungen in den Gebieten Smolensk, Woroschilowgrad und Kalinin zu deren Verfügung gestellt und wird seitdem in den statistischen Berichten des NKWD nirgends mehr erwähnt.
>
>Die ermittelten Archivunterlagen gestatten es in ihrer Gesamtheit, die Schlußfolgerung zu ziehen, daß die unmittelbare Verantwortung für das bestialische Verbrechen im Wald von Katyn BERIJA, MERKULOW und seine Handlanger trifft. Die sowjetische Seite, die im Zusammenhang mit der Tragödie ihr tiefstes Mitleid zum Ausdruck bringt, erklärt, daß diese Tragödie eines der schwersten Verbrechen STALINS und BERIJAS bedeutet.«

Bykownia, ein zweites ›Katyn‹

Östlich von Kiew, im Wald von Bykownia, wurden Ende Juli 2005 noch Gräber von polnischen Soldaten aus dem Zweiten Weltkrieg entdeckt. Bei Exhumierungen wurden in einem Massengrab bei sechzig Menschen Einschüsse in den Hinterkopf festgestellt. Dazu fand man Uniformenreste und Knöpfe der polnischen Armee sowie eine Identifikationskarte eines 1940 bei Bialystok vom sowjetischen Geheimdienst NKWD inhaftierten polnischen Soldaten.

In Bykownia liegen vermutlich jene 3435 Personen, deren Namen auf der ukrainischen ›Katyn-Liste‹ zu finden sind. Diese auf sowjetischen Dokumenten fußende Liste wurde 1994 offiziell von der Ukraine Polen übergeben.

Nach dem Angriff der Roten Armee vom 17. September 1939 auf Polen hatten die Sowjets in Ostpolen etwa 14 500 Offiziere und Soldaten gefangen. Etwa 10 000 Zivilisten wurden vom NKWD deportiert. Auf STALINS Befehl wurden sie anschließend getötet.

Die vierzehn Jahre andauernden Untersuchungen der obersten russischen Militärstaatsanwaltschaft wurden am 21. September 2004 wegen Verjährung eingestellt. Eine offizielle Opferrehabilitierung lehnte Moskau im März 2006 »aus formalen Gründen« ab.[245]

---

[245] *Junge Freiheit* vom 18. August 2006, S. 17.

2. 1255 polnische Konzentrationslager für Deutsche

Arbeits- und Vernichtungs-KZ für alle Deutsche

»*Dem polnischen Staat war stets jede Barbarei fremd.*
Da, wo Gewalt war, Raub, Lüge,
Rechtlosigkeit, Schändung der Friedhöfe,
Auslassung der Wut an Lebenden und Toten,
da war Polen nicht dabei.«[246]
Karol MILIK

Nach der Rückeroberung des polnischen Vorkriegsgebietes durch die Rote Armee ab 1944 wurden fast alle Deutschen in Konzentrationslager gesperrt. In den alten deutschen Provinzen jenseits der Oder-Neiße-Linie führte das Dekret vom 31. August 1944 über die »Strafzumessung für faschistisch-hitlerische Verbrecher« zu willkürlichen Massenverhaftungen.[247] Praktisch alle Verhafteten wurden auf brutalste Weise durch polnische Partisanengruppen mißhandelt, häufig bis zur Todesfolge, viele nach Belieben erschossen oder erschlagen.[248] Dies geschah besonders bei Durchsuchungen ihrer Wohnungen durch die Miliz oder in den sogenannten ›Prügelstuben‹.[249] Selbst katholische Priester und aktive Nazigegner wurden dabei nicht verschont.[250] Glatzer Kommunisten prangerten in einer Denkschrift dieses Vorgehen gegen eigene Genossen an:

> »Die polnische Polizei wendet sich in den obengenannten Gebieten in vielen Fällen mit aller Schärfe gegen die alten Kommunisten, gegen Antifaschisten, vereinzelt sogar gegen die politischen Häftlinge der Nazikonzentrationslager, weil nach ihrer Ansicht jeder Deutsche ein Faschist ist.«[251]

---

[246] Dr. Karol MILIK, ab 1945 Apostolischer Administrator (Erzbischof-Rang) von Breslau, am 1. September 1945 in seinem Antrittshirtenwort.

[247] Dokumentation Bundesarchiv, Bundesministerium für Vertriebene, *Dokumentation der Vertreibung der Deutschen aus Ost- Mitteleuropa*, Bonn 1953-1962, Bd. I1, S. 113 E u. 127 E.

[248] Ebenda, S. 48.

[249] Ebenda, Bd. I1, S. 124 E.

[250] HUPKA, Herbert (Hg.), *Letzte Tage in Schlesien*, München 1981, S. 296.

[251] Ebenda, S. 264.

Wie im Jahre 1939 trieben Polen in Niederschlesien die Dorfbevölkerung vielfach zu mehrtägigen, planlosen Märschen zusammen,
denen viele Deutsche erlagen, besonders Ältere und Kranke. Während der Abwesenheit der Dorfbewohner wurden ihre Wohnungen
geplündert. Beide Verbrechen wurden vom Bundesvertriebenen-
ministerium und vom Bundesarchiv dokumentiert.[252]

In den polnischen Polizeigefängnissen und in den Konzentrationslagern herrschten grauenvolle Zustände. Darüber berichtete unter
anderen R. W. F. Bashford 1945 an das Foreign Office:

> »Konzentrationslager sind nicht aufgehoben, sondern von den
> neuen Besitzern übernommen worden. Meistens werden sie von
> polnischer Miliz geleitet. In Swientochlowice (Oberschlesien) müs-
> sen Gefangene, die nicht verhungern oder zu Tode geprügelt wer-
> den, Nacht für Nacht bis zum Hals in kaltem Wasser stehen, bis
> sie sterben. In Breslau gibt es Keller, aus denen Tag und Nacht die
> Schreie der Opfer dringen.«[253]

Für die Gebiete östlich von Oder und Neiße hat das Bundesarchiv
1255 Lager und 227 Gefängnisse ermittelt, in denen Gewalttaten an
Deutschen begangen wurden. Planmäßiges Erschießen der arbeits-
unfähigen Alten und Kranken wurde aus verschiedenen Lagern berichtet.[254]

In den meisten schlesischen Lagern herrschte unbeschreibliche
Grausamkeit. Besonders berüchtigt waren die Todeslager Potulice
bei Bromberg und Lamsdorf.

Dieser Tatbestand wird übrigens in der einschlägigen UNO-Ent-
schließung vom 9. Dezember 1948 ausdrücklich als Form des Völ-
kermordes bezeichnet.

6488 Todesopfer im KZ Lamsdorf

Zwischen Oppeln und Neiße lag im Kreis Falkenberg das deutsche
Dorf Lamsdorf, in dem die Polen ein Vernichtungslager für Deutsche
eingerichtet hatten. In der Geschichte Oberschlesiens bedeutet es ei-

---

[252] Zayas, Alfred M. de, *Die Anglo-Amerikaner und die Vertreibung der Deutschen*, München ²1978, S. 129.

[253] Ebenda, S. 129.

[254] Dokumentation der Vertreibung der Deutschen aus Ost-Mitteleuropa, Bonn
1953–1962, Bd. II, S. 113 E, Bd. I 2, S. 524 ff.

nen monumentalen Grabstein, unter dem Tausende von Oberschlesiern – Männer, Frauen und Kinder – nach grauenvollen Erlebnissen und qualvollen Leiden ruhen, für Polen aber ist es ein Schandmal, errichtet nach Beendigung des Krieges im Juli 1945, zu einem Zeitpunkt, an dem in Deutschland ›Kriegsverbrecher und Verbrecher an der Menschheit‹ ihrer Aburteilung und Bestrafung entgegensahen.

Im Lager Lamsdorf befand sich eines der polnischen Vernichtungslager, in dem ab 1945 Deutsche zu Tausenden brutal gequält und ermordet wurden.[255] Nach Feststellung des Lagerarztes Dr. Heinz Esser befanden sich unter den nachgewiesenermaßen 6488 Erschlagenen, Erschossen, Verbrannten und Verhungerten auch Säuglinge, Kinder, Frauen und Greise.[256]

Ein damals etwa zwanzigjähriger grausamer, zu sadistischen Exzessen veranlagter Kommandant namens Ceslaw Gimborski führte an der Spitze von etwa 50 blutrünstigen Milizangehörigen seine Schreckensherrschaft in diesem Lager, das von der Bevölkerung als »Blutlager« oder auch als »Hölle von Lamsdorf« bezeichnet wurde. Viele Tausende beraubte und ausgeplünderte Oberschlesier wurden in diesem Lager interniert, hauptsächlich aber alle Dorfbewohner des Kreises Falkenberg, die ohne Rücksicht auf Alter und Geschlecht wie Vieh nachts zusammengetrieben und nach Lamsdorf verschleppt wurden. Die Schwerkranken und Sterbenden tötete man sofort oder warf sie im Lager auf die Straße, wo sie bald verstarben. Andere wiederum wurden in sogenannten Krankenbaracken ohne Nahrungsmittel, Pflege oder Medizin sich selbst überlassen, so daß auch sie sehr schnell starben.

Bei den Internierten handelte es sich mehrheitlich um einfache Bauern, Arbeiter, Geschäftsleute, Lehrer, Beamte, Angestellte usw., um sogenannte ›politisch Belastete‹, die man aufgrund von Denunziation verhaftet hatte. Sie wurden so lange grausam mißhandelt und gefoltert, bis sie schließlich unterschrieben, Mitglied der NSDAP gewesen zu sein. Danach wurden alle ermordet.

Die *Frankfurter Allgemeine Zeitung* brachte am 5. September 1990 einen Bericht über »Die Verbrechen im Lager Lamsdorf«, in dem es unter anderem heißt:

---

[255] Ulimann, Klaus, *Schlesien-Lexikon*, München 1979.

[256] Esser, Heinz, *Die Hölle von Lamsdorf, Dokumentation über die polnischen Vernichtungslager*, Dülmen 1977, S. 13.

»Die Berichte über die einzelnen Vorfälle in diesem Lager übersteigen jedes menschliche Vorstellungsvermögen.« Das Lager hat von Juli 1945 an etwa ein Jahr lang existiert. Die polnischen Behörden waren voll informiert und haben jeden Eingriff und jede Hilfe für die Menschen im Lager abgelehnt. Der katholische polnische Geistliche in Lamsdorf weigerte sich, den nach der Folter im Lager sterbenden Deutschen den letzten Trost und die Sakramente zu geben. In seinem Buch *Die Hölle von Lamsdorf* gibt Dr. ESSER einen Einblick in die grausamen Verhältnisse:

»Frühmorgens war kurz nach dem Wecken um 5 Uhr Appell und sogenannter ›Frühsport‹. Während des Sports, den alle Männer ohne Rücksicht auf Krankheit oder Gebrechen und Alter, ja sogar Männer von 80–90 Jahren mitmachen mußten, wurde wieder geschlagen, getreten usw. Anlaß hierzu war meist die Tatsache, daß die Kommandos in polnischer Sprache gegeben wurden, die die meisten überhaupt nicht verstanden, oder weil die Männer gezwungen waren, in polnischer Sprache abzuzählen, wozu sie natürlich nicht in der Lage waren. Hierbei kam es zu Mißhandlungen, die überhaupt nicht zu beschreiben sind und die regelmäßig mit tödlichem Ausgang bei mehreren Menschen endeten. Die alten Männer, die jeglicher Sportbetätigung unfähig waren, wurden dabei fast alle in bestialischer Weise umgebracht. Nach solch einem »Frühsport« wurden in den ersten vier Monaten durchschnittlich am Tage etwa zehn Tote vom Platz geschleppt. Manche der so Gequälten, die noch gar nicht tot waren, kamen dessen ungeachtet darauf ins Massengrab. Die übrigen Wachtposten sahen diesen Mordtaten, ebenso wie ihr Kommandant GEBORSKI [GIMBORSKI], lachend und höhnend zu. Dann wurden die Männer und Frauen in Arbeitskommandos eingeteilt.

Am 15. September 1945 wurden 16 Männer vor einen Wagen gespannt und mußten unter ständigen Stockschlägen schwere Eisenteile im Nachbardorf holen. Sie konnten sich kaum halten vor Schwäche und Hunger. Unterwegs im Walde wurden auf diese Männer regelrechte Schießübungen veranstaltet, wobei die Hälfte der Unglücklichen unter Feuer in einen Teich gejagt wurde und darin ertrank. Die anderen, worunter sich auch der jetzt noch lebende Erhard Sch. befand, kehrten blutüberströmt und sich nur mühsam vorwärtsschleppend zurück. Drei von ihnen hatten von den Schreckenserlebnissen die Sprache verloren. Einer schrie vor Schmerzen, weil er vier tiefe Bajonettstiche im Körper hatte. Er durfte nicht ins Revier oder ärztlich behandelt werden. Er erhängte sich in derselben Nacht neben der Schlafstelle eines Mithäftlings. Die Arbeit, die bei einer Verpflegung von etwa 200–300 Kalorien am Tage verrichtet werden mußte, unter Stock- und Peitschenhieben oder schwersten, blutigen Mißhandlungen, war schlimmer als Sklavenarbeit. Männer und Frauen, ohne Rücksicht auf ihren schlechten Ernährungs- und Kräftezustand oder auf bestehende Krankheiten, mußten 12 Stunden und länger in dürftiger und zerrissener Kleidung, voll Ungeziefer und eiternder Wunden, die nicht behandelt werden durften, bei allen Witterungslagen schwerste Arbeit verrichten. Diese Arbeiten wurden bei Regen und grimmigster Kälte rücksichtslos verlangt, bis die Menschen zusammenbrachen. Frauen und Männer mußten zu 10–12 den Pflug oder die Egge ziehen, mit Kartoffeln überladene schwere Pferdewagen oder Jauchefässer ziehen usw. Frauen, zarte und kranke, mußten sich mit den Männern ohne Schutz vor Regen und Kälte am Barackenbau betätigen und unmenschliche Lasten tragen, bis sie entkräftet und blutüberströmt von den Schlägen zusammenbrachen. Sie mußten mit den Händen Hunderte von Leichen, die längst verwest waren, ausscharren und waren dabei stundenlang dem penetranten Verwesungsgeruch ausgesetzt. Dabei kam das Unglaubhafte vor, daß sie verweste Leichenteile mit dem Munde berühren oder Kot essen mußten. . .«

Ebenso, wie man den Schwerkranken und Sterbenden den letzten geistlichen Beistand versagte, obwohl ein katholischer Geistlicher im Lager war, verweigerte man dem Geistlichen die Abhaltung eines Gottesdienstes, mit Ausnahme eines Feiertages, wobei es aber an diesem Tag für das ganze Lager weder Essen noch Wasser gab, dafür aber um so härtere Schläge und Arbeit. Als die Internierten im Mai 1946 in der Krankenbaracke Mai-Andachten abhalten wollten, wurden diese vom Lagerkommandanten sofort verboten.

Der Gastwirt Max H. aus Tillowitz wurde grundlos als SS-Mann bezeichnet und mit Knüppeln und Kabelstücken so lange geschlagen, bis er blutüberströmt zusammenbrach. Mit letzter Kraft schrie er seine Peiniger an:

»Ich sage die Wahrheit, und wenn Ihr mich totschlagt, aber niemals werde ich lügen unter Eurer Gewalt.«

Daraufhin führten ihn acht Wachposten hinter eine Baracke und ermordeten ihn mit Bajonettstichen in Brust, Bauch, Oberschenkel und Wangen, außerdem schossen sie ihm jeweils eine Kugel in Kopf und Brust.

Dr. ESSER wurde auch Zeuge der Ermordung von Johann L., den man wegen seines Bartes bereits vor dem Büro blutig geschlagen hatte. Er wurde trotz seiner Gegenbeweise als SA-Führer bezeichnet und unter Johlen, Schreien und der Bezeichnung »Judas« in eine Werkstatt geschleppt, wo man seinen Bart in einen Schraubstock einklemmte und ihn dann mißhandelte. Dr. ESSER stellte zwei Stunden später fest:

»Schädel mehrfach gespalten, Bart abgetrennt und verbrannt, Brandwunden im Gesicht, Fingernägel ausgerissen, rechts Schlüsselbein gebrochen, beide Unterarme zwei- und dreifach gebrochen.«

Es zeugt schon von größter menschlicher Abscheulichkeit und Verkommenheit, daß die polnischen Wachtposten selbst den Schwerkranken und Sterbenden die letzten Gebete fluchend und brüllend verboten. Es war tief erschütternd, das heldenmütige und geduldige Sterben dieser Menschen zu beobachten, insbesondere sie vor dem Tod das letzte Vaterunser beten zu hören.

Auf diese und noch schlimmere Weise wurden über 6488 Deutsche bestialisch ermordet. Dieser Massenmord, der in der Öffentlichkeit kaum bekannt ist und von den Medien kaum beachtet wird, fand bis heute keine Sühne. Versuche dazu wurden in der Bundesrepublik Deutschland von amtlichen Stellen verhindert. Der Hagener Staatsanwalt Karl-Heinz TOENGES mußte nach bald vierjährigen Ermittlungen die Akten über das polnische Vernichtungslager Lamsdorf schließen.

Die vorstehenden und weitere Berichte wurden und werden von Polen als ›Provokation‹ abgestritten.

Ein jüdischer Autor bezeugt Verbrechen

Der bedeutende amerikanische Journalist und Pulitzer-Preisträger John SACK veröffentlichte 1993 in New York das Buch *An Eye for an*

Eye (Auge um Auge).[257] Darin beschreibt er nichts anderes als einen Ausschnitt des Vertreibungs-›Holocausts‹ an den Deutschen mit Hilfe oberschlesischer Vernichtungslager für Deutsche in der unmittelbaren Nachkriegszeit. So berichtet er über das Vernichtungslager Schwientochlowitz in der oberschlesischen (deutschen) Stadt Gleiwitz oder über das Lager Lamsdorf. Die Zahl allein der Opfer an ermordeten Oberschlesiern gibt John SACK mit 60000 bis 80000 Getöteten an.[258]

John SACK, selbst Jude, hat eine ausgezeichnete Recherche geliefert, die einen organisierten Massenmord einiger Polen und Juden an Tausenden Deutschen auf dem Gebiet des heutigen Polens beschreibt. Er scheut sich nicht, die Wahrheit zu sagen, daß Unrecht auch an Deutschen begangen wurde. Einige Juden haben auf dem Gebiet des heutigen Polens als KZ-Kommandanten Tausende von Deutschen gequält, geschlagen, verstümmelt und ermordet. Dies wird offiziell verschwiegen oder gar geleugnet. Nach dem Zweiten Weltkrieg wurden jüdische und polnische Opfer zu Tätern an Menschen, deren einzige ›Schuld‹ darin bestand, Deutsche zu sein. Die Tatsache, daß noch kein Politiker der Bundesrepublik den organisierten Massenmord an Deutschen öffentlich verurteilt und die Verurteilung des in Israel lebenden Mörders MOREL gefordert hat, spricht für sich.[259]

Salomon MOREL war Kommandant des Konzentrationslagers Schwientochlowitz in Oberschlesien. Unter seiner Knute leisteten dort 1945 Tausende von Deutschen Zwangsarbeit. Täglich verloren 20 bis 30 Häftlinge ihr Leben. Zu diesen zählten einige Dutzend Deutsche, darunter Frauen und Kinder, die MOREL eigenhändig erschlagen hatte. Als Anfang der neunziger Jahre, nach dem Zusammenbruch des alten Regimes, die Staatsanwaltschaft Kattowitz zu ermitteln begann, setzte sich MOREL 1993 nach Israel ab. Auf ein polnisches Auslieferungsverlangen reagierte das Justizministerium in Jerusalem 1998

---

[257] SACK, John, *An Eye for an Eye*, New York 1993, dt.: *Auge um Auge*, Hamburg 1995.

[258] Ebenda, S. 329.

[259] Ebenda. *Auge um Auge. Opfer des Holocaust als Täter*, Hamburg 1995. Auf politischen Druck hin mußte der Piper-Verlag, München, die gesamte erste Auflage unter hohen Kosten einstampfen lassen. Daraufhin erschien das Buch im Hamburger Kabel-Verlag.

In Polen wird der alliierte Sieg über Hitler-Deutschland 1945 gern mit dem Sieg 1410 in Grunwald (Tannenberg) verglichen, als ein litauisch-polnisches Heer dem Deutschen Orden eine empfindliche Niederlage beibrachte.

Einer der letzten Flüchtlingstransporte von der Insel, Hela aus über die Ostsee.

Einer der unzähligen zerstörten Trecks.

Eine Anordnung der polnischen Behörde im April 1945.

An

die Bevoelkerung Niederschlesiens u. der Brandenburger-Südgebiete!

Die urslavischen von Polen durch den germanischen, imperialistischen Drang abgerissenen Gebiete sind dank dem siegreichen Vordringen der verbündeten Roten Armee sowie der heldenhaften Polnischen Armee für die Heimat zurückgewonnen.

Auf Grund einer Bestimmung des Ministerrats der Republik Polen übernehme ich die Staatsverwaltung auf diesen reinslavischen, zurückeroberten Gebieten.

Ich fordere die Bevölkerung zur loyalen und restlosen Unterordnung allen Verfügungen der polnischen Verwaltung sowie zur strikten Befolgung und Ausführung sämtlicher Anordnungen auf.

Jeder aktive sowie passive Widerstand wird mit Gewalt gebrochen und die Schuldigen werden nach den Bestimmungen des Kriegsrechts bestraft.

Die mit Gewalt u. Hinterlist germanisierte slavische Bevölkerung wird von mir betreut und ihr die Möglichkeit gegeben, zum Polentum zurückzukehren, für das die besten Töchter und Söhne dieser urslavischen Gebiete geblutet haben.

Der Beauftragte der Republik Polen für das Verwaltungsgebiet Niederschlesien

Im April 1945. **Mjr. STANISLAW PIASKOWSKI**

Solche Szenen prägten das Bild der Monate ostdeutscher Flucht und Vertreibung. Kurze Rast an Sammelpunkten in der Hoffnung auf baldige Weiterleitung für die, die den Greueltaten entronnen waren.

Das Foto dokumentiert die zunächst verheerende Situation der Ostflüchtlinge in den Lagern Westdeutschlands.

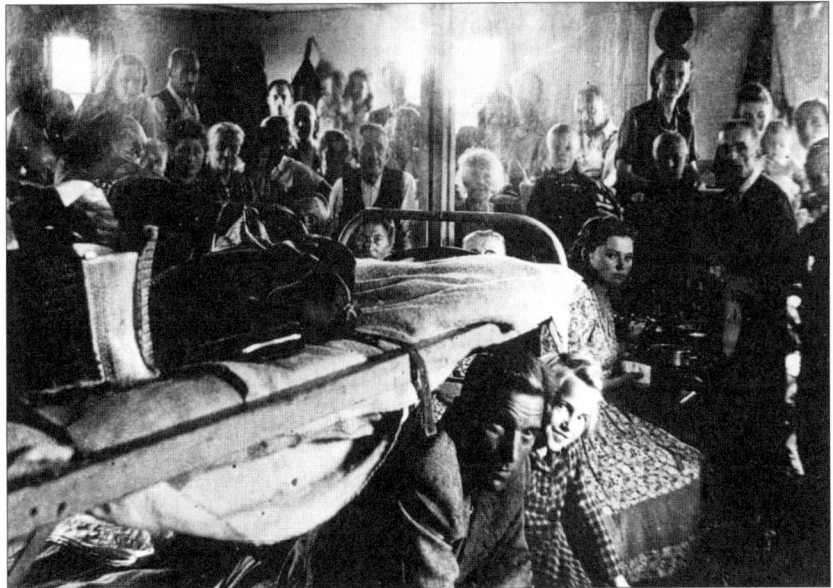

Oben: Die Unterzeichnung des Görlitzer Abkommens am 6. Juli 1950 durch Otto GROTEWOHL (links) und Josef CYRANKIEWICZ. *Unten:* DDR-Plakat zum Görlitzer Abkommen, mit dem die frühere DDR die Oder-Neiße-Linie als Staatsgrenze anerkannte.

ablehnend: Die MOREL zur Last gelegten Verbrechen seien verjährt. Israel gab damit zu erkennen, daß es die Ausrottung von Deutschen nicht als Völkermord anerkennt, der nämlich unterliegt keiner Verjährung. Gleichzeitig aber drängt Israel die Bundesrepublik Deutschland zu neuen Wiedergutmachungszahlungen.

John SACK hatte von einer jungen Jüdin namens Lola gehört, die nach eineinhalb Häftlingsjahren in Auschwitz Kommandantin eines großen Gefangenenlagers für Deutsche in Gleiwitz geworden war: »Sie griff nicht ein, wenn ihre Wächter sich betranken, die Zellen aufschlossen und Deutsche herauszerrten, Decken über sie warfen, damit der Anblick von Striemen die polnischen Gerichte nicht in Verlegenheit brächte, wenn sie ›Schweine!‹ schrieen und zuschlugen.

Die Juden in Auschwitz waren nicht vergewaltigt worden – dafür konnte ein SS-Mann gehängt werden –, in Gleiwitz jedoch riß ein Inquisitor einer Deutschen die Kleider vom Leib, zog sie auf seinen Schoß und sagte: ›Los, zeig, was du kannst. Ich hab' einen Persianer für dich.‹

Auf derlei Berichte reagierte Lola nicht. Die Schreie der Deutschen schienen, zumindest zeitweilig, zur Gefängnisatmosphäre zu gehören. Lola griff nicht ein. Und wenn je eine innere Stimme den Wächtern zuflüsterte: Du weißt nicht, ob er schuldig ist, so bestätigte ihnen allein schon der Anblick blonder Haare und blauer Augen oder die Sprache der Deutschen, daß sie HITLERS Schergen sein mußten.

Eines Tages tauchte ein Deutscher in pechschwarzen Hosen, der Farbe der SS, in Lolas Gefängnis auf. . . Mehrere Wächterinnen beschlagnahmten das belastende Beweismaterial, die schwarze Hose: so gewalttätig rissen sie ihm das Kleidungsstück vom Leib, daß er von der Prozedur einen Sehnenriß davontrug. Der Mann schrie, doch die Frauen befahlen ihm zu schweigen. Sie erkannten nicht, daß die Hose zu einer Pfadfinderuniform gehörte – und der ›Mann‹ vierzehn Jahre alt war.

Sie beschlossen, ihn zu foltern. Mittlerweile unterhielt das Amt für Staatssicherheit 227 Gefängnisse für Deutsche, und jedes hatte seine eigenen, charakteristischen Methoden, sich für die Vergangenheit zu rächen. In Breslau wurden Stöcke benutzt, in Frankenstein hingegen zog man es vor, den Internierten Holzspäne unter die Fingernägel zu treiben. In Wünschelburg pflegten die Vernehmer einen Gefangenen auszupeitschen und ihm mit den Worten: ›Du wirst nicht einfach sterben! Du wirst krepieren!‹ Kaffee in die Wunden zu schütten. Im Gefängnis von Myslowitz, wo achthundert Menschen inhaftiert waren,. . . kippten die Wächter einem Deutschen Exkremente über den Kopf und befahlen ihm: ›Heb diese Scheiße auf!‹ Er tat es, und sie schütteten ihm den Kot erneut über den Kopf. In Glatz spielten die Wächter Akkordeon, um die Schreie zu übertönen, während andere den Deutschen die Zähne ausschlugen. . .

Die Wächterinnen in Gleiwitz zogen Feuer vor. Sie hielten den deutschen Jungen fest und drückten ihre Zigaretten auf ihm aus, mit Benzin setzten sie seine schwarzen Locken in Brand. Draußen, vor dem Gefängnis, versuchte der Pfarrer der Peter-und-Pauls-Kirche vergeblich, bei Lola Gehör zu finden – er wollte ihr erklären, daß der Junge erst vierzehn sei. Als sie ihn endlich freiließen, schleppte er sich nach Hause, fiel ins Bett und konnte nicht mehr aufhören zu schreien: ›Bitte nicht!‹ die Arme schützend um den Kopf gelegt wie ein Boxer in den Seilen. Seine Kopfhaut sah aus wie ein mottenzerfressener Teppich, und als er sich nach einiger Zeit so weit erholt hatte, daß er das Haus verlassen konnte, umringten ihn die anderen Jungen aus seiner Pfadfindergruppe wie Autogrammjäger und bedrängten ihn mit Fragen. . . Der Junge wurde schließlich in eine Anstalt für Geisteskranke eingeliefert. Er kam nie wieder heraus.«

Nach vielen Anfeindungen wegen seines Buches urteilte John SACK: »Wir leben in Zeiten, die so politisch korrekt sind, daß gerade die Wahrheit unerwünscht ist!«

Nach Rudolph RUMMEL[260] hat das Regime Polen von 1945 bis 1948 insgesamt 1 585 000 Todesopfer zu verantworten.

Im März 1977 wurden die Ermittlungen der Staatsanwaltschaft in Hagen über die 1945 bis 1946 verübten Greueltaten im ehemaligen polnischen Internierungslager Lamsdorf abgeschlossen. Nach fast zwölfjährigen Nachforschungen und Anhörungen von über hundert

---

[260] RUMMEL, Rudolph, *20th Century Democide*, Table 1.2

Zeugen richtete sich nun der Mordvorwurf gegen sieben Polen und einen Deutschen, die sich zu der Zeit vermutlich in Polen aufhielten.

Das Prozeßergebnis führte in ganz Polen zu einer gewaltigen Protestkampagne, woraufhin Marion Gräfin DÖNHOFF in der *Zeit* schrieb: »Jetzt sind in Polen wieder alle Schleusen der Agitation geöffnet.«[261] In der polnischen Parteizeitung *Trybuna Ludu* schrieb Ryszard WOJNA über die »antipolnischen Aktivitäten der westdeutschen Nationalisten und Revisionisten« und wies den »provokatorischen Vorwurf« zurück. In einem Interview mit dem Direktor der Hauptkommission zur Erforschung von Naziverbrechen in Polen, Prof. Czeslaw PILICHOWSKI, sagte dieser am 17. März 1977 über Radio Warschau:

»Hier muß ganz deutlich und mit reinem Gewissen gesagt werden, daß Polen die Aussiedlung von Deutschen aus den westlichen und nördlichen Gebieten, eigentlich aus dem Gebiet ganz Polens, auf der Grundlage der Beschlüsse des Potsdamer Vertrages vom 2. August 1945 durchgeführt hat, also auf der Grundlage des Völkerrechts und der Beschlüsse der Antihitler- und internationalen Koalition.«[262]

Dies ist die offizielle Auffassung. Polnische Autoren lenken nachdrücklich die ganze Aufmerksamkeit auf die angebliche Zustimmung der Alliierten und auf deren allgemeine Verantwortung. Sie erwähnen aber nie, daß sehr viele dieser ›Umsiedlungen‹ ohne Zustimmung oder sogar im Gegensatz zu den Richtlinien der Westalliierten und schon vor Potsdam vorgenommen wurden.

Das Lager Potulice

Erna KELM, eine Diakonisse aus Bromberg, berichtet über das Lager Potulice:

»Ich war von November 1945 bis September 1947 dort und will aus eigener Erfahrung schildern, wie es dort zugeht. Es gehörten 29 000 Deutsche zu diesem Lager. Die meisten waren auf Arbeitskommandos außerhalb, 4000 etwa im Lager.

---

[261] DÖNHOFF, Marion Gräfin, »Mord bleibt Mord. Warschau attackiert Bonn«, in: *Die Zeit* vom 17. März 1977.

[262] ZAYAS, Alfred M. de, *Die Anglo-Amerikaner und die Vertreibung der Deutschen*, aaO., S. 142 f.

Beim Eintritt in das Lager beginnen die ersten Grausamkeiten, und bei der Beerdigung hören dieselben auf. Bei der Revision wurde den Menschen alles, was sie noch an guten Sachen, auch Photographien, besaßen, fortgenommen. Die 14tägige Quarantänezeit ist, seit der jetzige Chefarzt dort ist, besonders im Winter, weil die Baracken nicht geheizt werden, eine Qual; Strohsäcke gibt es in diesen Baracken nicht. Soweit die Menschen im Besitz von Betten und Kopfkissen sind, werden diese ihnen abgenommen, über eine Decke verfügen die meisten nicht. So wissen sie nicht, was sie auf die Bretter legen und womit sie sich bedecken sollen. Die Fenster mußten auch bei starkem Frost geöffnet sein.

Traf der Chefarzt, Dr. CEDROWSKI, ein nicht ganz geöffnetes Fenster oder eine Frau, die wegen ihres geschorenen Kopfes bei strenger Kälte eine Kopfbedeckung hatte, so erfolgten Strafen: Ohrfeigen, Kniebeugen, stundenlanges Sitzen in Hockstellung bei offenem Fenster und halb entblößtem Oberkörper. Eine schlimme Strafe ist, den Zementfußboden im Flur den ganzen Tag über immer wieder wischen, auch wenn die Knie schon wund sind. Geht der Chefarzt in den nächsten Tagen durch die Baracken und sieht die wunden Knie, da sagt er: ›Gut so, weitermachen!‹ Zuweilen wird Frauen der Kopf trocken rasiert, was besonders schmerzhaft ist.

Nach der Quarantänezeit kommen die Aufgenommenen zu allerlei Arbeiten. Bei den Arbeiten auf dem Gut, in der Gärtnerei und sonstigen Arbeiten, die außerhalb des Lagers verrichtet werden, wurden die Menschen sehr geschlagen. Kommt dieses der Lagerleitung zu Ohren, und es wird der Fall untersucht, werden solche Zeugen herangeholt, die nichts Bestimmtes aussagen können. Sagt ein Zeuge die Wahrheit, so wird er am nächsten Tage so geschlagen, daß er nicht imstande ist, noch einmal darüber zu sprechen. Ich habe oft Körper gesehen, an denen keine weiße Stelle zu entdecken war.

Eines Tages wurde eine Frau bei der Arbeit erschossen, angeblich wegen Fluchtverdacht, was aber nicht auf Wahrheit beruhte. Daraufhin wurde der schrecklichste Milizmann mit einigen Deutschen hingeschickt, die Leiche zu holen. Diese wurde auf Forkenstiele gelegt, und acht Frauen mußten sie tragen. Die anderen der 150 Personen, die dort arbeiteten, wurden aufgefordert, sich quer über den Weg zu legen, und die Frauen mußten mit der Leiche laufend über diese hinweggehen. Diejenigen, die die Leiche trugen, wurden sehr geschlagen, denn beim Laufen kam es vor, daß die Leiche ihnen von den Forkenstielen herunterfiel. Einem jungen Mädchen hatten sie das Fleisch von den Wadenknochen abgeschlagen. Als das Fleisch später in Fäulnis überging, wurde sie ins Spital eingeliefert und starb an den Folgen. Eine andere Frau kannte die Ordnung noch nicht, da sie den ersten Tag bei der Arbeit war. Sie entfernte sich, um ihre Notdurft zu verrichten. Daraufhin wurde sie so geschlagen, daß sie ins Lager getragen und ins Spital eingeliefert werden mußte. Außer dem Gesicht war von den Knien bis zu den Händen der Körper nicht blau oder grün, sondern kohlschwarz. Eine Stunde nach ihrer Einlieferung war sie eine Leiche.

Besonders gequält wurden die Menschen im Winter 1946/47 bei der Waldarbeit. Männer und Frauen mußten Stubben (Baumwurzeln) roden. Die Erde war hart gefroren. Auch hier reichten die Kräfte nicht aus, um das ihnen auferlegte Pensum zu schaffen. Männer mußten in die Löcher der ausgeredeten Stubben hinein. Dann wurde über ihre Köpfe hinweg geschossen, um sie zu schrekken. Auch blieben hier die Schläge nicht aus. Hierauf legte man ihnen eine Kette um, und die anderen mußten sie herausziehen und auf dem Schnee herumschleifen. Ein besonders elender Mann machte in seiner Verzweiflung eines Nachts seinem Leben durch Erhängen ein Ende. Frauen mußten mit einem großen Arbeitswagen all die Stubben aus dem Walde ins Lager fahren. Auch diese wurden, weil sie die Last in dem Schnee nicht ziehen konnten, durch Fußtritte, Kolbenstöße und dergleichen mißhandelt.

Besonders übel sind die Frauen dran, welche dem ›schweren Wagen‹ zugeteilt sind. Dieser Wagen muß täglich, im Winter dreimal in ein 3 km von Potulice entferntes Sägewerk nach Brettern und Bohlen fahren. Die Last, welche 12 bis 15 Frauen ziehen müssen, beträgt 50 bis 75 Zentner. Auch hier wird tüchtig durch Fußtritte und Kolbenstöße nachgeholfen. Als ich selbst einige Tage an diesem Wagen war und wir, fast bis zur Erde geneigt, den Wagen zogen, dachte ich, wenn dieses Bild doch nur durch eine Aufnahme festgehalten werden könnte! Wenn man es nicht miterlebt hat, kann man es nicht glauben und sich keine Vorstellung davon machen.

Eine Hilfsschwester wurde eines Tages von dem Chefarzt auch an den Wagen beordert. Der Chefarzt hat nur das Recht, für einen Tag die Leute mit dem schweren Wagen zu strafen, alle weiteren Tage müssen durch den Leiter des Lagers gehen. Er sorgt dann aber schon dafür, daß es mit dem einen Tage genügt. Der Grund war, daß sie einem Manne Brot von solchen Patienten gab, die ihrer Krankheit wegen nicht essen konnten. Sie sollte für eine Nacht in den Leichenkeller gehen, verweigerte dieses mit den Worten: ›Ich will zum Rapport gemeldet werden.‹ Das ist die neueste Erfindung des Chefarztes, daß das zu bestrafende Personal für eine Nacht in den Leichenkeller gesperrt wird. An dem Abend wurde ihr gleich das Haar, welches erst 3 cm lang war, wieder ganz kahl geschoren. Am nächsten Tage ging sie an den schweren Wagen. Die Wachmänner waren vom Chefarzt eingeweiht. Sie mußte in der weißen Schürze gehen, damit sie gleich erkannt wurde. Am Vormittag wurde sie schon sehr geschlagen, aber am Nachmittag bekam sie so viele Schläge, daß sie nicht mehr allein ins Spital gehen konnte. Fast zwei Wochen mußte sie liegen, ehe sie imstande war, sich bewegen zu können. Damit dieses nicht in der Krankengeschichte festgehalten wurde, mußte sie, was sonst nicht erlaubt war, im Personalzimmer liegen.

Die schwerste Strafe ist der Bunker. Hier kommen die Menschen ganz entkleidet hinein. Täglich wird ihnen ein Eimer kalten Wassers über den Kopf gegossen, und sie müssen Tag und Nacht im Wasser stehen. Die Männer bekommen 25 Hiebe auf die Fußsohlen, und die Frauen werden in die Leistengegend geschlagen.

Es wurden Menschen aus dem Bunker ins Spital eingeliefert, bei denen sich das Fleisch von den Knochen löste und sie bald ein Opfer des Todes wurden. Das Schlagen im Bunker besorgte der Chefarzt mit dem Platzkommandanten. Als im vorigen Sommer [1947] die größten Quälereien verboten wurden, nahm man die zu Bestrafenden in das Büro der polnischen Gestapo oder in das Zimmer des Chefarztes. Dort wurden sie furchtbar geschlagen.

Um einen guten Gesundheitszustand vorzutäuschen, ist der Chefarzt sehr darauf bedacht, daß die Zahl der Belegschaft im Spital nicht zu hoch wird. Oft werden die Leute erst dann aufgenommen, wenn sie schon bald halb tot auf der Bahre hereingetragen werden. Viele brauchen gar nicht mehr in das Bett hineingelegt zu werden, sondern sterben schon auf der Bahre. Andere werden oft, unfähig allein gehen zu können, entlassen. Die Zahl der Toten betrug täglich 10–12 Menschen.

Erschütternd sind die Verhältnisse in den drei Baracken für Alte und Arbeitsunfähige. Etwa 1500 Menschen sind in diesen Elendshütten zusammengepfercht. Schlimm ist, daß die Geisteskranken ohne Pflege und Aufsicht unter den Alten untergebracht sind. Viele Alte sterben an Hunger, andere sind so elend, daß sie des schlechten Eindrucks wegen, den sie in der Öffentlichkeit machen würden, nicht nach Deutschland abtransportiert werden, sondern auf ihren Tod warten müssen. Viele Kranke im Lager müßten operiert werden. Der Unkosten wegen geschieht dieses nicht. Der Chefarzt gibt auch auf große Bitten der Betreffenden, sie doch für den Transport freizugeben, nicht seine Erlaubnis. So müssen sie im Lager elend zugrunde gehen.

Innerhalb zweier Jahre waren im Lager Potulice ca. 800 Kinder. Die Zahl der Säuglinge wechselte zwischen 30–50. Die Säuglingsbaracke, welche gleichzeitig auch Entbindungsstation war, wurde schön hergerichtet. Das geschah aber nur aus dem Grunde, daß alles einen guten Eindruck machte, wenn die Kommissionen durchkamen und diese dann in der Presse davon berichten konnten. Doch keiner fragt, wie viele Kinder in den schönen, weißgestrichenen Bettchen verhungert und erfroren sind.

Wenn eine Kommission angesagt war, wurden die Baracken geheizt. Sobald die Herren aber hinter dem Tor waren, bekamen die Männer, die die Heizung bedienten, den Befehl, das Feuer ausgehen zu lassen. Als die Sterbezahl der Kinder zu hoch wurde, stellte man einen Ofen auf. Dieser konnte aber nur mit nassem Sägemehl geheizt werden. Daher rauchte er so fürchterlich, daß die Fenster geöffnet werden mußten.

Die Nahrung der Säuglinge bestand monatelang aus Wassersuppen. Ging man des Morgens um 4 Uhr an der Baracke vorbei, dann meinte man, das Blöken der Lämmer, aber keine Kinderstimmen zu hören. In kurzer Zeit sind von 50 Säuglingen nur zwei am Leben geblieben. Von diesen zweien hatten die Mütter Gelegenheit, ihnen zusätzlich etwas zu geben. Eines Tages ging ein polnischer Herr durch die Baracke. Als er die Kinder sah, meinte er, die müßten Milch haben. Die Antwort des Chefarztes war: ›Es genügt, wenn es auf dem Papier steht.‹ Anderen Herren wurde erzählt, daß die Kinder Butter und Milch bekämen, welches gar nicht der Wahrheit entsprach.

Die Kinder von 1 ½ bis 10 Jahren befanden sich in einer Kinderbaracke. Diese durften bis Mai 1947 nur mittags etwas draußen sein. War der Chefarzt, Dr. CEDROWSKI, aber im Lager, wagte es kein Kind, herauszugeben. Den ganzen Tag hockten sie eingeschüchtert und verängstigt auf den Betten. Zu den grausamsten Tagen zählen auch die, wenn die Mütter mit ihren Kindern, soweit sich diese im Lager befanden, auf dem Platz antreten mußten, die Kinder ihnen fortgenommen wurden und sie nicht wußten, wo sie blieben. Weinten die Mütter, dann bekamen sie Kolbenstöße. Viele Mütter haben nie mehr etwas von ihren Kindern erfahren.

Im Jahre 1946 kamen viele Kinder in das Kinderheim nach Schwetz. Als dann später wieder ein Transport dorthin ging, konnte ihn eine deutsche Frau, die als Schwester im Lager arbeitete, begleiten. Als diese sich dort, im Auftrage einiger Mütter, nach deren Kindern erkundigte, wurde ihr gesagt: ›Es sind Tausende von Kindern hierher gekommen, wir konnten sie listenmäßig nicht erfassen. Die meisten waren noch so klein, daß sie ihren Namen nicht wußten, sehr viele sind gleich von polnischen Leuten abgeholt worden, wir wissen nicht, wo sie sind.‹

Als eine Anzahl von Müttern zum Transport ins Reich bestimmt waren und diese ihre Kinder durch das Rote Kreuz suchen ließen, wurden einige Kinder zurückgeführt, welche schon einen polnischen Namen trugen. Darum braucht man sich nicht zu wundern, daß – man kann wohl sagen – Tausende nicht mehr ausfindig gemacht werden können. Auch hat man sie so stark in andere Kinderheime, wie z.B. Bromberg, Schubin, Hohensalza, Tuchel, Konitz, Thorn und verschiedene andere gepreßt, daß ein großes Massensterben einsetzte. Eine Mutter hat von fünf Kindern nur noch eins zurückbekommen.

Kinder im Alter von 8 Jahren mußten bei polnischen Bauern Pferde putzen, pflügen, eggen und alle anderen Landarbeiten verrichten. Ein Kind erzählte mir mit Tränen in den Augen, daß es sich zum Putzen des Pferdes einen Schemel herangestellt hat. Drehte das Pferd sich, dann fiel es in den Dung. Kam der Bauer, und das

Mädelchen war mit dem Putzen nicht fertig, so wurde es geschlagen.

Ein anderes Mädchen berichtet: ›Ich kam zu einem polnischen Bauern. Das Ehepaar war kinderlos, und so wollte man mich für eigen annehmen. Ich wollte aber deutsch bleiben. Als ich darauf bestand, wurde ich viel geschlagen.‹ (Dieses Mädchen war 10 Jahre alt.) Schickte ihre Mutter ihr Sachen, so wurden sie ihr nicht ausgehändigt. Von März 1945 bis Dezember hat sie alles getragen. Als es aber zu Weihnachten ging, schrieb das Kind alles seiner Mutter, welche 40 km entfernt auf einem Gut arbeitete. Als die Mutter den Brief erhalten hatte, wurde sie an einem Morgen tot im Bett, den Brief vor ihr liegend, aufgefunden. Der Arzt stellte fest, daß sie an Herzkrämpfen gestorben sei. Helga – so hieß das Kind – erhielt ein Telegramm. Aber die Polin erlaubte nicht, daß sie zur Beerdigung fuhr. Das Kind wurde sehr von Selbstmordgedanken geplagt, weil es sich sagte: Hätte ich nicht alles meiner Mutter geschrieben, lebte sie heute noch.

Auch war es nicht erlaubt, daß Geschwister miteinander sprechen. Eines Abends hatte ich dienstlich in einer Kinderbaracke zu tun. Ein Junge, 13 Jahre alt, war ins Lager gekommen und hörte, daß seine Schwester, 9 Jahre alt, in der Baracke sei. Er kam an die Baracke, sie freuten sich des Wiedersehens nach fast drei Jahren. Der Platzkommandant traf die beiden an. Der Junge bekam einen Schlag ins Genick, daß er zu Boden fiel. Hierauf bekam er Fußtritte, daß einem beim Anblick fast das Herz brach. Von wie vielen Fällen könnte man noch berichten!

Grausam war die Behandlung deutscher Kinder in Polen. Es ist mir unverständlich, daß Herren, die keinen Einblick in die Grausamkeiten, die an Deutschen und auch an Kindern geschehen sind, es weitergeben, daß diese Tatsachen nicht der Wahrheit entsprechen. Augenzeugen stellt man als Lügner dar, deshalb, weil die Kinder jetzt gut genährt aus Polen kommen. Es ist aber wohl nicht bekannt, daß alle zum Transport bestimmten Kinder vom Arzt untersucht werden müssen. Alle zum Transport bestimmten Personen, ob Erwachsene oder Kinder, die elend sind, und Aufsehen erregen würden, werden jeweils sofort gestrichen.

Als der Transport im September 1947 ging, war der Chefarzt verreist, daher war die Auslese nicht so stark, und es kamen auch

elende Kinder mit. In Breslau wurden die 154 Waisenkinder zu-
rückbehalten. Ich blieb bei den Kindern. Masern brachen aus, und
die Kinder mußten ins Krankenhaus geschafft werden.
Polnische Schwestern sagten in meiner Gegenwart: ›Wie sollen wir nur die
Kinder anfassen, die zerbrechen uns in den Händen!‹ Es kamen
sogar diesen Schwestern die Tränen in die Augen.
Die Kinder gehen nur in Lumpen gehüllt. Einen Tag, bevor der
Transport geht, müssen alle antreten, und dann bekommen sie
Sachen. Bis dahin kümmert sich keiner um die Bekleidung. Im
Gegenteil, wenn sie ins Lager kamen und einzelne noch über ein
gutes Stück verfügten, verschwand dieses. Jetzt, da die Polen sa-
hen, daß sie durch die Transporte nicht mehr alles verbergen können und auch die Kinder nicht alle zurückbehalten werden dürfen, bekommen sie eine gute Zuteilung. Doch man kann die
Schandtaten der drei Jahre damit nicht zudecken.« (Ostdok. 2/
38/99–103.)[263]

Leichen im polnischen Geschichtskeller – die Morde von Swinemünde

Im kollektiven Bewußtsein der Polen herrschen, von Regierungen
und Parteien bewußt gepflegt und gefördert, der Mythos vom großen Opfergang des polnischen Volkes im 20. Jahrhundert und das
Selbstbildnis vom stets nur ›Für Eure und unsere Freiheit‹ kämpfenden Polen vor. Doch dieses Bild, das unter anderem auch vom Deutschen Historischen Institut Warschau (DHI) unterstützt wird, kann
der Wirklichkeit auf die Dauer nicht standhalten. Nicht nur ›Jedwabne‹ mit seinen Judenpogromen durch Polen 1941 hat es bereits
arg angekratzt. Nun brachte auch der polnisch-amerikanische Soziologe Jan Tomasz GROSS mit den Büchern *Nachbarn* und *Angst* den seit
Jahrzehnten verdrängten Antisemitismus in Polen der Öffentlichkeit
ins Bewußtsein. Hinzu kommen neuerdings auch noch die Entdek-
kungen im pommerschen Swinemünde (Swinoujscie), die die einseitige Selbstdarstellung weiter demontieren. Dort beraubten, mordeten
und vergewaltigten im ersten Nachkriegswinter 1945/46 polnische
Miliz und Staatssicherheitsleute völlig unbehelligt deutsche Zivilisten.

---

[263] Zitiert in: AHRENS, Wilfried, *Verbrechen an Deutschen*, Arget ²1984, S. 133–
138.

Das Institut des Nationalen Gedenkens (IPN) vermutet unter dem asphaltierten Sportplatz einer Sonderschule in dieser Stadt ein Massengrab mit mindestens vierzig ermordeten Deutschen. In einem Interview mit dem Stettiner *Kurier Szczecintsk* beschrieb der IPN-Historiker Pawel SKUBISZ »wahrhaft dantische Szenen«, die sich im Gefängnis des Kreisamts für Öffentliche Sicherheit (PUBP) ereignet hatten. Im Herbst 1945 übertrugen die Sowjets die Verwaltung Swinemündes an Polen. Mehrere zehntausend Deutsche waren jetzt schutzlos dem Terror der brutalen (Un-)Sicherheitsdienste und der Volksmiliz (MO) ausgeliefert. Sie verhafteten Deutsche unter willkürlichen Anschuldigungen, mißhandelten und ermordeten sie. Viele andere ließ man im Gefängnis des Hungers oder an Krankheiten elendig sterben. Wie SKUBISZ aussagte, quälten Funktionäre der Staatssicherheit eine Deutsche zu Tode. In der Nacht vom 6. auf den 7. Januar 1946 wurden fünf Gefangene bestialisch ermordet. Besonders grausam verhielt sich Jan SOLTYNIAK, der Chef des PUBP. Ein von ihm vergewaltigtes 16jähriges Mädchen hatte sich dabei mit Syphilis angesteckt. Da man über keine entsprechende Medizin verfügte, teilte SKUBISZ mit, »entledigte [man] sich des ›Problems‹ durch einen Schuß in den Hinterkopf auf dem Hof des PUBP«.

Etwa dreißig Deutsche hatte die Miliz unter dem Vorwurf der Tätigkeit in der NS-Partisanenorganisation ›Werwolf‹ verhaftet und so lange gefoltert, bis sie ›gestanden‹. »Heute ist es schwer, eindeutig festzustellen, ob es so eine Gruppe tatsächlich gegeben hat«, urteilte SKUBISZ. »Persönlich ist mir die These näher, daß der Werwolf in Swinemünde nur eine Erfindung der Beamten war.«

Das bestialische Treiben fand erst ein Ende, als im März 1946 József ZAJAC, der Vorgesetzte der Volksmiliz aus Köslin, eine Kontrolle durchführte und verheerende Zustände feststellen mußte. Niemand hatte Akten geführt, und so ist es heute schwierig, die Zahl der Inhaftierten festzustellen. Die polnische Militärstaatsanwaltschaft führte oberflächliche Ermittlungen durch, auf Grund derer sieben Angeklagte zu »lächerlich niedrigen« Haftstrafen verurteilt wurden: Der Haupttäter SOLTYNIAK mußte für vier Jahre ins Gefängnis, aber nicht wegen Mordes und Totschlags, sondern nur, weil er einen Waggon Kartoffeln unterschlagen hatte.

In den neunziger Jahren wurden bei Erdarbeiten auf dem Sportgelände einige Skelette gefunden. Die daraufhin eingeleiten Ermittlungen wurden von der Staatsanwaltschaft sehr schnell niedergeschlagen. Das ›Institut des Nationalen Gedenkens‹ will jetzt das Verbrechen neu aufrollen. Zwei Artikel der linksliberalen *Gazeta Wyborcza* berichteten im Januar 2008 ungeschminkt und detailliert vom Krieg nach dem Krieg in Swinemünde:»Sie brachten die Deutschen aus Rache um.«Danach meldeten sich mehrere Zeugen beim IPN.

3. Vertreibung der Deutschen aus deutschen Provinzen

Churchill: Die »polnische Gans« soll gestopft werden

Am 8. Oktober 1943 beschloß das britische Kabinett die »Abtretung Ostpreußens, Danzigs und Oberschlesiens von Deutschland« sowie die Vertreibung von 3 bis 5 Millionen Ostdeutscher und 1 bis 1,5 Millionen Sudetendeutscher, allerdings ohne die des Egerlandes.[264] Nach dem Teheraner Treffen der ›Großen Drei‹ forderte *Wolna Polska*, das Organ der ›Union polnischer Patrioten‹, die Austreibung von 7,5 Millionen Ostdeutscher aus Ostpreußen, Pommern und Schlesien. Anfang 1944 teilte Winston CHURCHILL dem Regierungschef der Londoner polnischen Exilregierung, MIKOLAJCZYK, mit, daß von den Ostdeutschen

»etwa sieben Millionen, die in den Gebieten zwischen der alten polnischen Grenze und der Oder wohnten, in das eigentliche Deutschland abtransportiert würden«.[265]

In CHURCHILLS Fünf Punkte-Programm für die Verhandlungen mit STALIN heißt es dann:

»Die gesamte deutsche Bevölkerung innerhalb der Grenzen Polens muß auswandern.«[266] In seiner Unterhausrede vom 15. Dezember 1944 erklärte er, jetzt werde »reiner Tisch gemacht, denn die Vertreibung ist, soweit wir in der Lage sind, es zu überschauen, das befriedigendste und dauerhafteste Mittel«.[267]

Als Labour-Abgeordnete und sogar polnische Politiker gegen solche verbrecherischen Pläne protestierten und die offensichtliche Verletzung des Völkerrechts wie der Haager Landkriegsordnung anprangerten, erklärte CHURCHILL auf der Konferenz von Jalta am 7. Februar 1945:

»Bezüglich der Neiße: Wir haben immer die Bewegung der polnischen Grenzlinien nach dem Westen unterstützt, aber unter der

[264] HILLGRUBER, Andreas, *Zweierlei Untergang*, Berlin 1986, S. 54.

[265] TRAUTMANN, Werner, *Tod und Gewalt. Die Vertreibung als völkerrechtliches, politisches, ethisches, soziales und geschichtliches Problem*, Tübingen, 1989, S. 27.

[266] CIECHANOWSKI, Jan, *Vergeblicher Sieg*, Zürich 1948, S. 269.

[267] EADE, Charles, *Churchill-Reden*, Zürich 1949, Bd. V., S. 466 f.

Bedingung, daß sie nicht mehr nehmen, als sie wünschen und als sie handhaben können. Es wäre sehr schade, die polnische Gans mit deutschem Futter so vollzustopfen, daß sie an einer Magenverstimmung zugrunde ginge. Ein großer Teil der öffentlichen Meinung ist über den Gedanken empört, viele Millionen Menschen mit Gewalt zu transferieren. Ich bin nicht empört. Ich weise auf den Erfolg der griechisch-türkischen Transferierungen nach dem letzten Krieg hin, allerdings betrafen diese nur eine halbe Million Menschen. Wenn die Polen Ostpreußen und Schlesien bis zur Oder übernehmen, bedeutet das die Transferierung von 6000000 Deutschen. Dies könnte mit modernen Einrichtungen geschafft werden... Wir haben 5 oder 6 Millionen [Deutsche] getötet und werden vor Beendigung des Krieges wahrscheinlich noch eine weitere Million töten. Dadurch müßte in Deutschland für die transferierten Menschen Raum genug vorhanden sein. Sie werden gebraucht werden, um die Lücken zu füllen; daher fürchte ich das Problem einer Transferierung nicht, solange es im richtigen Verhältnis steht.«[268]

Die Alliierten hatten sich also mit der Vertreibung von Millionen Deutscher einverstanden erklärt, noch bevor die später den Deutschen angelasteten Kriegsverbrechen bekannt wurden. Polen konnte sich schon bei den ersten ›wilden‹ Vertreibungen vor der Potsdamer Konferenz im Juli 1945 auf die stillschweigende Duldung durch die Alliierten berufen, danach dann auf die offizielle Zustimmung durch die Sieger.

Bierut-Dekrete

In der Zeit von 1945 bis 1946 erließ die polnische Regierung die sogenannten ›Bierut-Dekrete‹ im Rahmen der Vertreibung der deutschen Bevölkerung 1945 aus den ehemaligen ostdeutschen Provinzen. Darunter befand sich das Dekret vom 13. September 1946 über den

»Ausschluß von Personen deutscher Nationalität aus der polnischen Volksgemeinschaft«.

Es handelte sich um völkerrechtswidrige ›Gesetze‹, die die Vertreibung und Enteignung der deutschen Volksgruppe straffrei stellten.

---

[268] *Die Jalta-Dokumente*, Göttingen 1956.

Benannt wurden sie nach Boleslaw BIERUT, dem Generalsekretär des Zentralkomitees der PVAP 1948 und 1954–1956.

Wegen des Bedarfes an Arbeitskräften wurden nicht alle Deutsche ausgewiesen, besonders in Oberschlesien. Wer dennoch ausreisen wollte, wurde durch jahrelange Antragstellung und die damit verbundene Diskriminierung daran gehindert, so daß Familien erst Jahrzehnte nach der Antragstellung ausreisen durften, meist erst im Rahmen von Familienzusammenführungen, für die die Bundesrepublik zahlen mußte.

Dekrete, Gesetze und Verordnungen vom

28. Februar 1945:
Dekret des Ministerrats über den Ausschluß feindlicher Elemente aus der polnischen Volksgemeinschaft.

6. Mai 1945:
Gesetz über den Ausschluß feindlicher Elemente aus der polnischen Volksgemeinschaft.
Gesetz über das verlassene und aufgegebene Vermögen.

3. Januar 1946:
Gesetz betreffend der Übernahme der Grundzweige der nationalen Wirtschaft in das Eigentum des Staates.

8. März 1946:
Dekret über das verlassene und ehemals deutsche Vermögen.

24. März 1946:
Verordnung des Ministers für die Wiedergewonnenen Gebiete über die Durchführung einer Erfassung des ehemals deutschen beweglichen Eigentums.

13. September 1946:
Dekret über den »Ausschluß von Personen deutscher Nationalität aus der polnischen Volksgemeinschaft«.

Obwohl die deutsche Bundesregierung immer wieder von Warschau brüskiert wurde, sprach sie sich für die Aufnahme Polens in die EU aus, ohne die Rücknahme der BIERUT-Dekrete als Bedingung zu stellen. Mit Polen, der Tschechei und der Slowakei sind drei Staaten inzwischen Mitglieder einer demokratischen Völkergemeinschaft geworden, in der völkerrechtswidrige Gesetze angeblich zwar obsolet sind, aber nicht zurückgenommen werden müssen.

Gegen diese Politik erfolgten vor den Verhandlungen zahlreiche Aufrufe und Eingaben, etwa der Aufruf von A. ALLRICHS.[269]

›Wilde‹ Vertreibungen

Noch bevor die Alliierten im Potsdamer Protokoll vom 2. August 1945

»die Überführung der deutschen Bevölkerung oder Bestandteile derselben, die in Polen, der Tschechoslowakei und Ungarn zurückgeblieben sind,. . . in ordnungsgemäßer und humaner Weise«

beschlossen, waren bereits seit Monaten mörderische Vertreibungen in Ostdeutschland, dem Sudetenland und den zahlreichen Siedlungsgebieten der Deutschen in den östlichen Nachbarstaaten Deutschlands im Gange. Entrüstung und Appelle westlicher Politiker, die mehr Humanität bei der Zwangsumsiedlung anmahnten, blieben auf die im sowjetischen Machtbereich durchgeführten Vertreibungsaktionen ohne Wirkung.

In den östlichen Gebieten befanden sich 1944/45 mehr Zivilisten als zu Beginn des Krieges. Die Gründe dafür sind bekannt:

- Die ›Endsieg‹-Propaganda der Nationalsozialisten sowie militärisch-polizeiliche Maßnahmen verhinderten rechtzeitig organisierte Fluchtbewegungen.

- In den letzten Kriegsjahren waren Hunderttausende aus dem Reichsgebiet vor allem wegen der Bombenangriffe in die ländlichen Gegenden Ostdeutschlands evakuiert worden.

- Während der Kriegszeit waren Hunderttausende von Deutschen aus anderen osteuropäischen Regionen in Polen angesiedelt worden.

Insgesamt lebten bei Kriegsende in den Reichsgebieten östlich der Oder-Neiße-Linie 9,75 Millionen Deutsche. Hinzu kommen jene 2,14 Millionen Deutsche, die damals in Danzig, im Memelland und in Polen lebten, so daß von dort fast zwölf Millionen Deutsche – ohne die zum Kriegsdienst eingezogenen ostdeutschen Männer – in das Flüchtlings- und Vertreibungschaos hineingerissen wurden.

---

[269] Siehe Anhang.

Noch vor dem Ende des Zweiten Weltkrieges übertrug die Sowjetunion den moskautreuen polnischen Kommunisten die Verwaltungshoheit über die eroberten ostdeutschen Regionen, mit der Ausnahme des Königsberger Gebietes. Die überlebenden Deutschen wurden nach Plünderungen und Mißhandlungen oft wie Sklaven gehalten. Aufgrund des bereits am 2. März 1945 erlassenen »Dekrets über aufgegebene und verlassene Vermögen« konnten sich Polen die deutsche Habe beliebig aneignen. Vom eigenen Haus und Hof vertriebene Deutsche wurden zu Bettlern, die um ihr Leben zittern mußten.

Bereits Ende Juni 1945 begannen auf einem 100 bis 200 Kilometer breiten Gebiet östlich der Oder-Neiße-Linie ebenso schnell wie brutal durchgeführte Vertreibungen der Deutschen. 200 000 bis 300 000 Schlesier, Pommern und Brandenburger wurden in Fußmärschen unter Mißhandlungen durch die polnische Miliz nach Westen gejagt.

In der *Frankfurter Allgemeinen Zeitung* vom 23. Januar 1995 nahm Johann Georg Reissmüller Stellung zu der Haltung der Deutschen zu diesem Thema:

»Wie kann man behaupten, das Verhältnis der Deutschen zu ihrer Nation sei normal, da die große Mehrheit des Volkes, angeführt von der großen Mehrheit der politisch Wirkenden, von allen Opfern der Staats-Unmenschlichkeit auf unserem Kontinent im 20. Jahrhundert eine Kategorie nicht einmal zur Kenntnis nehmen will: Diejenigen Deutschen, die in der östlichen Hälfte Europas in den Jahren 1944, 1945, 1946 völkermordartigen Vernichtungsaktionen anheimfielen? Wer an sie erinnert, dem schlägt in Deutschland sogleich der Vorwurf entgegen, er wolle ›aufrechnen‹. Das ist eine als Anspruch ans Gewissen zurechtgemachte Unwahrheit. Den Völkermord an den Juden, die von Deutschen verübten Massenmorde an Polen, Tschechen, Russen bemäntelt nicht und die Schuld Deutschlands am Zweiten Weltkrieg verkleinert nicht, wer möchte, daß im Gedächtnis der Nation auch die ungezählten Deutschen einen Platz haben, die am Ende des Krieges und nach dem Krieg von massenmordender Hand starben. Doch es sind wenige unter unseren Politikern, die zu solchem Gedenken aufrufen.«

Potsdamer Konferenz 17. Juli bis 2. August 1945

Von ROOSEVELT gewollt und von CHURCHILL unterstützt, wurde am Ende des Zweiten Weltkrieges halb Europa zwar von HITLER befreit, dafür aber auf Jahrzehnte der weit schlimmeren Diktatur STALINS ausgeliefert. Jetzt erst begriff Winston CHURCHILL, daß man, wie er es ausdrückte,»das falsche Schwein« geschlachtet hatte. Kleinlaut schrieb er deshalb im Juni 1945 an US-Präsident TRUMAN:

»Es will mir scheinen, daß die Ausdehnung des russischen Einflusses bis zur Linie Lübeck–Eisenach–Triest und noch weiter bis Albanien eine Angelegenheit ist, wegen der noch eine intensive, wenn auch unter guten Freunden geführte Auseinandersetzung nötig ist.«

Schon bei der Eröffnung der Potsdamer Konferenz am 17. Juli 1945 unter dem Vorsitz des US-Präsidenten Harry S. TRUMAN sahen sich den ›Großen Vier‹ schwerwiegenden Problemen gegenüber, da die UdSSR die Gebiete östlich von Oder und Neiße *de facto* Polen überlassen hatte.

Am 23. Juli 1945 wurde die provisorische polnische Regierung eingeladen, eine Delegation zu entsenden, die bereits am Abend desselben Tages eintraf und mit STALIN und MOLOTOW ein informatives Gespräch führte. Am Vormittag des folgenden Tages legten sie ihren Standpunkt zur Grenzfrage vor. Ministerpräsident BIERUT verwies auf die polnischen Gebietsabtretungen an die Sowjetunion und das Erfordernis einer Kompensation im Westen. Außenminister RZYMOWSKI stellte Gesichtspunkte einer deutschen Wiedergutmachung an Polen und strategisch-militärische Gründe für die geplante Westexpansion in den Vordergrund. Außerdem, behauptete er wahrheitswidrig, sei die Oder-Neiße-Linie eine alte historische Grenze. Schließlich sollten eine ausgedehnte Küste und die schlesische Industrie zur wirtschaftlichen Entwicklung Polens beitragen.

Der vorläufige polnische Präsident MIKOLAJCZYK griff diesen Punkt auf und begründete, warum es wichtig sei, Deutschland wirtschaftlich zu schwächen.

Zum Schluß setzte sich der sowjetische Außenminister MOLOTOW leidenschaftlich für die polnischen Wünsche ein.[271]

---

[271] VIERHELLER, Viktoria, *Polen und die Deutschland-Frage 1939–1949*, Köln 1970, S. 117 ff.

Auf Einwände von seiten der Westmächte verbat sich STALIN jegliche Einmischung Großbritanniens und der USA in die Angelegenheiten Polens, Bulgariens, Rumäniens und Ungarns und lehnte auch eine westliche Beteiligung an der internationalen Donaukommission ab. STALINS starre Haltung führte zu mehreren Krisen während der Konferenz, die mehrmals vor dem Abbruch stand. Schließlich legte US-Staatssekretär James F. BYRNES einen Kompromißvorschlag in Form eines Protokolls vor. Danach verzichtete die sowjetische Führung auf ein Mandat in Libyen, auf freien Zugang zu den Mittelmeerengen und auf die Internationalisierung der Ruhr. Die Westmächte verzichteten dagegen auf ein Mitspracherecht im sowjetischen Machtbereich. Nordostpreußen mit Königsberg wurde der UdSSR zugeschlagen, die Gebiete östlich der Oder und ›Lausitzer Neiße‹ sollten »bis zur endgültigen Festlegung der Westgrenze Polens« unter polnischer Verwaltung stehen. Diese Gebiete gehören zu jenen, aus denen Polen, Ungarn und die Tschechoslowakei »in ordnungsgemäßer und humaner Weise« die deutsche Bevölkerung aussiedeln können (Art. III). Von den 471 067 Quadratkilometern im Jahre 1937 verblieben Deutschland jetzt nur noch 356 678 Quadratkilometer.

Da man sich über die Höhe der deutschen Reparationsleistungen nicht einigen konnte, sollte jede Besatzungsmacht ihre Ansprüche zunächst aus der eigenen Zone befriedigen. Darüber hinaus wurden der UdSSR 25 Prozent der in den Westzonen zu demontierenden Industrieanlagen zugesprochen, davon 15 Prozent nur gegen Agrar- und Industrieprodukte aus der sowjetischen Zone.

Offiziell wurde Deutschland auch weiterhin zwar als wirtschaftliche Einheit betrachtet, doch war »bis auf weiteres keine zentrale deutsche Regierung« vorgesehen. Im wirtschaftlichen Bereich sollten Kartelle, Syndikate, Trusts und alle anderen Monopolvereinigungen dezentralisiert und entflochten werden. Weiter hieß es in dem ›Protokoll‹: Kriegsverbrecher haben sich vor Gericht zu verantworten. Die Bürger müssen sich entmilitarisieren und entnazifizieren lassen. In fünf Zentralverwaltungen sollen Deutsche unter Leitung von Staatssekretären die Verwaltung des Finanz-, Transport-, Verkehrswesens, des Außenhandels und der Industrie wahrnehmen.

Es muß noch darauf hingewiesen werden, daß es sich bei den Ausführungen von Potsdam nur um ein abschließendes Protokoll (Kommuniqué) handelt, aber nicht um ein Abkommen. Deshalb ist es falsch, wenn die Vertreiberstaaten sich auf ein ›Potsdamer Abkommen‹ berufen.

Offizieller Beginn der Vertreibung

Die Vertreibung begann offiziell mit der Verabschiedung eines Ausweisungsplanes des Alliierten Kontrollrates am 17. Oktober 1945. Hunderttausende von Deutschen, auch die aus dem russisch verwalteten nördlichen Ostpreußen, mußten sich kurzfristig auf Sammelplätzen einfinden, um dann in Richtung Westen abgeschoben zu werden. Es durfte nur so viel Gepäck mitgenommen werden, wie man tragen konnte. Auf west- und mitteldeutschen Bahnhöfen trafen unangekündigt mit Vertriebenen vollgepferchte Güterzüge ein. Bertrand RUSSELL veröffentlichte am 8. Dezember im *New Leader* einen Bericht über die unmenschlichen Verhältnisse bei der Vertreibung:

»Jederzeit werden Frauen und Kinder in Eisenbahnzügen zusammengetrieben, jeder nur mit einem Koffer, dessen Inhalt unterwegs meistens geraubt wird. Die Reise nach Berlin dauert viele Tage, in denen keine Nahrungsmittel verteilt werden. Viele erreichen Berlin als Tote; Kinder, die unterwegs sterben, werden aus dem Fenster geworfen. Viele von denen, die man aus ihrem Haus treibt, werden nicht mit der Eisenbahn befördert, sondern müssen zu Fuß nach Westen wandern.«

Dieser Bericht wurde vom ›Congressional Record‹ des ›House of Representives‹ bestätigt, der die Aussagen eines britischen Majors zitiert:

»Die schlimmsten Greuel in der modernen Geschichte finden in Ostdeutschland statt: Viele Millionen von Deutschen sind auf die Straße geworfen worden, sterben zu Tausenden auf den Straßen an Hunger, Dysentrie und Erschöpfung, und die Berliner Krankenhäuser lassen den Anblick von Konzentrationslagern ganz normal erscheinen.«

Im Westen war man auf die Aufnahme so vieler Menschen nicht vorbereitet. Es kamen insgesamt bis 1950 mehr als doppelt so viele Menschen im Westen an, als der vereinbarte Ausweisungsplan vorgesehen hatte, weil wesentlich mehr vertrieben wurden, als die Westmächte angenommen hatten. Oft wurden die Vertriebenen unter unmenschlichen Bedingungen tage- und wochenlang in Güterwagen planlos von einem Ort zum anderen abgeschoben. Durch die Vertreibungsaktion kamen allein im Jahre 1946 etwa zwei Millionen verzweifelte und auch körperlich angegriffene Menschen nach Westdeutschland, wo sie überwiegend nur in provisorischen Flüchtlingslagern untergebracht werden konnten.

Im November 1945 berichtete F. A. Voigt in *Nineteenth Century and After:*

»Ein Zug, der am 31. 8. Berlin erreichte, war am 24. in Danzig abgefahren mit dreihundertfünfundzwanzig Patienten und Waisen aus dem Marienkrankenhaus und dem Waisenhaus in der Weidlergasse. Sie waren in fünf Viehwagen zusammengepfercht, auf dem nackten Boden, ohne Stroh. Es gab weder Ärzte noch Schwestern oder Medikamente. Die einzige Nahrung erhielten die Waisen zu Beginn der Fahrt: 20 Kartoffeln und 2 Stück Brot. Die Patienten hatten nichts, doch von Zeit zu Zeit hielt der Zug, und die Mitfahrenden, die dazu noch imstande waren, versuchten, Nahrungsmittel aufzutreiben. . .

Zwischen sechs und zehn Patienten in jedem Wagen starben unterwegs. Die Leichen wurden einfach aus dem Zug geworfen. Als der Zug in Berlin ankam, wurden fünfundsechzig Patienten und Waisen in das Robert-Koch-Krankenhaus gebracht, wo neun von ihnen starben. Was aus den übrigen geworden ist, wissen wir nicht.«[272]

Donald Mackenzie, Berlin-Korrespondent der New Yorker *Daily News,* berichtete am 7. Oktober 1945:

»Eine andere Frau mit Narben von Peitschenhieben quer über dem Gesicht sagte, als die Gruppe, mit der sie in Oberschlesien zur Eisenbahn marschierte, durch Sagan kam, standen polnische Zivilisten links und rechts der Straße, und die Flüchtlinge wurden systematisch beraubt und geschlagen, als sie vorübergingen. . . Sie schloß ihre Aussage mit der Vermutung, sie sei schwanger. Auf der Reise nach Berlin war sie dreißigmal vergewaltigt worden.«[273]

---

[272] Zayas, Alfred M. de, *Die Anglo-Amerikaner und die Vertreibung der Deutschen,* aaO., S. 131.
[273] Ebenda, S. 131 f.

Der britische Außenminister Ernest BEVIN, der sich selbst einen Eindruck vom Elend der Vertriebenen in Berlin verschaffte, berichtete vor dem Unterhaus:

»Es war ein jämmerlicher Anblick, dieser lange Zug von Kinderwagen und kleinen Fahrzeugen aller Art, und die Leute fast alles Frauen und Kinder und ganz wenige Männer... Es war der schlimmste Anblick, den man sich denken kann.«[274]

Robert MURPHY, der politische Berater der amerikanischen Militärregierung in Berlin, sandte am 12. Oktober 1945 ein dringendes Memorandum an das State Department. Darin hieß es:

»Allein auf dem Lehrter Bahnhof in Berlin haben unsere Sanitätsdienststellen täglich im Durchschnitt zehn Menschen gezählt, die an Erschöpfung, Unterernährung und Krankheit gestorben sind. Sieht man das Elend und die Verzweiflung dieser Unglücklichen, spürt man den Gestank des Schmutzes, der sie umgibt, stellt sich sofort die Erinnerung an Dachau und Buchenwald ein. Hier ist Strafe im Übermaß, aber nicht für die *Parteibonzen,* sondern für Frauen und Kinder, die Armen, die Kranken...«

Der Lübecker Korrespondent des *Manchester Guardian* berichtete am 10. März 1946:

»Trotz der Potsdamer Vereinbarung, wonach die Umsiedlung der deutschen Bevölkerung aus dem Osten geregelt und human vor sich gehen sollte, vertreiben die polnischen Behörden Deutsche aus den neuerdings polnischen Gebieten. Sie kündigen die Ausweisung zehn Minuten vorher an und schicken die Menschen ohne Nahrungsmittel in überfüllten Zügen in die britische Besatzungszone. Ein dreiundsiebzigjähriger Mann und ein Kind von achtzehn Monaten wurden tot im ersten Transport aufgefunden, der in Lübeck unter der Bezeichnung ›Operation Swallow‹ am 3. März ankam. Im zweiten Transport lagen drei Tote. Im allgemeinen packt man eintausendfünfhundert Menschen in einen Zug mit 26 Waggons, die ungeheizt und zum größten Teil beschädigt sind. Der vierte Transport brachte aber zweitausendsiebzig Menschen, so daß die Leute kaum stehen, geschweige denn sitzen konnten...«[275]

---

[274] ZAYAS, Alfred M. de, ebenda, S. 132.
[275] Ebenda, S. 137.

Anne O'Hare MᴄCᴏʀᴍɪᴄᴋ, Sonderkorrespondentin der *New York Times*, hatte am 4. Februar 1946 aus Deutschland berichtet:

»In Potsdam war man auch übereingekommen, daß die erzwungene Auswanderung in ›humaner und geregelter Weise‹ durchgeführt werden sollte. Aber wie jedermann weiß, der den schrecklichen Anblick der Empfangsstellen in Berlin und München erlebt hat, vollzieht sich der Exodus unter alptraumhaften Zuständen, ohne internationale Beaufsichtigung oder auch nur vorgespiegelte humane Behandlung. Wir sind mitverantwortlich für Greuel, die nur mit den Grausamkeiten der Nazis zu vergleichen sind... Der Umfang dieser Umschichtung und die Verhältnisse, unter denen sie vor sich geht, haben in der Geschichte nichts Vergleichbares. Niemand, der diese Greuel unmittelbar erlebt, kann daran zweifeln, daß es sich um ein Verbrechen gegen die Menschheit handelt...«

Nur in Masuren, im südlichen Ostpreußen und vor allem in Oberschlesien konnte die angestammte deutsche Bevölkerung in einigen geschlossenen Siedlungsgebieten verbleiben, wofür wohl zwei Gründe ausschlaggebend waren: Erstens benötigte man – zumal im oberschlesischen Industriegebiet – weiterhin deutsche Fachkräfte, und zweitens hätte eine vollständige Austreibung der Deutschen der polnischen Propaganda von der »Rückkehr in uralte Piastengebiete«, die auch als »wiedergewonnene Gebiete« bezeichnet wurden, allzu offenkundig widersprochen. Diese Deutschen, die als ›Autochthone‹ im Lande verbleiben durften, waren in den folgenden Jahrzehnten vielen Diskriminierungen und versuchter Zwangspolonisierung ausgesetzt.

Wenig bekannt sind die Versuche der Jahre 1945 bis 1947, das ganze westliche Ufergebiet der Oder unter polnische Kontrolle zu bringen.[276] Als Teilerfolg dieser eigenmächtigen Aktionen konnten die polnischen Expansionisten die sowjetische Duldung der Annexion von Stettin und Umgebung westlich der Oder im Herbst 1945 verbuchen – immerhin 800 Quadratkilometer mit einer Vorkriegsbevölkerung von 440 000 Einwohnern, ein Gebiet, von dem in den Potsdamer Beschlüssen nicht die Rede war.

---

[276] Eɪssɴᴇʀ, Albin, »Polen drängt weiter nach Westen«, in: *Außenpolitik* 1966, S. 438 ff. Die US-Amerikaner gaben mündlich ihre Zustimmung zur Annexion Stettins, vgl. Zᴀʏᴀs, *Die Nemesis von Potsdam*, München 2005, S. 226 f.

Vertreibung ostdeutscher Kirchenvertreter 1945:
Augustyn Hlond, ein polnischer Kardinal ›Richelieu‹

Parallel zur Vertreibung der deutschen Bevölkerung setzte nach Kriegsende und noch vor der Potsdamer Konferenz in den deutschen Ostgebieten östlich von Oder und Neiße die Verdrängung der deutschen Kirchenverwaltung durch polnische Priester ein. Über dieses unchristliche Verhalten berichtet der Augsburger Theologieprofessor Franz Scholz, der bis 1945 als Priester in der Erzdiözese Breslau gedient hatte.[277] Im wesentlichen folgen wir seinen Ausführungen und Beweisen.

Am 6. Mai 1945 hatte Breslau vor der Roten Armee kapituliert Bereits am 16. Mai 1945 kam der polnische Bischof St. Adamski von Kattowitz nach Breslau und suchte das dortige deutsche Domkapitel auf, da Kardinal Bertram, der Oberhirte der Erzdiözese Breslau, zu jener Zeit im Sterben lag. Deshalb legte Adamski Generalvikar Josef Kramer den polnischen ›Wunsch‹ nahe, sofort (!) in Oberschlesien die kirchliche Gewalt und Verwaltung dem polnischen Klerus zu übergeben. So schnell wie möglich sollten ein polnischer Generalvikar, polnische Dechanten und Pfarrer ernannt werden. Angesichts der Gewaltverhältnisse mußte die deutsche Diözesanverwaltung zustimmen.

Der Primas von Polen, Augustyn Kardinal Hlond, hatte am 14. September 1939 seine Herde im Stich gelassen und war vor den Deutschen nach Rom geflohen. Am 3. Februar 1944 fiel er den Deutschen in den Pyrenäen in die Hände und wurde bei Nonnen im westfälischen Wiedenbrück bestens untergebracht. Nach seiner Befreiung am 1. April 1945 durch die Amerikaner kam er am 20. Juli 1945 nach Polen zurück. In Posen und in Krakau versprach er an den folgenden Tagen hohen polnischen Kirchenvertretern ihre baldige Einsetzung auf bisher deutsche Kirchenposten in Schlesien und Ostpreußen. Er beabsichtigte, schnellstmöglich die deutschen Kirchenleitungen in ganz Ostdeutschland durch polnische zu ersetzen. Nach der Potsdamer Konferenz (17. 7. – 2. 8. 1945) wollte Hlond vollendete Tatsachen schaffen und eine »polnische Kirche auf polnischer Erde« – womit er auch Ostdeutschland meinte – neu gründen.

---

[277] Scholz, Franz, *Zwischen Staatsraison und Evangelium. Kardinal Hlondt und die Tragödie der ostdeutschen Diözesen,* Frankfurt/M. 1988.

Als Kardinal BERTRAM am 6. Juli 1945 starb, wählte das Breslauer Domkapitel am 16. Juli 1945 den bisherigen Domdechanten, Dr. Ferdinand PIONTEK, zum Kapitelsvikar. Am 12. August 1945 besuchte der Primas Kardinal HLOND unerwartet die Erzdiözese Breslau und log PIONTEK nach dessen eigenen Aufzeichnungen vor, »daß sich der Heilige Vater angesichts der besonderen Zeitverhältnisse entschlossen habe, für die unter der Verwaltung des polnischen Staates stehenden Gebiete Apostolische Administratoren zu bestellen. Es wäre daher dem Heiligen Vater lieb, wenn ich mein Amt als Kapitelsvikar für diese Gebiete in die Hände des Heiligen Vaters lege. Die Bestellung der Apostolischen Administratoren werde aber auf jeden Fall erfolgen. Ich erwiderte, daß mir, nachdem ich einmal gewählt worden sei und das Amt angenommen habe, der Verzicht nicht leicht werde. Jedoch sei es selbstverständlich, daß ich den Wunsch des Heiligen Vaters respektiere. Darauf überreichte mir der Kardinal die abschriftlich beiliegende Erklärung zur Unterzeichnung. Ich las die Erklärung... und fragte dann: ›Ist das der Wille des Heiligen Vaters?‹ Der Kardinal antwortete: ›Ja, und diese Erklärung ist in Rom in der Staatssekretarie abgefaßt.‹ [das war wiederum eine Lüge] Ich unterzeichnete die Erklärung und überreichte sie dem Kardinal, der darauf [heuchlerisch!] sagte: ›Ich danke Ihnen im Namen des Heiligen Vaters‹«.[278]

In Anbetracht der rigorosen polnischen Besatzungspolitik sah PIONTEK keine Möglichkeit, sich den Absichten des Kardinals zu widersetzen, und unterzeichnete widerwillig die Verzichtserklärung. Das nun ›vakante‹ Erzbistum Breslau teilte HLOND in drei Bezirke auf und besetzte diese, wie bereits lange geplant, mit polnischen Priestern. Den ostdeutschen Bistümern Ermland und Schneidemühl sollte nach dem Willen HLONDs ein gleiches Schicksal bereitet werden.

Tatsächlich aber konnte der Kardinal gar keinen päpstlichen Auftrag zur Entfernung der deutschen Kirchenvertreter vorlegen, da dies keineswegs den Absichten des deutschfreundlichen Papstes oder der Kurie entsprach, hatte PIONTEK keine solche päpstliche Bestätigung vorgelegt, weil es keine gab.

---

[278] SCHOLZ, Franz, ebenda, S. 59.

Leider hatte Piontek nicht nach einer solchen gefragt. Auch gab es damals keine Möglichkeit, mit dem Vatikan in Verbindung zu treten, um sich dort Hlonds Angaben bestätigen zu lassen. Auch vertraute er dem Wort des Kardinals, daß der Verzicht der deutschen Priester dem Wunsch des Papstes entspreche, was jedoch nicht zutraf.

Ähnlich verfuhr Hlond auch in der deutschen Diözese Ermland (Ostpreußen). Ihr Bischof Kaller war noch im Februar 1945 von der Gestapo verhaftet worden, aber wieder frei gekommen.

»Am 16. August 1945 wurde er vom Primas in das Priesterseminar zu Peplin zitiert... Der Bischof glaubte, aufgrund seiner polnischen Sprachkenntnisse und wegen seiner stets geübten Fürsorge für polnisch sprechende Gläubige, sein Amt auch unter den geänderten Verhältnissen weiterführen zu können. Aber Primas Hlond war anderer Meinung. In der ihm eigenen Art erklärte er, daß im ›polnischen Staat‹ nur ein polnischer Bürger Bischof sein könnte. Der Primas legte ihm im Laufe des Gespräches den Resignationsakt des ›großen Bruders‹ aus Breslau, Dr. F. Piontek, vor. Das blieb begreiflicherweise nicht ohne Wirkung. Bischof Kaller unterschrieb die Resignationsformel und legte seinen Verzicht in die Hände des Primas... ›Bestürzt und außer Fassung, mit verweinten Augen‹ hat er den Verhandlungsraum verlassen.«[279]

In der deutschen Freien Prälatur Schneidemühl war Prälat Dr. Franz Hartz vor den anrückenden Sowjets zurückgewichen. Sein Vertreter, Generalvikar Bleske, weigerte sich am 17. August 1945, den Rücktritt zu unterschreiben, da er dazu nicht befugt sei, doch dann wurde er dazu gezwungen. Damit war bereits Mitte 1945 im größten Teil Ostdeutschlands die deutsche Kirchenleitung aufgrund von Hlonds lügenhafter Behauptungen über den Willen des Papstes Pius XII. durch eine polnische ersetzt worden.

In den ostpommerschen und neumärkischen Bezirken der Diözese Berlin, die unter polnische Verwaltung stand, wurde noch nicht einmal ein Verzicht eingeholt. Die Polen setzten einfach polnische Priester ein, was aber von der Berliner Kirchenverwaltung in Berlin nicht anerkannt wurde.

Die polnische Verwaltung wurde in Ostdeutschland offiziell mit Wirkung vom 1. September 1945, dem Jahrestag des Kriegsbeginns,

---

[279] Scholz, Franz, ebenda, S. 63.

eingesetzt. Als Siegerpose über die Besiegten ist es zu bewerten, daß am 1. September 1945 die neuen polnischen Priester für Schlesien ihre Amtseinführung vor dem dazu aufgeforderten deutschen Domkapitel in Breslau vollzogen.

Bis zu diesem Zeitpunkt hatte man vergessen, die deutschen Teile der Diözesen Prag (die Grafschaft Glatz) und Olmütz (das Leobschützer Land) sowie das kleine östlich der Neiße liegende Gebiet, das zum Bistum Meißen gehörte, einzubeziehen.[280] Im September 1945 erschien in der Grafschaft Glatz der für das Erzbistum Breslau tätige polnische Apostolische Administrator Dr. MILIK in Begleitung eines polnischen Soldaten mit aufgepflanztem Bajonett beim zuständigen deutschen Prälaten Dr. MONSE und sorgte dafür, daß der Anschluß des Prager Anteils vom Primas noch im September 1945 vollzogen wurde.

Am 16. und 17. September 1945 suchte Primas HLOND den Weihbischof und Generalvikar Josef Martin NATHAN auf, der für den in Oberschlesien liegenden Anteil der Erzdiözese Olmütz zuständig war. Dieser erklärte nach der Abreise HLONDS einem Priester:

»Gestern habe ihm Kardinal HLOND, der soeben abgefahren sei, eröffnet, daß er als Generalvikar abgesetzt, seiner Jurisdiktion entkleidet und sein Gebiet der ›Diözese‹ Oppeln unterstellt sei.«[281]

Im November 1945 forderte Dr. MILIK das Bischöfliche Vikariat in Bautzen auf, auf das Meißner Gebiet östlich der Neiße zu verzichten. Als man dort aber erst einmal eine Abschrift der päpstlichen Anweisung anforderte, ließ Breslau nichts mehr von sich hören. Ein deutscher Verzicht erfolgte daraufhin nicht. Dennoch wurden von der polnischen Kirche vollendete Tatsachen geschaffen, indem man die deutschen Priester vertrieb.

Später erfuhr man aus Rom, daß man dort über HLONDS Handeln in Ostdeutschland »überrascht« gewesen war. Das wäre nicht der Fall gewesen wäre, wenn HLOND zu seinem Tun die päpstliche Erlaubnis gehabt oder im Auftrag der Kurie gehandelt hätte. Eine solche päpstliche Vollmacht für HLOND hat niemals existiert. Er hatte sie nur vorgetäuscht, um die deutschen Kirchenvertreter zum Verzicht auf ihre kirchlichen Ämter zu veranlassen und um dann polni-

---

[280] SCHOLZ, Franz, ebenda, S. 64.
[281] Ebenda, S. 66.

sche Priester einsetzen zu können. Arglistige Täuschung und Betrug heißt so etwas im täglichen Leben.

Tatsächlich hatte HLOND in Rom Papst PIUS XII. angesprochen und in drei Briefen seine Wünsche geäußert. Am 20. Mai 1945 hatte er sich das Recht erbeten, für die noch in Deutschland lebenden Polen eine eigene Seelsorge unter dem bisherigen polnischen Feldbischof GAWILINA einzurichten. Das wurde am 5. Juni 1945 bewilligt.

Am 26. Juni hatte HLOND für die polnischen Bischöfe Sondervollmachten erbeten, die sich aber nur auf die Einsetzung Apostolischer Administratoren in vakanten Stellen im Gebiet des früheren Polen bezogen, zu dem die deutschen Oder-Neiße-Gebiete staatsrechtlich aber nicht gehörten. Auch das wurde vom Vatikan mit einem Schreiben vom 8. Juli 1945 genehmigt.

Im dritten Schreiben, ebenfalls vom 26. Juni 1945, erwähnte HLOND zwar die Oder-Neiße-Gebiete, ersuchte um Sicherung der religiösen Betreuung solcher Polen, die in die »einst deutschen Gebiete« einwandern, und wünschte ein eigenes Bistum für die Autochthonen – die Deutschen! – um Oppeln. Er beantragte aber nicht, den deutschen Klerus, insbesondere Kardinal BERTRAM in Breslau und Bischof KALLER im Ermland, zum Verzicht drängen zu dürfen oder sie gar abzusetzen und die so frei gewordenen Stellen durch Polen zu besetzen. Diesmal aber lehnte der Vatikan im Schreiben vom 8. Juli 1945 an HLOND dessen Ostdeutschland betreffende Wünsche ab. Keinesfalls war von einem Ersatz der deutschen Kirchenvertreter durch Polen die Rede. Das lange geheimgehaltene Vatikanschreiben wurde erst nach Jahrzehnten im Westen bekannt. Es läßt an keiner Stelle

> »auf eine Vollmacht schließen, den Besitzstand der deutschen Kirche im alten Reichsgebiet in seinem Wesen und den damit verbundenen Funktionen zu schmälern oder zu behindern«.[282]

HLOND hatte in Breslau und Peplin ohne päpstlichen Auftrag und sogar entgegen den Absichten des Papstes anmaßend und betrügerisch auf eigene Faust gehandelt, ohne Rücksicht auf die kanonische Rechtsgrundlage oder Anweisung des Vatikans. Dieser legte später in zurückhaltender Weise Widerspruch gegen HLONDS eigenmächtiges Handeln ein. In den *Päpstlichen Jahrbüchern* heißt es unter dem Stichwort »Breslavia« anfangs in einer Anmerkung a:

---

[282] SCHOLZ, Franz, ebenda, S. 100.

»Wie bekannt, hat der Heilige Stuhl die Gewohnheit, Diözesan-
grenzen nicht endgültig zu ändern, solange nicht eventuelle
Rechtsfragen, die diese Gebiete betreffen, durch Friedensverträge
geregelt sind und volle Anerkennung gefunden haben. Die genannte Rechtslage liegt vor in Breslau, Ermland, Schneidemühl.
Um nun religiösen Beistand für die zahlreichen Gläubigen, die
sich dort niedergelassen haben, zuzusichern, hat er Sr. Eminenz
Kardinal Stephan Wyszynski. . . die Aufgabe anvertraut, diese Gläubigen in religiöse Obhut zu nehmen.«[283]

Das stellt eine indirekte verbale Verurteilung der unchristlichen Praxis der polnischen Kirchenleitung dar. Mehr konnte der Vatikan unter
den damaligen Umständen gegen den polnischen ›Richelieu‹ kaum
tun. Erst als sich die Verzichtspolitiker Brandt und Scheel ab 1972
in der Bundesrepublik durchsetzten, fiel diese für die Rechtslage so
wichtige Anmerkung im päpstlichen Jahrbuch weg: Der Papst konnte
eben nicht päpstlicher als die Deutschen selbst sein.

Kardinal Wyszynski hat in Breslau ausdrücklich festgestellt:

»Wenn wir umherblicken auf diese Gotteshäuser, wissen wir, daß
wir nicht deutsches Erbe übernommen haben. Es ist nicht die deutsche, sondern die polnische Seele, die aus diesen Steinen spricht.
Diese Gebäude haben hier gewartet, bis sie schließlich in polnische Hände zurückgekehrt sind.«

Abschließend schreibt Professor Scholz, die Handlungsweise Kardinal Hlonds beurteilend:

»Und doch bleibt es, wenn auch in Polen systematisch verdrängt,
Wirklichkeit, daß der Primas eigenmächtig gehandelt hat, daß er
mit der Wahrheit mehr als großzügig umgegangen ist, daß er das
Minimum an Fairneß gegenüber Dr. Piontek verweigert hat, daß
er eine Entwicklung bewirkt hat, die nicht im Sinne Roms gelegen
hat. Freilich mußte die Kurie. . . ›gute Miene zum bösen Spiel‹
machen. . .[284] Die Römische Kurie hat also Ostdeutschland am 8.
Juli 1945 eindeutig als deutscher Souveränität unterstehendes
Staatsgebiet angesehen.«[285]

---

[283] Scholz, Franz, ebenda, S. 101.
[284] Ebenda, S. 104.
[285] Ebenda, S. 105 f.

Kardinal HLOND starb am 22. Oktober 1948 in Warschau. Sein Betrug an den ostdeutschen Kirchenvertretern von 1945 kam um 1995 erneut zur Sprache, als polnische Kreise ausgerechnet die Seligsprechung dieses Vertreibungskardinals betrieben. Professor SCHOLZ reagierte darauf mit einer neuen Schrift zu diesem Thema, mit dem *Hlondheft*.[286] Darin schildert er nochmals die damaligen Intrigen und legt die entsprechenden Urkunden vor. Er betont, daß der Papst HLOND keinerlei Aufträge für Ostdeutschland erteilt hatte. Das gab dieser später auch zu. 1994 kam jener von Polen geheimgehaltene Bericht an die Öffentlichkeit, den er am 24. Oktober 1946 nach Rom gesandt hatte und in dem er um Erlaubnis zur Einsetzung von Administratoren bat. HLOND hatte zu diesem Schreiben später vermerkt:

»Erst einige Monate später konnte ich feststellen, daß ich diese Worte damals falsch aufgefaßt habe. Sie stärkten mich damals in der Meinung, daß die Ernennung von Apostolischen Administratoren in den ehemals deutschen Gebieten in der Absicht des Hl. Stuhles läge und daß die dabei beteiligten Bischöfe vorher zu benachrichtigen seien.«[287]

Zur Entschuldigung für sein unverzeihliches Tun hatte er in seinem Bericht von 1946 behauptet, daß er die schriftliche päpstliche Beauftragung gar nicht gelesen habe:

»Das sehr beachtliche päpstliche Dokument vom 8. 7. 1945 wurde mir am 10. 7. 1945 abends zugestellt. Meine Abreise war für den Morgen des nächsten Tages festgesetzt. Ich fuhr also aus Rom ab und hatte keine Zeit, um den Text, der mir so große Vollmachten gab, durchzulesen. Im Herzen hegte ich die Überzeugung, daß der Apostolische Stuhl in der Frage der Apostolischen Administratoren auch die bis vor kurzem deutschen Gebiete in Betracht gezogen hat.«[288]

Daß er den Text des für ihn so wichtigen päpstlichen Auftrags nicht gelesen haben will, ist nicht glaubhaft – auch nicht das Folgende, mit dem er sich ausdrücklich entschuldigt:

---

[286] SCHOLZ, Franz, *Das Hlondheft*, Zentralstelle Grafschaft Glatz e.V., ²1997.
[287] Ebenda, S. 39.
[288] Ebenda, S. 40.

»Infolge meiner irrigen Ausgangsbasis, an die ich gerade erinnert habe, sah ich meine Sendung zu diesen [deutschen] Prälaten als Überbringung eines amtlichen Standpunktes an... Mir bleibt nichts anderes übrig, als den Heiligen Vater demütig zu bitten, mir die vorgefallenen Fehler zu verzeihen, ebenso wie alle Peinlichkeiten, mit denen ich sein väterliches Herz verwunden konnte.«[289]

Doch das waren Krokodilstränen angesichts der Tatsache, daß HLOND sich freute, daß sein Rechtsbruch gelungen war. Bezeichnenderweise erhielt er auf seinen Bericht weder eine Antwort, noch dankte man ihm für seine ›Arbeit‹.

1995 erklärte die Katholische Deutsche Bischofskonferenz anläßlich der Bestrebungen, den Kardinal seligzusprechen:

»Die deutsche Bischofskonferenz hat sich mit der Frage der Seligsprechung von Kardinal HLOND befaßt. Dabei bestand Übereinstimmung, daß eine Seligsprechung des Kardinals aus deutscher Sicht keine Zustimmung finden kann. Die Bedenken der deutschen Bischofskonferenz wurden auch gegenüber dem Apostolischen Stuhl zum Ausdruck gebracht.«[290]

Die folgenden Worte des polnischen Kardinal WYSCHYNSKI zeigen in aller Deutlichkeit, daß die polnische Kirche auf dem Boden der Unwahrheit aufgebaut wurde. Am 29. Mai 1952 erklärte der Kardinal in Breslau:

»Wir sind in unser Eigentum als rechtmäßige Eigentümer zurückgekommen. Wir kamen zurück aufgrund der richterlichen Entscheidung der göttlichen Gerechtigkeit... Es waltet Gerechtigkeit unter den Völkern, grausame und... blutvergießende Völker müssen früher oder später den Völkern, die sie vergewaltigt haben, die gerechte Sühne leisten.«[291]

Vertreibungsverluste im polnischen Machtbereich

Von den über 16,5 Millionen vertriebenen Deutschen aus Ostdeutschland, Ost- und Südosteuropa entfallen auf das von Polen geraubte

---

[289] SCHOLZ, Franz, *Das Hlondheft*, ebenda, S. 43.
[290] Ebenda, AS. 2.
[291] SCHOLZ, Franz, *Zwischen Staatsraison und Evangelium*, aaO., S. 141.

Reichsgebiet von 1937 9,29 Millionen zuzüglich der Zahl der ehemaligen Bewohner Danzigs. Es handelt sich dabei nur um die alteingesessenen Bewohner ohne gefallene Soldaten, Bombenopfer usw. Zu den einheimischen Ostdeutschen kamen im Laufe des Krieges die Zugezogenen, vor allem die Luftkriegsevakuierten (allein aus Berlin insgesamt 1,5 Millionen). In den Oder-Neiße-Gebieten waren 825 000 Evakuierte untergebracht. Aufgrund der Verlagerung zahlreicher Industriebetriebe aus den bombengefährdeten west- und mitteldeutschen Gebieten hielten sich in Danzig und in den besetzten polnischen Gebieten rund 500 000 Reichsdeutsche auf.[292] Das waren insgesamt über 1,325 Millionen.

Grundsätzlich stellt die Dokumentation des Bundesvertriebenenministeriums fest, daß dieser Personenkreis eine ähnlich hohe Verlustquote (im Durchschnitt 11 Prozent) zu beklagen hatte wie die einheimische Bevölkerung. Das bedeutet für den polnischen Bereich: mindestens 145 750 Opfer.

Die deutschen Vertreibungsverluste im polnischen Machtbereich:

	absolut	%
Ostpreußen	299 000	14
Ostpommern	364 000	20
Ostbrandenburg	207 000	35
Schlesien	466 000	10
Danzig	83 000	20
Polen	185 000	14
Gesamt	1 604 000	
Zugezogene	145 750	11
Gesamtopferzahl	**1 749 750**	

---

[292] Statistisches Bundesamt, *Die deutschen Vertreibungsverluste*, Wiesbaden 1958, S. 288.

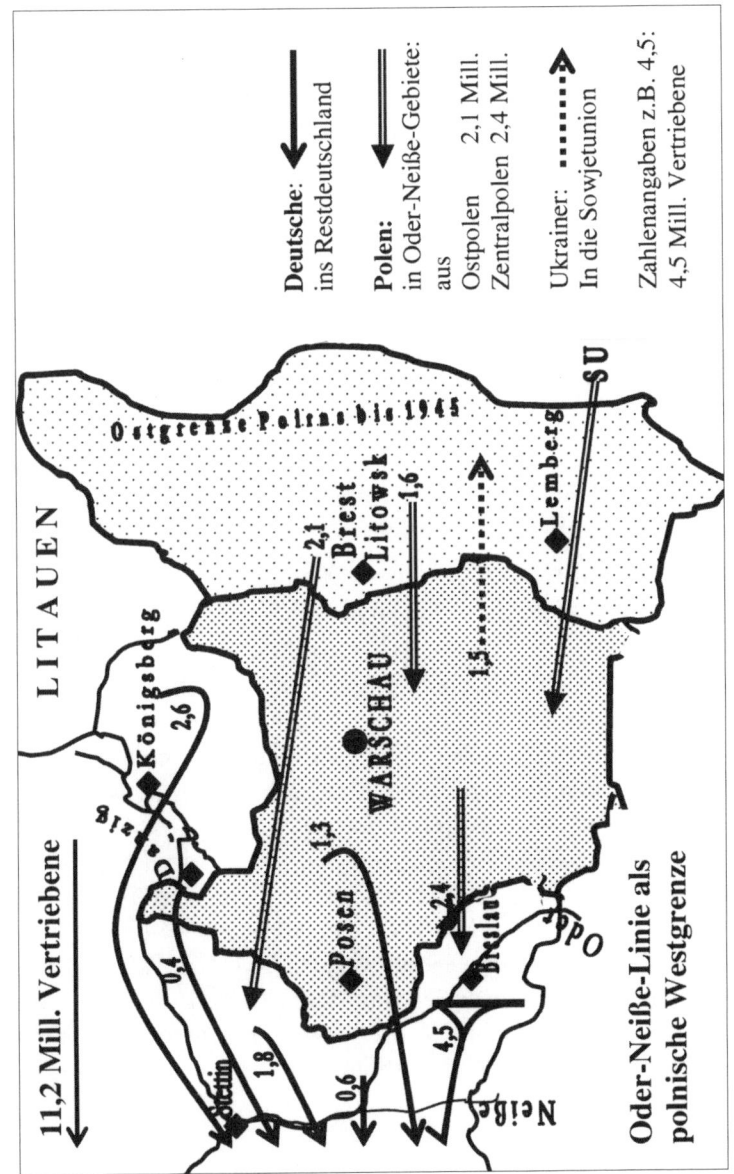

Karte 10: Vertreibungen und Umsiedlungen 1944–1950.

4. Polnische Täter und ihre Motive

»Das uns angetane Böse,
auch das größte, ist keine Rechtfertigung
und darf auch keine sein für das Böse,
das wir selbst anderen zugefügt haben.«
Jan Jósef Lipski

Angesichts der ungeheuren Gewaltverbrechen gegen alle Deutschen, die den Polen 1945 in die Hände gefallen waren, ergibt sich die Frage nach den Tätern und ihren Motiven. In der Dokumentation des Bundesarchivs heißt es dazu:

»Täter waren in der Mehrzahl Angehörige einer willkürlich zusammengestellten Miliz, in geringerer Anzahl Zivilpersonen, die im Zusammenhang mit Plünderungen Deutsche überfielen.«[293]

Das Bundesministerium für Vertriebene beschreibt die Motive ziviler Täter in den deutschen Gebieten östlich der Oder-Neiße folgendermaßen:

»Ein Teil der ins Land gekommenen Polen wollte sich, nachdem die Provisorische Regierung die Bevölkerung Polens zur Ansiedlung in den ostdeutschen Gebieten aufgefordert hatte, in den verlassenen Höfen der Deutschen und ihren Häusern als Ansiedler niederlassen, ein anderer Teil der polnischen Ankömmlinge bestand aber aus Spekulanten, Schiebern und Beutemachern, die nur eine günstige Chance zur Bereicherung witterten, ohne daß sie die Absicht hatten, im Lande zu bleiben. Manche von ihnen stellten sich der Miliz zur Verfügung, andere gaben sich gegenüber den polnischen Behörden in den deutschen Orten als Ansiedler aus, gewannen auf diese Weise schnell Vermögen, das sie bald abtransportierten oder verkauften, und kehrten darauf nach Polen zurück, um das gleiche Experiment an anderer Stelle zu wiederholen.«[294]

---

[293] Bundesarchiv, *Dokumentation der Vertreibungsverbrechen*, Bonn 1953–1962, Bd. I 3, S. 47.
[294] Bundesministerium für Vertriebene, *Dokumentation der Vertreibung der Deutschen aus Ost-Mitteleuropa*, Bonn 1953–1962, Bd. I 1, S. 115 E.

Ungleich gefährlicher als dieser Täterkreis war die polnische Miliz:
»Als ›Organ der öffentlichen Sicherheit‹ herrschte in den deutschen Dörfern und Städten die polnische Miliz. Sie rekrutierte sich gewöhnlich aus bei Kriegsende anwesenden oder im Gefolge der sowjetischen Armeen ins Land gekommenen Polen, die teils schon von den sowjetischen Kommandanturen Aufsichtsfunktionen erhalten hatten. Meist nach dem Belieben der einzelnen sowjetischen Kommandanten oder der polnischen Ortsgewaltigen aufgestellt, waren die lokalen Milizeinheiten oft aus sehr fragwürdigen Elementen zusammengesetzt. Ihre überstürzte Aufstellung führte dazu, daß sich ihr häufig arbeitsunlustige junge Leute oder aber Personen anschlossen, die sich von der Tätigkeit der Miliz ein einträgliches Geschäft versprachen. Von Ausnahmen abgesehen, hat diese von den polnischen Behörden aus dem Boden gestampfte Miliz eine für die deutsche Bevölkerung verhängnisvolle Rolle gespielt.«[295]

Die Milizen setzten sich aus Menschen mit verschiedenen Motiven zusammen: aus Glücksrittern, Geschäftemachern, ehemaligen Kollaborateuren der deutschen Besatzungsmacht in Polen und ehemaligen Partisanen – sie handelten teils aus Rachsucht, teils aus nationalistischen Vorstellungen heraus.

Die katholischen Milizionäre achteten Kreuze, Herz-Jesu- und Marienbilder, ihre Religiosität hielt sie aber nicht im geringsten von Raub und Gewalttaten ab. Der Benediktinerpater Ambrosius Rose wußte dazu einige charakteristische Vorkommnisse zu berichten:

»Im schlesischen Grüssau erschienen bei einer alleinstehenden Frau mit zwei Kindern Polen, um sich ihr Haus anzueignen. Als sie ein Kruzifix an der Wand sahen, knieten sie zum Gebet nieder. Auf die Vereinbarkeit ihres Tuns mit Gottes Gebot angesprochen, reagierten die ungebetenen Gäste mit besonderer Brutalität und vertrieben Frau und Kinder binnen weniger Minuten von ihrem Besitz.
In den schlesischen Orten Gottesberg und Rothenbach beteiligten sich sogar polnische Geistliche an Plünderungen.«[296]

---

[295] Ebenda, Bd. I 1, S. 109 f.
[296] Nach: Hupka, Herbert (Hg.), *Letzte Tage in Schlesien,* aaO., S. 296 f.

Als Hauptmotiv für die Unmenschlichkeiten bei der Vertreibung wird immer wieder das Racheverlangen wegen der harten Besatzungspolitik der Deutschen genannt. Der tiefere Grund scheint aber in der jahrzehntelangen Hetze gegen alles Deutsche zu liegen. Andernfalls wären die polnischen Gewaltverbrechen von 1921 bei dem Versuch, Oberschlesien zu annektieren, und die Massaker am Anfang des Zweiten Weltkriegs (Bromberg usw.) nicht zu erklären. Sadismus, fanatischer Rassismus und Kindermorde sind keineswegs die Antwort auf erlittenes Unrecht.

Dennoch hat das während der Kriegsjahre erlittene Unrecht zahlreiche Täter dazu gebracht, selbst Unrecht an Unschuldigen zu begehen. In seinem Buch über die deutsche Polenpolitik schrieb der Historiker Martin BROSZAT:

»Es zeigte sich bald, daß Haß und Terror sich verselbständigten, sobald ›energisches Durchgreifen‹ gegen die Polen ›von oben‹ honoriert wurde und Anreiz für Subalterne bildete, die beflissen durch Forschheit Karriere zu machen suchten.«[297]

Letzteres gilt auch umgekehrt: Hartes Durchgreifen gegen Deutsche wurde ebenfalls »von oben« honoriert. Ohne Duldung durch die Behörden hätten nämlich die meisten Verbrechen nicht geschehen können. Diese aber waren schon langfristig geplant. Bereits 1943 hatte Jan KARSKI, ein Diplomat der polnischen Exilregierung, im Gespräch mit Präsident ROOSEVELT erklärt:

»Wir haben vor, im Augenblick des deutschen Zusammenbruchs einen kurzen, sehr schrecklichen Terror gegen die deutsche Bevölkerung zu organisieren, so daß diese sich von sich aus massenhaft das Gebiet Polens verlassen wird.«[298]

In einer regierungsamtlichen polnischen Erklärung vom August 1944 wird die Hoffnung ausgesprochen, daß die Rote Armee

»alle erwachsenen Deutschen ins Innere Rußlands zur Wiederaufbauarbeit geschickt haben« werde.

---

[297] BROSZAT, Martin, *Zweihundert Jahre deutscher Polenpolitik*, Frankfurt/M. 1972, S. 280 f.

[298] WRZESINSKI, *Wojciech, Prusy Wschodnie w Polskiej mysli politycznej 1864-1945*, Olsztyn 1994, S. 359; Kurzzitat bei Erika STEINBACH: »In ordnungsgemäßer und humaner Weise«, in: *FAZ* vom 8. Juni 1999.

Weiter heißt es:

»Auch in der auf der Potsdamer Konferenz von polnischer Seite vorgebrachten Versicherung, ein großer Teil der Deutschen werde die Gebiete jenseits der Oder und Neiße freiwillig verlassen, wenn diese dem polnischen Staat unterstellt würden, darf man mit gutem Grund den ungesagt gebliebenen Vorsatz der polnischen Regierung erkennen, alles irgend Mögliche zu tun, um schon während der polnischen Verwaltung und vor der Ausweisung die Verminderung der ostdeutschen Bevölkerung in die Wege zu leiten und den Deutschen eine Behandlung widerfahren zu lassen, die ihren Willen, in der Heimat zu bleiben, sehr bald brechen würde.«[299]

Damit steht einwandfrei fest, daß die Verantwortung für die gigantische Vertreibung von Millionen Deutschen und deren unmenschliche, verbrecherische Behandlung überwiegend den polnischen Regierungen angelastet werden muß.

Aus diesen polnischen Ausführungen und den Erklärungen der polnischen Delegation lassen sich vier Hauptargumente erkennen:
1. Kompensation der östlichen Gebietsverluste,
2. Wiedergutmachung und Sühne für die nationalsozialistische Besatzungspolitik,
3. historische Gründe und Rechtstitel,
4. wirtschaftliche und strategische Erwägungen.

Der Kompensationsgedanke

Hier wird das Völkerrecht zynisch auf den Kopf gestellt. Denn die polnischen Gebiete östlich der sogenannten Curzon-Linie waren immer mehrheitlich von Ukrainern und Weißrussen besiedelt. In einer Schwächephase der Sowjetunion nach dem Ersten Weltkrieg hatte das großmachtsüchtige, aggressive Polen Galizien erobert und mit Hilfe Frankreichs gegen Moskau behauptet. Als 1944/45 die Sowjets das geraubte Gebiet zurückeroberten, hatte Polen noch die Chuzpe, für zurückgegebenes Raubgut eine Entschädigung zu verlangen. Natürlich ließ sich STALIN aus seiner Position der Stärke darauf nicht ein.

---

[299] Dokumentation der Vertreibung, aaO., Bd. I 1, S. 139 E.

Nach 1945 wurden etwa 518 000 Ukrainer, Weißrussen und Litauer aus dem neuen Polen in die Sowjetunion umgesiedelt, fast 200 000 Juden (!) wanderten aus, und außerdem wurden rund eine Million Volksdeutsche (der Rest von 2,1 Millionen nach dem Ersten Weltkrieg) aus Polen vertrieben: Für die rückwandernden 1,5 Millionen Polen war also mehr als genug Platz im neuen Polen ohne Ostdeutschland frei geworden. Die ostpolnischen Vertriebenen und sogar die Umsiedler aus dem Inneren der Sowjetunion hätten in den verlassenen Siedlungen der Vertriebenen leicht untergebracht werden können, ohne die alte polnische Westgrenze von 1919 zu verschieben. Die Annexion Ostdeutschlands und die Vertreibung von rund neun Millionen seiner Bewohner haben mit Kompensation also nicht das geringste zu tun. Das beweist auch eine Statistik:

Nach offiziellen Angaben der polnischen Kommunisten lebten am 1. Januar 1949 in den polnisch verwalteten Oder-Neiße-Gebieten 1,2 Millionen ›Autochthone‹ und ›anerkannte Deutsche‹, 2,4 Millionen Umsiedler aus Zentralpolen, 200 000 vor allem aus Frankreich und Belgien eingewanderte Auslandspolen (›Reemigranten‹) und 2,1 Millionen ›Repatrianten‹ aus den ostpolnischen Gebieten.

Außerdem: Bei den an die Sowjets zurückgegebenen dünnbesiedelten ›polnischen‹ Ostprovinzen handelt es sich, mit Ausnahme des südlichsten Teils (Galizien), um wenig entwickelte Wald- und Moorlandschaften (Pripjet-Sümpfe). MOLOTOW schätzte ihren Wert auf 3,5 Milliarden Dollar, den Wert der ostdeutschen Länder auf 9,5 Milliarden. Der amerikanische Außenminister BYRNES schätzte den letzteren Wert auf 11,3 Milliarden Dollar.[300]

Wiedergutmachung

Das zweite Argument der polnischen Delegation in Potsdam betraf die Wiedergutmachung und Sühne für den Besatzungsterror in Polen.

Im Gegensatz zur Besatzungspolitik im eroberten Frankreich, wo man peinlichst genau auf korrektes Verhalten gegenüber der Zivilbevölkerung achtete, herrschten von Anfang an in Polen rauhe Sitten, so daß Generaloberst BLASKOWITZ vom Oberkommando des Hee-

---

[300] EISSNER, Albin, »Personelle Kriegsverluste des polnischen Volkes«, in: *Außenpolitik*, 1963, S. 44 ff.

res und andere Militärs bei HITLER wegen der Übergriffe von SS und Polizei protestierten. BLASKOWITZ' Denkschrift spricht von illegalen Erschießungen, Festnahmen und Beschlagnahmungen. In einer Vortragsnotiz vor dem 15. Februar 1940 notierte der Generaloberst unter anderem:

»Die Einstellung der Truppe zur SS und Polizei schwankt zwischen Abscheu und Haß. Jeder Soldat fühlt sich angewidert und abgestoßen durch diese Verbrechen, die in Polen von Angehörigen des Reiches und Vertretern der Staatsgewalt begangen werden. Er versteht nicht, wie derartige Dinge, zumal sie sozusagen unter seinem Schutz geschehen, ungestraft möglich sind.«[301]

Diese Handlungsweise war nicht zuletzt eine Folge der polnischen Massaker und Todesmärsche, die langfristig geplant und vorbereitet worden waren. Aber auch hier gilt: Genozidale Verbrechen rechtfertigen keinesfalls Rachefeldzüge gegen Unschuldige.

Wegen der chaotischen Besatzungspolitik mit einem undurchdringlichen Kompetenzwirrwarr protestierte am Ende sogar Generalgouverneur FRANK. Am 19. Juni 1943 übersandte er HITLER eine Denkschrift, in der er alle Fehlleistungen und völkerrechtswidrigen Maßnahmen aufzählte:[302]

● rigorose Arbeitererfassung,
● diskriminierende Behandlung der Zivilarbeiter im Reich,
● unzureichende Ernährungslage in Polen,
● Enteignung von Grundbesitz und gewerblichen Betrieben,
● Massenverhaftungen und Erschießungen,
● Lahmlegung des kulturellen Lebens,
● Beschlagnahme von Klöstern usw.

An diesen Fehlleistungen waren viele Stellen unabhängig voneinander mit gegensätzlichen Auffassungen beteiligt, was einen Kompetenzwirrwarr in der großdeutschen Ostpolitik zur Folge hatte. Dabei spielten auch der Vergeltungsgedanke für den Bromberger Blutsonntag und die Todesmärsche eine nicht unerhebliche Rolle. So wie die Polen bis 1939 rund eine Million Deutsche vertrieben hatte,

---

[301] JACOBSEN, Hans-Adolf (Hg.), *Mißtrauische Nachbarn*, Düsseldorf 1970, S. 139.

[302] BROSZAT, Martin, *Nationalsozialistische Polenpolitik 1939–1945*, Hamburg 1967, S. 44 f.

so wurden nun zwischen 350000 und 400000 Polen aus den in das Reich eingegliederten Gebieten ausgesiedelt.

Wie viele Angehörige der polnischen Oberschicht im Krieg umgekommen sind, ist nur schwer zu ermitteln. Das polnische Kriegsentschädigungsamt nannte 1947 die Zahl 22392. Man vermutet, daß jeweils die Hälfte davon auf das Konto der Deutschen und auf Massenliquidationen STALINS in Ostpolen geht.

Was die gesamten polnischen Menschenverluste betrifft, so behauptet Warschau die Zahl von sechs Millionen und erweckt dabei den Eindruck, es handle sich ausschließlich um NS-Opfer. Dabei werden aber folgende Fakten nicht berücksichtigt:

- in den ukrainischen Ostgebieten Polens wurden im September 1939 Tausende polnischer Staatsangehöriger ukrainischer und deutscher Abstammung durch Polen ermordet.

- Aus Ostpolen deportierten die Sowjets 1,65 bis 2,5 Millionen, darunter 52 Prozent Polen, 30 Prozent Juden und zwölf Prozent Ukrainer und Weißrussen. Weit über die Hälfte der Verschleppten dürfte umgekommen sein.

- Im Wald von Katyn (bei Smolensk) und anderswo wurden von den Sowjets rund 15000 polnische Kriegsgefangene erschossen.

- In Lemberg zum Beispiel ermordeten die Sowjets vor ihrem Rückzug noch massenhaft polnische und vor allem ukrainische Zivilisten, was die ukrainische Bevölkerung und noch vor Eintreffen deutscher Truppen zum Anlaß nahmen, massenhaft vermeintliche oder tatsächliche jüdische Funktionäre zu ermorden. Diese Massaker wurden von der deutschen Wehrmacht unterbunden.

- Die meisten polnischen NS-Opfer waren Juden.

- Eine hohe Zahl von Polen kamen als Partisanen oder beim Warschauer Aufstand ums Leben, wurden also nicht ermordet.

- Hinzu kamen die Morde der Roten Armee und der polnischen Miliz an Volksdeutschen in Polen.

- Im Westen kaum bekannte bürgerkriegsähnliche Auseinandersetzungen mit Antikommunisten und ukrainischen Nationalisten forderten ebenfalls viele Opfer. 1944 bis 1946 kämpfte im südlichen polnisch-ukrainischen Grenzgebiet eine ukrainische Aufständischenarmee gegen Russen und Polen, die Ende 1945 noch 200000 Mann stark gewesen sein soll.

- Von den von den Sowjets gefangengenommenen Mitgliedern des antikommunistischen Widerstands wurden 50000 nach Osten deportiert.[303]
- Zu dem unverschämtesten Popagandatrick gehört die Tatsache, daß die 1,2 Millionen Volksdeutsche, die nach 1945 teils umgebracht, zum größeren Teil aber vertrieben wurden, bei den Verlusten mitgezählt werden.

Nach Alfred SCHICKEL betragen die gesamten Kriegsverluste an polnischen Staatsbürgern (also Polen *und* nichtpolnischen Minderheiten) in Ost und West vermutlich höchstens vier Millionen, im kongreßpolnischen Gebiet weniger als 2,35 Millionen.[304]

Die großen Unterschiede beruhen auf einer unwissenschaftlichen Zählweise Warschaus. Dessen *Statistisches Jahrbuch* von 1956 zum Beispiel vergleicht den Bevölkerungsstand auf dem polnischen Territorium des Jahres 1946 mit dem des Jahres 1931 im selben Gebiet und kommt dabei auf die Sechs-Millionen-Zahl, indem es unter anderem die Millionen bis dahin verschwundener Schlesier, Pommern und Ostpreußen als polnischen Bevölkerungsverlust ausweist. Richtig hingegen ist es, die Verluste der nichtpolnischen Nationalitäten und Minderheiten im polnischen Staats- und Verwaltungsbereich herauszurechnen, desgleichen die Verluste durch Gewalttaten der Sowjets, Ukrainer und der Polen selbst. Ansonsten würde aus einem ermordeten Volksdeutschen ein polnisches NS-Opfer, und ein umgebrachter Jude jiddisch-deutscher Muttersprache aus dem ukrainischen Lemberg beispielsweise würde als ein polnisches, jüdisches und sowjet-russisches Opfer dreifach gezählt.

Wenn an dieser Stelle das deutsche Schuldkonto nur ganz kurz gestreift wird, dann sind dafür drei Gründe maßgebend:

Der gesamte Umfang deutscher Verfehlungen ist in einem Maße aufgearbeitet worden, das weltweit einmalig ist. Ganze Bibliotheken befassen sich mit der Dokumentation.

Das deutsche Volk bekennt sich zu der Wahrheit, auch wenn es mehrheitlich mit den Verbrechen nichts zu tun hatte.

---

[303] EISSNER, Albin, »Personelle Kriegsverluste des polnischen Volkes«, aaO., S. 48.
[304] SCHICKEL, Alfred, »Die polnischen Kriegsverluste 1939–1945«, in: *Zeitschrift für Politik,* Nr. 3, 1978, S. 291 ff. Unzutreffende Gleichsetzung der gesamten polnischen Kriegsverluste mit NS-Opfern u. a. im *Spiegel* vom 17. Januar 1966 und 7. Juni 1976.

Auch der Verfasser dieser Dokumentation akzeptiert die volle Wahrheit und möchte vieles erklären, aber nichts relativieren.

Diese Dokumentation ist notwendig, weil die polnische Seite ihrerseits überwiegend sich als unschuldiges Opfer und die Deutschen als Tätervolk hinstellt – nach dem Motto:»Haltet den Dieb!«

Historische Begründung

In ihren Propagandaschriften, die sich auf historisches Recht bezogen, störte es die Panslawisten keineswegs, daß in Ostpreußen – abgesehen von dem kleinen masurischen Gebiet im Süden – niemals ›Slawen‹ gelebt haben. Auch übersahen sie geflissentlich, daß die polnische Westgrenze von 1919 gegenüber Schlesien, Brandenburg und Pommern genau der von 1335 entsprach und damit zu den ältesten Grenzen Europas gehörte.[305] Doch die Patrioten verwiesen mit dem Schlachtruf »Von Meer zu Meer« (*Od morza da morza*) auf die ruhmvollen Zeiten des polnisch-litauischen Großreichs im 15. Jahrhundert, als der Staat für einige Zeit über Litauen, Weißrußland und die Ukraine bis zum Schwarzen Meer reichte.[306] Sie lassen dabei allerdings völlig außer acht, daß Germanen (Goten) etwa vom 2. bis 18. Jahrhundert am Schwarzen Meer lebten und daß der Slogan »Von der Ostsee bis zum Schwarzen Meer« ein pangermanischer sein könnte; denn immerhin hatte die germanische Besiedelung schon um 750 v. d. Ztw. die Ostseeküste bis zum Raum Danzig erreicht und dabei den größten Teil Polens erfaßt. Damals gab es noch keine ›Slawen‹. Später lebten Germanen und ›Slawen‹ friedlich nebeneinander.

Wirtschaftliche Begründung

Die wirtschaftlichen Begründungen für die Westverschiebung ähneln den ›Lebensraum‹-Theorien HITLERS. Dabei wies die Volksrepublik Polen 1961 lediglich eine Bevölkerungsdichte von 97 Personen pro Quadratkilometer auf, während in der Bundesrepublik Deutschland 217 Personen je Quadratkilometer gezählt wurden. Die einst hochentwickelten ostdeutschen Agrargebiete wurden durch Polen herabgewirtschaftet. Während ein Landwirt in Deutschland

---

[305] BRANCION, Yves, *Die Oder-Neiße-Linie*, Stuttgart 1970, S. 133.
[306] GOLCZEWSKI, Frank, *Das Deutschlandbild der Polen 1918–1939*, Düsseldorf 1974, S. 247.

1980/81 durchschnittlich 33 Menschen ernährte, waren es in der Volksrepublik Polen nur sieben. Damit ist Ostdeutschland unter polnischer Verwaltung vom klassischen landwirtschaftlichen Überschußgebiet zum Zuschußgebiet geworden.

Kein Zweifel besteht hingegen an der Tatsache, daß Polens industrielle Kraft 1919 und 1945 auf Kosten Deutschlands gestärkt wurde.

Polnischer Chauvinismus

Alle bisher genannten Motive erhielten ihre Wirkung erst durch die ungeheure Schubkraft eines über hundertjährigen Fremdenhasses, der sich in Polen überwiegend gegen Deutsche, aber auch gegen die jiddisch-deutschen Juden richtete. Das zeigt schon der Bericht Michael BAKUNINS vom Prager Panslawistenkongreß im Jahre 1848:

»Der Haß gegen die Deutschen war der unerschöpfliche Gegenstand aller Besprechungen; er diente als Begrüßung zwischen Unbekannten; wenn zwei Slawen einander begegneten, richtete sich ihr erstes Wort fast stets gegen die Deutschen, als wollten sie einander dadurch versichern, daß sie beide aufrichtige, gute Slawen seien. Der Haß gegen die Deutschen ist die wichtigste Voraussetzung der Einheit und Verständigung der Slawen untereinander.«[307]

Seit dem 19. Jahrhundert verbreiteten sich in Polen ein Nationalismus und damit ein Fremdenhaß kaum vorstellbarer Stärke. Nach dem Ersten Weltkrieg nahmen sie immer schrillere Formen an, als neben Politikern nahezu alle polnischen Journalisten, Schriftsteller, Historiker und Juristen gegen Deutsche und Juden hetzten. Zu ihnen gehörte der Romanschriftsteller Maciej WIERZBINSKI, der über »den Deutschen« schrieb:

»Er besitzt sogar die charakteristische Eigenschaft, daß ihm das Brot, das er dem Nächsten aus dem Mund reißt, am besten schmeckt.«[308]

Der exilpolnischen Ministerpräsident SIKORSKI hielt die deutsche Nation für »vergiftet bis ins Innerste«. Die Hetzparolen polnischer Politiker schlugen sich in Sprichwörtern nieder, die sich im Volk verbreiteten: »Schlag ihn, denn er ist ein Deutscher!« Ein Trinkspruch

---

[307] JAKSCH, Wenzel, *Europas Weg nach Potsdam*, Stuttgart 1958, S. 34.
[308] GOLCZEWSKI, Frank, *Das Deutschlandbild der Polen 1918–1939*, aaO., S. 99.

aus Mittelpolen lautete:»100 Jahre soll leben, wer den Deutschen in die Fresse schlägt!«[309] Auch der»Marsch auf Berlin«entwickelte sich 1939 auf diese Weise zum populären Schlagwort, was eine allgemeine Kriegsstimmung förderte.

1979 veröffentlichte die *Frankfurter Allgemeine Zeitung* einen von der britischen Regierung im Juni 1939 registrierten Geheimbericht über den in Polen verbreiteten Chauvinismus und Antisemitismus bei Bauern und Beamten und über Annexions- und Vertreibungspläne zur Zerstückelung Deutschlands nach einem bei offiziellen Stellen erwarteten»allgemeinen Krieg«.[310]

Seit der britischen Garantieerklärung für Polen Ende März 1939 versuchten London und Paris, Moskau in ihre Politik der Einkreisung Deutschlands einzubeziehen. Bei den diesbezüglichen Verhandlungen im Juli und August 1939 verlangte STALIN als Preis eines Abkommens die polnische Ukraine. Paris war bereit, diesen Preis zu zahlen, wenn Polen dafür mit deutschem Territorium entschädigt würde.[311]

Dergleichen Tatsachen werden in Deutschland heutzutage nur allzugern ignoriert, da sie die beliebte Alleinschuld-These *ad absurdum* führen müssen.

Zutreffend bemerkte Prof. Andreas HILLGRUBER bereits in den achtziger Jahren in einem Vortrag vor der Rheinisch-Westfälischen Akademie der Wissenschaften:

»Was den Zweiten Weltkrieg angeht, hat sie [die Zeitgeschichtsforschung in der Bundesrepublik] sich fast ausschließlich auf die Kriegsziele, auf die Politik und Strategie der nationalsozialistischen Führung während der ersten Kriegsjahre konzentriert und, sofern die Darstellungen überhaupt darüber hinausreichen, den weiteren Verlauf bis zur Schlußkatastrophe des Jahres 1945 verkürzt. Die Komplexität des Geschehens wurde auf unzulässige Weise ausschließlich fast monokausal als sachlogische Konsequenz der hybriden Ziele der HITLERschen Expansionspolitik und ihrer rassenideologischen Grundlage interpretiert, ohne daß die davon unabhängigen Ziele der östlichen und westlichen Gegenmächte viel

---

[309] BIERSCHENK, Theodor, *Die deutsche Volksgruppe in Polen 1934–1939*, Kitzingen 1954, S. 85.

[310] *FAZ* vom 31. August 1939 (»Polen mit britischen Augen«).

[311] IRVING, David, *Hitlers Weg zum Krieg*, München, Berlin 1978, S. 419.

untersucht wurden. Dabei war das gegnerische Konzept nicht nur eine Reaktion auf die nationalsozialistische Herausforderung; es entsprach vielmehr lange herkommenden Vorstellungen, die im Kriege nur zum Durchbruch gelangten.«[312]

Um die Geschichtslüge von den Deutschen als alleinigen ›Tätern‹ und den armen Polen als unschuldigen ›Opfern‹ aufrechterhalten zu können, wird auch folgender Brief des Schweizer Völkerbundkommissars für Danzig Carl BURCKHARDT vom 20. August 1938 ignoriert, in dem er über seine Gespräche mit dem polnischen Außenminister BECK berichtet:

»Die Polen warten in scheinbarer Ruhe. BECK, während unserer nächtlichen Fahrt, hat mich etwas in seine Pläne eingeweiht. Weiterhin spielt er sein doppeltes Spiel. Es ist kein deutsches Spiel, wie manche Franzosen und die polnische Opposition glauben. Es ist ein Spiel, bei welchem man für Polen auf den höchsten Gewinn hofft, einen Gewinn, der sich ergeben soll aus einer schließlichen und unvermeidlichen deutschen Katastrophe...

Jetzt hofft man im stillen in Warschau nicht nur auf die bedingungslose Integration Danzigs in den polnischen Staatsbereich, sondern auf viel mehr, auf ganz Ostpreußen, auf Schlesien, ja auf Pommern. Im Jahre 1933 noch sprach man in Warschau vom polnischen Pommerelien, aber jetzt sagt man ›unser Pommern‹. BECK macht eine rein polnische Politik, eine letzten Endes antideutsche Politik, eine nur scheinbar polnisch-deutsche Entspannungspolitik seit der Besetzung des Rheinlandes und der französischen Passivität bei Anlaß dieses Vorganges. Aber man bemüht sich, die Deutschen ganz methodisch in ihren Fehlern zu bestärken...«

Für diese Politik erhielten die Polen dank der Vernichtungsstrategie der Westalliierten den erhofften »höchsten Gewinn«, die größte Expansion des Siedlungsgebiets in der Geschichte Polens.

---

[312] HILLGRUBER, Andreas, *Zweierlei Untergang,* Berlin 1986, S. 17.

Fünfter Teil

Auswirkungen auf die Gegenwart

1. Die Oder-Neiße Linie aus der Sicht des Völkerrechts

Nach der kleinen deutschen Wiedervereinigung 1989/1990 hat die deutsche Regierung, gezwungen oder nicht, die Oder-Neiße-Linie als Grenze und den Verlust der ostdeutschen Provinzen offiziell anerkannt. Damit ist aber die Oder-Neiße-Frage keineswegs aus der Welt, zumindest nicht, was das deutsch-polnische Verhältnis und das Bewußtsein für nationale Würde betrifft. Denn eine Nation, die in solchen grundsätzlichen Fragen nicht standhaft auf ihre Rechte dringt, verliert im internationalen Verkehr ihre Glaubwürdigkeit. Niemand im Ausland wird es verstehen, daß ein Volk ohne Not auf wesentliche Teile seines Staatsgebietes verzichtet. Noch wichtiger ist die absolute Bedeutung der Oder-Neiße-Frage. Denn ihre Behandlung zeigt, daß deutsche Regierungen bisher nicht in der Lage waren oder sich nicht trauten, standhaft die Würde und Geltung des Rechts gegenüber Unrecht und Gewalt zu verteidigen. Rudolph VON IHERING (1818–1892), der große deutsche Völkerrechtler, hat schon 1872 geschrieben und in einem Wiener Vortrag erklärt:

»Das Verhalten eines Menschen oder Volkes angesichts einer Rechtskränkung ist der sicherste Prüfstein seines Charakters.«[313]

Die Bedeutung des Rechtes für das Zusammenleben der Staaten und Völker ist unbezweifelbar. Ohne die Durchsetzung völkerrechtlicher Grundsätze ist die friedliche Aufrechterhaltung einer internationalen Ordnung unmöglich. Was einsichtigen Polen die Ruhe raubt, ist die Tatsache, daß die Oder-Neiße-Linie als Symbol für Massenaustreibungen und gewaltmäßige Annexionen steht. Denn eine politische Regelung, die sich über das Recht hinwegsetzt und bestehende Rechtsansprüche mißachtet, kann auf Dauer keine haltbare Ordnung, zumindest keinen innereuropäischen Frieden begründen.

Die von Deutschland im Zweiten Weltkrieg besetzten Gebiete sind wieder frei, die vernichteten Staaten und die Rechtsordnung wiedererstanden – allerdings nur einseitig durch den Verlierer, während die Sieger glaubten, sich über alle völkerrechtlichen Gesetze hinwegsetzen zu können – sei es durch Ausraubung und Plünderung Gesamtdeutschlands, durch Landraub, Vertreibung und Enteignung.

---

[313] IHERING, Rudolph von, *Der Kampf um das Recht*, Wien 1872, [20]1921.

Aber wahrhaftiges Recht kennt keine verschiedene Maße. In zivilisierten Völkern gilt Gleichbehandlung aller dem Recht Unterworfenen, wie es in der Verfassung des Weltgerichtshofes in Den Haag heißt. Dieser Satz gilt auch für das Völkerrecht, er beansprucht Geltung für die endgültige Festlegung der deutschen Ostgrenze. Allerdings traut sich keine deutsche Regierung, Verhandlungen über eine gemäßigte Revision zu fordern oder gar zu führen. Man traut sich noch nicht einmal, für alle deutschen Vertreibungsopfer ein angemessenes Vertreibungs-Dokumentationszentrum und ein Denkmal für die Millionen Opfer zu schaffen. Damit sind die Deutschen das einzige Volk auf Erden, daß seiner zivilen und militärischen Opfer nicht offiziell gedenkt, das im Gegenteil die Wehrmacht allgemein als kriminelle Vereinigung verleumden, und Soldaten als ›Mörder‹ beschimpfen läßt.

Ursprünglich war man der Auffassung, daß dem Sieger die völlige Staatsgewalt im eroberten Gebiet zustehe, einschließlich der Verfügungsgewalt über das fremde Territorium. Heute gesteht man dagegen nach der Haager Landkriegsordnung und anderen nicht kodifizierten Regeln des allgemeinen Völkerrechts dem Sieger nur die Ausübung eng begrenzter Befugnisse zu. Dabei ist es besonders wichtig, daß der Sieger nicht automatisch zum Territorialherrn des besetzten Gebietes wird. Das wurde im Jahre 1945 von den Alliierten durchgeführt. Diese Rechtslage wird sowohl in der Kapitulationsurkunde vom 9. Mai 1945 als auch in den Berliner Erklärungen vom 5. Juni 1945 berücksichtigt. Letztere sind von Vertretern der USA, Großbritanniens, der Sowjetunion und Frankreichs unterzeichnet worden. In einer dieser Erklärungen heißt es:

»Die Übernahme zu den vorstehend genannten Zwecken der besagten Regierungsgewalt und Befugnisse bewirkt nicht die Annektierung Deutschlands.«

In der anderen Berliner Erklärung ist zu lesen:

»Deutschland wird innerhalb seiner Grenzen, wie sie am 31. Dezember 1937 bestanden, für Besatzungszwecke in vier Zonen aufgeteilt.«

Mit diesen Erklärungen haben die vier Mächte offensichtlich der seit dem Ersten Weltkrieg entwickelten völkerrechtlichen Auffassung entsprochen, daß eine Niederlage nicht das Recht zu einer Annexion durch den Sieger bedeutet. Allerdings haben sie in bezug auf die deutschen Ostgebiete keine Konsequenzen aus diesem Rechtsgrundsatz gezogen.

Im Zusammenhang mit der Oder-Neiße-Frage muß natürlich auch das Prinzip des Selbstbestimmungsrechts erörtert werden. Ohne die wirksame Geltung und Anerkennung dieses Prinzips wären die säkularen Veränderungen nicht denkbar, welche in unseren Tagen in Asien und Afrika vor sich gegangen sind oder gehen. Bereits im Zweiten Weltkrieg gehörte die Durchsetzung des Selbstbestimmungsrechts offiziell zu den alliierten Kriegszielen, wie die Atlantik-Charta beweist.

Schon während des Krieges haben die Westalliierten versucht, Deutschland von der Inanspruchnahme des Selbstbestimmungsrechts auszuschließen, was ihnen aber nach 1945 wegen des Widerstandes aus den eigenen Ländern nur teilweise geglückt ist. Der völkerrechtliche Grundsatz gleiches Recht *für* alle wurde dabei von den Siegern massiv verletzt.

Das Vorgehen Sowjetrußlands und Polens in den deutschen Ostprovinzen stellt einen klaren Verstoß sowohl gegen das Selbstbestimmungsrecht als auch gegen menschenrechtliche Grundsätze dar. Die ortsansässige Bevölkerung wurde nicht befragt.

Die Polen als Hauptnutznießer der geraubten deutschen Provinzen versuchen, die Verantwortung für die Massenaustreibungen auf die Potsdamer Mächte abzuwälzen. Dieses Bemühen der Hauptverantwortlichen beweist bereits ihr schlechtes Gewissen, gegen die Würde des Menschen so brutal verstoßen zu haben. Außerdem haben die Potsdamer Mächte nicht nur von einem humanen und ordnungsmäßigen Bevölkerungstransfer gesprochen, sondern den polnischen Machthabern lediglich eine Erlaubnis, aber keine Anweisung gegeben. Daß die polnische Regierung von dieser Erlaubnis in der brutalsten Weise Gebrauch gemacht hat, hat sie allein zu verantworten.

Bereits in der Zwischenkriegszeit, in der Minderheiten- und Volksgruppenrechte kodifiziert wurden, wurde der Begriff ›Recht auf die Heimat‹ geprägt, das als wichtiger Teil des Selbstbestimmungsrechts zu gelten hat.

Nach der kleinen deutschen Wiedervereinigung und dem Zusammenbruch des Kommunismus in den Ostblockstaaten stehen nun nach über sechzig Jahren Deutschland und Polen vor dem Problem, die verletzte Würde des Rechts wiederherzustellen. Ohne Rücksicht darauf, daß Polen, wie nachgewiesen, nicht weniger Schuld am Ausbruch des Polenfeldzuges (nicht des Zweiten Weltkrieges!) als das Reich trägt, hat Deutschland wiederholt und verbindlich erklärt, daß es die Kriegsschäden, die Polen erlitten hat, wiedergutmachen wolle. Eine solche Wiedergutmachung kann aber allein schon wegen des Selbstbestimmungsrechts nicht durch Gebietsabtretungen erfolgen.

Neuerdings versucht Polen, einen Anspruch auf die deutschen Ostgebiete durch die Behauptung zu begründen, diese Gebiete seien »lebensnotwendig« für die polnische Wirtschaft.[314] Eine solche Argumentation unterscheidet sich aber nicht im geringsten von den den Deutschen vorgeworfenen Lebensraum-Thesen. Die Lebensraum-These ist außerdem im Zusammenhang mit der EU-Arbeitsteilung völlig unzeitgemäß und unannehmbar. Allerdings ist sie im Vorkriegspolen Motiv und Begründung polnischer imperialistischer Politik gewesen, die eine Steigerung der staatlichen Macht durch Expansion zu erreichen suchte. Diese Politik hat mit in die Katastrophe geführt.

Tatsächlich hätte Polen nicht der Oder-Neiße-Gebiete bedurft, um seine Ernährungsgrundlage zu sichern. Das wiedervereinigte Deutschland umfaßt 357 022 Quadratkilometer mit 82 Millionen Einwohnern (0,004 qkm je Einwohner), während in Polen 32 Millionen Einwohnern 312 677 qkm zur Verfügung stehen (0,008 qkm je Einwohner). Polens Bevölkerungsdichte ist nur halb so groß wie die der Bundesrepublik.

Eine allgemeine Belebung des Wirtschaftskreislaufes im Zusammenhang mit der EU-Wirtschaftspolitik bietet Möglichkeiten für eine deutsch-polnische Verständigung, die ihrerseits zu einem gesunden und ständig steigenden Aufbau der Wirtschaft Polens beitragen könnte. Auf der Seite der Deutschen, die den Schuldkult derart verinnerlicht haben, daß wir Deutschen nicht die geringsten Rechte geltend machen könnten oder dürften, wird immer wieder argumentiert, daß man erstens das Rad der Geschichte nicht zurückdrehen könne und zweitens das Recht gegenüber der Macht im internationalen Leben doch nur eine untergeordnete Rolle spiele. Da wir (Gott sei dank!) keine Macht besäßen, könnten wir den unrechtmäßigen

---

[314] Siehe Abschnitt »Wirtschaftliche Begründung«.

Nutzer eines Teiles unseres Staatsgebietes nicht zur Rückgabe zwingen. Deshalb sollten wir doch nicht weiterhin so ›faschistisch-revanchistisch‹ auf ›unserem‹ Rechtsstandpunkt bestehen.

Doch diesen Pessimisten oder Rechtsverächtern muß gesagt werden, daß Diebstahl im Alltag keineswegs anerkannt wird, weil es oft nicht möglich ist, alle Diebe zu fassen. Zum anderen würde es bedeuten, daß man anerkenne, daß Macht vor Recht ergeht, und zuläßt, daß ein gefährlicher Präzedenzfall weiterhin bestehen bleibt.

Genscher, der ›beste Außenminister, den Polen je hatte‹.

Im Jahre 1990 wurde das Nachkriegseuropa neu geordnet. Mit der Wiedervereinigung von West- und Mitteldeutschland stand auch die Rückgabe der deutschen Ostgebiete im Raum. Hoffnung erfüllte die vertriebenen Ostdeutschen und auch die in der Heimat verbliebenen Oberschlesier. Doch schnell kam der Rückschlag: Während der Zwei plus Vier-Verhandlungen habe Rußland als Gegenleistung für die Vereinigung die endgültige Abtretung des deutschen Ostens verlangt, so wurde anschließend die Weltöffentlichkeit informiert. Doch dem Nachlaß des Russisch-Dolmetschers Ernst Albrecht NAGORNY ist folgendes zu entnehmen:

Als GORBATSCHOW 1990 in Dresden gefragt wurde, ob im Zusammenhang mit einer Vereinigung Mitteldeutschlands mit der BRD auch eine Angliederung der deutschen Ostgebiete in Aussicht genommen sei, soll der damalige sowjetrussische Staatschef geantwortet haben:

»Ja, das wollte ich. Wir hatten die Universität in Moskau beauftragt, Pläne für die Wiedervereinigung von Deutschland mit seinen polnisch besetzten Teilen auszuarbeiten. Aber bei den 2-plus-4-Verhandlungen mußte ich zu meinem Erstaunen feststellen, daß Bundeskanzler KOHL und sein Außenminister GENSCHER die deutschen Ostgebiete Ostpreußen, Pommern und Schlesien gar nicht  wollten. Die Polen wären bereit gewesen, die deutschen Provinzen Deutschland zurückzugeben. Aber der deutsche Außenminister GENSCHER hat die polnische Regierung in Warschau bekniet, an der Oder-Neiße-Linie festzuhalten. ›Die Deutschen akzeptieren diese Grenze‹, waren seine Worte. Nur die DDR sollte angegliedert werden.«

2. Polen als ›Volksdemokratie‹

Polen 1945 bis 1956

Die polnische Exil-Regierung wurde seit Juli 1945 von den Alliierten nicht mehr anerkannt, die Exilarmee aufgelöst. Damit lieferten die Westalliierten, die angeblich 1939 für die Unabhängigkeit Polens in den Krieg gezogen waren, 1945 Polen an das brutalste Terrorregime aus, das es je gab und das HITLER-Regime weit in den Schatten stellte. Im Vordergrund der polnischen Politik stand zunächst die Aneignung der deutschen Gebiete bis zur Oder-Neiße-Linie. Die gewaltsame Vertreibung der deutschen Bevölkerung – während gleichzeitig in Nürnberg Deutsche wegen Vertreibung von Polen und Franzosen verurteilt wurden – erreichte ihren Höhepunkt im Winter 1945/46 und 1947. Gleichzeitig kehrten 2,2 Millionen ›Repatrianten‹ (Zwangsarbeiter, Auswanderer) nach Polen zurück. Rund 1,5 Millionen Polen (von einst 3,5 Millionen) aus Ostpolen wurden nach Sibirien verschleppt, darunter auch viele Juden.

Am 5. Oktober 1945 unterstellte Polen das westlich der Oder-Neiße-Linie gelegene Stettin samt Umland gewaltsam der sogenannten ›polnische Verwaltung‹, was praktisch einen Landraub und eine totale Enteignung deutscher Besitzer bedeutete und in Potsdam nicht vorgesehen war.

Innenpolitisch sollten sich mehrere ›demokratische Parteien‹ am politischen Leben beteiligen. In echter Opposition zur kommunistischen PPR befand sich aber nur die ›Polnische Volkspartei‹ (PSL). Nach Ausschaltung jeglicher ›rechter‹ Opposition und nach weitgehenden ›Säuberungen‹ in den Reihen der Kommunisten erfolgte Ende 1948 die Gründung der ›Vereinigten Polnischen Arbeiterpartei‹ (›Polska Zjednoczona Partia Robotnicza‹ – PZPR).

Mit der Ernennung des Sowjetmarschalls K. ROKOSSOWSKIJ zum Verteidigungsminister, Oberbefehlshaber der Armee und Mitglied des Politbüros und mit der Umgestaltung von Verwaltung, Wirtschaft und Kulturleben im Sinne strenger Zentralisierung, Reglementierung und absoluter Vorherrschaft der PZPR wurde 1949 die Angleichung an das sowjetische Vorbild vollzogen.

Es folgte ein scharfer Kampf gegen die Katholische Kirche. Am Ende stand die 1952 verkündete volksdemokratische (Schein)-Verfassung.

Am 6. Juni 1950 erkannte die DDR im Görlitzer Vertrag mit Warschau die Oder-Neiße-Linie an. Der Deutsche Bundestag protestierte am 13. Juni 1950 durch seinen Alterspräsidenten Paul Löbe und verwahrte sich gegen diese »Politik des Verzichts«. Das Handeln der DDR sei »ein Beweis für die beschämende Hörigkeit dieser Stelle gegenüber einer fremden Macht«. Die Stellung Polens im Sowjetsystem wurde am 14. Mai 1955 durch den Abschluß des Warschauer Paktes besonders deutlich.

Polen 1956 bis 1989. Die Gewerkschaftsbewegung ›Solidanorsc‹

Im Vergleich zur Ära 1949–54 ließen anschließend polizeiliche Überwachung und Kontrolle in Polen nach, ohne jedoch zu verschwinden. Politische Schulung und Kaderbildung traten in den Hintergrund, ebenso die Betonung des Klassenkampfes und der Freundschaft mit der Sowjetunion. An ihre Stelle trat ein staatlich geförderter Patriotismus. Diesem stellte die katholische Kirche unter Kardinal St. Wyszinski einen betont katholischen Nationalismus entgegen, der einerseits die tausendjährige Verbindung zum Westen betonte, den staatlichen Patriotismus aber bezüglich des Anspruchs auf die ›wiedergewonnenen Gebiete‹ voll unterstützte – später offensichtlich auch mit voller Billigung durch den polnischen Papst, den ehemaligen Bischof von Krakau, Karol Wojtyla, der bei seinen oftmaligen Besuchen in Polen niemals die Unrechtmäßigkeit der Vertreibung durch Polen verurteilt hat. Er erklärte im Gegenteil:

»Sowohl die ökonomischen, geschichtlichen, religiösen Gesetze als auch die historische Gerechtigkeit verlangen, daß die wieder gewonnenen Westgebiete für immer bei Polen bleiben.«[315]

Im Sommer 1980 führten Preiserhöhungen für Fleisch am 1. Juli zu zunächst lokal begrenzten Streiks, die aber auf das gesamte Land übergriffen. In dieser unruhigen Phase entwickelte sich in Danzig am 14. August 1980 auf der Leninwerft ein Streik, dessen direkter Anlaß die Entlassung der Kranführerin Anna Walentynowicz war. An dem Streik beteiligte sich die Gewerkschaftsbewegung ›Solidarnosc‹. Sie wurde von Anfang an von regimekritischen Intellektuellen wie Tadeusz Mazowiecki, Jacek Kuron, Adam Michnik, Jósef Tisch-

---

[315] Löser, Ilse, *Polen und die Fälschungen seiner Geschichte,* Kaiserslautern 1982.

NER unterstützt, so daß, über Gesellschaftsgrenzen hinweg, eine Volksbewegung gegen das herrschende Regime entstand.

Landesweit erklärten sich alle anderen streikenden Betriebe mit dem ›Überbetrieblichen Streikkomitee‹ an der Küste solidarisch. Besonders durch die Einbeziehung von Intellektuellen in die Arbeit der Streikkomitees konnten der Staatsmacht weitgreifende Zugeständnisse abgetrotzt werden. Diese Kooperation hatte sich seit 1976 durch die Gründung des ›Komitees zur Verteidigung der Arbeiter‹ (KOR) angebahnt, aber auch weitere Intellektuelle unterstützen die Gewerkschaftsbewegung.

Hinzu kam eine starke Förderung aus dem westlichen Ausland, besonders aus den USA und aus Westdeutschland, wobei allerdings die SPD-Spitze es peinlichst vermied, mit ›Solidarnosc‹-Vertretern in Berührung zu kommen. Günter GRASS, der damals für die SPD Wahlwerbung betrieb, verglich die Solidarnosc mit der parakommunistischen Bewegung der Sandinistas in Nicaragua.[316]

Unter der Führung von Lech WALESA wurde ein betriebliches Streikkomitee gegründet. Als die Betriebsleitung sich zu Zugeständnissen bereit erklärte, wollt man den Streik bereits nach zwei Tagen beenden. Doch in der Nacht zum 16. August wurde beschlossen, den Streik aufrechtzuerhalten, um bleibende Ergebnisse zu erreichen. Am 17. August 1980 wurde dann das ›Überbetriebliche Streikkomitee‹ (›Miedzyzakladowy Komitet Strajkowy‹) gegründet. Es sollte sich auch nach Beendigung des Streiks nicht auflösen und die Einhaltungen des Erreichten überwachen. Seine 21 schriftlich formulierten Forderungen enthielten meist neben politischen und sozialen Anliegen auch die zentrale Forderung nach der Zulassung unabhängiger Gewerkschaften. Die Regierung wich Schritt für Schritt zurück und gab schließlich am 31. August 1980 im Danziger Abkommen ihre Zustimmung für eine ›Unabhängige Selbstverwaltete Gewerkschaft Solidarität‹.

Lech WALESA wurde bei der offiziellen Gründung am 17. September 1980 zum Vorsitzenden von Solidarnosc gewählt. Die staatliche Anerkennung erfolgte am 10. November 1980 durch die offizielle staatliche Registrierung von Solidarnosc. In der Folgezeit wurde diese

---

[316] TUSK, Donald, polnischer Ministerpräsident, in einem Interview der *Frankfurter Allgemeinen Zeitung* vom 10. Dezember 2007.

Der Sozialist Carlo SCHMID (hier 1958, nach einer Kranzniederlegung am Denkmal der Opfer des Warschauer Ghettos) war einer der ersten westdeutschen Politiker, die in die Volksrepublik Polen reisten.

BRANDT krönte seine Politik des Verzichts mit einem Kniefall in Warschau.

Auf dem Deutschlandtreffen der Oberschlesier im Jahre 1956 beteuert der damalige Bundesaußenminister Heinrich VON BRENTANO, daß seine Partei und die Bundesregierung die Anerkennung der Oder-Neiße-Linie nach wie vor verweigern.

Irgendwo an der umstrittenen Oder-Neiße-Linie.

Vertriebenenverbände lehnen nach wie vor eine Anerkennung der Oder-Neiße-Grenze ab.

Diese polnische Karikatur aus dem Jahre 1993 zeigt, daß trotz Zusammenarbeit innerhalb der EU die alten Klischees (Deutschland = Wolf; Polen = Schaf) hartnäckig sind.

Arbeiter der Lenin-Werft in Danzig bejubeln ihren Anführer Lech WALESA.

Regelmäßig werden führende bundesdeutsche Politiker in polnischen Magazinen auf beleidigende Weise dargestellt. Abbildungen in: *Der Spiegel,* 25/2007. Im Jahre 2003 hatte das Magazin *Wpost* Erika Steinbach gar in Nazi-Uniform als Domina auf dem Rücken von Bundeskanzler Gerhard SCHRÖDER abgebildet. Der Danziger Schrifsteller Pavel HUELLE meint bezeichnenderweise: »Gäbe es sie (die bösen Deutschen) nicht schon, hätte man sie erfinden müssen.«

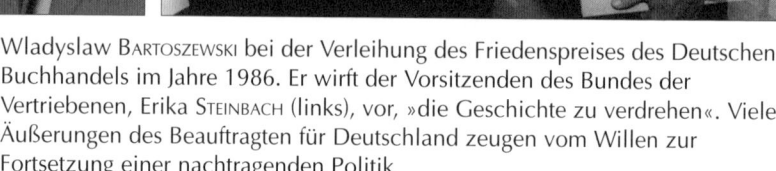

Wladyslaw Bartoszewski bei der Verleihung des Friedenspreises des Deutschen Buchhandels im Jahre 1986. Er wirft der Vorsitzenden des Bundes der Vertriebenen, Erika Steinbach (links), vor, »die Geschichte zu verdrehen«. Viele Äußerungen des Beauftragten für Deutschland zeugen vom Willen zur Fortsetzung einer nachtragenden Politik.

Das in Borna bei Leipzig beabsichtigte Denkmal für die Zivilopfer des Zweiten Welkriegs stellt eine verdienstvolle Alternative zum bundesdeutschen Vorhaben in Berlin dar. Hier das Modell von Ludwig Limmer.

Gewerkschaft immer mehr politisiert. Sie zählte schließlich rund 9,5 Millionen Mitglieder, zu denen auch viele Mitglieder der Kommunistischen Partei PVAP (etwa 30 Prozent) gehörten. Nach dem IX. Parteitag der PVAP im Juli 1981 waren sogar 20 Prozent der Mitglieder des Zentralkomitees gleichzeitig Gewerkschaftsmitglieder. Gegen Ende des Jahres 1981 begann die Solidarnosc-Spitze sich zu spalten. Der pragmatische eingestellte Lech WALESA und verschiedene Intellektuellen waren an einer gemäßigten Gegenstellung zu den kommunistischen Machthabern interessiert. Dagegen suchte der radikalere national-konservative Flügel um Jan RULEWSKI und Andrzej GWIAZDA eine offenere Konfrontation mit den Kommunisten. Von Moskau bedrängt, rief die polnische Regierung in der Nacht zum 13. Dezember 1981 den Kriegszustand aus. Die Arbeit der Gewerkschaft wurde verboten, und ihre führenden Köpfe wurden interniert. Am 8. Oktober 1982 wurde Solidarnosc durch ein neues Gewerkschaftsgesetz endgültig verboten. Ins Ausland geflüchtete Gewerkschaftsmitglieder schlossen sich zur Exilgruppen der Solidarnosc zusammen, die durch die Gründung von Büros gewerkschaftlich-politisch aktiv waren. Die beiden wichtigsten Büros waren das Brüsseler Büro und das Bremer Koordinationsbüro der polnischen Gewerkschaft ›NSZZ Solidarnosc‹. Letzteres führte eine Koordinierungsfunktion in Deutschland aus.

Ab August 1988 sah sich die kommunistische Führung gezwungen, mit der noch verbotenen Untergrund-Solidarnosc Verbindung aufzunehmen, was dann zu Gesprächen am Runden Tisch führte, die vom 6. Februar bis zum 5. April 1989 in Magdalenka bei Warschau stattfanden. Als Ergebnis des Runden Tisches wurde die Solidarnosc am 5. April 1989 wieder staatlich anerkannt, und am 4. Juni 1989 kam es dann zu halbfreien Wahlen. Sie wurden von Solidarnosc überwältigend gewonnen. Allerdings war die Sitzverteilung schon zuvor im Sejm am Runden Tisch ausgehandelt worden: 65 Prozent der Sitze für die PZPR sowie weitere kommunistische Blockparteien und Organisationen und 35 Prozent für freie, also oppositionelle Kandidaten. Unter dem Slogan »Euer Präsident, unser Premier« (»*Wasz prezydent, nasz premier*«) forderte das oppositionelle Bürgerkomitee, die politische Vertretung der Solidarnosc, nun eine Beteiligung an der Regierung. Mit Tadeusz MAZOWIECKI stellte Solidarnosc den ersten nichtkommunistischen Ministerpräsidenten nach dem Zweiten Weltkrieg; Schlüsselministerien (Inneres und Verteidigung) blieben jedoch in den Händen der PVAP.

Im Dezember 1990 wurde Lech WALESA zum Staatspräsidenten gewählt. Durch das Aufkommen dieser Arbeiterbewegung sowie durch ›Glasnost‹ und ›Perestroika‹ kam es zur Wende in Polen und zur politischen Lösung aus dem von der Sowjetunion bisher dominierten Ostblock.

Die Frühphase der sogenannten III. Republik ist von der Politik der ›*gruba kreska*‹ (›Schlußstrich‹, wörtlich ›Dicke Linie‹) geprägt, die eine Amnestie für Verbrechen der kommunistischen Staatsführung vorsah. So wie alle Vertreibungsverbrechen an Deutschen, sollen jetzt auch noch die kommunistischen Verbrechen an den eigenen Landsleuten unter den Teppich gekehrt werden. Dies führt bis zum heutigen Tag immer wieder zu Diskussionen in der polnischen Politik. Schließlich bleibt der ›Dreck‹ unter dem ›Dicke-Linie-Teppich‹ liegen.

Der einstige Mitbegründer Lech WALESA hat zum 31. August 2005 seinen Austritt aus der Gewerkschaft erklärt. Anläßlich der bevorstehenden deutschen Wiedervereinigung hat er in einem Interview, das er im Frühjahr 1990 dem niederländischen Magazin *Elsevier* gab, aber auch erklärt:

»Ich schrecke selbst nicht vor einer Erklärung zurück, die mich in Deutschland unpopulär macht. Wenn die Deutschen erneut Europa in der einen oder anderen Art destabilisieren, sollte man nicht mehr zu einer Aufteilung Zuflucht nehmen, sondern dieses Land einfach von der Landkarte ausradieren. Der Osten und der Westen besitzen die notwendigen fortgeschrittenen Technologien, um diesen Urteilsspruch durchzuführen!«[317]

Die *Frankfurter Allgemeine Zeitung* hatte dem hinzugefügt:

»Der niederländische Interviewpartner hatte, wie er versichert, wegen der Formulierung ›von der Karte gefegt‹, sofort noch zwei weitere Male nachgefragt und immer wieder diesen Ausdruck bestätigt bekommen. Weiter habe WALESA gesagt, daß Ost und West imstande seien, dies zu regeln.«

---

[317] Zitiert nach: »Walesa und Deutschland«, in: *FAZ* vom 6. Juni 1990.

Ein Mißverständnis war somit ausgeschlossen. Doch in den bundesdeutschen Medien regte sich so gut wie niemand darüber auf, wenn man von der Geschichtszeitschrift *Deutschland in Geschichte und Gegenwart*[318] und vom *Bayernkurier* absieht.

Nur ein Angehöriger der französischen Ehrenlegion erlaubte sich in einem Leserbrief kritische Anmerkungen:

»Es liegt am Nobelpreiskomitee, darüber zu entscheiden, ob der zum Kriegshetzer gewordene Friedensnobelpreisträger und weltweit gefeierte Lech WALESA nach seinen skandalösen Erklärungen in der holländischen Zeitschrift überhaupt noch der Ehre würdig ist, die ihm zuteil wurde.«[319]

Wohl nicht zufällig predigte Polens Kirchenprimas Jozef GLEMP am Ostersonntag 1990 zum Thema:

»Pangermanismus, davor fürchtet sich die ganze Welt.«[320]

---

[318] In: *Deutschland in Geschichte und Gegenwart,* Tübingen, 2/1990, S. 42.
[319] MIKSCHE, Otto Ferdinand, »Walesa und Deutschland«, in: *FAZ* vom 27. April 1990.
[320] FISCHER, Herbert, »Doppelte Moral«, in: *Bayernkurier* vom 21. April 1990.

3. Polnische ›Überzuckerungsgeschichte‹ zerbricht

Polnischer Nachkriegs-Antisemitismus

Seit 1990 hat der berüchtigte polnische Sender *Radio Maryja* seinen Sitz in Thorn. Dessen Direktor, der Redemptoristenpater Tadeusz RYDZYK, zieht stets die Fäden, wenn der klerikale Rand der polnischen Rechten zum Angriff auf Juden oder Deutsche bläst. Am 27. März 2006 brachte der Radioautor Stanislaw MICHALKIEWICZ die Antisemitismus-Hetze auf einen neuen Höhepunkt: Die Juden würden unter dem Vorwand der Entschädigung ›Erpressungsgelder‹ verlangen, sie demütigten die polnische Nation, indem sie sich als Hauptopfer von Auschwitz bezeichneten und aus dem Pogrom von Jedwabne des Jahres 1941 eine ›Staatsaktion‹ machten.

Der Widerstandskämpfer Marek EDELMANN, der letzte noch lebende jüdische Kommandeur des Warschauer Aufstandes von 1943, protestierte nun energisch beim damaligen Ministerpräsidenten MARCINKIEWICZ und beim Parlamentspräsidenten JUREK. Dieser forderte am 6. April 2006 Pater RYDZYK schriftlich auf, sich für die angebliche Nennung jüdischer »Erpressungen« zu entschuldigen, was dann auch tatsächlich erfolgte. Denn inzwischen hatte sich auch der Vatikan unter Papst BENEDIKT XVI. gegen das Treiben des Senders gewandt, der deshalb nun auch den Papst angriff, und zwar an der Stelle, die nach Ansicht des Senders die einzige verletzliche sei: an der Nationalität:

»Niemand hat so schreckliche Angst, als Antisemit zu gelten wie die Deutschen. . . und sie haben nicht ohne Grund Angst, denn sie wissen, was sie getan haben.«

Wegen dieser Angst werde es der Papst nicht wagen, diejenigen in seiner Umgebung zurückzuhalten, die den Sender nur deshalb angriffen, weil er das ungeschriebene Gesetz breche, dem zufolge man über Juden »nichts, außer Gutem« sagen dürfe.

»Das Dritte Reich hat den Deutschen moralisch das Rückgrat gebrochen, und dieses Rückgrat ist bis heute nicht geheilt.«

Für die antisemitischen Ausfälle des ›Pater Direktor‹ steht auch eine Hetzrede, die Tadeusz RYDZYK im Jahre 2007 hielt, vermutlich vor Studenten der von ihm gegründeten ›Hochschule für Kultur in Gesellschaft und Medien‹. Ein heimlicher Mitschnitt offenbart die gei-

stige Haltung des Paters. Nach Angaben des Journalisten Konrad
SCHULLER malt RYDZYK

»darin nicht nur das Gespenst des gierigen Juden an die Wand,
der ›65 Milliarden‹ aus Polen herauspreßt; er wirft der liberalen
Gazeta Wyborcza (und damit ihrem jüdischen Chefredakteur Adam
MICHNIK) ›talmudistische‹ Verlogenheit vor und empfiehlt der Gat-
tin Präsident KASZYNSKIS, sich der ›Euthanasie‹ zu überantworten,
weil sie Abtreibung nicht bedingungslos ablehne«.[321]

Der aus Warschau stammende amerikanische Soziologe und Historiker Jan Tomaz GROSS hatte um 2000 in dem Buch *Nachbarn* die Ermordung der jüdischen Einwohner des ostpolnischen Städtchens
Jedwabne durch eine kleine Gruppe Polen im Jahre 1941 dokumentiert und damit eine große Antisemitismus-Debatte ausgelöst.

Seit 2007 erregt GROSS mit seinem neuen Buch *Angst – Geschichte
eines moralischen Niederganges* eine noch größere Öffentlichkeit. Das
Buch, das binnen eines Monats 70 000mal verkauft wurde, beschreibt
die Mordtaten, denen jüdische Holocaust-Überlebende in den ersten
beiden Nachkriegsjahren in Polen zum Opfer fielen. Die Hauptursache dafür sieht der Autor einerseits im traditionell konfliktreichen,
durch christlichen Antijudaismus und tiefgreifendes Mißtrauen belasteten Verhältnis zwischen Juden und Polen, andererseits in der
Tatsache, daß der überwiegende Teil der polnischen Gesellschaft
schon während des Krieges vor der Verfolgung der Juden durch die
deutschen Besatzer nicht nur die Augen verschlossen, sondern sie
insgeheim sogar gebilligt habe. Denn viele Polen seien Profiteure
der deutschen Verbrechen geworden, sie hätten das Eigentum der
Juden übernommen. Die Angst, dieses den Holocaust-Überleben-
den wieder zurückgeben zu müssen, sei das Hauptmotiv für die Ver-
brechenswelle nach dem Krieg gewesen, an erster Stelle für das Pogrom von Kielce, bei dem am 4. Juli 1946 ein aufgebrachter Mob
vierzig Juden mit Flinten, Äxten und Messern umbrachte und weitere achtzig verletzte. Unter den Opfern befanden sich auch zwei
nichtjüdische Polen, die den Angegriffenen zur Hilfe geeilt waren.
Dieses Pogrom hatte eine erste massive jüdische Auswanderungs-
welle aus Polen zur Folge.

---

[321] SCHULLER, Konrad, *Widerstand gegen »Pater Director«*, am 21. Februar 2008,
in: *FAZ NET* vom 28. Februar 2008.

Anlaß für die Mordaktion in Kielce war das Gerücht, Juden hätten ein Christenkind entführt und in den Keller gesperrt, um aus dessen Blut Matzen (jüdisches rituelles Gebäck) zu backen. Daß der kleine Henryk seinem Vater dieses Geschichte nur deshalb vorgelogen hatte, um der Strafe für seinen dreitägigen Ausflug ins Nachbardorf zu entgehen, stellte sich erst später heraus. Bis heute aber verbreiten katholische Geistliche den Verdacht, daß der kommunistische Geheimdienst seine Hand im Spiel gehabt habe. Angeblich wollte er die Weltöffentlichkeit von den gefälschten Wahlen ablenken. Beweise für diese These gibt es allerdings nicht.

Nach dem Pogrom von Kielce wagte es nur ein einziger Bischof, die Ritualmordlegende als christliche und antijüdische Erfindung zu brandmarken und den Mord an den Juden aufs schärfste zu verdammen. Die übrigen Bischöfe Polens konnten oder wollten sich nicht hinter den einen Mutigen von 1946 stellen. Als moralische Autoritäten gelten hingegen noch immer der damalige Primas Augustyn HLOND, der sich strikt weigerte, sich auf der Kanzel für die jüdischen Rückkehrer einzusetzen, sowie sein Nachfolger, der Lubliner Bischof Stefan WYSZYNSKI. Auch er weigerte sich, als ihn 1946 eine jüdische Delegation um Hilfe bat. Gabriele LESSER schrieb dazu:

»Dieses katholisch-antisemitische Schweigen hält bis heute an. Genau dies wirft GROSS der polnischen Kirche vor. Aufgegriffen wurde seine Kritik bislang nur von einigen wenigen Intellektuellen. Denn in einem Polen, das einem Pater erlaubt, ein katholisch-antisemitisches Medienimperium aufzubauen, braucht es viel Mut, gegen das große Schweigen anzugehen. Wie ein Fanal wirkte daher vor einigen Tagen der Hetzruf gegen Jan Tomasz GROSS aus der berühmten Jesuiten-Basilika in Krakau: ›Die Juden greifen uns an! Wir müssen uns verteidigen!‹ Statt nun endlich die überfällige Debatte über den kirchlichen Antisemitismus zu beginnen, schwieg der Krakauer Kardinal wieder. So hat das seit Wochen heiß diskutierte Buch von Jan Tomasz GROSS das letzte Tabu noch immer nicht gebrochen. Erst dann, wenn die Kirche beginnt, sich selbstkritisch mit dem Antisemitismus in den eigenen Reihen auseinanderzusetzen, wird sie sich von diesem Fluch befreien können. Noch ist nicht absehbar, wann das sein könnte.«[328]

---

[322] LESSER, Gabriele, in: *Märkische Allgemeine* vom 18. Februar 2008.

Liberale und linksliberale Blätter, zum Beispiel die *Gazeta Wyborcza* und die *Polityka*, unterstützen Gross, während die gesamte rechte Presse, vor allem die nationalkonservative *Rzeczpospolita*, ihm vorwirft, Fakten zu manipulieren und die katholischen Polen haßerfüllt zu diffamieren. Dabei steht mit an vorderster Stelle Janusz Kurtyka, der Leiter des ›Institutes der Nationalen Erinnerung‹ (IPN) in Warschau. Als Dutzfreund vom früheren Präsidenten Lech Kaczynski ist er auch erster Konservator des polnischen Märtyrertums, dessen Aufgabe darin besteht, den angeblichen deutschen und jüdischen Lügen über eine Täter- oder Mittäterschaft Polens an Verbrechen gegen Juden und auch Deutschen in der Zeit vor, während und nach dem Zweiten Weltkrieg jegliche Nahrung zu entziehen. So nannte Kurtyka zuletzt den Autor Jan Tomasz Gross einen »Vampir der Geschichtsschreibung«.

In seinem Text trennt Gross deutlich die Darstellung der schokkierenden Tatsachen von seinen Kommentaren. Dabei aber benutzt er immer wieder den provozierenden Begriff ›Katoendecja‹. Dieser faßt die katholische Kirche und Nationaldemokraten (›Endecy‹) zusammen, die im Vorkriegspolen die Politik bestimmten. Beide forderten, daß die Juden aus der Gesellschaft ausgegrenzt und zur Massenauswanderung gedrängt werden sollten. Gross zitiert ausführlich aus Hirtenbriefen und Stellungnahmen von Bischöfen, in denen vor dem Einfluß der Juden gewarnt wird. Dabei waren die Bischöfe damals vom Begriff der ›Judenkommune‹ ausgegangen: Bei den Bolschewiken, so argumentierten sie, gäben Juden den Ton an. Ein Buch des Historikers Marek Jan Chodakiewicz führt genau auf, wie viele jüdischstämmige Funktionäre in der kommunistischen Diktatur Führungsstellungen einnahmen. In der Wochenzeitung *Angora* lautete die Überschrift einer lobenden Rezension sogar: »Wie Juden Polen ermordeten.«

Gross erklärt dazu, daß Juden, die nach der Erfahrung des polnischen Antisemitismus der Vorkriegszeit und des Holocausts im Kommunismus ihr Heil sahen, sich durchweg vom Judentum abgewandt hätten. Andererseits führt er sehr akribisch auf, daß nach der kommunistischen Machtübernahme in Warschau die Zahl der Parteimitglieder von ursprünglich 20000 innerhalb von zwei Jahren auf eine halbe Million gewachsen sei. Neunzig Prozent davon seien Polen aus katholischen Familien.

Die Zeitung *Polityka* beurteilte das Buch *Angst* als ein »zutiefst christliches Werk«, das Gewissenserforschung und Reue fordere. Der Kommentator der Wochenzeitschrift *Wprost* schrieb, es sei höchste Zeit, daß die polnische Gesellschaft sich von Heldenmythen aus der Kriegs- und Nachkriegszeit verabschiede, und besonders von der traditionellen »Überzuckerung der Geschichte«. Auch dürfe kein Paragraph die unbedingt notwendige historische Debatte unterdrükken.

In dieser Situation hat sich offensichtlich auch die Kirche entschlossen zu handeln. Der Redemptoristenorden hat nach einer Visitation im Auftrag des römischen Ordensgenerals beschlossen, den Direktor so einzurahmen, daß er unter Kontrolle steht. Der RYDZYK seit Anfang Februar vorgesetzte Ryszard ROZOK erklärte,

»der besessene Drang gewisser Kreise, ständig mit irgend jemandem den ›Kampf‹ aufzunehmen, sei nicht nur ›gefährlich‹, sondern auch ›krank‹«.

»Ständig stürzen wir uns im Namen Jesu Christi und der Jungfrau Maria in irgendwelche Gefechte. Das ist nicht der richtige Weg...«[323]

Der Exodus der polnischen Juden

Während 1968 in der Bundesrepublik linke Studenten und Funktionäre sich auf den Straßen mit Sprechchören und Plakaten pöbelnd zu LENIN, MAO oder CHE GUEVARA bekannten, ließen die kommunistischen Machthaber Polens zahlreiche Flugblätter antisemitischen Inhalts in großen Mengen verteilen. Sie wetterten in ihnen gegen den angeblich in Polen »übermächtigen Einfluß« von Zionisten und den mit ihnen sympathisierenden Intellektuellen. Alle Juden galten jetzt als ›Volksfeinde‹.

Am 29. Februar 1968 verabschiedete der Warschauer Schriftstellerverband auf einer außerordentlichen Versammlung mehrheitlich eine Entschließung gegen diese Kulturpolitik der Partei und Regierung. Am 8. März protestierten auch die Studenten in ganz Polen gegen diese Politik, wobei Ordnungskräfte Teilnehmer an der Demonstration auf dem Warschauer Universitätscampus niederknüppelten.

---

[323] SCHULLER, Konrad, *Widerstand gegen »Pater Director«*, aaO.

Wenig später organisierten die kommunistischen Machthaber eine außerordentliche antisemitische Kampagne, wie es sie bis dahin noch nicht gegeben hatte. In den polnischen Zeitungen las man, daß die Teilnehmer der Protestdemonstration vom 8. März 1969 aufs engste mit den »Zionisten, Revisionisten und Trotzkisten« sympathisierten. Man verunglimpfte sie sogar als ehemalige Stalinisten oder als deren Kinder.[324] Kurzum, sie seien Feinde des polnischen Volkes. Viele Professoren wurden nun entlassen oder gar verhaftet.

Mitte des Jahres ließ Wladyslaw GOMULKA, der damalige Erste Parteisekretär, die von ihm selbst angestiftete antisemitische Kampagne abbrechen, nachdem Zehntausende Ausreiseanträge gestellt hatten, denen die Machthaber liebend gern zusagten. Fast alle polnischen Juden, die die Schoa überlebt und nicht gleich nach dem Krieg oder nach dem Pogrom von Kielce Polen verlassen hatten, kehrten nun dem Land den Rücken. Vom Danziger Bahnhof in Warschau aus reisten sie über Wien nach Israel, in die USA oder sogar – zum Ärger Israels – in die Bundesrepublik.

Durch die Auswanderung führender Köpfe und vieler junger Talente trocknete Warschau, ja ganze Polen geistig aus. Zu den Emigranten gehörten auch der oben erwähnte Jan Tomasz GROSS, der bekannte Literaturkritiker Roman KARST, der Germanist Emil ADLER, die Philosophen Bronislaw BACZKOW und Leszek KOLAKOWSKI, um nur einige zu nennen. Und so gut wie keiner kehrte nach 1989 zurück. Denn die verlorenen Posten waren längst von den sogenannten ›Märzdozenten‹ besetzt, das heißt von jenen nicht-habilitierten Akademikern, die sich an der Hetzkampagne beteiligt hatten. So konnte die Lücke, die im geistigen Leben Polens entstanden war, auch nach der Wende nicht geschlossen werden, und an den Universitäten änderte sich wenig. Über die (Un-)Taten der 68er ›Aktiven‹ herrscht dort Stillschweigen. Diese sind meistens pensioniert oder verstorben, jedoch ihr Geist treibt weiterhin sein Unwesen. In jedem Fall aber haben sie ihr altes Ziel erreicht: Polen ist nun nicht nur deutschenfrei, sondern auch fast judenfrei.

---

[324] *Frankfurter Allgemeine Zeitung* vom 15. Februar 2008, S. 38.

4. Deutsch-polnische ›Affären‹

Unterzeichnung des Warschauer Vertrages

Am Morgen des 7. Dezember 1970 bezogen zwei Wachtposten der polnischen Armee Stellung vor dem Mahnmal für die Toten des jüdischen Aufstands von 1943 gegen SS und Wehrmacht im Warschauer Ghetto. Etwa 300 bis 400 Zuschauer warteten auf das Erscheinen von Bundeskanzler Willy BRANDT (SPD), der kurz zuvor bereits am Grabmal des Unbekannten Soldaten einen Kranz niedergelegt hatte. Als die Wagenkolonne vorfuhr, öffneten die Zuschauer eine Gasse für den Kanzler und seine Begleiter. Langsam schritt BRANDT an die Stufen des jüdischen Ehrenmals. Als zwei Träger den Kranz niedergelegten, ordnete der Kanzler die Schleife, richtete sich auf – und kniete dann nieder. Das Bild ging um die Welt. In seinen Erinnerungen schrieb BRANDT später:

»Ich hatte nichts geplant. . . Am Abgrund der deutschen Geschichte und unter der Last der Millionen Ermordeten tat ich, was Menschen tun, wenn die Sprache versagt.«

Am selben Tag unterzeichnete BRANDT den Warschauer Vertrag über die Normalisierung der deutsch-polnischen Beziehungen. Er wollte damit, wie er sagte, »einen Schluß-Strich setzen unter Leiden und Opfer einer bösen Vergangenheit«.

Die Unterzeichnung war der Höhepunkt von BRANDTS sogenannter ›Ostpolitik‹: Die Bundesrepublik erkannte faktisch Polens Westgrenze, die Oder-Neiße-Linie, und damit auch den Verlust der ehemals deutschen Ostgebiete wie Schlesien oder Pommern an. Dies führte nach BRANDTS Rückkehr zu heftigen Angriffen der christdemokratischen Opposition und der deutschen Vertriebenenverbände. Ihm wurde »Verzichtspolitik« vorgeworfen. Manche nannten ihn »Vaterlandsverräter«. Erst eineinhalb Jahre später ratifizierte der Bundestag den Vertrag mit 248 Ja-Stimmen, 17 Gegenstimmen und 230 Enthaltungen. Durch ihre Enthaltung machte die CDU den Verzicht möglich.

Mit der Unterzeichnung des Vertrages verfolgte die sozial-liberale Regierung eine neue Richtung in der Ostpolitik: Entspannung durch Annäherung. Deutschland-West suchte die Verbindung zu Staaten des Ostblocks auf Kosten der Vertriebenen. Denn mit dem Warschauer Vertrag erkannte die deutsche Regierung die Oder-Neiße Grenze offiziell an, obwohl sie das abstritt und auf einen Friedensvertrag verwies. Diese Ostpolitik der Regierung BRANDT blieb umstritten. Denn Deutschland hat den Raub der Ostgebiete nun offiziell hingenommen und nicht einmal versucht, hart zu verhandeln – erst recht nicht über die Entschädigung der Vertriebenen. Deren Traum, ihre Heimat eines Tages wieder zurückzubekommen, war damit ausgeträumt. Die ehemaligen deutschen Gebiete bleiben weiterhin polnisch besetzt.

Willy BRANDT war sich der psychologischen Wirkung des Warschauer Vertrages durchaus bewußt:

»Für viele meiner Landsleute, deren Familien im Osten gelebt haben, ist dies ein problemgeladener Tag. Manche empfinden es so, als ob jetzt der Verlust eintritt, den sie vor 25 Jahren erlitten haben.«

Der damalige *Bild*-Chefredakteur Peter BOENISCH schrieb in seiner *Bild am Sonntag*-Kolumne am Sonntag nach dem Kniefall:

»Brandt soll auf die *Bild*-Kritik, man knie ›nur vor Gott‹, im kleinen Kreis mit der Frage reagiert haben: ›Woher wissen diese Schweine, vor wem ich gekniet bin?‹«

Wie Willy BRANDT, als Bundeskanzler ein Vertreter der Deutschen, wirklich dachte, zeigt folgender Ausspruch, den Erich MENDE 1979 mitgeteilt hat. Danach hat BRANDT dem US-Gesandten in Stockholm schon 1944 vorgeschlagen, den größten Teil Ostpreußens mit Königsberg zum Schaden Deutschlands an Polen auszuliefern und einen »Austausch von Bevölkerungen« vorzunehmen.[325]

Vertreibungsverbrechen sollen vertuscht werden

Das Bundesarchiv in Koblenz hatte 1969 den Auftrag erhalten, die Unterlagen zu den bei der Vertreibung verübten Verbrechen auszuwerten. Den 1974 der Bundesregierung vorgelegten Bericht belegte die SPD/FDP-Koalition mit Verschluß. Wäre es nach Willy BRANDT gegangen, hätte die Öffentlichkeit nie etwas erfahren. Der Bundesinnenminister, der Jurist MAIHOFER (FDP), erklärte:

---

[325] BALZER, Karl, *Am Pranger der Nation*, Preußisch Oldendorf 1987, S. 22.

».. . ganz sicher ist insgesamt diese Sache keine Frage historischer Wahrheit, sondern politischer Vernunft.«

Durch einen inquisitiven Journalisten flog die Sache dann doch auf.[326] In diesem Zusammenhang muß auch darauf hingewiesen werden, daß die meisten Politiker und Medien bewußt oder unbewußt den Verlust der deutschen Ostprovinzen verbal vertuschen, indem sie durch Einprägung des Begriffes ›Ostdeutschland‹ für die Gebiete der ehemaligen DDR zu vermeiden versuchen, daß man nach dem wirklichen Ostdeutschland fragt. Denn das Gebiet der ehemaligen DDR ist ›Mitteldeutschland‹, und das eigentliche Ostdeutschland ist weiterhin polnisch und russisch besetzt. Der Begriff ›Mitteldeutschland‹ wird heute absichtlich auf einen kleinen Streifen entlang der ehemaligen innerdeutschen Demarkationslinie begrenzt. Dazu gehört auch die Praxis, nicht mehr von Königsberg oder Breslau zu sprechen und zu schreiben, sondern von Kaliningrad und Wroclaw.

---

[326] Eine ausführliche Dokumentation, insbesondere über das wahrheitsverachtende Verhalten der FDP-Spitzenpolitiker Maihofer und Baum in: W. Ahrens (Hg.), *Verbrechen an Deutschen – Dokumente der Vertreibung,* ³1999. Das Buch enthält auch eine bis heute nicht veröffentlichte Dokumentation; eine Kurzübersicht in: *Medien Dialog* 1999(7), S. 18–23 u. 21–23.

5. Bundesrepublik als ›Zahlmeister‹ Polens

Nach 1945 verstand es Polen, sich in der ganzen Welt als das arme unschuldige Opfer eines brutalen deutschen Überfalles darzustellen und auf dieser Grundlage von der Bundesrepublik Entschädigungen in Form von Kapitalhilfen zu erreichen. Umgekehrt hat bis heute noch keine deutsche Regierung es gewagt, den Forderungen östlicher Vertreiber-Staaten nach weiteren Entschädigungen eine sachliche, nüchterne Gegenrechnung aller materiellen und immateriellen Verluste Deutschlands entgegenzuhalten. Allein ein massiver Verweis auf die von Polen konfiszierten Werte hätte genügt. Denn der gesamte Vermögensverlust durch Vertreibung, der Gesamtwert aller ostdeutschen Gebiete, die den Polen samt Immobilien, Infrastruktureinrichtungen und Industrieanlagen überlassen werden mußten, kann nicht hoch genug veranschlagt werden.

Die Sowjetunion verkaufte Ostdeutschland an Polen

Wie der polnische Historiker W. T. Kowalski[327] berichtete, verglich der sowjetische Außenminister Molotow anläßlich der Unterzeichnung des polnisch-sowjetischen Grenzvertrages vom 16. April 1945 den wirtschaftlichen Wert der von der UdSSR annektierten Gebiete Ostpolens mit dem der von Deutschland abgetrennten Provinzen unter polnischer ›Verwaltung‹. Er bewertete die polnischen Ostgebiete, die an die UdSSR zurückgegeben werden mußten, mit 3,5 Milliarden Dollar, die deutschen Ostgebiete, die Polen erhielt, dagegen mit 9,5 (!) Milliarden Dollar.[328]

Die Differenz zugunsten Polens von rund 6,0 Milliarden Dollar mußte Polen bis 1953 an die UdSSR zahlen. Da Polen natürlich nicht über Dollar verfügte, verpflichtete es sich zur Lieferung von schlesischer Kohle aus ehemals deutschen Zechen. Diese wiederum wurde vorwiegend von deutschen Kriegsgefangenen als Zwangsarbeiter-Sklaven gebrochen. Im Protokoll vom 5. März 1947 wurde die Verrechnung der deutschen Ostgebiete gegen die polnischen Ostgebie-

---

[327] Zitiert nach: Popp, Wolfgang, *Wehe den Besiegten,* Tübingen ³2004, S. 375.
[328] 9,5 Mrd. Dollar (1$ = 4 RM/DM) = 38 Mrd. DM – UF10 – heutiger Wert ca. 380 Mrd. DM bzw. 190 Mrd. Euro. Der eigentliche Wert Ostdeutschlands ist ein kaum zu schätzendes Vielfaches.

te unter Einbeziehung der Kohlelieferungen übrigens ausdrücklich bestätigt.[329]

Deutsche Vermögensverluste

Der Gesamtwert aller ostdeutschen Gebiete, die samt Immobilien, Infrastruktureinrichtungen und Industrieanlagen den Polen überlassen wurden, kann, wie gesagt, nicht hoch genug veranschlagt werden.

Wie schon nach dem Ersten Weltkrieg, als das ostoberschlesische Industriegebiet abgetrennt wurde, verlor Deutschland in Schlesien neben den Bodenschätzen (Steinkohle, Braunkohle, Kaolin, Granit, Magnesit, Nickel, Basalt, Zink- und Bleierze) hochwertige industrielle Produktionsanlagen für Waggons, Kessel, Werkzeug, Kraftmaschinen, Armaturen, Instrumente usw. – allein in der Textilindustrie 180 größere Betriebe mit 193 000 Spindeln und 24 000 mechanischen Webstühlen. Die Vermögensverluste in der Land- und Fischereiwirtschaft sind ebenfalls gigantisch. Sie betrafen:

in Pommern:		in Ostpreußen	
Pferde	289.000	Pferde	478.000
Rinder	1.175.000	Rinder	1.384.000
Schweine	2.018.000	Schweine	1.841.000
Schafe	588.000		
Federvieh	5.870.000		

Haff-Fischereifahrzeuge >5.000 (jährlich 23–24 Mio. Kilo Fisch).

Geraubte deutsche Provinzen:

Ostpreußen	39.000 qkm
Memelland	2.417 qkm
Freie Stadt Danzig	1.966 qkm
Grenzmark	
Posen-Westpreußen	7.715 qkm
Pommern	38.401 qkm
Ostbrandenburg	11.302 qkm
Schlesien	36.696 qkm
gesamt	**137.497 qkm/13.749.700 ha**

---

[329] Siehe, Rumpf, Ernst, *Wiedergutmachung. Deutschland zahlt immer. Deutsche Geschichte im 20. Jahrhundert*, Rosenheim 1992, S. 17.

Eine Bodennutzungsgebühr von jährlich nur zehn Euro
je Hektar ergäbe die ungeheure Summe von   **137.497.000 €**

Berechnet auf 60 Jahre summiert sich die ›Pachtschuld‹
ohne Zins und Zinseszins auf: **8.249.760.000 €**

Natürlich kann man einwenden, daß große Flächen mit Sümpfen,
Sandböden usw. minderwertig sind. Doch andererseits müßte die
›Pacht‹-Summe für wertvollste Industrieanlagen und hochkulturelle
Wohnstädte um ein Vielfaches höher liegen.

Allein der kulturelle Gesamtwert der verlorenen deutschen
Ostgebiete beträgt nach Schätzungen mindestens **3,935 Billionen €**.

Westdeutschland zahlt Milliarden DM für den Raubstaat Polen

Trotz der astronomischen Höhe der geraubten Werte kam es immer
wieder zu erneuten finanziellen Leistungen der Bundesregierung auf
Kosten der Steuerzahler an Polen. Von 1972 bis 1989 erhielt die ›Volksrepublik Polen‹ und seither das heutige Polen Milliarden-Kredite zu
Vorzugsbedingungen, die zu Lasten des Bundeshaushalts in Millio-
nenhöhe gingen und noch gehen. Nach 1989 trat Polen immer wieder mit weiteren Forderungen nach materieller Entschädigung ehemaliger KZ-Häftlinge und Zwangsarbeiter an die Bundesregierung
heran. Doch in wessen Taschen floß das Geld überhaupt? Von den
100 Millionen DM, die die Bundesregierung 1972 an Polen als »Entschädigung für polnische KZ-Opfer« überwiesen hatte, war nur eine
geringe Summe an die Betroffenen ausbezahlt worden,[330] und zwar
erst 1988, wie *Die Welt* vom 16. Dezember 1989 berichtete. Die Entschädigung betrug nur 188000 Zloty (!) pro Person. Dabei hätte jedes Opfer nach dem Kurs von Januar 1988 4,39 Millionen Zloty erhalten müssen. Offen blieb die Frage, wer die Devisen und die Zinsen
kassierte.

Fragwürdig bleibt auch, was mit den 1,3 Milliarden DM geschah,
die Bonn zur Abgeltung von Rentenansprüchen für rund 125000
deutsche Ausreisende gezahlt hatte. Diese Leute hätten normaler-
weise weiterhin Ansprüche an die polnische Rentenkasse behalten
(oder sich auszahlen lassen) müssen. Statt dessen zahlte die Bundes-

---

[330] *IWO, Informationsdienst West-Ost,* Herausgeber: Arbeitsgemeinschaft kath.
Vertriebenenorganisationen, München, Januar 1990, S. 3.

regierung erst einen ›Rentenausgleich‹ an Polen und später den Ausgereisten auch noch eine deutsche Rente unter Belastung der deutschen Rentenkassen.

Neben den 1,3 Milliarden erhielt Polen bei einem Zinssatz von 2,5 Prozent noch einen Kredit von 1 Milliarde DM auf 25 Jahre mit anfangs fünf Freijahren. Die Zinsdifferenz hatte und hat immer noch der Bundeshaushalt zu tragen. Praktisch handelt es sich um einen verlorenen Kredit.

An Polen hat die deutsche Bundesregierung allein von 1965 bis 1992 unter anderem folgende Zahlungen geleistet:[331]

Zahlungen an Polen 1965 bis 1992

• Entschädigung von Opfern medizinischer Menschenversuche	0,100 Mrd. DM
• Indirekte Wiedergutmachung 1975 durch Finanzkredit	1,300 Mrd. DM
• zu 1,5 % Zinsen (langfristig)	1,000 Mrd. DM
• Nach Vereinbarung vom 16. 10. 1991 »Stiftung Deutsch-Polnische Aussöhnung« zugunsten von NS-Opfern:	0,500 Mrd. DM
Gesamt	**2,900 Mrd. DM**

Das Bundesfinanzministerium hatte die Gesamtleistungen an Polen bis 15. 11. 1989 mit (nur!) 7,478 Mrd. DM [3,739 Mrd. €] beziffert, wobei für künftige Leistungen noch folgende Summen vorgesehen waren (inzwischen gezahlt):

• Neue Hermes-Deckungen (bis 31. 12. 1992)	2,500 Mrd. DM
• Beitrag zum Stabilisierungsfonds, (Kreditlinie) bis zu	0,500 Mrd. DM
Zinszuschüsse ca. 0,100 Mrd. DM	
• »Jumbo-Kredit« (Erlaß der Rückstände per 15. 11. 1989)	0,760 Mrd. DM
• »Zlotysierung« künftiger Zahlungen	0,570 Mrd. DM
• Zinssubventionen (bis 1999)	0,610 Mrd. DM

---

[331] RUMPF, Ernst, *Wiedergutmachung*, aaO. S. 36.

● Zinsvorteil für Polen beim
4. Umschuldungsabkommen (bis 1997)   ca. 0,100 Mrd. DM
5. Abkommen: Umschuldung über   3,000 Mrd. DM

zugunsten Polens zusammen   **5,640 Mrd. DM**
      2,820 Mrd. €

Zu den unter Punkt 2 genannten Leistungen sind
als Folgezahlungen noch zu berücksichtigen: **12,000 Mrd. DM**

Es handelte sich dabei um Folgezahlungen, die westdeutsche Banken aufgrund politischen Drucks der Kanzler SCHMIDT und KOHL als Kredite mit günstigen Zinssätzen gewähren mußten. Davon wurde weder eine Mark getilgt, noch wurden die vereinbarten Zinsen geleistet – es sei denn in geringer Höhe, um weitere Moratorien zu erreichen.[332]

Faßt man alle Leistungen zusammen, auch diejenigen, die seit 1992 fällig waren, so ergibt das die phantastische Summe von über 20 Mrd. DM, die freiwillig an einen Raubstaat gezahlt wurden und noch werden.

      20 Mrd. DM
POS. III/3:   (UF 5) heutiger Wert: **10 Mrd.€**

Bereicherung mit Entschädigungsgeldern?

Unter dieser Überschrift meldete die *Frankfurter Allgemeine Zeitung* am 6. Dezember 2005:

»Die Stiftung deutsch-polnische Aussöhnung soll einem Zeitungsbericht zufolge Gelder zur Entschädigung für ehemalige Zwangsarbeiter in Prämien für die eigenen Mitarbeiter umgewandelt haben. Unter dem derzeitigen Stiftungsvorsitzenden Jerzy SULEK seien die Regeln zur Bezahlung des Stiftungsvorstands geändert worden, berichtete die polnische Zeitung *Rzeczpospolita* am Montag [5. 12.]. Demnach wurde den Vorstandsmitgliedern eine Jahresprämie in Höhe von drei Monatsgehältern zugeteilt. Im Fall von Sulek habe es sich um rund 56 000 Zloty (fast 20 000 Euro) gehandelt. Auch in anderen Fällen seien in den vergangenen zwei Jah-

---

[332] RUMPF, ebenda, S. 37.

ren Gelder, die von Deutschland und Österreich zur Entschädigung von Opfern des Nationalsozialismus überwiesen worden waren, an hohe Stiftungsfunktionäre geflossen, heißt es in dem Bericht weiter. Die Stiftung deutsch-polnische Aussöhnung ist in Polen für die Auszahlung der Entschädigung an ehemalige Zwangsarbeiter zuständig.

... Sᴜʟᴇᴋ hatte das Amt des Stiftungsvorsitzenden 2001 übernommen, nachdem sein Vorgänger wegen ähnlicher Vorwürfe der Bereicherung entlassen worden war.«

Den meisten Deutschen ist ein abgrundtiefer Haß gegen fremde Völker wesensfremd. Das zeigt sich unter anderem darin, daß sie stets bereit sind, Brücken zu bauen und in jeder Weise zu helfen. Mit Milliardenbeträgen stützten wir bisher polnische Mißwirtschaft, die deutsche Bevölkerung spendete Tausende Tonnen Lebensmittel, und Tausende Lastzüge transportierten sie nach Polen. Doch welchen Dank hat Deutschland dafür aus Polen erhalten? Nur neuen Haß, denn nichts in der Welt erzeugt mehr Haß als die eigene Unfähigkeit, die dazu zwingt, immer wieder Hilfe und Geschenke anzunehmen, die man letztlich doch als Almosen ansieht.

Aber Polen ist nicht unverschuldet in Not geraten etwa durch Naturkatastrophen oder gar durch Übervölkerung der Gebiete. Schuld an der jetzigen Lage ist die sprichwörtliche polnische Wirtschaft, die Unfähigkeit führender Schichten und deren Korruption.

Neue polnische Forderungen

Anfang September 2004 stellte das Parlament (Sejm) der Republik Polen in einer einstimmigen Entschließung fest,

- »daß Polen bislang keine angemessene finanzielle Kompensation und Kriegsreparationen für den Gesamtbereich der Zerstörungen sowie der materiellen und finanziellen erhalten hat«...
- »daß Polen keine finanziellen Verpflichtungen gegen Bürger der Bundesrepublik Deutschland als Ergebnis des Zweiten Weltkrieges und seiner Folgen übernimmt«,
- daß es seine Regierung auffordert, »schnellstmöglich eine Schätzung der Schäden vorzulegen«, die Polen als Ergebnis des Zweiten Weltkrieges erlitten hat.

Es forderte seine Regierung auf,

»entschiedene Schritte bei der deutschen Regierung zu unternehmen, in der Frage der definitiven Anerkennung der Verantwortung für eventuelle Entschädigungen für Schäden, die deutsche
Bürger als Ergebnis von Umsiedlung und Eigentumsverlust nach
dem Zweiten Weltkrieg, als Ergebnis der Potsdamer Verträge [sic!]
und Folge der späteren Repatriierungsprozesse erlitten hatten«.

Die aus deutscher Sicht völlig indiskutable Entschließung des polnischen Parlaments – die Rede war von etwa 600 Milliarden Euro Schadenersatz – hat selbst in Polen nicht nur Zustimmung gefunden. Mit
130 Parlamentariern hat ein Drittel der Abgeordneten sich der Be-
schlußfassung entzogen und damit ihre Ablehnung der irrsinnigen
Forderung dokumentiert. Selbst Staatspräsident Aleksander KWAS-
NIEWSKI wandte sich gegen den Beschluß:

»Wenn wir diese Rechnungen aufstellen würden, würden wir das
vereinigte Europa tatsächlich zerstören... Die Entschädigungs-
frage ist ein innerdeutsches Problem.«

Auch der polnische Historiker Janusz MAJCHEREK äußerte sich kritisch:

»Geschichtspolitik, wie sie der Sejm nun durchsetzen will, führt
nur in eine Sackgasse... Die Polen müssen sich sagen, daß sie
zwar im Zweiten Weltkrieg vor allem Opfer, aber manchmal auch
Täter waren.«

Daß sie Täter waren, ist zur Genüge dargelegt worden. Polen waren
es, die den Krieg herbeiwünschten, vorbereiteten und letztlich auch
verursachten. Sie wollten es auf einen Krieg ankommen lassen, weil
sie sich davon Gewinn versprachen.

Seitdem Polen EU-Mitglied geworden ist, erhält es jährlich Milliarden Euro aus der EU-Kasse, die zu 40 Prozent von der Bundesrepublik gespeist wird.

Die Rechtslage

Was die brutale Vertreibung aller Deutschen betrifft, die beschöni-
gend als ›Umsiedlung‹ bezeichnet wird, so beruft sich Warschau
immer noch auf den Abschnitt IV des Potsdamer Protokolls (kein
Vertrag!) vom 2. August 1945. Dieser legte fest, daß Deutschland in

eine westliche und eine östliche Reparationszone eingeteilt wird. Die UdSSR sollte ihre und polnische Forderungen aus der östlichen Zone befriedigen.

Im sowjetisch-polnischen Abkommen vom 16. August 1945 trat die Sowjetunion unter anderem ihre Reparationsrechte aus deutschem Vermögen »auf dem Gebiet Polens..., soweit es zum deutschen Territorium gehörte«, an Polen ab. Mit Zustimmung der polnischen Regierung unterzeichneten MOLOTOW und GROTEWOHL (DDR) am 22. August 1953 ein Protokoll, in dem die Sowjetunion erklärte, die Erhebung von Reparationsleistungen zum Jahresende 1953 einzustellen und Deutschland von der Zahlung staatlicher Nachkriegsleistungen freizustellen. Am 23. August erklärte die polnische Regierung

»mit Wirkung vom 1. Januar 1954 auf die Zahlung von [deutschen] Reparationen an Polen zu verzichten«.

Ein solcher Verzicht gilt als einseitiges völkerrechtliches Rechtsgeschäft. Ein Widerruf eines Verzichtes führt aus Gründen der allgemeinen Rechtssicherheit nicht zum Wiederaufleben von Ansprüchen.

Beim Abschluß des Warschauer Vertrages am 7. Dezember 1970 hat Polen gegenüber der Bundesregierung bestätigt, daß sich die Verzichtserklärung von 1953 auf »ganz Deutschland« bezog. Aus völkerrechtlicher Sicht kann Polen deshalb von Deutschland keine Reparationen einfordern.

Deutsche als polnische Opfer mitgezählt

In den ersten Jahrzehnten nach 1945 und sogar noch in der Gegenwart wurden die Verluste des polnischen Volkes im Zweiten Weltkrieg mit 5,3 bis 6 Millionen Toten angegeben. Es hieß zum Beispiel bei deutsch- polnischen Politikertreffen, daß »jeder fünfte Pole« durch deutsche Schuld umgekommen sei oder daß Polen »22 Prozent seiner Bevölkerung durch den deutschen Überfall verloren« habe. So sprach der Staatsminister im Auswärtigen Amt Klaus VON DOHNANYI bei einem deutsch-polnischen Treffen in Ingelheim Ende der siebziger Jahre von sechs Millionen getöteter Polen.

Doch diese Opferzahl ist in vielfacher Hinsicht falsch. Sie kam vor allem dadurch zustande, daß man die deutschen Vertriebenen aus Ostpreußen und den Oder-Neiße-Gebieten in die Menge der polnischen Opfer einbezog. Der Historiker Alfred Schickel wies bereits 1979 darauf hin, daß bei den betreffenden Angaben Medien und Politiker bis dahin »lediglich eine Zahlenangabe der Polen ungeprüft übernommen und weiter verbreitet« haben, die nicht stimmt. Er wies nach, daß die 1946 von Polen angegebenen »›6,028 Millionen polnischer Opfer‹ in Wirklichkeit auf einer überaus unseriösen Schätzung zweier polnischer Studenten beruhen, die diese 1946/47 im Auftrag des Warschauer Kriegsentschädigungsamtes vornahmen und bei welcher viele Opfer mehrfach gezählt wurden«.

Diese fehlerhafte Schätzung wurde dann an die UN weitergegeben und gewann durch deren Veröffentlichung gleichsam amtlichen Charakter. Insbesondere die Historiker übernahmen sie, ohne eine weitere Prüfung auf deren Richtigkeit anzustellen.

1977 erhielt Schickel Daten, die ihm aus dem polnischen *Statistischen Jahrbuch* des Jahres 1956 zugänglich gemacht wurden, die sich auf die Jahre 1931 und 1946 bezogen. Danach gehörten 1931 zur Gesamtbevölkerung Polens 29 892 000 Menschen und im Jahre 1946 dann nur noch 23 625 000. Die Differenz von 6 267 000 Einwohnern schien die alte Verlustzahl der 1946 geschätzten 6,028 Millionen zu bestätigen.

Doch die im *Jahrbuch* angegebene und auf der nächsten Seite abgedruckte Tabelle für die einzelnen Provinzen gab die Erklärung.

Nach dieser Tabelle werden in die Volkszählung von 1931 die Bewohner von

Bezirk und Stadt Allenstein (= Olsztyn),
Danzig (= Gdansk),
Köslin (= Koszalin),
Stettin (= Szczecin),
Grünberg (= Zielona Gora),
Breslau (= Wroclaw) sowie
Oppeln (= Opole)

in die Verlustliste einbezogen, obwohl diese Städte samt ihrem Umland 1931 zum Deutschen Reich gehörten und Danzig damals eine ›Freie Stadt‹ war, also auch nicht unter polnischer Hoheit stand, vor allen Dingen aber dort auf keinen Fall insgesamt 8,353 Millionen Polen wohnten. Hingegen ergab die deutsche Volkszählung vom 16. Juni 1933, daß im Bezirk Allenstein (Ostpreußen), in Pommern, der Grenzmark Posen-Westpreußen, Nieder- und Oberschlesien insgesamt 8,123 Millionen Menschen wohnten, welche die deutsche Staatsangehörigkeit hatten. Diese waren zum allergrößten Teil Deutsche. Die dann 1946 fehlenden 3,378 Millionen Menschen dieser Städte und Gebiete waren größtenteils deutsche Flüchtlinge oder Vertriebene aus diesen Provinzen.

Provinzen	1931 Mio.	1946 Mio.	1931 Mio.	1946 Mio.
Warschau (einschl. der Stadt Warschau)	3,552	2,662		
Bydgoszcz	1,566	1,497		
Poznan	2,311	2,186		
Lodz (einschl. der Stadt Lodz)	2,385	2,015		
Kielce	1,858	1,702		
Lublin	2,069	1,753		
Bialystok	1,194	0,944		
Olsztyn	1,030	0,442	1,030	0,442
Gdansk	1,065	0,732	1,065	0,732
Koszalin	0,789	0,585	0,789	0,585
Szczecin	0,941	0,308	0,941	0,308
Zielona Gora	0,884	0,347	0,884	0,347
Wroclaw	2,604	1,769	2,604	1,769
Opole	1,040	0,792	1,040	0,792
Katowice	2,608	2,635		
Krakow	2,195	2,133	8.353	4,975
Rzeszow	1,801	1,535		Diff. 3,378

Gesamtbevölkerung: 29,892   23,625

Differenz von 1931 zu 1946: 21,0 Prozent.

Damit ergibt sich, daß, ob bewußt oder unbewußt sei dahingestellt, »die von der polnischen Regierung bzw. deren Statistischem Amt aufgemachte Verlustrechnung von 6,267 Millionen Menschen die deutschen Heimatvertriebenen und Flüchtlinge mit einschließt und beispielsweise Breslau als polnischen Verlust ausgibt«. Insofern urteilt Alfred Schickel zu Recht:

»Eine solche Rechnung ist aber nicht nur fehlerhaft, sie verletzt auch die an anderer Stelle erwähnte moralische Kategorie.«

Demnach sind von den von polnischer Seite angegebenen 6,267 Millionen Toten die 3,378 Millionen deutschen Flüchtlinge und Vertriebenen dieser Gebiete abzuziehen, was dann eine Verlustzahl von 2,889 Millionen für Polen ergäbe. Doch diese ist in Wirklichkeit, wie Schickel im einzelnen nachweist, auch noch zu hoch. Denn bei der Differenz zwischen den Einwohnerzahlen von 1931 und 1946 sind ferner unter anderem viele Auswanderer zu berücksichtigen: allein 120000 in den ersten fünf Jahren nach 1945 in die USA ausgewanderte Polen. Mehr als 250000 kamen nach Großbritannien und zogen zum Teil weiter, vor allem nach Kanada, Argentinien und Australien. Insgesamt werden für diese Auswanderung maximal 1,25 Millionen, mindestens 640000 Polen angegeben. Ferner müssen noch die über 500000 Ukrainer, Weißrussen, Russen, Litauer und andere berücksichtigt werden, die nach 1944 von Polen in die Sowjetunion umgesiedelt wurden, während 2,1 Millionen Polen aus der Sowjetunion nach Volkspolen kamen, so daß sich dann eine Zahl von 3,849 Millionen Opfern ergäbe.

Da für die Zahlen von 1946 rund die Hälfte der deutschen Vertriebenen aus Ostdeutschland, also etwa 1,5 Millionen, anzusetzen sind, kommt Schickel schließlich auf eine obere Grenze, die durch Kontrollrechnungen für einzelne Gebiete bestätigt wird, von insgesamt 2,35 Millionen polnischen Opfern im Zweiten Weltkrieg.

Von diesen müssen, wenn von deutscher Schuld gesprochen wird, die in der Sowjetunion und durch die Sowjets umgekommenen Polen – Schätzungen dafür belaufen sich »auf über eine Dreiviertelmillion« – abgezogen werden, da diese, wie die Opfer der Erschießungen von Katyn und anderenorts, nicht auf das deutsche Schuldkonto gehen, sondern auf das der Sowjets. Auch diejenigen Polen, die als Ostarbeiter, Kriegsgefangene oder Angehörige der Anders-Armee nach Kriegsende nicht mehr nach Polen zurückgingen, sind in Abzug zu bringen. Schickel führt Schätzungen von 640000 bis 1,25 Millionen Polen an, die zwischen 1939 und 1946 ihr Land verließen und als »Bevölkerungsverluste« erscheinen, aber nicht zu den Toten gerechnet werden dürfen.

Nach vorsichtiger Abschätzung sind daher die lange Zeit angegebenen polnischen Verluste von sechs Millionen nach der geschichtlichen Wirklichkeit auf unter die Hälfte dieser Zahl herabzusetzen.

Daß polnische amtliche Stellen die deutschen Vertriebenen und Flüchtlinge in die Zahl der polnischen Opfer einbezogen, stellt eine besondere und kaum für möglich zu haltende Dimension der Vergangenheitsbewältigung dar.

Hier liegt nicht nur wieder einer der Fälle vor, daß zu Lasten Deutschlands Zahlen von Opfern, die von Deutschen verursacht sein sollen, stark erhöht wurden, sondern es werden die Tatsachen um Täter und Opfer genau auf den Kopf gestellt.

Es ist ferner bezeichnend, daß sich amtliche deutsche Historiker Jahrzehnte lang mit dieser Frage nicht befaßten oder eine Zahlenangabe vermieden, wie unter anderem die deutsch-polnischen Schulbuchempfehlungen von 1977.

Von der Zahl der Toten, die der Krieg gefordert hat und die der ›deutschen Schuld‹ zugerechnet werden, müssen auch diejenigen abgezogen werden, die als Widerstandskämpfer oder Partisanen völkerrechtswidrig gegen die Besatzung gekämpft hatten und dabei umkamen.

Polnische Wirtschaftspolitik: verlorene Kredite und Zinsen

Ende 1989 betrugen die Gesamtverbindlichkeiten Polens gegenüber der Bundesrepublik Deutschland rund 18 Milliarden DM. Dennoch erlaubte sich der Sprecher des polnischen Außenministeriums, St. Staniszewski, im Juli 1989 den deutschen Bundesfinanzminister Theo Waigel scharf zu kritisieren, weil dieser auf dem Schlesiertreffen 1989 in Hannover sich negativ über die Oder-Neiße-Grenze ausgelassen hatte. Voraussetzung für die volle ›Normalisierung‹ der gegenseitigen Beziehungen müsse sein, daß Bonn »jetzt und in Zukunft« auf jegliche territoriale Ansprüche gegen Polen verzichte. Auch erwarte (!) Polen die Erlassung der Rückzahlungsverpflichtung des ›Jumbo‹-Kredits aus dem Jahre 1976 in Höhe von einer Milliarde DM – was dann auch geschah –, Hermes-Bürgschaften für gemeinsame Unternehmungen, Unterstützung bei den Schuldenverhandlungen im ›Pariser Club‹ und Kredite für konkrete Investitionen im Bereich von Umweltschutz, Wohnungsbau und Landwirtschaft.[333] Der damalige Staatspräsident Lech Walesa forderte sogar 10 Milliarden US-Dollar

---

[333] *Nürnberger Zeitung* vom 8. Juli 1989.

vom Westen, da man das kommunistische Regime überwunden und deshalb das moralische Recht auf eine hohe Hilfe habe.

Doch die USA hatten nicht vergessen, daß unter der Regierung GIEREK in den siebziger Jahren über 70 Milliarden DM aus dem Westen, die dem heruntergewirtschafteten Polen helfen sollten, wie in einem ›Faß ohne Boden‹ spurlos verschwunden waren. So ist es zu verstehen, daß US-Präsident George BUSH sen. bei seinem Besuch im Sommer 1989 den Polen nur wenig mehr als die Beseitigung einiger Handelshemmnisse anbot.[334]

Im Gegensatz zu BUSH setzte die Regierung KOHL Polen keinen Widerstand entgegen, so daß es nahezu alle seine anmaßenden Forderungen im Oktober 1989 durchsetzen konnte. Das 4. (!) Umschuldungsabkommen (= ›Polen IV‹), das im Bonner Außenministerium unterzeichnet wurde, besagte, daß gut eine Milliarde DM an Zahlungsverpflichtungen der Jahre 1986–1988 sowie rund 1,4 Milliarden DM Zinsen und Tilgungen aus früheren Umschuldungsabkommen erneut gestundet wurden und bis Ende 1997 »rückzahlbar« sein sollten. Sollten! Hinzu kamen ein Teilschulderlaß, Hermes-Bürgschaften in Milliardenhöhe (Polen forderte 3 Milliarden DM) und zweiseitige Abkommen auf vielen Gebieten.[335]

Bereits im Februar 1990 forderte der damalige Ministerpräsident Polens Tadeusz MAZOWIECKI die siebzehn Gläubigerländer des ›Pariser Clubs‹ zu »schnellen und effizienten Maßnahmen« zur Regelung des polnischen Schuldenproblems auf. Unverblümt verlangte er kurzfristig eine Umschuldung der polnischen Rückstände von 1989 und der fälligen Summen für 1990. Außerdem forderte er die Gläubiger auf, »eine mögliche Reduzierung« der polnischen Schulden zu prüfen, die sich Ende 1989 bereits auf insgesamt 40 Milliarden US-Dollar beliefen.[336]

Merkels Milliarden über EU für Polen

Als es beim EU-Gipfel 2006 in Brüssel um den Haushaltsplan der Gemeinschaft für die Jahre 2007 bis 2013 ging, sollte der Bundeshaushalt nach der Ankündigung der Bundeskanzlerin Angela MER-

---

[334] *Nürnberger Zeitung* vom 13. Juli 1989, S. 2.
[335] *Nürnberger Zeitung* vom 10. Oktober 1989, S. 4.
[336] *Welt am Sonntag* vom 11. Februar 1990.

KEL um eine Milliarde Euro jährlich entlastet werden. Doch nach der Weigerung anderer Mitglieder, dafür und zugunsten der Neumitglieder (u. a. Polen) tiefer in die Tasche zu greifen, kam auf Initiative der Bundeskanzlerin ein Kompromiß zustande, der statt einer Verringerung eine Erhöhung des deutschen Nettobeitrages um zwei Milliarden Euro ab 2007 bedeutete.

Das EU-Budget für die sieben Jahre der jetzigen Finanzperiode wurde auf 862 Milliarden Euro angehoben, wobei andere Mitglieder, die im Vergleich zu Deutschland ohnehin weniger netto einzahlen, zum Ausgleich für die erhöhten Bruttobeiträge Sonderzahlungen aus den Strukturfonds erhalten. Italien erhält genau die Summe zusätzlich, die Deutschland freiwillig mehr einzahlt: zwei Milliarden Euro.

Deutschland hingegen erhält von den Sonderzahlungen nur 225 Millionen Euro für die Förderung der neuen Länder und 75 Millionen Euro für die Grenzregionen Ostbayerns. Insgesamt erhalten die wirtschaftlich schwachen und mit hoher Arbeitslosigkeit belasteten neuen Bundesländer rund vier Milliarden Euro weniger aus den Strukturfonds als zwischen 2000 und 2006. Wegen der EU-Osterweiterung stiegen zwar auch die Nettozahlungen von Großbritannien und Frankreich, doch die Briten setzten die Beibehaltung des Briten-Rabattes von jährlich 5,6 Milliarden durch. Frankreich wehrte sich erfolgreich gegen eine Neuordnung der Agrarsubventionen. Denn von den etwa 13 Milliarden Euro, die das Land derzeit jährlich einzahlt, erhält es von der EU allein für die Landwirtschaft neun Milliarden zurück.

Bei den Nettoempfängern, also den Staaten, die mehr erhalten, als sie einzahlen, steht Polen, und nicht mehr Spanien, an der Spitze der Nutznießer. Von den 308 Milliarden Euro, die für die Anpassung der Lebensverhältnisse an das EU-Niveau vorgesehen sind, erhält Polen bis 2013 insgesamt 67 Milliarden Euro, von denen 40 Prozent vom deutschen Steuerzahler aufgebracht werden müssen, also rund 28 Milliarden Euro.

Fest steht: Kein anderes Land profitiert so stark von der EU und ihren Fördertöpfen wie Polen. 20 000 Projekte in Polen werden schon jetzt durch Mittel aus EU-Struktur- und Kohäsionsfonds gefördert, beispielsweise für:

den Ausbau polnischer Autobahnen 2006	0,960 Mio. Euro,
ein Segeltreffen in Stettin	3,000 Mio. Euro,
einen Wasserwanderweg an der Ostsee	0,700 Mio. Euro,
eine Mülltrennungsanlage in Krosno	5,000 Mio. Euro,
den City-Ring in Breslau	40,000 Mio. Euro,
eine Trinkwasseranlage in Rzeszow	13,000 Mio. Euro.

Zugunsten Polens verzichtete die deutsche Bundeskanzlerin großzügig auch auf 100 Millionen Euro, die für die neuen Bundesländer vorgesehen waren. Im Gegensatz zu Deutschland konnte Schweden seinen Nettobeitrag stabil halten, die niederländische Regierung konnte ihn sogar verringern.

Ab 2007 stieg der deutsche EU-Nettobeitrag, der 2004 noch 8,5 Milliarden Euro betrug, nun auf 10,5 Milliarden, also um etwa 25 Prozent.

Polen ›nervt‹ Europa

Am 14. Dezember 2007 unterzeichnete Staatspräsident Lech KACZYN-SKI als Leiter einer Warschauer Delegation den Lissaboner Reformvertrag. Bei den vorausgegangenen Verhandlungen über die neue europäische Verfassung, die als solche keineswegs genannt werden darf, hatte TUSKS Amtsvorgänger Jaroslaw KACZYNSKI in zähen Verhandlungen mit der EU durchgesetzt, daß Polen die Grundrechtecharta als Bestandteil des Reformvertrages nur im Kleinstmaßstab anerkennt. TUSK, der sich als Oppositionsführer für die Annahme der Charta eingesetzt hatte, erklärte dann aber als Kabinettschef, daß seine Regierung Reformvertrag und Charta in genau der für Polen vorteilhaften Fassung übernehmen wolle, wie sie von seinem Vorgänger ausgehandelt worden sei. Denn KACZYNSKI hatte einen Beitritt zum »britischen Protokoll« erreicht, dessen erster Artikel besagt, daß die Charta erstens in Polen und Großbritannien nur in dem Maße Anwendung findet, wie dies vom jeweiligen Landesrecht ermöglicht und praktiziert wird. Der zweite hingegen stellt klar, daß sie nur in den Bereichen Arbeit und Soziales verwirklicht wird. KACZYNSKI hatte diese Ausnahmen vom Vertrag verlangt, weil er eine erdrückende Mehrheit der Polen vor allem dort hinter sich wußte, wo die EU-Charta eine Gleichstellung aller Art von Lebensgemeinschaften fordert (z. B. ›Schwule‹) und wo sie ein unerträgliches Mißverhältnis schafft zwischen aufgedunsenen Rechten der Persönlichkeit und den arg ausgedünnten der Gemeinschaft.

Hinzu kommt, daß die Charta – durch die geradezu inflationäre Häufung von Generalklauseln – möglichen staatsrechtlichen Interpretations-Auseinandersetzungen Tor und Tür öffnet. Da der EU jedoch das französisch-niederländische Debakel mit der gescheiterten Abstimmung über die EU-Verfassung noch frisch in den Knochen steckte, hatte KACZYNSKI seinerzeit keine Mühe, eine ›versöhnliche‹ Haltung der Brüsseler Zentrale zu erreichen.

Wie immer man die eigenwilligen Alleingänge der Polen beurteilen will, mit denen es Europa »nervt«, wie eine Zeitung titelte. In diesem Falle haben sie nicht nur der nationsvergessenen deutschen Regierung, vor allem aber dieser, anschaulich gezeigt, wie man um nationale Interessen und Freiheiten kämpft und auch etwas erreichen kann.

6. Polens antideutsche Haltung seit der ›Wiedervereinigung‹

Polnische Drohungen wie vor 1939

Am 28. Februar 2004 veröffentlichte die *Frankfurter Allgemeine Zeitung* folgenden Leserbrief:

»Seid bescheiden, Ihr Germanen

Wenn man einige Beiträge und Briefe in der *F.A.Z.* zum Thema Vertreibung der Ostdeutschen liest, bekommt man den Eindruck, manche Deutsche haben nicht gründlich nachgedacht und keine Schlüsse aus ihrer Geschichte gezogen. Ein Leser fragt zum Beispiel, warum man die Errichtung des Vertriebenendenkmals in Berlin mit Polen und Tschechen besprechen müsse. Ja, warum? Man überlege doch einmal. Größenwahn und Selbstüberschätzung, dazu die Verachtung für die zu kolonisierenden Ostvölker, – das ist alles Euer gutes Recht, Ihr lieben Germanen, so es Euch gefällt, Euch so ›übermenschlich‹ zu gebärden; aber deshalb [?] hat man im vergangenen Jahrhundert Euch zweimal besiegt und in Eure Schranken verwiesen, wobei auch viele Unschuldige gelitten haben. Jetzt wollt Ihr nach Entschädigungen verlangen, Euch als Opfer darstellen. Nun gut: Solltet Ihr wieder mit der germanischen Hybris vorliebnehmen, wird man Euch auch zum dritten Mal besiegen und in die Schranken weisen; wieder mit vielen beweinenswerten Opfern unter den Unschuldigen. Amerika ist stark genug dafür. Seid bitte doch ein wenig maßvoller und bescheidener, Ihr lieben Teutonen, sonst endet es nicht gut. Euer Bismarck hat einmal gesagt: ›Wir Deutsche fürchten Gott und sonst nichts‹. Der gute Eiserne. Ich fürchte, daß es im heutigen entchristianisierten Deutschland mit der Gottesfürchtigkeit nicht so weit her ist. Aber wenn Ihr es zu bunt treibt, wird ein anderer Euch das Fürchten lehren. Ihr könnt natürlich sagen: ›Aber wir lassen uns gerade nicht zum dritten Mal besiegen und in unsere Schranken verweisen.‹ Aber das ist gerade Hybris. Denkt darüber nach, ich bitte Euch.

Professor Dr. Wojciech Zelaniec, Zielona Gora, Polen«

Dieser mit »wohlmeinenden« Ratschlägen an angeblich aggressionsbereite Germanensprößlinge versehene Brief verdient eine kleine Erwiderung.

»Es muß anscheinend immer wieder daran erinnert werden, daß sich kein anderes Volk wie das deutsche über Jahrzehnte hin derart befleißigt hat, in ganzen Bibliotheken das Unrecht, das von einer diktatorischen Clique ausging, aufzuarbeiten, jede Schuld ans Tageslicht zu bringen und jahrzehntelang in Schuldbekenntnissen und Bußübungen für alles geradezustehen, was durch Deutsche an Unrecht geschehen ist.

Hingegen möchte man sich in Polen nicht daran erinnern, daß Polen in den zwanziger und dreißiger Jahren der aggressivste Staat Europas war: Angefangen mit der gewaltsamen Okkupation rein deutscher Gebiete nach dem Ersten und dem Zweiten Weltkrieg, danach Angriffskriege gegen Rußland, gegen das Baltikum und 1938 gegen die Tschechei. Als Hitler das ihm international zugesprochene Sudetenland besetzte, vereinnahmte Polen wenige Tage später illegal das tschechische Olsa-Gebiet.

Nicht vergessen werden sollte, daß Polen vor 1939 nahezu eine Million Deutsche in den ehemaligen deutschen Ostgebieten schikaniert, herausgedrängt oder ausgewiesen hat. Tatsache ist auch, daß Polen 1939 schon vor dem 1. September begann zu mobilisieren und von den Westmächten mühsam davon abgehalten werden mußte. Man brüstete sich, in wenigen Tagen Berlin zu besetzen. Und hat man vergessen, daß die Polen die ersten waren, die damit angefangen haben, Zivilisten zu erschlagen, nur weil sie Deutsche waren: 5000 Tote am Bromberger Blutsonntag, der erste Genozid des Zweiten Weltkrieges!Und 1945 kamen in polnischen Arbeits- und Vernichtungslagern und bei der Vertreibung weitere Zig-Tausende durch Polen ums Leben. Auch hier handelt es sich eindeutig um einen Genozid, wie das Rechtsgutachten von Prof. Dr. Dieter BLUMENWITZ über die vergleichbaren Verbrechen an den Deutschen in Jugoslawien 1944-1948 nachweist.«[337]

Lieber Herr Professor Dr. Wojciech ZELANIEC, es geht nicht um Aufrechnen: Sie sollten aber zur Kenntnis nehmen, daß Europa zur Zeit HITLERS kein friedlicher Fischteich war, in dem nur HITLER als der böse Hai wütete. Vielmehr umkreiste eine ganze Reihe machthungriger Haie, die nur darauf warteten, daß der Hai(l)-Hitler sich eine

---

[337] BLUMENWITZ, Dieter, *Rechtsgutachten über die Verbrechen an den Deutschen in Jugoslawien 1944–1948*, München 2002.

Blöße gibt. HITLER war unvorsichtig genug, auf Polens unendliche Reihe von Provokationen einzugehen, die man weiter vorn nachlesen kann. Danach hatte er den Schwarzen Peter. Und den haben wir Deutsche bis heute noch, während die Haupt-Mittäter, auch die Polen, die Sieger- und Opferpose einnehmen.

Kampf um deutsche Vertriebenen-Gedenkstätte

Am 11. August 2000 unterrichtete die Vorsitzende des ›Bundes der Vertriebenen‹, Erika STEINBACH, die Botschafter von acht ost- und südosteuropäischen Staaten schriftlich von ihrer Absicht, eine unabhängige Stiftung zu gründen, die der Aufarbeitung, Dokumentation und Ächtung von Vertreibungen im 20. Jahrhundert gewidmet sein werde. Sie lud alle angeschriebenen Länder ein, sich an einem Dialog über die Gestaltung eines solchen Vorhabens zu beteiligen.

Dieser Vorstoß und der vier Wochen später erschienene Gründungsaufruf der Stiftung ›Zentrum gegen Vertreibungen‹ lösten zwei Jahre später eine öffentliche Debatte darüber aus, wo, in welcher Form und in welchem Rahmen der Schicksale von Vertriebenen zu gedenken sei.

Danziger Erklärung vom 29. Oktober 2003

Am Mittwoch, dem 29. Oktober 2003, haben Bundespräsident RAU und der polnische Staatspräsident KWASNIEWSKI in Danzig in einer gemeinsamen Erklärung die Europäer aufgefordert, alle Fälle von Umsiedlung, Flucht und Vertreibung, die sich im 20. Jahrhundert ereigneten, gemeinsam neu zu bewerten und zu dokumentieren. RAU und KWASNIEWSKI waren nach Danzig zur Verleihung des Preises der Erich-Borst-Stiftung an die Städte Bremen und Danzig gekommen, die 27 Jahre zuvor eine als vorbildlich bewertete Städtepartnerschaft abgeschlossen hatten. Am jenem Mittwoch wäre der Sozialdemokrat Erich BORST, der in Elbing geboren wurde und mit Danzig bis zu seiner Emigration wegen der nationalsozialistischen Herrschaft auch politisch eng verbunden gewesen war, hundert Jahre alt geworden.

In der Danziger Erklärung wird jeder Nation zwar das Recht zugestanden, ihrer Flucht- und Vertreibungsopfer zu gedenken, doch daraus dürften keine Schuldzuweisungen oder Entschädigungsansprüche abgeleitet werden. Johannes RAU erklärte auf einer Pressekonferenz, diese Aufforderung beziehe sich nur auf gegenseitige Ansprüche verschiedener Nationen. Für privatrechtliche Ansprüche seien die Gerichte zuständig.

Die polnische Zeitung *Rzeczpospolita* hatte berichtet, daß die privatrechtlichen Ansprüche deutscher Alteigentümer gegen Polen rund 19 Milliarden Euro betrügen. KWASNIEWSKI erklärte dazu, der nach dem Zweiten Weltkrieg entstandene Status quo könne nicht mehr in Frage gestellt werden. Das regele ein Geflecht internationaler Verträge und Abkommen sowie Verpflichtungen der Parlamente. Wenn jedoch künftig Deutsche in Breslau oder Danzig Häuser kauften, dann entspreche das den Regeln des gemeinsamen Binnenmarktes in der EU und stelle den Status quo nicht in Frage.

In seiner Rede zur Preisverleihung hatte RAU erklärt, die deutsch-polnische Freundschaft lebe vom Versöhnungswillen in beiden Staaten. Versöhnung sei indessen eine Aufgabe, die niemals beendet sei und um die man sich immer bemühen müsse. Auf die Frage von polnischer Seite, wie er das Vorgehen der Vorsitzenden des ›Bundes der Vertriebenen‹, STEINBACH, beurteile, ein Zentrum gegen Vertreibungen aufzubauen, erwiderte RAU, die Ziele, welche Frau STEINBACH verfolge, seien gut. Aber man müsse darüber reden, ob die Mittel ebenfalls gut und mehrheitsfähig seien.

Die seither ausufernd geführte publizistische Vertreibungsdebatte wird von einer von Parlamentariern, Regierungsbeamten und Historikern geführten Abwehrschlacht gegen das Zentrumsprojekt begleitet. So versuchte die Kulturstaatsministerin WEISS, der Stiftung von Erika STEINBACH und Peter GLOTZ mit einem »Europäischen Netzwerk gegen Vertreibungen« den Wind aus den Segeln zu nehmen. Doch von den fünf Ländern (Polen, Tschechische Republik, Slowakei, Österreich, Ungarn), die anfänglich positiv auf Frau WEISS' Initiative reagiert hatten, nahm Tschechien mit der erklärten Absicht teil, das geplante Netzwerk zu torpedieren. Drei weitere Länder bekundeten höflich ihr Desinteresse. Polen betrieb einerseits weitgehende Obstruktion, sicherte sich aber die institutionelle Kontrolle über das im Februar 2005 feierlich ins Leben gerufene ›Netzwerk Erinnerung und Solidarität‹.

Die Gründungsprotokolle weisen nach, wie die ursprüngliche Absicht, sich über Vertreibungen in europäischem Geist zu verständigen, blockiert, verwässert und zu guter Letzt zunichte gemacht wurde. Nunmehr soll das Netzwerk offen sein für die Geschichte des 20. Jahrhunderts, eines Jahrhunderts der Kriege, der totalitären Diktaturen und der Leiden der Zivilbevölkerung als Opfer von Kriegen, Unterdrückung, Zwangsmigration sowie als Opfer von imperialistischen, nationalistischen, rassistischen und ideologisch motivierten Unterdrückungen. Also für alles und nichts.

Inzwischen haben die Gebrüder KACZYNSKI bis zu ihrer Abwahl im November 2007 den Bund der Vertriebenen zu einem blutrünstigen Ungeheuer aufgeblasen und seine Bekämpfung auf diplomatischer Ebene eingeleitet. Dabei halfen ihnen der bereits erwähnte Janusz KURTYKA, der Leiter des ›Institutes der Nationalen Erinnerung‹ (IPN) in Warschau. Die Vorsitzende des deutschen ›Bundes der Vertriebenen‹ (BDV), Erika STEINBACH, bezeichnet er sogar als Geschichtsverfälscherin und gefährliche Provokateurin. Nach seiner Meinung waren alle Deutschen, somit auch die Vertriebenen, selbst schuld an ihrem Schicksal, da sie bis zuletzt HITLER und dessen Rassenpolitik unterstützt hätten. Damit unterstützt KURTYKA auch die Behauptung, daß es vom September 1939 bis April 1945 keine polnischen Kriminellen gab. Wie auch, da jegliche Morde, Raubfälle und Vergewaltigungen den Deutschen als Generalschuldner zur Last gelegt wurden.

Stiftung ›Polnisch-Deutsche Aussöhnung‹ agitiert gegen Vertriebenen-Gedenkstätte

Seit der Wiedervereinigung ist Deutschland in Polen immer wieder das Ziel von Politiker- und Medienkampagnen, besonders in Wahlkampfzeiten. Sie richten sich vorwiegend gegen den Anspruch der Vertriebenenverbände, in Berlin eine Vertriebenen-Gedächtnistätte zu errichten. Im Mittelpunkt oft mieser Anwürfe steht dabei die Vorsitzende des Vertriebenenverbandes, Erika STEINBACH, die zum Beispiel auf der Titelseite einer polnischen Gazette im Hitler-Dress mit Schnauzbart diffamiert wurde.

In diesem Zusammenhang versandte die polnische Stiftung ›Polnisch-Deutsche Aussöhnung‹ im Oktober 2007 an alle Abgeordneten des Deutschen Bundestags eine 236 Seiten starke Schrift zum Thema »Polenbild der Deutschen«.

Diese im Jahre 1991 gegründete Stiftung hatte ursprünglich als halbstaatliche Partnerorganisation die Aufgabe, Millionen deutsche

Hilfsgeldern an überlebende polnische NS-Verfolgungsopfer und an ehemalige Zwangsarbeiter zu verteilen. Die erwähnte Publikation läßt einige bemerkenswerte Rückschlüsse zu. So zeigt der polnische Adler auf der Titelseite, daß es sich um eine regierungsamtliche Veröffentlichung handelt. Der Herausgeber und Rechtsprofessor Matiusz Muszynski, Vorstandsvorsitzender der Stiftung, ist seit Dezember 2006 im Auftrag des polnischen Außenministeriums für die deutsch-polnische Zusammenarbeit zuständig. Dabei läßt er keine Möglichkeit aus, das zwischenstaatliche Verhältnis zu ›verschlimmbessern‹: So forderte er zum Beispiel,»daß Berlin die Entschädigung ehemals jüdischen Besitzes in den einstigen deutschen Ostgebieten übernehmen« müsse, und bezeichnete die deutsche Politik als»egoistisch« und»national«.

Im Internet, in dem er auf der deutschsprachigen gemeinsamen Netzseite des Auswärtigen Amts und des polnischen Außenministeriums seine Lebensdaten und Angaben zu seinen wissenschaftlichen Fachgebieten veröffentlicht (»Völkerrecht«),[338] erscheint der Begriff ›Vertriebene‹ in Anführungszeichen. Somit erstaunt es nicht, daß die von Muszynski- und Kaczynski-Anhängern verfaßte dreisprachige Boschüre *Die Deutschen über Polen und die Polen* die Ansichten der damaligen Kaczynski-Regierung verbreitet. Die Autoren beschweren sich über die Ansichten der Deutschen über Polen, wie sie in bestimmten deutschen Massenmedien zwischen Juli 2006 und Juni 2007 verbreitet worden waren. Bei der Beurteilung der polnischen Regierungsmitglieder, der polnischen Innen- oder Außenpolitik, der deutsch-polnischen Geschichte – immer gäbe es in der deutschen Presse»unberechtigte negative Beurteilungen«, bei denen Adjektive wie»extrem«,»autoritär« vorherrschten, dazu eine aggressive, humorlose oder verbissene Rhetorik. Auch fänden sich Formulierungen wie»Koalition der Zornigen« und sogar»Manipulation und Suggestion«. Ein Kapitel untersucht, wie deutsche Presseberichte historische Probleme behandeln. Im»174. Artikel« heißt es dazu, es

> »verknüpfen alle bis zu einem gewissen Grade das Thema der deutsch-polnischen Beziehungen mit dem Streitfall der Aussiedlung Deutscher aus Polen (sogenannte Vertreibung)«.

---

[338] www. auswaertiges-amt.de/deutschland-polen/

Natürlich nimmt Muszynski sich auch »provokante« Interviews mit der BdV-Präsidentin Erika Steinbach vor:

>»An einer anderen Stelle warf sie Polen und Tschechen vor, daß sie schon vor dem Krieg die Deutschen hätten vertreiben wollen.«

Sicherlich weiß er, daß sie recht hat, aber hier ist er nicht in erster Linie Professor (Bekenner), sondern Nationalist. Ungehalten setzen die Verfasser weiter fort:

>»Das Interesse der Presse weckten Bücher«, die »die Zeit des Dritten Reiches auf falsche Weise analysierten. Diese Bücher wurden beharrlich von führenden deutschen Tageszeitungen rezensiert«.

Von diesen angeblich schlechten Büchern wird das von Michael Hartenstein herausgegriffen, *Die Geschichte der Oder-Neiße-Linie*, in dem fälschlicherweise behauptet werde,

>»daß noch vor Kriegsbeginn 1939 polnische Nationalisten mit der Idee eines ›Groß-Polens‹ sympathisierten und an eine territoriale Expansion gen Westen gedacht hätten«.

Beim Thema Gesellschaft wird die »fast ausschließlich negative Berichterstattung« kritisiert. So habe die *taz* behauptet, die polnische Gesellschaft sei sehr patriarchalisch, und es werde

>»ein Mann, der Erziehungsurlaub für sein Kind nimmt... nach wie vor schief angesehen«.

Keine Gnade findet ein Satz Karol Sauerlands, den dieser in einem Aufsatz in der *FAZ* geschrieben hatte:

>»Auch nach der Niederlage der NS-Diktatur hatte das Martyrium der polnischen Juden kein Ende.«

Außerdem seien in der deutschen Presse viele Artikel über den »angeblichen« heutigen und vergangenen Antisemitismus in Polen erschienen.

Sogar die meistens für Polen schwärmende Regierungsbeauftragte für die deutsch-polnischen Beziehungen, Gesine Schwan, wurde in der Broschüre bekrittelt, da sie sich kritisch mit der Politik der polnischen Regierung auseinandersetze und die Brüder Kaczynski persönlich als eine Belastung für das zwischenstaatliche Verhältnis ansehe. Natürlich verbittet sich die Redaktion jede Kritik an der derzeitigen Regierung und den polnischen Zuständen und urteilt zuletzt empört:

»Der Ton der Artikel«, die in der zweiten Jahreshälfte 2007 erschienen sind, habe »geradezu den Charakter einer Hetzjagd«.

Insgesamt ist nicht zu übersehen, daß die Analyse der Stiftung
›Deutsch-Polnische Aussöhnung‹ gegen den Bau eines Zentrums gegen Vertreibungen gerichtet ist. Das zeigt sich auch in der Behauptung, Polen werde zu sehr

»durch das STEINBACH-Prisma und die von ihr propagierten historischen Angelegenheiten betrachtet«. Die Untersuchung habe ergeben, daß »49 Prozent der Artikel über deutsch-polnische Beziehungen historische Themen aufgreifen, die mit den Folgen des
Zweiten Weltkriegs verbunden sind«. Dazu gehöre insbesondere
das »Thema der Nachkriegsaussiedlungen Deutscher aus Polen«.

Bartoszewskis Affront gegen Frau Steinbach

Am 23. November 2007 meldete die *FAZ*, daß der neue Regierungschef TUSK den früheren Widerstandskämpfer BARTOSZEWSKI zum neuen
Beauftragten für Deutschland ernannt habe.

Der ehemalige polnische Außenminister BARTOSZEWSKI, der reiche
Erfahrungen mit verschiedenen politischen Systemen gesammelt hat,
nimmt ebenso wie sein Vorgänger Anstoß am Mitwirken der Reprä-
sentantin der Vertriebenen bei der Gestaltung ihres Projektes zur
Erinnerung an die größte Vertreibungswelle in der Menschheitsge-
schichte, die Aspekte ganz Europas erfassen soll. Eine Begegnung
mit Frau STEINBACH lehnt er ab. Seine abwegige Begründung zeugt
vom Willen zu einer Fortsetzung der antideutschen Politik der abgewählten Regierungspartei, gegen deren Wiederwahl er sich ja ausgesprochen hatte.

BARTOSZEWSKI ist durchaus bekannt, daß die Warschauer beim Wiederaufbau ihrer Stadt nach 1945 niemanden gefragt haben, ob sie an
den zahlreichen Straßenecken der Altstadt und der Stadtmitte Ge-
denktafeln zur Erinnerung an die Erschießung ihrer Landsleute durch
die »deutschen Faschisten und Hitleristen« anbringen dürfen. Sie
haben gehandelt, weil sie die Opferzahlen als Verpflichtung ansa-
hen. Das Argument gegen Frau STEINBACH, sie habe im Bundestag
1990 gegen den deutsch-polnischen Grenzvertrag gestimmt, ist nach-
tragend. Es hat den Anschein, daß die ablehnende Haltung BARTO-
SZEWSKIS Ursachen hat, die nur in seinem Wissen liegen, das er sei-

nen Landsleuten bis heute vorenthält. Sind geschichtliche Tatsachen unzumutbar? Die Art der Empörung, die er verbreitet, ist der Sache der Verständigung wenig dienlich.

Polen lehnt Beteiligung am ›Sichtbaren Zeichen‹ ab

Seit dem Amtsantritt der neuen polnischen Regierung TUSK Ende 2007 ist der Ton Berlin gegenüber freundlicher geworden. Doch die Verunglimpfung der BdV-Chefin Erika STEINBACH und der Versuch, sie vom politischen Geschäft fernzuhalten, erlaubt es auch der neuen polnischen Regierung nicht, sich ohne Gesichtsverlust mit ihr zu arrangieren. Nicht, weil TUSK selbst STEINBACH für so bedeutend hält, sondern weil sein Vorgänger die hochemotionale Thematik als politisches Erbe zurückließ.

Die Planungen für ein ›Zentrum gegen Vertreibungen‹, die in Berlin von der großen Koalition unter der Bezeichnung ›Sichtbares Zeichen‹ fortgesetzt werden, hat im Februar 2008 eine bemerkenswerte Wendung genommen. Selbst Gesine SCHWAN, die Polen-Beauftragte der Bundesregierung, spricht sich überraschenderweise nun dafür aus, dieses »Zeichen« ganz unter deutscher Regie zu verwirklichen. Aber es gab wohl keinen anderen Ausweg, nachdem der polnische Deutschland-Beauftragte BARTOSZEWSKI den Ausschluß Frau STEINBACHS zur Bedingung für eine Beteiligung Polens an der Gedenkstätte gemacht hatte. Was in allen Ländern selbstverständlich ist: auch in Kulturfragen darf sich Berlin Personalien nicht vorschreiben lassen. Allerdings gab die Bundesregierung einlenkend Warschau zu verstehen, in den Gremien der Einrichtung, die Union und SPD in ihrer Koalitionsvereinbarung beschlossen haben, könnten auch polnische Vertreter ihren Platz finden. Polnische Regierungsmitglieder erklärten daraufhin der *Frankfurter Allgemeinen Zeitung*, die neue Regierung TUSK beabsichtige, dieses Angebot abzulehnen. Denn angesichts der bekannt gewordenen Konzepte des Staatsministers NEUMANN im Bundeskanzleramt sei es für das deutsch-polnische Einvernehmen besser, wenn Polen wohlwollenden Abstand zu dem Projekt halte. Im Gegensatz zur abgewählten nationalkonservativen Regierung KACZYNSKI wolle man bei aller Distanz strikten »Aggressionsverzicht« üben. Zur Begründung heißt es, für den deutsch-polnischen Dialog sei es gegenwärtig besser, wenn Warschau keine autorisierte Position in den Gremien des »Sichtbaren Zeichens« suche. Denn wenn ein polnischer Vertreter in den Beirat komme, müsse er protestieren. Statt direkter Zusammenarbeit solle man deshalb wohlwollenden Abstand wahren und auf anderen Projekten zusammenarbeiten, etwa bei Tusks Vorschlag, in Danzig ein »Museum des Zweiten Weltkriegs« einzurichten.

Die Öffentlichkeit Polens, die alle in diesem Buch dargelegten Fakten kaum kennt und an den Mythos vom ›überfallenen Opfer‹ glaubt, diese Öffentlichkeit befürchtet allerdings mehrheitlich, daß die geplante Gedenkstätte dazu führen könnte, die von Deutschland ›überfallenen Völker‹ als ›Täter‹ darzustellen. In den Medien hochgespielte Entschädigungsklagen deutscher Vertriebenen haben zusätzlich die Angst geschürt, es könne zu einer Flut von Geldforderungen gegen die polnische Regierung kommen. Die von den Brüdern Kaczynski geführte polnische Rechte behauptet außerdem immer wieder, das »Sichtbare Zeichen« habe nur den Zweck, »Henker« zu »Opfern« zu stilisieren.

Polen kontert mit »Täter«-Ausstellung

Vom 3. bis zum 7. März zeigte Janusz Kurtyka, der Leiter des ›Institutes der Nationalen Erinnerung‹ (IPN) in Warschau, mit Mitteln des IPN im Straßburger Europaparlament die Ausstellung »Verbannte«, um einem Vertriebenzentrum in Berlin zuvorzukommen. Weitere Expositionen polnischen Märtyrertums sind in Deutschland und Frankreich geplant.

Durchgesetzt haben diese Ausstellung die EU-Abgeordneten Boguslaw Sonik, Wojciech Roszkowski, der polnische Botschafter in Belgien, Slawomir Czarlewski, und der Vertreter Polens bei der EU, Jan Tombinski. Sie sollte nach Aussagen des IPN die Vertreibungen von Polen durch Deutsche und Sowjetrussen während und nach dem Zweiten Weltkrieg verdeutlichen und diesen als wichtigsten Teil polnischen Martyriums herausstellen. Die Abteilung ›Öffentliche Erziehung‹ des IPN hob anhand von Landkarten und Aussagen von Zeitzeugen vor allem die sogenannte Septemberkampagne hervor, bei der Polen 1939 vom deutschen Reichsgebiet vertrieben worden sein sollen. Auch die Deportierung von Polen in sibirische Lager während der ersten sowjetischen Besatzungszeit stand im Mittelpunkt der Ausstellung. Natürlich wurde auch auf die durch den Krieg verlorenen ostpolnischen Gebiete hingewiesen. Dabei fehlte es nicht an multimedialen Präsentationen von Hinrichtungen und Filmen sowie Fotos aus Konzentrationslagern.

Die gesamte Ausstellung war einzig und allein der Opferrolle Polens gewidmet. Eigene Täter und Schandtaten kamen darin nicht vor. Dies unterscheidet sie allerdings deutlich von der geplanten deutschen Ausstellung zum Thema Vertreibungen in Berlin, denn hier sollen auch polnische Opfer zu Wort kommen.

In einem Interview mit Radio RFM erklärte Janusz KURTYKA auf die Frage, woher dieser plötzliche Einfall mit dieser Ausstellung »Verbannte« käme:

»Das ist gewissermaßen die Antwort auf Handlungen von Erika STEINBACH, dies wird man in Deutschland auch sowieso derart auslegen. Aber wahrhaftig ist beim IPN schon vor langer Zeit die Überzeugung entstanden, daß wir in der populärwissenschaftlichen Form eben Ausstellungen organisieren sollten, um von den Schicksalen der Polen während der Weltkriege zu erzählen. Ein wesentliches Element dieser Schicksale war eben die Vertreibung. Wir meinen, daß diese Vertreibungen von Polen die Menschen im Lande unvorstellbar berührt hat, und ganz bestimmt kann man die polnischen Schicksale in dieser Frage dem Los der deutschen ›Umgesetzten‹ gegenüberstellen. Um so mehr, da der moralische Wert dieser Ereignisse ein völlig anderer ist. Wir müssen bedenken, daß Polen unter beiden Besatzungsmächte litten – weil sie ihren Staat verloren haben und sich um seine Wiedererlangung bemühten. Dagegen litten die Deutschen nur darum, weil sie den Krieg hervorgerufen haben und HITLER bis zum Ende unterstützten.«

Die Quittung für Deutschlands Polen-Politik

Das Urteil des Professors, der als »Professor« eigentlich ein »Bekenner« der Wahrheit sein sollte, steht in Polen nicht allein. Dort ist die vorherrschende Meinung, daß die Deutschen nur ›Täter‹ waren und sich ja nicht anmaßen sollten, auch Opfer gewesen zu sein. Daran ändern auch die Gespräche der Bundeskanzlerin Angela MERKEL weder in Polen noch in Brüssel etwas. Inzwischen wird immer deutlicher, daß Deutschland insgesamt die längst verdiente Quittung erhält für seine von Anbeginn im Wiedervereinigungsprozeß verkorkste, halbherzige und feige, aber auch historisch instinktlose und erschreckend kenntnisarme Polen-Politik. Wer immer naiv geglaubt, geschrieben oder entsprechend politisch gehandelt hat, der deutsch-europäische historische Grundkonflikt – die angemessene Wahrnehmung der Vertreibung der Deutschen aus ihren östlichen Reichs- und Siedlungsgebieten – werde sich in den Wonnenebeln einer stetig verdichteten europäischen Integration von selbst erledigen, müßte nach den Auftritten der Gebrüder Kaczynski und selbst des Nachfolgers Tusk eines Besseren belehrt sein, zumal diese genau die Mitte der polnischen Gesellschaft repräsentieren. Sie zumindest geben unmißverständlich zu verstehen, daß die gewaltigen deutschen Sühne- und Entschädigungsleistungen an Polen diesen ein Nichts bedeuten. Das muß endlich als eine einzigartige und erschreckende Herabwürdigung der gesamten deutschen Versöhnungspolitik gegenüber Polen seit den siebziger Jahren erkannt werden.

Es ist indessen zu befürchten, daß die Verfechter des deutschen Gutmenschen-Kulpismus immer noch nicht verstanden haben oder verstehen wollen, welchen Bärendienst sie über Deutschland hinaus ganz Europa geleistet haben, als sie die kategoriale Dimension der massenmörderischen Deutschenvertreibung als Epocheverbrechen vertuschen wollten oder noch wollen; daß sie ausschlaggebend befürworteten, die Vertreiberstaaten ohne Zurücknahme der Benesch-/Bierut-Vertreibungsdekrete in die Europäische Union aufzunehmen; daß sie weiterhin von den ›alleinschuldigen‹ Deutschen, vom ›Tätervolk‹ sprechen. Ist die Bundesrepublik, ist Europa denn nur auf Lüge aufgebaut?

Es gibt eine Hoffnung, die eines alten Sprichworts:
»Die Sonne bringt es an den Tag!«

Schlußwort

Es ist eine traurige Erfahrung, daß Geschichte ständig gefälscht oder verschwiegen wird, besonders seit 1945. In der Fälschung haben es die polnischen Politkader und der polnische Klerus zu einer traurigen Meisterschaft gebracht, die unendlich viel Blut und Tränen gekostet hat. Mit Blut wollten die fanatischen Nationalisten Großpolen gewinnen, das heißt, man sehnte einen großen Krieg herbei. Das polnische Volk, das seinen ›Führern‹ vertraute, betete darum in den Kirchen auch fleißig um den großen Völkerkrieg:

»O wielka wojne ludów prosimy Cie, Panie! – Um den großen Völkerkrieg bitten wir Dich, Herr!«

Es hat dafür fast ein halbes Jahrhundert bitter bezahlen müssen. Soll es auf friedlichem Wege endlich zu einer Verständigung zwischen Deutschen und Polen kommen, muß die Vergangenheit restlos geklärt und in alle Volksschichten getragen werden – nicht nur in Deutschland, auch drüben beim Nachbarn. Die ausschließlich vom Gefühl beherrschten Polen müssen endlich die objektive Geschichte zur Kenntnis nehmen und sie nicht einseitig zu ihren Gunsten und zu Lasten alles Deutschen auslegen. Doch bisher ist im offiziellen Polen eher das Gegenteil der Fall, so daß jeder polnische Täter der Deckung durch den Staat gewiß ist. Die polnischen Archive sind für eine wissenschaftliche Forschung nicht zugänglich. Unabhängig davon gab und gibt es Täter, die sich ihrer Schandtaten an Deutschen brüste(te)n. Im Juli 1988 berichtete der *Schlesier*, daß der Soziologe Andrzey Ziemilski, der von der sowjetisch-polnischen Regierung in Lublin als »Vertreibungs«-Kommissar in Kattowitz und Gleiwitz eingesetzt war, sich in einem Interview am 16. April 1988 in der Warschauer Wochenzeitung *Polityka* zu seinen Schandtaten bekannte und Brandschatzungen und Plünderungen verharmloste. Ziemilski erklärte in dem Interview, daß er sich auch heute nicht für die Beraubung der Deutschen und ihre Vertreibung aus dem oberschlesischen Gleiwitz schäme. Schließlich ist er dafür mit Auszeichnungen geehrt worden.

Solange das Unrechtsbewußtsein in Polen derart unterentwickelt ist, polnische Massenverbrechen an Deutschen verschwiegen oder verharmlost werden, die Vor- und Nachkriegsgeschichte in polnischen Geschichtsbüchern verfälscht wird und Polens Kriegspolitik verheimlicht wird, solange das Unrecht an deutschen KL-Häftlingen, Zwangsarbeitern und Vertriebenen ungesühnt bleibt, solange keine Bereitschaft zur Reue und Wiedergutmachung besteht, so lange ist eine echte Aussöhnung nicht möglich. Deshalb muß den polnischen Geschichtsfälschungen endlich Einhalt geboten werden, sie müssen zurückgenommen werden, um den Haß zu besiegen. Die bittere Wahrheit ist der einzige Weg, um die Zukunft zu gewinnen.

Anhang

Zeittafel Deutsches Reich – Polen

1916

5. 11. Wiederaufrichtung des Königreiches Polen mit Hilfe Deutschlands und Österreich-Ungarns. Bildung eines polnischen Staatsrates in Warschau

1919

28. 6. Polen erhält Posen, Westpreußen und den Soldauer Bezirk (Versailler Vertrag) sowie Sonderrechte in der zur Freien Stadt erklärten Hansestadt Danzig; von Österreich erhält es Galizien

1920

25. 4. Polnischer Angriffskrieg gegen die USSR (Ukraine)

11. 7. Volksabstimmung in Kreisen Ost- und Westpreußens, jeweils über 90 Prozent für Deutschland.

9. 10. Gewaltsame polnische Besetzung von Wilna (vom Völkerbund Litauen zugesprochen)

1921

20. 3. Volksabstimmung in Oberschlesien ergibt rund 60 Prozent für Deutschland

3. 5. Dritter polnischer Aufstand in Oberschlesien

20. 10. Entgegen Versailler Vertrag wird Ostoberschlesien Polen ohne Abstimmung zugesprochen

1922

5. »Gemischte Kommission« für Oberschlesien zur Überwachung der Minderheitenrechte (Genfer Vertrag)

1925

16. 10. Schiedsvertrag Deutschland-Polen in Locarno. Stresemann weigert sich, die Versailler Grenzen anzuerkennen.

1933

6. 3. Polnische Präventivkrieg-Absichten gegen Deutschland.

1934

26. 1. Deutsch-polnisches Verständigungsabkommen.

1935

16. 3. Wiedereinführung der allgemeinen Wehrpflicht.

1936

7. 3. Wiederherstellung der deutschen Souveränität im Rheinland. Polnisch-französische Präventivkriegspläne gegen. Deutschland.

27. 5. Deutsche Flottenbesprechungen mit England.

15. 8. Frankreichs Kriegsminister Gamelin in Warschau.
6. 9. Rydz-Smigly in Paris.
1937
5. 11. Deutsch-polnische Minderheitenerklärung.
1938
12. 3. Anschluß Österreichs.
29. 9. Münchener Konferenz, Sudetenland zum Reich.
30. 9. Polnisches Ultimatum an die Tschechoslowakei.
2. 10. Olsa-Gebiet von Polen besetzt.
24. 10. Deutscher Vorschlag zur Lösung der Fragen Danzig und Korridor von Polen abgelehnt.
1939
15. 3. Protektorat Böhmen und Mähren errichtet.
21. 3. Wiederholung des deutschen Vorschlags vom 24. 10. 1938.
23. 3. Polnische Teilmobilmachung.
31. 3. Britisches Garantieversprechen an Polen.
3. 4. Hitlers erste Weisung zur Bearbeitung ›Fall Weiß‹.
3. 4. Britisch-französische Generalstabsbesprechungen über allgemeine Strategie der Kriegführung.
5. 5. Britisch-französische Generalstabsbesprechungen: Intervention Polens und Kriegseintritt weiterer Alliierter im Osten.
23. 5. Ansprache Hitlers: Polen wird immer auf der Seite unserer Gegner stehen.
6. 8. Krise wird akut durch Zollinspektorenstreit Polens mit Danzig.
22. 8. Ansprache Hitlers Das Verhältnis zu Polen ist untragbar geworden.
23. 8. Deutsch-sowjetischer Nichtangriffsvertrag.
25. 8. Britisch-polnischer Beistandspakt.
29. 8. Hitler zu Verhandlun*Poznanski*gen bis 30. 8. bereit.
30. 8. Polnische Mobilmachung.
1. 9. Deutscher Angriff auf Polen.
»Polen bittet England auf Grund des Beistandspaktes vom 25. 8. vergeblich um Hilfe.« (Ploetz).
17. 9. Einmarsch sowjetischer Truppen in Ostpolen. Flucht der polnischen Regierung nach Rumänien
28. 9. Warschau kapituliert.
6. 10. Letzte polnische Einheiten kapitulieren.
Hitlers 16-Punkte-Angebot an Polen

Hitlers 16 Punkte-Angebot an Polen

Am 29. August 1939 formulierte Adolf HITLER ein letztes Angebot einer friedlichen Lösung der deutsch-polnischen Streitfragen.. Es besteht aus 16 Punkten. Dieses Angebot las Reichsaußenminister VON RIBBENTROP dem britischen Botschafter HENDERSON am 30. August 1939 in Berlin vor. Da kein polnischer Unterhändler erschien, konnte es Polen nicht ausgehändigt werden.
Der Wortlaut:

1. »Die freie Stadt Danzig kehrt auf Grund ihres rein deutschen Charakters sowie des einmütigen Willens ihrer Bevölkerung sofort in das Deutsche Reich zurück.

2. Das Gebiet des sogenannten Korridors, das von der Ostsee bis zur Linie Marienwerder-Graudenz-Kulm-Bromberg (diese Städte einschließlich) und dann etwa westlich nach Schönlanke reicht, wird über seine Zugehörigkeit zu Deutschland oder zu Polen selbst entscheiden.

3. Zu diesem Zweck wird dieses Gebiet eine Abstimmung vornehmen. Abstimmungsberechtigt sind alle Deutschen, die am 1. Januar 1918 in diesem Gebiet wohnhaft waren oder bis zu diesem Tage dort geborene Polen, Kaschuben und so weiter. Die aus diesem Gebiet vertriebenen Deutschen kehren zur Erfüllung ihrer Abstimmung zurück. Zur Sicherung einer objektiven Abstimmung sowie zur Gewährleistung der dafür notwendigen Vorarbeiten wird dieses Gebiet ähnlich dem Saargebiet einer sofort zu bildenden internationalen Kommission unterstellt, die von den vier Großmächten Italien, Sowjetunion, Frankreich, England gebildet wird. Diese Kommission übt alle Hoheitsrechte in diesem Gebiet aus. Zu dem Zweck ist dieses Gebiet in einer zu vereinbarenden kurzen Frist von dem polnischen Militär, der polnischen Polizei und den polnischen Behörden zu räumen.

4. Von diesem Gebiet bleibt ausgenommen der polnische Hafen Gdingen, der polnisches Hoheitsgebiet ist, soweit er sich territorial auf die polnische Siedlung beschränkt. Die näheren Grenzen dieser polnischen Hafenstadt wären zwischen Deutschland und Polen festzulegen und nötigenfalls durch ein internationales Schiedsgericht festzusetzen.

5. Um die notwendige Zeit für die erforderlichen umfangreichen Arbeiten zur Durchführung einer gerechten Abstimmung sicherzustellen, wird diese Abstimmung nicht vor Ablauf von zwölf Monaten stattfinden.

6. Um während dieser Zeit Deutschland seine Verbindung mit Ostpreußen und Polen seine Verbindung mit dem Meere unbeschränkt zu garantieren, werden Straßen und Eisenbahnen festgelegt, die einen freien Transitverkehr ermöglichen. Hierbei dürfen nur jene Abgaben erhoben werden, die für die Erhaltung der Verkehrswege beziehungsweise für die Durchführung der Transporte erforderlich sind.

7. Über die Zugehörigkeit des Gebietes entscheidet die einfache Mehrheit der abgegebenen Stimmen.

8. Um nach erfolgter Abstimmung, ganz gleich, wie diese ausgehen möge, die Sicherheit des freien Verkehrs Deutschlands mit seiner Provinz Danzig-Ostpreußen und Polen seine Verbindung mit dem Meere zu garantieren, wird, falls das Abstimmungsgebiet an Polen fällt, Deutschland eine exterritoriale Verkehrszone, etwa in Richtung von Bütow-Danzig beziehungsweise Dirschau, gegeben zur Anlage einer Reichsautobahn sowie einer viergleisigen Eisenbahnlinie. Der Bau der Straßen und der Eisenbahn wird so durchgeführt, daß die polnischen Kommunikationswege dadurch nicht berührt, das heißt entweder über- oder unterfahren werden. Die Breite dieser Zone wird auf einen Kilometer festgesetzt und ist deutsches Hoheitsgebiet. Fällt die Abstimmung zugunsten Deutschlands aus, erhält Polen zum freien und uneingeschränkten Verkehr nach seinem Hafen Gdingen die gleichen Rechte einer ebenso exterritorialen Straßen- beziehungsweise Bahnverbindung, wie sie Deutschland zustehen würden.

9. Im Falle des Zurückfallens des Korridors an das Deutsche Reich erklärt sich dieses bereit, einen Bevölkerungsaustausch mit Polen in dem Ausmaß vorzunehmen, als der Korridor hierfür geeignet ist.

10. Die etwa von Polen gewünschten Sonderrechte im Hafen von Danzig würden paritätisch ausgehandelt werden mit gleichen Rechten Deutschlands im Hafen von Gdingen.

11. Um in diesem Gebiet jedes Gefühl einer Bedrohung auf beiden Seiten zu beseitigen, würden Danzig und Gdingen den Charakter reiner Handelsstädte erhalten, das heißt ohne militärische Anlagen und militärische Befestigungen.

12. Die Halbinsel Hela, die entsprechend der Abstimmung entweder zu Polen oder zu Deutschland käme, würde in jedem Fall ebenfalls zu demilitarisieren sein.

13. Da die deutsche Reichsregierung heftigste Beschwerden gegen die polnische Minderheitenbehandlung vorzubringen hat, die polnische Regierung ihrerseits glaubt, auch Beschwerden gegen Deutschland vorbringen zu müssen, erklären sich beide Parteien damit einverstanden, daß diese Beschwerden einer international zusammengesetzten Untersuchungskommission unterbreitet werden, die die Aufgabe hat, alle Beschwerden über wirtschaftliche und physische Schädigungen sowie sonstige terroristische Akte zu untersuchen. Deutschland und Polen verpflichten sich, alle seit dem Jahre 1918 etwa vorgekommenen wirtschaftlichen und sonstigen Schädigungen der beiderseitigen Minoritäten wiedergutzumachen, beziehungsweise alle Enteignungen aufzuheben oder für diese und sonstige Eingriffe in das wirtschaftliche Leben eine vollständige Entschädigung den Betroffenen zu leisten.

14. Um den in Polen verbleibenden Deutschen sowie den in Deutschland verbleibenden Polen das Gefühl der internationalen Rechtlosigkeit zu nehmen und ihnen vor allem die Sicherheit zu gewähren, nicht zu Handlungen beziehungsweise zu Diensten herangezogen werden zu können, die mit ihrem nationalen Gefühl unvereinbar sind, kommen Deutschland und Polen überein, die Rechte der beiderseitigen Minderheiten durch umfassendste und bindende Vereinbarungen zu sichern, um diesen Minderheiten die Erhaltung, freie Entwicklung und Betätigung ihres Volkstums zu gewährleisten, ihnen insbesondere zu diesem Zweck die von ihnen für erforderlich gehaltene Organisierung zu gestatten. Beide Teile verpflichten sich, die Angehörigen der Minderheit nicht zum Wehrdienst heranzuziehen.

15. Im Falle einer Vereinbarung auf der Grundlage dieser Vorschläge erklären sich Deutschland und Polen bereit, die sofortige Demobilmachung ihrer Streitkräfte anzuordnen und durchzuführen.

16. Die zur Beschleunigung der obigen Abmachungen erforderlichen weiteren Maßnahmen werden zwischen Deutschland und Polen gemeinsam vereinbart.«

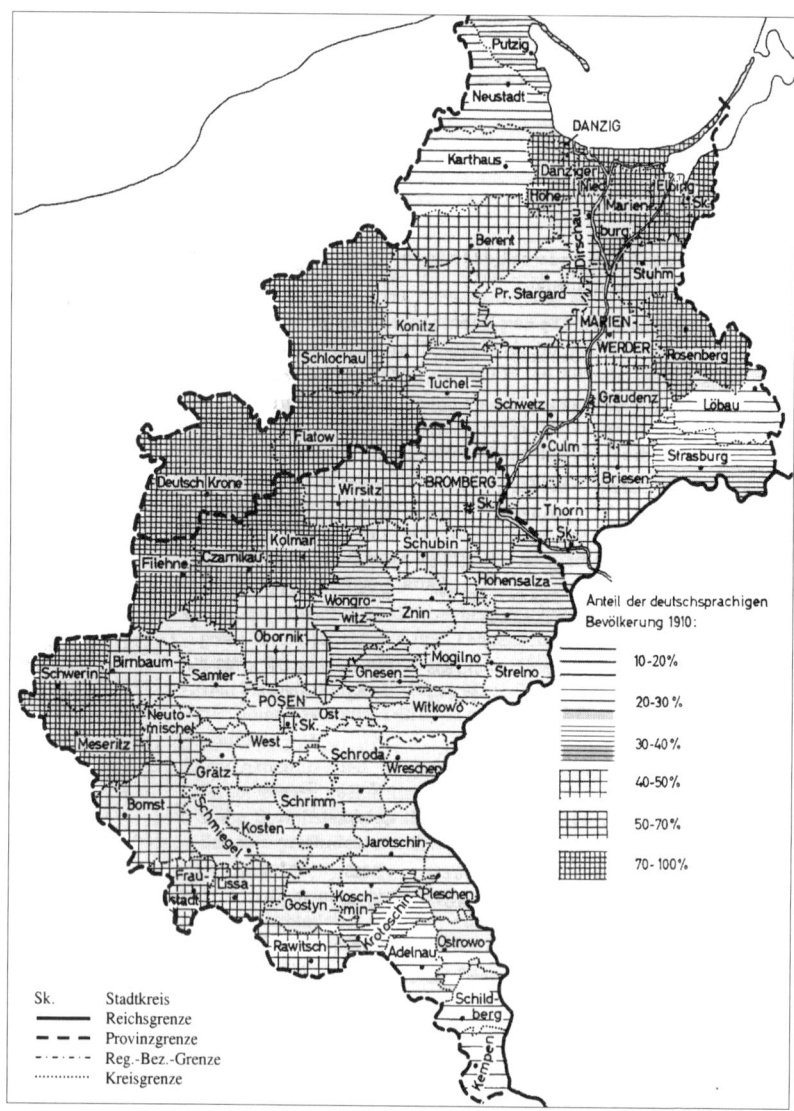

Deutschsprachige Bevölkerung der Provinzen Westpreußen und Pommern.

Statistische Angaben

Westpreußen

Einwohnerzahl Westpreußens 1772
(ohne Danzig und Thorn):

416.000 Einwohner (580.000)	
davon in Elbing	12.000 E
Marienburg	5.000 E
Kulm	2.000 E
Graudenz	2.000 E
Bromberg	600 E

Der deutsche Bevölkerungsanteil betrug in den Kreisen (ohne Städte):

Neustadt etwa	25 %	Kulm etwa	50 %
Karthaus etwa	20 %	Briesen etwa	20 %
Berent etwa	37 %	Neumark etwa	5 %
Dirschau etwa	35 %	Strasburg etwa	15 %
Tuchel etwa	25 %	Wirsitz etwa	40–50%
Konitz etwa	25 %	Zempelburg etwa	40–50 %
Schwetz etwa	50 %	Bromberg etwa	30 %
Pr.Stargard etwa	20 %	Leipe etwa	5 %
Graudenz etwa	50 %	Rippin etwa	15 %

Ansiedlung

angesiedelt in Städten	1.336 Familien
auf dem Lande	1.885 Familien
davon in Elbing	132 Familien
Orten um Danzig	168 Familien
Bromberg	100 Familien

Herkunft der Siedlerfamilien

Aus Südwestdeutschland etwa 30 % ,
aus den angrenzenden deutsch besiedelten Gebieten Polens 40 %
aus anderen deutschen Gegenden 30 %

Provinz
Westpreußen: Deutsche Polen Kaschuben 2sprachige Summe

	Deutsche	Polen	Kaschuben	2sprachige	Summe
Reg.-Bez. Danzig	532.620	102.080	100.148	7.771	742.619
	71,7%	13,7%	13,5%	1,0%	ca. 100%
davon					
Stadt Danzig	164.343	3.443	143	2.408	170.337
	96,5%	2,0 %	0,1 %	1,4%	100%
Reg.-Bez.					
Marienwerder	565.323	313.113	1.051	4.108	883.595
	64,0%	35,4%	0,1%	0,5%	100%
Provinz	**1.097.943**	**415.193**	**101.199**	**11.879**	**1.626.214**
Westpreußen	**67,5%**	**25,5%**	**6,2%**	**0,7%**	**100%**

Provinz Posen:	Deutsche	Polen	2sprachige	Summe
Reg.-Bez.	379.488	378.831	5.625	763.944
Bromberg	49,7%	49,6%	0,7%	100%
Reg.-Bez.	427.232	900.059	8.593	1.335.884
Posen	32,0%	67,4%	0,6%	100%
Provinz Posen	**806.720**	**1.278.890**	**14.218**	**2.099.828**
	38,4%	**60,9%**	**0,7%**	**100%**

Provinz Westpreußen:	65,1%	Czamikau	71,2%
Reg.–Bez. Danzig:	72,2%	Filehne	70,2%
		Gnesen	38,3%
Berent	42,8%	Hohensalza	36,9%
Danzig-Stadt	96,5%	Kolmar i. Pr.	81,3%
Danziger Höhe	88,9%	Mogilno	29,2%
Danziger Niederung	99,1%	Schubin	44,0%
Dirschau	7,5%	Strelno	19,9%
Elbing-Stadt	99,5%	Wirsitz	51,3%
Elbing-Land	99,9%	Witkowo	16,7%
Karthaus	27,8%	Wongrowitz	31,2%
Marienburg	96,8%	Znin	27,3%
Neustadt i. Wpr.	51,0%		
Pr. Stargard	26,4%	Reg.-Bez. Posen:	32,2%
Putzig	30,5%	Adelnau	13,0%
		Birnbaum	49,2%
Reg. - Bez.		Bomst	49,3%
Marienwerder:	59,6%	Fraustadt	68,6%
Briesen	48,9%	Gostyn	13,6%
Culm	47,5%	Grätz	16,7%
Deutsch-Krone	98,5%	Jarotsdlin	18,1%
Flatow	72,8%	Kempen	16,3%
Graudenz-Stadt	86,0%	Koschmin	11,1%
Graudenz-Land	59,8%	Kosten	10,9%
Konitz	45,1%	Krotoschin	34,1%
Löbau	1,1%	Lissa	62,1%
Marienwerder	2,6%	Meseritz	71,0%
Rosenberg i. Wpr.	92,8%	Neutomischel	45,9%
Schlochau	84,8%	Obornik	40,4%
Schwetz	48,6%	Ostrowo	2,3%
Strasburg i. Wpr.	34,9%	Pleschen	16,8%
Stuhm	57,3%	Posen-Stadt	42,1%
Thorn-Stadt	66,7%	Posen-W	11,4%
Thorn-Land	47,2%	Posen-O	28,9%
Tuchel	33,8%	Rawitsch	42,1%
		Samter	25,6%
Provinz Posen:	38,7%	Schildberg	15,6%
Reg. - Bez.		Schmiegel	18,5%
Bromberg:	50,0%	Schrimm	11,1%
Bromberg-Stadt	82,3%	Schroda	12,1%
Bromberg-Land	61,2%	Schwerin (Warthe)	92,0%
		Wreschen	19,7%

Gesamtzahl: zwischen 120.000 bis 150.000 Ew., d.h. etwa 20 Prozent der Gesamtbevölkerung

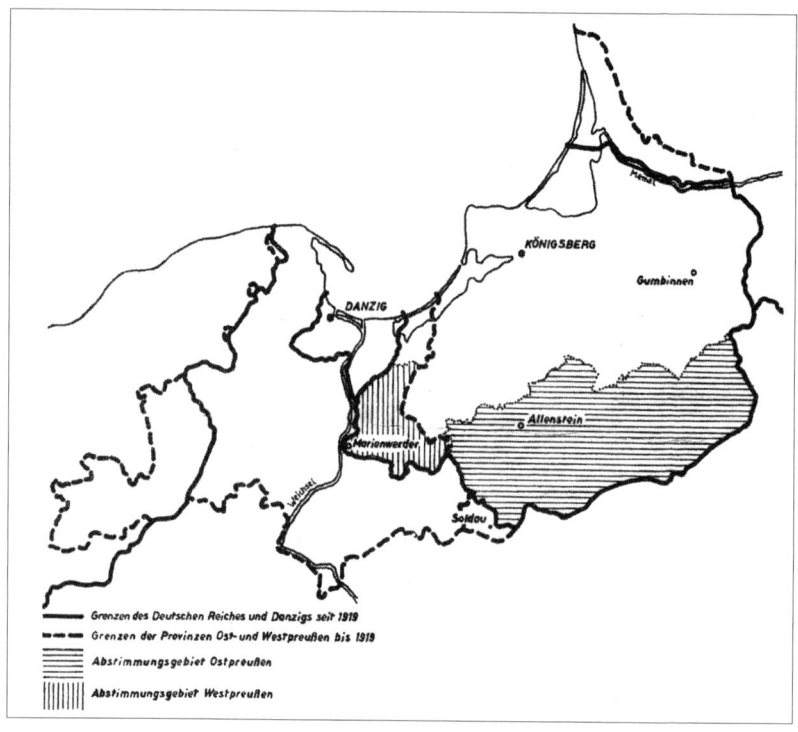

Karte 11: Das ost- und westpreußische Abstimmungsgebiet

Allenstein: Ergebnisse der Volksabstimmung am 11. Juli 1920

	Zahl der abgegebenen Stimmen			lt. Sprachen-Statistik 1910	
Kreis	für das Reich	für Polen		masurisch	deutsch
Oletzko	28.625	2 =	0%	–	83,2%
Lötzen	29.378	9 =	0%	29,1%	66,1%
Rössel	35.252	758 =	2,1%	–	86,9%
Allenstein-Stadt	16.742	342 =	2,0%	–	90,7%
Allenstein-Land	31.486	4.902 =	13,5%	57,3%	33,4%
Osterode	46.385	1.043 =	2,2%	1 %	40,9%
Johannisburg	34.036	14 =	0%	36,5%	59,8%
Sensburg	34.334	25 =	0%	39,3%	51,2%
Neidenburg	22.233	330 =	1,5%	43,3%	37,4%
Ortelsburg	48.204	511 =	1,0%	63,4%	30,8%
Lyck	36.534	44 =	0%	35,8%	51,2%
Insgesamt	**363.209**	**7.980 =**	**2,1%**		

Abstimmungsgebiet Marienwerder

Kreis	Zahl der abgegebenen Stimmen für das Reich	für Polen	lt. Sprachen-Statistik Stimmen 1910 polnisch	deutsch
Marienwerder	25.607	1.779 = 6,5%	37 %	62 %
Rosenberg	33.498	1.073 = 3,1%	6 %	92 %
Stuhm	19.984	4.904 = 19,1%	43 %	57 %
Marienburg	17.805	191 = 1,1%	2 %	97 %
Insgesamt	96.894	7.947 = 8,2%	22 %	77,4%

Oberschlesien

Muttersprache und Wahlergebnisse 1912

Wahlkreis	Anteil der Polnisch-sprechenden an der Gesamtbevölkerung	Anteil der polnischen Stimmen an allen abgegebenen gültigen Stimmen
Kreuzburg	66,2 %	36,2 %
Oppeln	63,8 %	42,2 %
Gr. Strehlitz	18,5 %	45,1 %
Lublinitz	59,5 %	35,6 %
Tarnowitz	51,0 %	31,4 %
Kattowitz	56,9 %	30,2 %
Rybnik	82,6 %	52,0 %
Ratibor	44,9 %	9,7 %
Leobschütz	7,0 %	% %
Neustadt	46,0 %	0,7 %
Grottkau	6,3 %	% %
Neisse	1,9%	% %
Insgesamt	55,0%	30,8 %

Kreis	Zahl der abgegebenen Stimmen für das Reich	für Polen	lt. Sprachen-Statistik 1910 deutsch
Beuthen, Stadt und Land	73.531 = 50,2 %	73.055	48,2%
Cosel	36.356 = 75,3 %	12.221	23,2%
Gleiwitz, Stadt und Land	53.011 = 61,0%	35.510	50,3%
Gr. Strehlitz	22.390 = 49,3%	23.023	8,4%
Hindenburg	45.222 = 51,1%	43.282	4,3%
Kattowitz, Stadt und Land	75.611 = 51,9%	69.964	58.8%
Königshütte, Stadt	31.848 = 74,4 %	10.764	59,8 %
Kreuzburg mit Namslau	43.346 = 96,1 %	1.779	49,8 %
Leobschütz	65.128 = 99,6 %	256	84,6 %
Lublinitz	15.478 = 53,1 %	13.675	17,5 %
Neustadt	32.722 = 88,0 %	4.476	53,9 %
Oppeln, Stadt und Land	77.031 = 74,9%	25.827	51,7 %
Pleß	18.670 = 25,9 %	53.372	13,6 %
Ratibor Stadt und Land	48.277 = 70,1 %	20.630	38,1 %
Rosenberg	23.861 = 68,2%	11.147	17,8%
Rybnik	27.924 = 34,8 %	52.332	20,3 %
Tarnowitz	17.076 = 38,3 %	27.507	30,1 %
Insgesamt	**707 482 = 59,7 %**	**478 820**	**42 %**

Gebietsverluste: 3221 qkm = 33 % der Fläche Schlesiens.

Karte 12:
Das ober-
schlesische
Abstimmungs-
gebiet. Karte:
Hans MEISER.

Nach der Teilung verblieb im Abstimmungsgebietes Ost-Oberschlesi-
en eine erhebliche deutsche Minderheit, denn es hatten gestimmt:

	für das Reich	für Polen
in Ost-Oberschlesien	44,2 %	55,8 %
in West-Oberschlesien	71,2 %	28,8 %

Obwohl die Gesamt-Abstimmung eine deutsche Mehrheit von 59,7 %
ergeben hatte, wurde die Mehrheit der Industrieanlagen durch die Teilung Oberschlesiens an Polen gegeben:

Von	blieben bei Deutschland	kamen zu Polen	
67 Kohlengruben	14	53 =	79,1%
7 Eisenerzgruben	–	7 =	100,0%
25 Stahl- und Eisengießereien	10	15 =	60,0%
14 Walzwerken	5	9 =	64,3%
37 Hochöfen	15	22 =	59,5%
16 Zink- und Bleierzgruben	6	10 =	62,5%
22 Zinkhütten	–	22 =	100,0%
Von 188 Einheiten also	**50 = 26,6 %**	**138 =**	**73,4%**

Der neue polnische Staat 1921

Größe des neuen polnischen Staates: 388.390 qkm.

Bevölkerungsverhältnisse in Polen 1921:

Gesamtzahl	27.184.815 Einwohner = 100,0%	
davon		
Polen	18.820.163 Einwohner =	69,4 %
Ukrainer	3.899.223 Einwohner =	14,3 %
Juden	2.111.304 Einwohner =	7,7 %
Weißrussen	1.060.041 Einwohner =	3,9 %
Deutsche	1.058.824 Einwohner =	3,9 %
andere	235.260 Einwohner =	0,9 %

Rund 18,8 Millionen Polen standen also 8,3 Millionen Nichtpolen gegenüber, also 30,6 % der Gesamtbevölkerung.

Bevölkerungsbilanz Polens 1939-1945

Eine vollständige Übersicht über Bevölkerungsbewegungen und -verluste in Polen während des Zweiten Weltkrieges läßt sich mangels ausreichender Unterlagen nicht zusammenstellen. Die bislang in der Literatur gegebenen Aufstellungen beruhen auf lückenhaftem Material und auf Schätzungen. Die folgende Übersicht bietet keine rechnerisch lückenlose Bilanz.

Einwohnerzahl	
Polens 1939:	**35,339 Mio.**

davon der Muttersprache nach	
Polen	24,388 Mio.
Ukrainer	4,890 Mio.
Juden	2,916 Mio.
Weißruthenen	1,127 Mio.
Deutsche	0,803 Mio.
Russen	0,155 Mio.
Tschechen	0,107 Mio.
Litauer	0,092 Mio.
Anderssprachige	0,861 Mio.

Nichtpolen	10,951 Mio. = 31 %

Im deutschen Interessengebiet:		Im sowjetischen Interessengebiet	
	22,140 Mio.		13,177 Mill.
davon der Muttersprache nach		davon der Muttersprache nach	
Polen	**19,114 Mio.**	**Polen**	**5,274 Mill.**

Juden	1,807 Mio.	Ukrainer	4,529 Mio.
Deutsche	0,714 Mio.	Weißruthenen	1,123 Mio.
Ukrainer	0,361 Mio.	Juden	1,109 Mio.
Tschechen	0,072 Mio.	Russen	0,134 Mio.
Russen	0,021 Mio.	Deutsche	0,089 Mio.
Litauer	0,008 Mio.	Litauer	0,084 Mio.
Weißruthenen	0,004 Mio.	Tschechen	0,035 Mio.
Anderssprachige	0,039 Mio.	Anderssprachige	0,800 Mio.
Nichtpolen	**3,026 Mio.**	**Nichtpolen**	**7,903 Mio.**

Polnische Verluste:

Während des Krieges fanden den Tod:
123.000 im September 1939 polnische Soldaten aller Nationalitäten,
davon über
73.000 im Kampf gegen die Deutsche Wehrmacht und etwa
50.000 im Kampf gegen die Rote Armee.
521.000 bis 1945 als Partisanen (!) und in der Exilarmee aller Nationalitäten.

644.000 Kriegstote ohne zivile Opfer

In Kriegsgefangenschaft gerieten:
694.000 Soldaten der polnischen Armee in deutsche Gefangenschaft, während
die Sowjets die Zahl von 200.000 Soldaten in sowjetischer Gefangenschaft angeben.
Etwa 150.000 Soldaten der polnischen Armee gelang die Flucht nach Litauen
und Lettland.

Aufruf an heimatvertriebene Schlesier

Hallo, liebe Schlesier,
liebe aus der Heimat vertriebene Mitmenschen!
Schlesien ist unsere Heimat!
Schlesien war deutsch und wird immer deutsch bleiben.
Daran ändert auch nicht die gegen alles Völkerrecht noch immer aktive polnische Besetzung unseres Landes.

Unsere Großeltern, unsere Eltern und uns hat man auf schändliche Art und Weise aus unseren Häusern und von unserem Land vertrieben.
Hunderttausende unserer Familien hat man auf bestialische Weise gemartert, geschändet und ermordet.
Bis heute haben wir noch keine Entschuldigung von den Polen gehört, kein Zeichen von Reue gesehen, keine Entschädigung von polnischer Hand erhalten.
Im Gegenteil:
Noch immer werden unsere Landsleute wie Fremdkörper in ihrem eigenen Land, Schlesien, nur geduldet.

Vergeblich haben wir über Jahrzehnte die von uns gewählten Volksvertreter immer wieder vehement gebeten, sich für uns einzusetzen und endlich dafür zu sorgen, unsere Heimat wieder offiziell unter deutsche Flagge zu plazieren.

Nichts ist geschehen.

Feige haben sich »unsere Volksvertreter« immer wieder ihrer Verantwortung entzogen.
Statt dessen hat die Bunderregierung Millionen Euro an die polnische Regierung verschenkt. Damit haben die Polen unter anderem ihre Armee aufgerüstet und die Grenzübergänge verstärkt.

Seit einem halben Jahrhundert versuchen wir, unsere Heimat mit ganz normalen friedlichen Mitteln zurückzuerhalten.
Aber immer wieder werden wir von den Politikern abgewimmelt, damals in Bonn und heute in Berlin.

Liebe Freunde,
erinnert Ihr Euch an die vielen Reden ›großer‹ Politiker wie zum Beispiel Brandt oder Wehner, die nicht laut genug rufen konnten:
»NIEMALS werden wir Schlesien aufgeben, NIEMALS werden wir unsere Heimat verschenken!«

Und was haben diese Politiker dann getan?
Richtig...
GAR NICHTS!
Welche Regierung hat jemals in der Geschichte ihre Heimat verschenkt?
Die Geschichte beweist:
Bei allen Völkern der Erde wäre so etwas UNDENKBAR! Solche Politiker wären als Volksverräter geächtet!

Liebe Schlesier – Polen will,
als ob nichts geschehen wäre, nun auch noch in die EU.

Jetzt können wir verlangen:
Polen muß erst einmal die Besetzung unserer Heimat beenden – ohne Wenn und Aber!
Erst DANACH wird man über einen Eintritt in die EU verhandeln können!

Weckt Eure › Volksvertreter‹ auf! Rüttelt sie aus ihren Diäten-Tiefschlaf -Routinen!

Sprecht eindringlich mit ihnen, schreibt ihnen Briefe, E-Mails, oder was auch immer. Immer wieder! Immer wieder!
Rückt ihnen auf die Pelle!

Wenn sie Euch nicht unterstützen, wenn sie wieder feige den Rücken kehren wollen, dann wählt sie ab!
Es ist nun keine Zeit mehr zu verlieren.
Ein halbes Jahrhundert Warten ist 50 Jahre zu viel.
Noch ist es nicht zu spät.
Nur Mut – es geht um unser Recht!
Die Zeit ist gut.
Alle von Euch, die in ihren Vereinen Jahre lang › das große Wort‹ geführt haben, sind nun gefragt, in Aktion zu treten.

Es ist 50 Jahre zu viel und, wie man sieht, ohne Erfolg gelabert worden.
Stammtischreden führen zu nichts.
Nun muß gehandelt werden.

Darum und in aller Verbundenheit
Herzlichst Ihr *A. Allrichs*

Literaturverzeichnis

Archiv der Gegenwart, Keesing's., 3. Jg. 1933, 1. unveränderter Nachdruck der Serie I des Archivs der Gegenwart (1. Juli 1931 bis 25. März 1945) durch den Verlag für Zeitarchive, Bonn–Wien–Zürich 1962.

Arndt-Verlag (Hg.), *Der Tod sprach polnisch. Dokumente polnischer Grausamkeiten an Deutschen 1919–1945*, Kiel 1994.

BAKER, R. St. (Hg.), *Woodrow Wilson*, New York 1925/26, Deutsche Ausg. Leipzig 1923, Bd. III.

BA-MA, RW 2/v. 51.

BERNHARDT, Hans, *Deutschland im Kreuzfeuer großer Mächte*, Preußisch Oldendorf 1988, Berichte deutscher Diplomaten und Konsuln aus der Republik Polen.

BIERSCHENK, Theodor, *Die deutsche Volksgruppe in Polen 1934–1939*, Kitzingen 1954.

BITTENFELD, Hans Heinrich Herwarth von, *Zwischen Hitler und Stalin. Erlebte Zeitgeschichte 1931–1945*, Frankfurt/M.–Berlin–Wien 1982.

BLUMENWITZ, Dieter, *Rechtsgutachten über die Verbrechen an den Deutschen in Jugoslawien 1944–1948*, München 2002.

BRANCION, Yves, Die Oder-Neiße-Linie, Stuttgart 1970.

BROSZAT, Martin, *Nationalsozialistische Polenpolitik 1939–1945*, Hamburg 1967

BROSZAT, Martin, *Zweihundert Jahre deutscher Polenpolitik*, Frankfurt/M. 1972.

BUCKREIS, Adam, *Politik des 20. Jahrhunderts*, Nürnberg ca. 1940.

Bundesarchiv, *Dokumentation der Vertreibungsverbrechen*, Bonn 1953–1962.

CIECHANOWSKI, Jan, *Vergeblicher Sieg*, Zürich 1948.

CONSULIBUS, *Erfahrungen und Irrtümer unserer auswärtigen Politik im Hinblick auf die Erfahrungen der Gegenwart*, Warschau 1926.

Deutsche Zeitung, D. Z.

DAHLERUS, Birger, *Der letzte Versuch*, München 1948.

DAVIES, J. E., *Als USA-Botschafter in Moskau*, Zürich 1943.

DEHOUST, Peter, *Zwangsarbeiter – Lüge und Wahrheit*, Coburg 2000.

Deutsche Allgemeine Zeitung, Berlin (Abk. D.A.Z.)

Deutsche Nachrichten 1921, D. N.

Deutsche Tageszeitung Berlin 1930, D. Tz.

Deutsche Zeitung Berlin, D. Z.

Deutsches Weißbuch 2/1939. Dokumente zur Vorgeschichte des Krieges.

DMOWSKI, Roman, Doktoratsrede, lt. *Voss. Zeitung* vom 20. Juni 1923.

Documents on British Foreign Policy, Vol. VII. Nr. 597.

Dokumentation Bundesarchiv, *Dokumentation der Vertreibung der Deutschen aus Ost- Mitteleuropa*, Bonn 1953–1962.

DÖNHOFF, Marion Gräfin,»Mord bleibt Mord. Warschau attackiert Bonn«, in: *Die Zeit*, 17. 3. 1977.

EADE, Charles, *Churchill-Reden*, Zürich 1949, Bd. V.

EISSNER, Albin,»Personelle Kriegsverluste des polnischen Volkes«, in: *Außenpolitik*, 1963.

EISSNER, Albin,»Polen drängt weiter nach Westen«, in: *Außenpolitik* 1966.

ESSER, Heinz, *Die Hölle von Lamsdorf, Dokumentation über die polnischen Vernichtungslager*, Dülmen 1977.

ETCHEGOYEN, Olivier d', *Polens wahres Gesicht. Persönliche Erlebnisse aus der Gegenwart*, Berlin 1927.

Even now, London 1933.

FREUND, Michael, *Geschichte des Zweiten Weltkrieges in Dokumenten*, Teil II.

FRUS (Foreign Relations of the United States) 1939.

FUCHS, Werner, *Selbstzeugnisse polnischen Eroberungswillens*, 1930, Nachdruck 1988.

Gazeta Gdanska, Nr. 82 vom 5. April 1926.

Gazeta Warszawska (Warschau).

GOLCZEWSKI, Frank, *Das Deutschlandbild der Polen 1918–1939*, Düsseldorf 1974.

GOLOMBECK, Oskar (Hg.), *Die katholische Kirche und die Völkervertreibung*, Köln 1966.

GRABSKI, Stanislaw, *Bemerkungen über den gegenwärtigen geschichtlichen Zeitpunkt in der Entwicklung Polens*, 1923.

HANSEN, Ernst, *Polens Drang nach dem Westen*, Berlin 1927.

HARTENSTEIN, Michael, *Die Geschichte der Oder-Neiße-Linie*, München 2006.

HEDIN, Sven, *Amerika im Kampf der Kontinente*, Leipzig 1942.

HENDERSON, Nevile, *Failure of a Mission*, 1940.

HILLGRUBER, Andreas, *Zweierlei Untergang*, Berlin 1986.

HOGGAN, David, *Der erzwungene Krieg*, Tübingen 1963.

HUPKA, Herbert (Hg.), *Letzte Tage in Schlesien*, München 1981.

IHERING, von Rudolph, *Der Kampf um das Recht*, Wien 1872, [20]1921.

Ilustrowany Kurjer Codzienny (Krakau).

IRVING, David, *Hitlers Weg zum Krieg*, München–Berlin 1978.

IWO, Informationsdienst West-Ost, Hg.: Arbeitsgemeinschaft kath. Vertriebenenorganisationen, München, 1990.

J.O. – Der junge Osten 1929.

JACOBSEN, Hans-Adolf (Hg.), *Mißtrauische Nachbarn*, Düsseldorf 1970.

JAKSCH, Wenzel, *Europas Weg nach Potsdam*, Stuttgart 1958.

KÖNIG, Friedrich Wilhelm, u. Richard Komziolu, *Verreckt*, Wien 1946.

KOSTRZEWSKI,»Moralische Eroberung Pommerellens in der Meinung der Welt«, in: *Kurjer Poznanski*, Nr. 130 vom 19. 3. 1928.

KOTOWSKI Alfred, *Polens Politik gegenüber seiner deutschen Minderheit*, 1919-

1939, Wiesbaden 1998

Kreuz-Zeitung vom 24. 3. 1926 (= Neue Preußische (Kreuz-) Zeitung.

KUMATOWSKI, E., *Das ethnographische Polen*, Moskau 1914.

Kurjer Poznanski, Nr. 297 vom 28. 12. 1921.

Kurjer Poznanski, Nr. 148 vom 31. 3. 1926.

Kurjer Poznanski, Nr. 580 vom 14. 12. 1929.

LÜCK, Kurt, *Deutsche Aufbaukräfte in der Entwicklung Polens*, Hattstedt 1934, Nachdruck: Struckum 1990.

LUKASZKIEWICZ, J. A., *Legende und Geschichte von der Weichsel...*, Graudenz 1929.

LUTOSLAWSKI, Wincenty, 1916 über polnische Kriegsziele, in den *Süddeutschen Monatsheften* (Jahrgang 1916).

MAIER-DORN, Emil, *Alleinkriegsschuld. Unkenntnis oder Feigheit?* Großaitingen 1975.

MAIER-DORN, Emil, *Anmerkungen zu Sebastian Haffner*, Wiesbaden 1981.

MARTEL, René, *La Pologne et nous. La légende et l'histoire – chimères et réalités*, Paris 1928.

MEISER, Hans, *Das Ringen um Frankreich 1990–1945*, Stegen 2007.

Meiser, Hans, *Gescheiterte Friedensinitiativen 1939–1945*, Tübingen 2004.

MEISER, Hans, *Verratene Verräter. Die Schuld des Widerstandes an Ausbruch und Ausgang des Zweiten Weltkrieges*, Stegen 2006.

Nachrichtenblatt des Deutschtumsbundes, Nr. 12 vom 17. 2. 1920.

NEHRING, Joachim, *Polnische Netze über Danzig*, Langensalza 1932.

Ostmark, Die (O. M.) 1929.

Osteuropäische Korrespondenz, Außenpolitisches Informationsblatt, Berlin, 1928, Nr. 14.

Polish White Book, Lipski an das polnische Außenministerium.

Polnisches Weißbuch, Dokument 110.

POPLAWSKI, Johann, in: *Przeglad Wszechpolski* (Lemberg), 1889.

POPP, Wolfgang, *Wehe den Besiegten*, Tübingen ³2004.

Posener Tageblatt 1919 u. 1925.

Posener Tageblatt, Nr. 150 vom 4. Juli 1929.

Przeglad Wszechpolski, Nr. 2 vom Februar 1902.

RAUSCHNING, Hermann, *Die Entdeutschung Westpreußens und Polens*, 1930, Neudruck: Struckum 1990.

RECKE, Walter, *Die polnische Frage als Problem der europäischen Politik*, Berlin 1927.

REILE, Oscar, *Geheime Ostfront*, München 1963.

RICHTHOFEN, Bolko von, *Kriegsschuld 1939–1941*, Kiel 1981.

RICHTHOFEN, Bolko von, u. Reinhold F. OHEIM, *Die polnische Legende*, Kiel 2001.

ROOS, H., *Polen und Europa, Studien zur polnischen Außenpolitik 1931–1939*, Tübingen 1957.

ROTH, Paul, *Die Entstehung des polnischen Staates*, Berlin 1926.

ROZWARDOWSKI im Sommer 1928 im *Kolonial-Fachblatt*.

RUMPF, Ernst, *Wiedergutmachung. Deutschland zahlt immer. Deutsche Geschichte im 20. Jahrhundert*, Rosenheim 1992.

SACK, John, *An Eye for an Eye*, New York 1993, dt.: *Auge um Auge*, Hamburg 1995.

SCHICKEL, Alfred, *Deutsche und Polen. Ein Jahrtausend gemeinsamer Geschichte*, Bergisch-Gladbach 1984.

SCHICKEL, Alfred, »Die polnischen Kriegsverluste 1939–1945«, in: *Zeitschrift für Politik*, Nr. 3, 1978, S. 291 ff. Unzutreffende Gleichsetzung der gesamten polnischen Kriegsverluste mit NS-Opfern z. B. im *Spiegel* vom 17. 1. 1966 u. 7. 6. 1976.

SCHUBERT, Albrecht, »Die Entwicklung der Posener Landwirtschaft seit 1919 im Rahmen der gesamten Staatswirtschaft«, in: *Deutsche wissenschaftliche Zeitschrift für Polen*, Heft 14, 1928.

Slowo Pomorskie (Thorn), Nr. 98, 1929.

SROKOWSKI, St., *Aus dem Lande des Schwarzen Kreuzes. Bemerkungen über Ostpreußen*, Posen 1925; Verlag des Westmarkenvereins, in: HANSEN, Ernst, *Polens Drang nach dem Westen*, Berlin 1927.

SROKOWSKI, St., in: *Jahrbuch Polska Zachodnia* (Westpolen, Posen), Bd. I (1926).

SROKOWSKI, St., *Ostpreußen – Land und Leute*, Warschau 1929.

Statistisches Bundesamt, *Die deutschen Vertreibungsverluste*, Wiesbaden 1958.

TANSILL, Charles C., *Die Hintertür zum Kriege*, Selent 2000.

TEMPERLEY, Harold William Vazeille, *History of the Peace Conference*, London 1920, Bd. V.

THIEME, Paul, u. Bruno SCHUSTER, *Das polnische Liquidationsverfahren*, Berlin 1924.

TRAUTMANN, Werner, *Tod und Gewalt. Die Vertreibung als völkerrechtliches, politisches, ethisches, soziales und geschichtliches Problem*, Tübingen 1989.

ULIMANN' Klaus, *Schlesien-Lexikon*, München 1979.

VALMIGÈRE, Pierre, *Und morgen. . .? Der Konflikt der nächsten Zeit*, Köln 1929.

VALMIGÈRE, Pierre, *Und morgen. . .? Frankreich, Deutschland und Polen*, Berlin 1939.

VIERHELLER, Viktoria, *Polen und die Deutschland-Frage 1939–1949*, Köln 1970.

W.T.B., Wolffs Telegraphisches Bureau, Berlin.

WALENDY, Udo, *Wahrheit für Deutschland*, Vlotho 1965.

Wielkopolanin (Posen), Nr. 284 vom 11. 12. 1918.

WINTZEK, Bernhard C., *Unsere Väter waren keine Verbrecher*, Asendorf 1975.

WISTRICH, Robert S., *Hitler und der Holocaust*, Berlin 2003.

WOIJCIECHOWSKI, Staatspräsident, Rede vom 29. 4. 1924, in: *D.A.Z* vom 30. 4. 1924.

WRZESINSKI, Wojciech, *Prusy Wschodnie w Polskiej mysli politycznej 1864–1945*, Olsztyn 1994, S. 359; Kurzzitat bei: E. STEINBACH: »In ordnungsgemäßer und humaner Weise«, in: *FAZ*, 8. 6. 1999.

ZAYAS, Alfred M. de, *Die Anglo-Amerikaner und die Vertreibung der Deutschen*, München ²1978.

ZENTNER, Kurt, *Illustrierte Geschichte des Dritten Reiches*, Köln (ohne Jahrangabe), Bd. II.

Personenverzeichnis

Dr. Hans Meiser

Geboren 1930 in Saarbrücken. 1954 bis 1997 Lehrtätigkeit. 1980 Dissertation in Osnabrück zum Thema »Der Nationalsozialismus und seine Bewältigung im Spiegel der Lizenzpresse der britischen Besatzungszone 1946–1949«

Veröffentlichungen:
Rätsel um GJR (Pattloch-Verlag)
Die Reisen des HL. Paulus (Haugg-Verlag)
Griechenland (Calig-V erlag)
Schlüssel zur Geschichte (Econ-Verlag)
Stichwort Geschichte (Knaur-Verlag)
Zum Teufel mit Schmitterhannes (Wiermer-Verlag)
Die Hölle von Tscherkassy (Bublies-Verlag)
Gescheiterte Friedensinitiativen 1939–45 (Grabert-Verlag)
Das Tribunal (Grabert-Verlag)
Das Ringen um Frankreich 1919–1940 (Druffel-Verlag)
So wurde Stalingrad verraten (Druffel-Verlag)
Verbrechen an der Menschlichkeit (in Vorb., Grabert-Verlag)